認知のエイジング　入門編

D.C.パーク／N.シュワルツ 編
口ノ町康夫・坂田陽子・川口 潤 監訳

北大路書房

COGNITIVE AGING: A Primer

Edited by

Denise C. Park
Norbert Schwarz

Copyright © 2000 Taylor & Francis. All rights reserved.
Printed in the United States of America.
Except as permitted under the United States Copyright Act of 1976,
no part of this publication may be reproduced or distributed in any form or by any means,
or stored in a database or retrieval system, without prior written permission of the publisher.

Japanese translation rights arranged with Psychology Press, Inc.,
a member of the Taylor & Francis Group

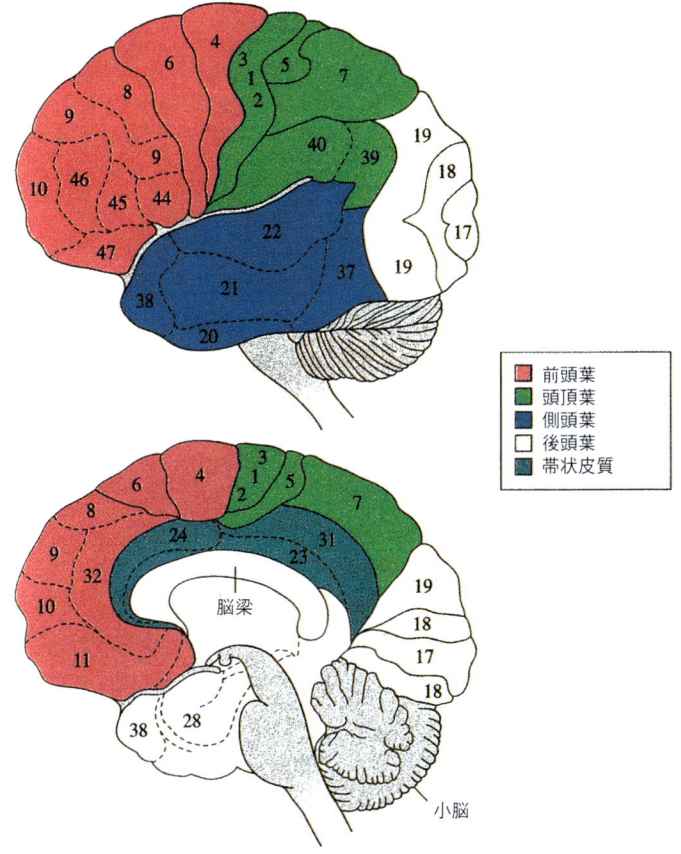

●口絵・図6-1　ブロードマンの細胞構築領域。左半球の外側と右半球の内側を図示している。両方の図が4つの主要な葉で色分けされており、内側の図では帯状皮質と脳梁が見える（Damasio, 1995から許可を得て転載 : 89ページ参照）。

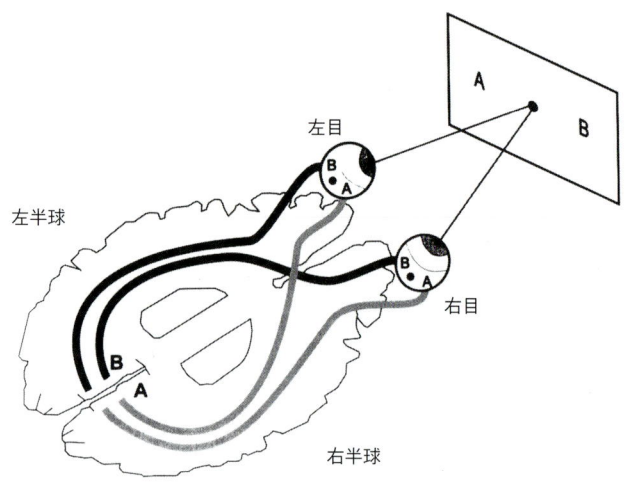

●口絵・図6-2 左・右視野から反対（対側）の視覚皮質への投射を示した図
（Ivry & Robertson, 1998から許可を得て転載：94ページ参照）。

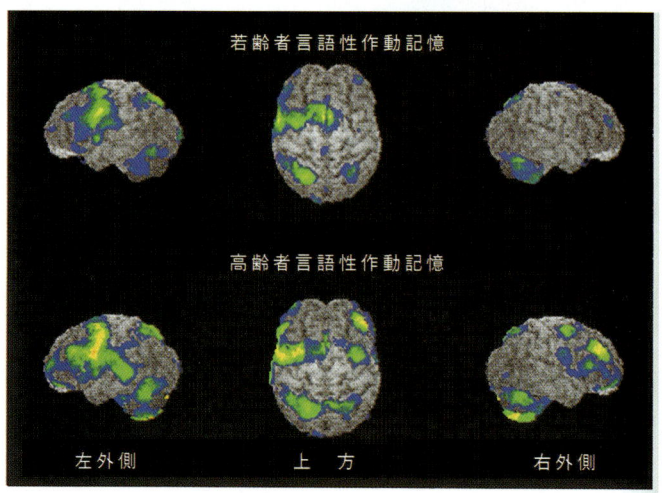

●口絵・図6-3 若齢者と高齢者の言語性短期記憶条件における活性領域を示す（活性は赤／黄で高く；緑／青で低い）（Reuter-Lorenz et al., 印刷中から許可を得て転載：101ページ参照）。知覚や課題の反応要求に関連する活動に関しては、おもにこれらの要素が含まれる統制条件を用いて引き算してある。記憶に関連した活動は前頭皮質（BA 44, 6, 46）と頭頂皮質（BA 4, 40）に見られる。高齢者の活性化はよりはっきりと見えるが、これはこの群の被験者の数が多いためである。しかし、活動のパターンが異なるのは明らかである。高齢者は前方右半球により大きな活動を示し、若齢者は左の側性化が顕著である。最も顕著な年齢による違いは前頭領域の活動である。

序　文

　社会の高齢化が進むにつれ，認知機能に関する加齢効果を理解することへの関心が増大しつつある。さらに，新たなテクノロジーにより，情報の獲得，管理，波及が職場生活の諸側面を統合することがしばしば生じるだけではなく，家庭や地域社会における日常生活の諸側面にとっても驚くほど重要になるような社会に移行しつつある。現代社会のこの2側面，人口の高齢化と日常生活における情報とテクノロジー管理の重要性により，認知的エイジングのテーマはさらに重要なものとなっている。『認知のエイジング：入門編』は高齢者の正常な認知機能についての知見を理解しやすくまとめた本である。このテーマを扱ったかなりの厚さをもつ本はいくつかあるが，いずれも，この分野における上級クラスの大学院生や研究者を対象として書かれている。本書では，上級の学部学生および初級の大学院学生のための学習コースとして必要なものを充足するとともに，どの分野の人にとっても読みやすいように認知的エイジングの諸側面の概要をまとめるように編集されている。本書の各章は専門的な知識をもつとともに，自分のテーマに関してかなりの実践的な研究歴をもつ著明な研究者たちにより担当されている。

　本書は大きく4部に分けられる。第Ⅰ部では，基礎的メカニズムと基本的な論点の幅広い概要が示される。1章では，デニス・パークが，認知機能の加齢にともなう低下の全側面の基礎にあると仮定されている「速度」，「作動記憶」，「抑制」の基礎的メカニズムについて議論する。このパークの章と一対となるのがロジャー・ディクソンの2章で，加齢にともなう認知機能の特徴の一側面として「獲得」があることおよび生涯を通じて「認知的獲得としてみなされるもの」があることを議論する。続く3章ではティモシー・ソルトハウスが，認知的エイジングの研究における緊急な論題および「認知的過程」と「認知的成果」の交互作用について論じる。

　第Ⅱ部では，「注意」と「記憶」に焦点が集められている。4章では，ウェンディ・ロジャーズが注意の重要な主題に関する詳細な概要を提供し，5章では，ファーガス・クレイクが基礎的な記憶過程と記憶構造における年齢変化を述べる。6章では，パトリシア・ルーター・ロレンツによって，加齢にともなう脳の認知的・神経心理学的視点から，啓発的な議論がなされる。これは，前の諸章で議論された基礎的な認知的過程とその構造について知られているものを神経画像法や神経解剖学における最先端技術と統合した，近づきやすく，読むに値する視点である。7章はジョン・カバナにより，「メタ記憶」（人が自分の記憶機能の状態について

信じているところのもの)の議論と「社会的認知の枠組み」について取り扱っている。8章では,人の過去に関する記憶とそれが年齢とともにどのように変化していくかに関する論題がデヴィッド・ルビンによって扱われている。9章では,キャロリン・ユーン,シンシア・メイ,そしてリン・ハッシャーが,認知的機能は「サーカディアン的覚醒水準」のパターンにより支配されており,このパターンは若齢者と高齢者では異なるという魅惑的な見方を探求している。この著者たちは若齢者と高齢者間の認知的な差は高齢者が日内の最適時間においてテストされたときには,比較的小さいことを主張している。

第Ⅲ部の焦点は,「言語」と「コミュニケーション」に向けられる。10章では,アーサー・ウィングフィールドが,高齢者がどのように音声を知覚し,発話を理解しているかについて非常に多くの文献を概説している。この章はスーザン・ケンパーとカレン・ケムテスの11章に引き継がれ,そこでは高齢者がどのようにスピーチを産出し,書き言葉と話し言葉の両方を理解するかについて議論がなされる。

本書が他書と異なるのは,第Ⅳ部に,日常生活に関する認知的機能の加齢にともなう変化に焦点を合わせた意義のある応用的な部分を含んでいる点である。認知的エイジングについての知識が発達するにつれ,現実的な世界においてこの知識がどのように働くかを理解することは重要であるとわれわれは強く信じている。12章におけるデニス・パークとアンジェラ・ホール・グッチェスは認知的機能の加齢にともなう変化が,生涯を通じて起こる知識の増加とともに,医療的行動,自動車運転,仕事などすべての重要な日常生活行動にどのように強い影響を与えるかについて論じている。13章では,ノバート・シュワルツとベアベル・クナイパーは年齢にともなう低下が,高齢者が質問に答えるやり方にどのような影響を与えるか,またこの効果が生涯にまたがる被験者標本に対する調査結果をどのように歪曲するかについて議論している。アラン・サンフェイとリード・ヘイスティーによる最後の14章では,日常的な機能として非常に重要であるが,ほとんど検討されてこなかったテーマ,成人期の生涯にまたがる「判断」と「意思決定」に関して論評がなされている。

本書は,『認知,エイジング,自己報告』のタイトルでサイコロジー出版により1998年に出版された本を新たに編集しなおしたものである。前に出版された本は,ノバート・シュワルツ,デニス・パーク,ベアベル・クナイパー,シーモア・サドマンにより編集され,サーベイ研究者にのみ特別に興味がある多くの章とともに,彼らの入門編として,本書のいくつかの章に関する初期バージョンを含んでいた。この入門書は十分に幅広く,包括的であったため,もっと一般的な読者にも役に立つ認知的エイジングに関する優れた本を作れると編者たちは考え

た。このようにして，サイコロジー出版のアリソン・マディットと議論をした後，いくつかの章を新たに追加し，オリジナルの入門編を改訂することにより，この新しい本を生み出した。

　本書の出版に関連して，多くの人々に特別な感謝を捧げねばならない。第一に，ミシガン大学で本書をまとめる際に顕著な編集的支援をしたデニス・テイラームーンに感謝したい。第二に，サイコロジー出版のアリソン・マディットは出版を通じて，われわれを励まし，熱心で，聡明であり，そのうえ，原稿の締め切りに対しても限りなく忍耐強い，すばらしい編集者であり，よき友人であった。最後にわれわれは，本書の著者たちの卓越した迅速な仕事ぶりと，認知的エイジングにおけるわれわれの研究努力に対し寛大で一貫した支援を続けた国立加齢研究所のエイジングに関する「行動的，社会的研究プロジェクト」に感謝したい。

デニス・パーク
ノバート・シュワルツ

【編集部注記】
ここ数年において，「被験者」（subject）という呼称は，実験を行なう者と実験をされる者とが対等でない等の誤解を招くことから，「実験参加者」（participant）へと変更する流れになってきている。本書もそれに準じ変更すべきところであるが，執筆当時の表記のままとしている。文中に出現する「被験者」は「実験参加者」と読み替えていただきたい。

目　次

序　文　i
目　次　iv

Ⅰ　基礎的メカニズム

1章　認知機能のエイジングにともなう低下を説明する基礎的メカニズム……… 3
 1. 認知のエイジングの文献からの発見についての概観　6
 2. 認知のエイジングのメカニズム　9
   処理速度説／作動記憶／処理速度と作動記憶の関係／抑制／感覚機能
 3. 要　約　20

2章　認知のエイジングにおける獲得の概念とメカニズム…………………… 23
 1. 獲得の考え方　23
 2. 獲得と喪失の概念化　24
 3. 相補的な観点　25
 4. 獲得と喪失の論点の取り扱い　26
   学者の視点／教科書における描写／獲得と喪失についての信念に関する研究／要約
 5. 喪失の文脈のなかでの獲得の概念化　30
   獲得としての獲得／より少ない喪失としての獲得／喪失の関数としての獲得
 6. 結　論　40

3章　認知のエイジングにおける緊急の論点……………………………… 41
 1. 過　程　42
 2. 成　果　47
 3. 過程と成果の交互作用　49
 4. 結　論　52

Ⅱ　注意と記憶

4章　注意とエイジング……………………………………………… 55
 1. 注意の種類　57
   選択的注意／焦点的注意／持続的注意／注意の切り替えと分割的注意／自動的処理
 2. 注意のエイジングにともなう差に関する一般理論　68
 3. 注意におけるエイジングにともなう差のまとめ　70
 4. 注意研究における将来の方向　70
   注意の神経学的基盤
 5. 実際的な応用　71

5章　エイジングにともなう記憶の変化 ・・ 73
　1．記憶のタイプ　73
　2．手続き記憶　75
　3．知覚表象システム　77
　4．一次記憶と作動記憶　79
　5．エピソード記憶　81
　6．意味記憶　84
　　　空間記憶／遠隔記憶／真実効果
　7．結　論　87

6章　脳のエイジングの認知神経心理学 ・・・・・・・・・・・・・・・・・・・・・・・・・・・・・・・・・・・ 89
　1．脳の構造と年齢の影響　89
　2．右半球のエイジング　92
　　　言語性能力と非言語性能力の異なる低下／右半球のエイジングとラテラリティ研究
　3．エイジングと長期記憶の神経心理学　95
　　　エイジングと側頭葉内側部の機能不全／内容記憶のエイジングと前頭葉／
　　　文脈記憶のエイジングと前頭葉
　4．作動記憶，実行機能のエイジングと前頭葉　100
　5．半球間相互作用のエイジングにともなう変化　103
　6．終わりに　105

7章　メタ記憶：社会認知的視点 ・・・・・・・・・・・・・・・・・・・・・・・・・・・・・・・・・・・・・・・ 107
　1．メタ記憶の理論と研究　108
　　　メタ記憶の分類／理論的枠組み／メタ記憶に関する実験的研究
　2．メタ記憶と社会的認知の接点　113
　　　社会的認知の視点からみた記憶に関する理論的枠組み／メタ記憶に対する社会的認知の示唆
　3．将来の方向　119

8章　自伝的記憶とエイジング ・・・ 121
　1．最近のできごとの記憶　122
　2．幼児期の記憶　125
　3．想起の手がかりから思い出される人生の記憶　127
　4．社会的できごとおよび一般的知識の記憶　134

9章　エイジング，サーカディアン覚醒パターン，認知 ・・・・・・・・・・・・・・・・・ 139
　1．朝型・夜型傾向の年齢差　140
　　　測度／知的・身体的行動の差異
　2．認知遂行成績の日内変化　142
　　　抑制／非ピーク時間における抑制の減少／同期効果が重要でないとき／抑制の低下の間接的影響
　3．結　論　156

III　言語と発話

10章　エイジングにおける音声知覚と発話言語理解 ・・・・・・・・・・・・・・・・・・・・・・ 159
　1．音声の知覚　160

トップダウン対ボトムアップ処理
2. 音声理解と作動記憶　163
3. エイジングにおける感覚と認知の変化　165
　　エイジングと聴力／年齢と作動記憶の容量／作動記憶,年齢,そして言語理解／年齢と処理速度
4. 話速を遅くすることは役に立つのか？　174
5. 結　論　176

11章　エイジングとメッセージの生成・理解　179

1. 高齢者によるメッセージ生成の変化　179
2. 高齢者によるメッセージ理解の変化　182
　　聴覚ベースの談話／テキストベースの談話
3. アルツハイマー病に起因するメッセージ生成と理解における変化　185
4. 高齢者に対するメッセージ生成における変化　188
5. 結　論　191

IV　応　用

12章　認知のエイジングと日常生活　195

1. 健　康　197
2. 運　転　200
3. 仕　事　204
4. 要　約　207

13章　認知,エイジングと自己報告　209

1. 反応者の課題　210
　　質問理解／判断を再生すること,もしくは計算すること／反応を形成すること／
　　反応を編集すること／要約
2. 行動に関する質問に回答すること　218
　　評定方略／要約
3. 態度質問に回答すること　222
　　質問順序効果／反応順序効果／要約
4. 結　論　226

14章　成人期を通しての判断と意思決定：心理学的研究の解説的概説　227

1. 基本的な判断と意思決定課題　229
　　判断と評定／選択／リスクをともなう意思決定
2. 結　論　245

引用文献　247
事項索引　289
人名索引　293

I

基礎的メカニズム

1章 認知機能のエイジングにともなう低下を説明する基礎的メカニズム

デニス・C・パーク (Denise C. Park)

　われわれが年をとっていくと，認知システムに何が起こっているのであろう？
　いくつかの共通な加齢にともなうステレオタイプ的な変化があり，若いときよりも多くの課題で遂行に長い時間がかかったり，記憶が悪くなったりする。また，他のステレオタイプとして，年齢とともに知識や知恵が増加し，それが現状の生活における多くの困難な状況を解決するのに重要であることが示唆されている(Hummert, Garstka, Shaner, & Strahm, 1994)。しばしば出合うことだが，素朴な知恵にはかなりの真実があり，これには例外がない。実際のところわれわれが年をとるに従い，その心的過程の効率性がいくぶん低下していくことを示す膨大な科学的証拠がある。それを示すことが1章の中心的なねらいである。また同様に，年齢とともに成長が生じ，経験が増大するという証拠もある。これらは複雑な道徳的，社会的問題を解決する際に役立つ。認知のエイジングに関係する喪失についてはより多くのことが理解されているようだが，年齢とともに増加する知識と経験が，高齢者のためになる獲得をどのようにして引き起こすのかを理解しようとする勢いもかなりある。これについては，ディクソン (Dixon) による2章が中心的テーマとしている。本書の初めの2つの章において議論される認知のエイジングにともなって生じる喪失と獲得に関する概観により，本書が包含する追加的なトピックスを理解しやすくなるだろう。
　過去25年において，認知のエイジングを研究する心理学者たちは，年齢とともに認知機能に生じる多くの低下について記録するだけではなく，無数の課題において観察された，加齢にともなう低下のすべてを統制する単一の基本的な認知メカニズムがあるかどうかを発見する試みを続けてきた。本章では，加齢にともなう低下に敏感に対応し，数千の研究により実証されてきた認知機能の年齢差をもたらす基本的な基盤であると仮説を立てられている主要な認知メカニズムを概観する。これらのメカニズムはすべて，認知資源すなわち認知課題を遂行する際，

特定の個人が利用できる心的処理能力または心的エネルギーの量の指標であると考えられてきた。これらの基本的メカニズムあるいは処理資源のモデルは，実験室データだけではなく，日常生活における多くの行動をも十分に説明できるとされている。多くの理論家は，ある事態で利用しうる認知資源の量によって，多くの日常的事態，たとえば，新技術の使用法に関する学習，慣れない環境での自動車運転，財務管理，投薬管理，および医療的意思決定などにおいて，個人がいかに効果的にふるまうかが決定されると信じている（Park, 1997, 1999）。

　認知資源という言葉により意味される内容は，認知のエイジングに関する文献において経験的レベルでよく定義されている。この認知資源という構成概念の経験的な測度について議論する前に，それがどのように幅広くゆきわたった直感的な構成概念であるかを指摘することは価値があるだろう。資源の概念は認知処理に関する日々の対話に浸透している。「著者は昔のようには鋭敏ではない」，「朝ははつらつとしているけれど，夜にはそうはいかないと思う」，「今日はちょっと頭がはっきりしない」，「気分がよくなかったので，何を話されたか記憶がない」などの趣旨の高齢者からの陳述は，すべてが心的課題の遂行には認知資源が必要であることについて社会的に共有されている認知的メタファを反映している。このメタファでは，問題解決あるいは情報処理を助けるような状況において使用できる心的エネルギーのプールがあり，この資源は年をとったり，疲れたり，または病気になったりすると，いくぶんか低下することが暗黙のうちに認められている。疲労，病気，そして低エネルギーの概念はすべて，認知のエイジングとは何かという見解に対して過去において適用されてきたが（Craik & Byrd, 1982），エイジングに関する資源モデル（resource model）は実際のところ，それらに比べかなり正確である。一般的にいって，認知のエイジングの資源説はいずれも，年をとるにつれ，急速に利用できる心的資源が減少し，このことが心理的課題の遂行能力に限界をもたらすという考え方を共有している。認知のエイジングにおける異なる概念化のなかで論点となっているのは，心的エネルギーの性質，すなわち処理能力または処理資源に関した明らかな限界性を説明するメカニズムについてである。これは認知のエイジングにおいて途方もなく重要な論点である。なぜなら，認知のエイジングを研究する多くの科学者たちは，単一の認知メカニズムにおける低下こそが，それに続く認知機能のすべてを駆り立てると信じているからである（たとえば，Salthouse, 1996）。

　これらの基本的な処理メカニズムが年齢とともに低下することについて逃れようのない証拠があることを考慮すれば，本章は認知のエイジングに関する「悪いニュース」とみなされるかもしれない。しかし，このような悪いニュースだけでなく「良いニュース」も少しはある。高齢者の認知システムを処理メカニズムと

処理能力だけで考えることは「素人考え」である。前述したように，高齢者は状況に対する知識と経験の膨大な貯蔵をもっていることを認めることが重要である。この情報の多くのものに対するアクセスが生涯を通じて維持されるだけではなく，経験を積み新しい情報について学習を続けることにより，成長さえ望めるというデータがかなりある。加齢していく認知システムを，巨大な情報量を内蔵する大きなハードディスクをもつコンピュータになぞらえることは有益な類推かもしれない。しかしハードディスクは有限のランダム・アクセス・メモリーをもつコンピュータの一部分である。この状況において，われわれはみんな，コンピュータが巨大な情報資源をもつにもかかわらず，ゆっくりといくぶんムダの多いやり方で動いていることを知っている。なぜなら，コンピュータの処理能力はそこに蓄えられている情報のすべてを効果的に使用するには十分とはいえないからである。コンピュータは律儀に働いているが，しかし好まれる水準からみると，少しばかり効率性が低いようだ。

　今日まで，研究者たちによって必ずしも直接的に対処されてこなかった認知のエイジングにおける主要な挑戦の1つは，特に日常生活における知識の成長と処理効率の低下の意味するところを同時に理解することである。この問題は，高齢者が実験室の外にある複雑な実世界の事態において，いかに機能しているかを理解するために大変重要な論点である。実験室においては認知的な喪失を実証することは比較的容易である。なぜなら，そのとき高齢者は過去の経験や所有している知識があまり有効ではないような不慣れな課題を遂行しなければならないからである。しかし，これら同じ高齢者が慣れている実世界において複雑な課題をこなすとき，彼らの知識と経験による支援のもと，非常に高い水準で仕事をこなすことができる。処理能力の低下はそのような慣れ親しんだ環境ではまったく顕在化しない。加齢にともなう認知的な低下や喪失の影響は，高齢者が慣れた環境で働くときには緩和されているが，獲得してきた知識や過去経験があまり重要ではない不慣れな事態においては強く顕在化してくる。

　処理資源の指標として，仮説が立てられている4つの異なる認知メカニズムについて説明する前に，本章では，認知課題における遂行についての全体像を提供することにより，まず生涯にわたる認知機能の特徴を明らかにしたい。次いで，これらの認知のエイジング効果を説明するために仮説として取り上げられている4つの，異なってはいるが互いに関係しているメカニズムについて説明し，各見解と結びついている構成概念が相互にどのように関係しているかを議論する。最後に処理資源という構成概念が，現状の認知のエイジングの基礎的メカニズムに興味をもっている研究者たちに投げかける挑戦についてふれることで締めくくりたい。日常生活に関連して容量限界処理資源の意味するところについての詳細な

議論は 12 章のパークとホール・グッチェス（Park & Hall Gutchess）にゆずる。

1. 認知のエイジングの文献からの発見についての概観

　最近の研究において，われわれは，20 歳から 90 歳の生涯にまたがる年齢で構成される 301 名の成人の標本から，認知機能の多数の測度を集めた（Park, 1996）。この研究では，処理速度，作動記憶，自由再生，手がかり再生，語い知識を含む広い範囲の認知課題に関する遂行を測定した。これらの結果から，多くの課題に関する認知機能の生涯にわたる代表的な変化をスナップ写真風に垣間見ることが可能となる。処理速度は個体がいかにすばやく情報を処理したかの測度になる。それを測定するためには，シンボル，図形，文字などを一対比較によりできるだけ速く同異判定させる。作動記憶では，被験者に文章や方程式に関する質問に答えさせると同時に，それらの内容に含まれる要素を記憶させることにより，情報の操作と貯蔵を同時にオンラインのように行う能力を測る。記憶される要素数は被験者の限界に達するまで規則正しく増加する。作動記憶の得点は全体的な認知資源の推定値となる。自由再生課題では，被験者は記憶するための単語を呈示され，できるだけ多くの単語を順番には関係なく思い出すことを求められる。それに対して，手がかり再生法では，被験者は単語を対呈示されるが，その後，対の片方の単語（手がかり項目）を呈示されたとき，対のもう一方の単語を答えることを求められる。自由再生も手がかり再生も，ともに長期記憶機能のよい推定値を提供する。図 1-1 はこの大規模研究の結果の要約を示している。この図は，処理速度，作動記憶，自由および手がかり記憶課題に関する遂行が，生涯にわたり，整然と低下していくことの証拠を示している。低下は規則的で，一般的に直線的で，かなりの大きさをもつ。しかしながら，図 1-1 に示される世界に関する知識の測度（語い）に注目すると，年齢に関係した低下は示されていない。知識や結晶性知能の測度は，生涯を通じていくぶんか安定しているかにみえる。

　図 1-1 は多くのタイプの認知機能にわたっているが，加齢にともなう低下が，すべての記憶に等しく生じるわけではないことに注目しなければならない。一般的に年齢差は認知資源をかなり必要とする記憶課題でなければ発見されない。たとえば図 1-2 は，若齢者と高齢の被験者が前に学習した絵について再認することを求められたとき，これらの意味のある絵を認知する能力には年齢差がないことを示す（Park, Puglisi, & Smith, 1986）。再認課題において年齢差が生じないケースとしては，絵が物体の比較的簡単な素描であるときと，絵が複雑な光景に富む絵である場合の両方がある。絵の再認は能動的で努力を要する資源消費型の検索に

1章 認知機能のエイジングにともなう低下を説明する基礎的メカニズム　7

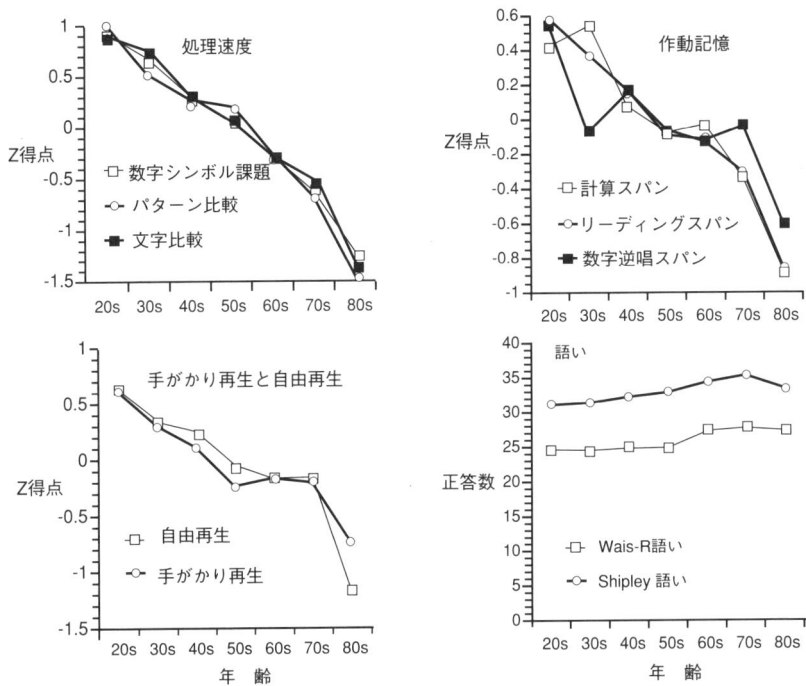

●図1-1　301名の地域在住の成人を標本として，処理測度，作動記憶，手がかり再生，自由再生，語いに関する生涯にわたる多数の測度における遂行成績を示す（Park et al., 1996）。

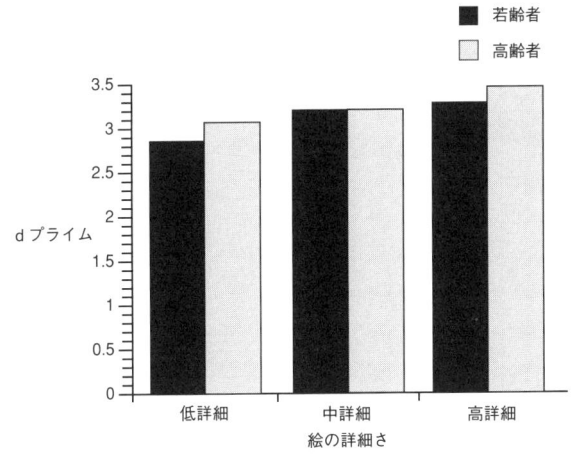

●図1-2　dプライム得点で測定された絵の再認に関する絵の詳細さにおける3つの水準の効果（Park, Puglisi, & Smith, 1986）。

基づくよりも、むしろ熟知感または自動的過程に基づいてなされる比較的受動的な過程である。ジャコビー（Jacoby, 1991）は記憶の熟知感の要素は年齢により変化しないと自信をもって実証した。

同じ文脈で、パークとショウ（Park & Shaw, 1992）は単語の顕在記憶には大きな年齢差があるが、図1-3に示すように、潜在記憶には年齢差がないことを実証した。顕在的な記憶課題では、被験者は単語を覚えた後、前に呈示された単語で初めの3、4字のみを含むものを示され、前に覚えた単語を再生するように指示される。このような意図的で努力を要する検索条件のもとでは、大きな年齢差が再生で生じる。

しかし、被験者が心に浮かぶどんな単語でもよいから語幹を完成させるように指示されるなら、すなわち資源消費型の記憶の検索を必要としないならば、たとえ、ちょっと前に「先行呈示（プライム）された」単語を報告していることに必ずしも気づかなかったとしても、多くの被験者は前に見た単語を報告した。ここで特に、若齢者と高齢者が、この間接的または潜在的な課題における呈示リストからの単語完成テストにおいては等しい成績を示したことは興味深い。この間接的な検索課題は直接的で努力を要する記憶検索を必要としない事態であり、したがって年齢差が最小となるか、または存在しない結果が生じた。

図1-1から図1-3において示されたデータは、認知のエイジングに関する実験室的研究の典型的な発見である。一般的に、大量の自己駆動型の情報処理を要す

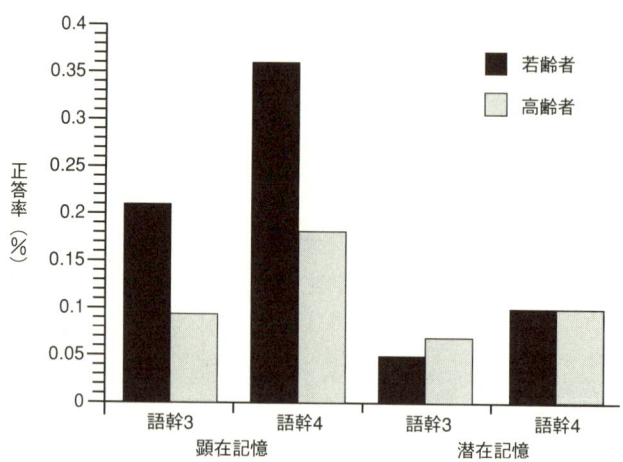

●図1-3　顕在的および潜在的な語幹完成課題における、語幹の長さの関数としての年齢差（Park & Shaw, 1992）。

る記憶課題では低下が生じる (Craik & Jennings, 1992)。しかし，努力的検索が少ない課題では年齢による変化がない（これらの論点のさらに詳細な議論についてはLight, 1991を参照）。また，能動的な認知処理よりも，獲得された世界に関する知識（たとえば，語いの得点）に依存するような認知課題においても年齢差は小さいか存在しない。認知のエイジングの諸理論はこれらのデータのパターンを説明することができなくてはならない。

2. 認知のエイジングのメカニズム

　認知機能における年齢差を説明するために仮説としてあげられている4つの重要なメカニズムがある。(a) 情報が処理される速度，(b) 作動記憶機能，(c) 抑制機能，(d) 感覚機能，である。これらのメカニズムは各々，認知的あるいは処理資源のタイプとして概念化されることが可能である。創案者のなかにはこれらのメカニズムを組み合わせることが，単一のメカニズムで説明するよりいっそう効果的に認知資源を推定できると考える者もいる (Salthouse, 1991)。

　認知のエイジングに関するいかなる議論においても，重要な目標は，どのような特定の認知課題であっても，そこで生じる加齢にともなう変化の原因を説明することであるということを認識しておくことが大切である。たとえば，20歳から75歳までの被験者のグループが認知課題においてテストされたとすると，その課題の遂行に個人間の変動があるだろう。この変動の原因は多くのカテゴリーに分類できる。いくつかの変動は被験者がどの程度の教育を受けてきたかに関係する。また，被験者がその課題に対してどの程度の経験を積んでいるかにも関係する。もちろん豊かな経験をもつ者は多少成績がよくなる。もう1つの変動の源が年齢である。すなわち，若齢者は高齢者より成績がよい。認知のエイジングの理論は年齢に起因する遂行の変化のみを説明することに関心がある。

　このように，認知のエイジングの根底にあるとわれわれが信じているメカニズムによって，認知課題におけるすべての変動を説明することに必ずしも関心があるわけではないことを最初に心に留めておくことは大切である。むしろわれわれは，年齢に関係している認知課題における変動部分が，これら4つのメカニズムの1つによって説明あるいは媒介されうるかどうかを知ることに関心を抱いている。もちろん，加齢にともなう変動が複数の原因をもち，複数のメカニズムが認知課題における遂行の年齢差を説明するということも論理的には可能である。したがって，あるメカニズムに有利な証拠が，年齢効果を説明するのに重要で根源的な影響があるとしても，他のメカニズムが重要な役割を果たしていないという

証拠にはならないことを認識しておくことは大切である。

●● 処理速度説

　ソルトハウス（Salthouse, 1991, 1996）は，ビレン（Birren, 1965）らによる初期の研究の上に構築した，高度に発展した理論を提案している。そこでは，遂行において加齢にともなう変動をもたらす基本的メカニズムは，心的操作を遂行する際の全体的な速度低下であることを示唆している。ソルトハウス（1996）は非常に大量の証拠を整理分類することにより，記憶から推理にまたがるたいていの種類の認知課題に関して，加齢にともなう変動のほとんどすべては，知覚的速度課題において，被験者がどの程度速く比較するかを知ることにより説明できるということを示した。知覚的速度課題は対呈示される数字，文字列，2個の類似した符号について，知覚的な同異判断をできるだけ速くすることを被験者に要求する簡単な紙と鉛筆によるテストである。処理速度は，通常1分から3分の間に設定する制限時間内での正答数により測定される。

　ソルトハウス（1996）は処理速度と認知間の関係に関連する2個の重要なメカニズムがあるという仮説を立てた。「制限時間メカニズム」は「大部分の利用できる時間が前の操作の実行によって占められれば，後にくる操作を遂行する時間は強く制限を受ける」（p.404）ことを示唆し，そして，「同時性メカニズム」は「前の処理の成果は，後の処理が完結されるまでに失われてしまう」（p.405）ことを示唆する。

　このように，高齢者は複雑な認知課題の初期の段階やステージを遂行するのが遅いこと，およびこの遅延により初めの操作における成果の利用が妨げられ，高齢者が後のステージに到達することができなくなるために，認知的遂行は年齢とともに悪化していく。この処理速度の概念は，認知課題における年齢による変動を説明するために，個人差の測度として使用される場合に，非常に効果的であることを証明した。

　遅延仮説（slowing hypothesis）に関して強調されねばならない重要なポイントは，処理速度の遅延化の効果は包括的で，明確な速度課題でないときでさえ，認知のすべての側面に影響すると仮説が立てられていることである。複雑な認知的課題を遂行する際，高齢者は認知遅延により，課題の後半部分を処理するために必要な，前半部分の心的操作の成果を利用できない。このようにして，高齢者は課題への正確な最終的な遂行のために必要ないくつかの心的操作を完成できない。だから，作動記憶，再生，推理のような課題において，これらの課題が必ずしも速度成分をもたないようにみえても，高齢者の遂行は，遅延化によって若齢者とは実質的に異なるものとなっている。認知課題を遂行するに要する心的操作がよ

りいっそう複雑になるに従い，高齢者が課題に従事する際の処理過程は，年齢に関連する遅延化によって引き起こされる心的な制約により，若齢者のそれとはいっそう異なる傾向を強める。そこで，高齢者と若齢者との遂行の最大の差は，課題が大変難しいときに観察されることになる。

●● 作動記憶

　クレイクとバード（Craik & Byrd, 1982）は作動記憶の概念に関係する認知のエイジングを説明する重要な枠組みを発展させた。クレイクとバードは，高齢者がいわゆる「自己駆動型処理」に従事する能力に欠点があることを示唆している。クレイクとバードが処理資源として言及したものは，作動記憶課題において最もよく測定される。作動記憶は，ある瞬間において情報を処理するために利用できるオンラインの認知資源の量として概念化できる。さらに情報の貯蔵，検索，そして変換を含む概念でもある。それはオンラインの心的操作を遂行する際に利用できる心的エネルギーの総量に相当する（Baddeley, 1986）。われわれは通常，被験者に情報の貯蔵と処理の両方を同時に遂行するように求めることにより作動記憶を測定する。たとえば，計算スパン課題において（図1-1に示されている課題），被験者は一連の単純な加算問題を解き，同時に，各等式の2番目の数字を覚えるように求められる。作動記憶は，被験者が等式における2番目の関連する数字を誤りなく記憶しながら，いかに多くの加算問題を解くかにより測定される。

　作動記憶として操作される処理資源における，年齢に関連したこの障害にかかわらず，クレイクとバード（1982）は，高齢者への「環境的な支援」の提供により，この障害は補償できるという重要な示唆を与えた。環境的支援は記憶課題の処理に必要なものを減少させる認知課題の要素である。いいかえれば，高齢者はより限界のある作動記憶能力しかもたないが，認知課題をより少ない能力だけで遂行できるように構造化できる。たとえば，調査において，質問が反応の選択肢のすべてが見えるように紙に書かれた形で呈示されたときには，質問が聴覚的に行われ，一度に1つの選択肢しか呈示されないときに比べて，高齢者は異なる答えをするという証拠がある。質問のタイプによる遂行の違いは，環境的支援により説明が可能である。選択肢が聴覚的に呈示される調査質問では，環境的支援が非常に低く，処理的な資源要求が高いといえる。なぜなら，回答者は，質問と反応の選択肢の両方を作動記憶に保持しながら，同時に質問に答えるための判断と比較を行わなければならない。対照的に，回答者にすべての答えが同時に見えるように書かれた形式の質問では，環境的支援は非常に高い。なぜなら回答者は質問に答えるために，作動記憶のなかにすべての情報を保持する必要がなく，単に判断と比較だけをすればよいからである。クレイクとバードのモデルを使えば，質問

が聴覚的になされたときには，視覚的な場合と比較して，高齢者と若齢者が是認する反応の種類に大きな差が生じることが予想される。

ミシガン大学の研究チームであるシュワルツ（Schwarz），クナイパー（Knäuper），ダヴィッドソン（Davidson），スミス（Smith）そして筆者は，この論題に関して予備的なデータを集めた。そして，高齢者と若齢者の行動パターンの違いは，課題が視覚的呈示よりも聴覚的呈示においてかなり大きくなることを発見した。すなわち，高齢者は聴覚的に質問が呈示されるとき，多重選択肢型の質問で呈示された最後に位置する，または最も新近性のある選択肢を支持する傾向があるようにみえる（シュワルツとクナイパーが後に，本書の13章で報告しているように）。われわれはまた若齢者と高齢者の差のパターンは，同じ質問が視覚的に呈示されたときには小さくなるか存在しなくなることを発見した。これらの差が処理資源によりコントロールされているかどうかという論点は，われわれにとって少なからず興味のあるところである。そこで，この問題に取り組むために作動記憶の測度に基づいた個人差の分析を行っている。仮説は次のようである。作動記憶の機能により測定されるような個体が所有している処理資源の量は，作動記憶が強く関係する聴覚的に呈示された質問においては反応パターンを予言するが，回答者が呈示された情報材料を好きなように参照できる視覚的に呈示された質問に対しては適切に予言できない。

年齢差を緩和する環境的支援の重要性は文献における多くの研究により示されている。パーク，スミス，モレル，パグリシとダドレィ（Park, Smith, Morrell, Puglisi, & Dudley, 1990）は，若齢者と高齢者に具体的な物体の写真を無関連の手がかり（たとえば，「サクランボとクモ」）とともにか，あるいは関連をもつ手がかり（「アリとクモ」）とともに呈示した。

被験者の課題は，これら2個の手がかりのうち1個が呈示されたとき「クモ」という単語を再生することである。パークら（1990）は，高齢者は若齢者よりも，再生語と概念的に関連する手がかりを与えられたときには，関連のない手がかりのときに比べて多くの支援を得ると報告した。関係する手がかりは自動的に活性化される記憶支援を与える（たとえば，単語の意味）。この記憶支援の利用は作動記憶に大きな負担をかけないので，高齢者の記憶再生を増進するのに効果がある。対照的に，無関連な手がかりと対にされた目標刺激（ターゲット）の絵の呈示は，ターゲットと手がかりとの能動的な統合を必要とする。すなわち作動記憶の能動的な介入を必要とするので，高齢者は若齢者と比べ，記憶再生を支援する手がかりの使用に不利益な場合が多い。

もう1つの研究で，チェリー，パーク，フリースクとスミス（Cherry, Park, Frieske, & Smith, 1996）は，被験者に文章に含まれている意味が重要な形容詞を

学習する課題を与えた。被験者は次に示すような3種類の条件で形容詞を呈示された。(a) 簡単な基礎的文章（たとえば，しかめ面をした男がチーズをつかんでいる）のなかの形容詞「しかめ面をした」，(b) 形容詞は基礎的文章のなかに呈示されているが，形容詞と文章との関係を精緻化するための複雑な絵（しかめ面をした男がネズミ捕りを手に持って描かれている）とともに呈示，(c) 文章も絵も複雑で，互いに内容が調和している（精緻化された絵が文章に沿って示された，「しかめ面をした男が，指にネズミ捕りをぶら下げながら，チーズをつかんでいる」）。図1-4が示すように，基礎的文章のみを調べたときには，記憶再生について年齢差が大きい。基礎的文章に精緻化された絵を環境的支援として加えたときには，若齢者も高齢者も両群ともに再生が向上するが，高齢者のほうがより大きな促進効果を受けた。精緻化された絵が複雑な文章とともに呈示されたときには，文章と絵は冗長な情報を共有しているので，年齢差は小さくなり，高齢者の再生は対照条件である基礎的文章に比べ，3倍以上よくなっている。このように絵の追加は文章により記述される関係を精緻化し，仕事に要する作動記憶の要求度を制限することができる。

　これらの研究は，日常生活における情報を高齢者が覚えやすいようにデザインするとき，刺激対象に関連する作動記憶負荷を思い浮かべることが非常に重要であることを示唆する。高齢者に対する教示や他の情報を記憶負荷ができるだけ小さくなるようにデザインするのが一番である。符号化する際の記憶の手がかり，検索時のプロンプト，および忘れやすい情報を書き留めるように高齢者に教える

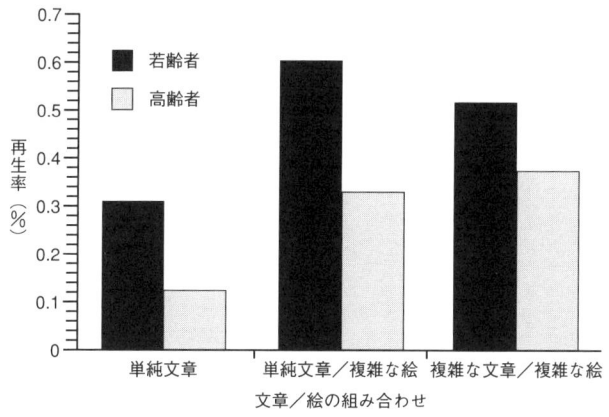

●図1-4　符号化において精妙な絵を時々ともなう文章に含まれるターゲット形容詞の再生比率 (Cherry, Park, Frieske, & Smith, 1992)。

ことは，よい記憶をもたらすための環境支援の重要な方法である。

●● 処理速度と作動記憶の関係

　最近まで文献において十分に注目されなかった問題として，速度と作動記憶の関係の性質がある。この両者は認知機能における年齢に関する低下を説明するメカニズムとしてどのように働くのであろう。構造的方程式モデル (structural equation modeling) とパス分析 (path analysis) がこれらの構成概念の相互関係を決定することを可能にする。最近の研究において，われわれはこの関係を調査した (Park et al., 1996)。われわれはまた，あるタイプの記憶は他の記憶よりも多くの認知資源を必要とし，年齢差は最も資源を多く必要とする記憶課題において最大になるという，本章の初めで展開した見方を検証することに興味をもっている。20歳から90歳の年齢にわたる301名の大人の標本を，各10歳区切りのグループで，人数がほぼ等しくなるようにして研究を行った。被験者は完全な認知テストバッテリーを与えられた。そこでは，処理速度の測定（パターン比較，文字比較，数字・シンボル課題），作動記憶（リーディングスパン，計算スパン，数字の逆再生），言語能力が他の多くの課題と同様に含まれる。これらの資源の構成概念は自由再生，手がかり再生，そして空間記憶の3つの異なるタイプの記憶における加齢にともなう変化を説明するのに用いられてきた。概して，自由再生はその課題に含まれる符号化や検索の環境的支援がほとんどないので，最も努力を要するタイプの記憶と考えられる (Craik & Jennings, 1992)。それに対して空間再生は最も努力を必要としない課題であり (Hasher & Zacks, 1979)，手がかり再生は資源の必要性が中くらいであると仮説が立てられてきた。われわれは以下のような3つの仮説を立てた。(a) 加齢にともなう変化は処理速度と作動記憶により媒介される，(b) 速度は作動記憶に比べより基本的なメカニズムであり，すべてのタイプの記憶に関係している，(c) 作動記憶は空間再生よりも自由再生のほうにより強く関連している。

　これらの仮説のすべては図1-5に示されるモデルで検証された。この図はすべての有意な年齢差が速度により媒介されることを示している。加えて，速度は作動記憶を通して作用するが，作動記憶はもっと努力を要する2つの記憶，自由再生と手がかり再生へのみ直接的なパスをもっている。このモデルは速度と作動記憶の構成概念が基本的に重要であることを実証している。なぜなら，速度の構成概念の関与を仮定すると，年齢に関連する意味のある変化のほとんどがこのモデルで説明されてしまう。さらに，作動記憶の構成概念は2つの最も努力を要する記憶，自由再生と手がかり再生にのみ関連しているが，努力を要しない空間再生には関連していない。そのため，このモデルは記憶課題で生じる年齢差を説明す

1章 認知機能のエイジングにともなう低下を説明する基礎的メカニズム　15

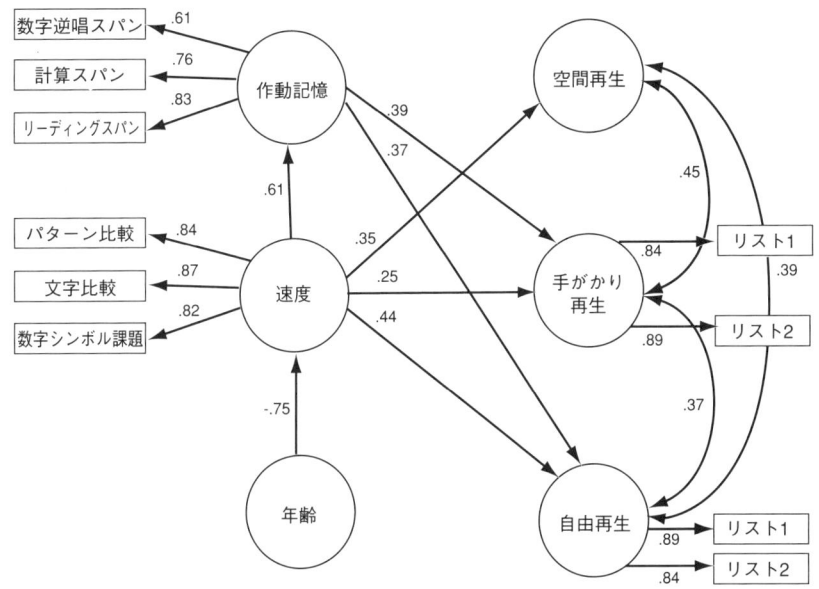

●図1-5　自由再生，手がかり再生，空間再生に関する構造的方程式モデル。これらの構成体に対する年齢，速度，作動記憶の関係を示す。各パスに関して，標準的なパス係数が呈示されている。示されたすべてのパスは統計的に有意である（N=301）（Park et al., 1996）。

る際の，処理速度と作動記憶の構成概念の重要性を独立して検証することを可能にする。速度と作動記憶の異なる記憶測度への異なる関連のおかげで，モデルはいくつかの構成概念があるタイプの記憶に対して，他のタイプの記憶に比較してより重要であることを示している。モデルはソルトハウス（1996）およびクレイクとジェニングス（Craik & Jennings, 1992）の両理論を支持し，速度と作動記憶の両者が記憶の年齢差を理解するのに重要であり，より心的努力が必要であることを独立的に実証した記憶課題で年齢差が最大となることを明らかにした。

●● 抑　　制

認知のエイジングの文献で3番目に重要な構成概念は抑制である。ハッシャーとザックス（Hasher & Zacks, 1988）は，ターゲット情報に焦点を合わせ，無関連の対象に対する注意を抑制することが，年齢とともにより困難になるという考えを提案した。この見地によれば，高齢者ではしばしば課題に関連情報と無関連情報の両者間で注意が拡散するので，認知における加齢にともなう低下であると

考えるものの多くは，主要な情報へ焦点を合わせ続けることができないことによって生じる。ハッシャーとザックスは，効率の悪い抑制過程では，「目標への進路からはずれた情報が作動記憶のなかに，初期に侵入してくることを許してしまうこと，その結果，作動記憶のなかにそのような情報が長く留まることが生じる」(p.213) ことを示唆した。このように，このモデルによれば，作動記憶の内容が年齢とともに減少または縮小するようにみえるにもかかわらず，この見かけの減少の根底にあるメカニズムは，非効率な抑制メカニズムにより生じるターゲット情報の犠牲のもとに，作動記憶においてかなりの量の無関連情報を維持していることによるものである。ハッシャーとザックスのモデルは特に談話の処理に当てはまる。彼らは高齢者が若齢者よりも，前に聞いた役に立たない先行する情報を記憶に維持し，この不適切情報が次にくる認知的パフォーマンスに影響することを示唆する説得性の高いデータを呈示した。

彼らの後の研究で，ハッシャー，ストルツファス，ザックスとリプマ（Hasher, Stoltzfus, Zacks, & Rypma, 1991）は，第1試行で抑制されるべきであった反応が第2試行での正反応の基礎になるとき（負のプライミングのパラダイム），高齢者はより速く反応することを実証した。この結果は，注意ステージの初期において高齢者の抑制機能が弱いことの証拠となる。不幸にも，ハッシャーら（1991）による高齢者における負のプライミングの増大（前試行からの刺激効果を抑制することができないことにより証明される）の発見は，多くの研究が負のプライミングは生涯を通じて年齢により変化しないことを証拠立てているので（McDowd, 1997），容易に再現できるとの証明がなされていない。したがって，認知のエイジングの現象を理解することにおける抑制概念の重要性は現時点では明確ではない。

何人かの理論家は，抑制のすべてにわたる現象は信頼できないこと，および他のメカニズムや構成概念が，言語および談話の処理（Burke, 1997）と注意（McDowd, 1997）についての存在するデータをよりうまく説明できることを主張している。これらの批判に対して，ザックスとハッシャー（1997）は抑制メカニズムが認知のエイジングを理解するために重要かつ基本的であることを主張した。彼らは抑制が言語産出事態や他のオンラインの産出課題において作用することを示唆するかなりの支援データを整理した。また，抑制効果は個体が強い反応を抑制しなければならないとき最も顕著となること，そして，それは高齢者が貧弱な抑制機能しかもたないとの証拠をよく示す事態であることを指摘した。彼らは，他の代替する説明が，抑制の構成概念が説明のためのメカニズムとして引き合いに出される個々の研究に対して適応可能であることを認めているが，抑制が現存するデータの集積に関しては最も節約的で好まれる説明を提供することを主張している。

抑制の構成概念に関するさらなる議論は，9章においてユーン（Yoon），メイ（May），ハッシャーによりなされている。貧弱な抑制機能の概念は，多くの日常生活における高齢者の行動を理解するのに大変重要であろう。パーティーにおいて多くの会話がなされているときのように，多数の情報源を呈示されているが，たった1つの情報に注意を払わなければならないとき，高齢者は注意散漫に陥りやすくなる。加えて，高齢者が抑制過程においてもっている困難性は社会的事態における心的制御の貧弱さにも関係する。高齢者が自分の意見を話す傾向が強いというステレオタイプ的行動は，社会的慣習についての関心が欠けているというよりもむしろ，社会的事態において抑制過程が効果的に作用しないことに関係づけられる。

われわれは最近，被験者が簡単な物語を話しているときに「アー」と言ったり，他のつなぎ語を挿入する傾向を測定する実験を行った（Hunter, Park, & Schwarz, 1998）。後に，このつなぎ語を，物語を話すときに抑制するように被験者に求めたところ，高齢者は若齢者よりもこの挿入語を効果的に抑制することがより困難であった。特に，同時に高い作動記憶負荷がかかるような事態では困難差が顕著であった。このように高齢者にあることをしないように，またはあるタイプの反応を抑制するように教示すると，若齢者で得られるものとは異なる効果が高齢者では出現する。われわれはいくつかの年齢的なステレオタイプ（「偏屈」，「鈍感」，「他者への寛容性の低さ」）は，高齢者が強く活性化されている社会的事態では不適切な反応を抑制することができない結果であると主張している。われわれは抑制機能と加齢については，速度や作動記憶と比較するとかなりわずかなことしか理解していない。また，この構成概念を発展させていくには方法論的にいくつかの限界がある。なぜなら，抑制機能の個人差に関する信頼できる測度を開発することが困難だからである。われわれは，図1-5に示されたモデルにおいて，記憶機能に対する抑制の構成概念の相対的な貢献度を検証することを望んできた。しかし，いまだこの構成概念の信頼できる測度を開発できないでいる。

このように現時点では，認知課題に対する抑制機能による加齢にともなう変化の減少はまだ実証されていない。それにもかかわらず，この構成概念を取り巻く豊かな理論性，抑制神経回路の存在，そしてハッシャーとザックス（1988）の議論を支持するかなりの量のデータは，抑制が認知のエイジングの説明概念として引き合いに出され続けるとともに，研究の継続の価値がある構成概念であることを示唆している。

●● 感覚機能

高齢者の認知機能の基礎となるメカニズムに関する驚くべきデータがベルリン加齢研究から最近見いだされた。リンデンベルガーとバルテス（Lindenberger &

Baltes, 1994) はベルリンに住む70歳から103歳の高齢者からなる大きな標本から，非常に多量の医学的，感覚的，認知的，そして社会的な測度を集めた。最も高齢の年齢においてでさえ，各々10年間にわたり，同じ被験者の代表を選んだ。リンデンベルガーとバルテスは認知能力の14のテストにおいて（処理速度，推理，記憶，世界に関する知識，言語の流暢性を含む），ほとんどすべての年齢変動が視覚的および聴覚的感度の簡単なテストで測定された感覚機能により媒介されたことを示す強力な証拠を報告した。

　感覚測度は処理速度よりももっと基本的な認知の指標であるようにみえた。感覚測度は処理速度におけるすべての変動を媒介した。しかし，その逆は真ではなかったので，感覚機能は認知のエイジングの基本的な指標であるという考え方の信頼性を増加させた。リンデンベルガーとバルテスは感覚機能が脳の統合性に関する厳密な測度となることを主張している。彼らは「共通原因仮説（common cause hypothesis）」を提唱した。そこでは，感覚機能は神経生物学的な体系として，認知機能にとって基本的なものであり，すべての認知能力の強力な媒介体となるとしている。

　後の研究でバルテスとリンデンベルガー（1997）は，上記で行った分析に似ているが，被験者として25歳から103歳までを含むという生涯にわたる標本を用いて分析を行った。図1-6に示されるように，彼らは認知機能のすべての側面において，生涯を通じて一貫した減少が生じることを実証した。従来，年齢に関連する低下に強い抵抗を示すとみなされてきた（図1-1参照）領域である常識や言語の流暢性がそのなかに含まれていたことにはいくぶん驚かされる。この減少関数は認知症の初期段階にある高齢者を標本から除いても変化しない。加えて，認知症の被験者が含まれても除外されても，いずれの場合にも感覚機能により認知低下が媒介されるという強力な証拠がある。最後に，リンデンベルガーとバルテス（1997）は，減少勾配の傾斜度は教育，職業，社会的階級，収入の関数として変化しないことを実証した。この結果は，減少が社会的な歴史（生活経験）よりもむしろ生物学的なものに基づいていることを示唆するとともに，感覚測度が神経的な状態の指標を提供し，それが次には認知機能を媒介するという意見に自信を与えるものである。

　また，図1-6は，生存能力や寿命において優れた標本が集められたという可能性を考慮すれば，これらの関数における加齢にともなう減少を過小評価している可能性があることに注意しなければならない（Baltes & Smith, 1997）。非常に高齢まで生き延びた個体は，生き延びられなかった個体に比べ，より健康で，認知的により選抜されたものであるかもしれない。縦断的研究の初期に個体から認知データを得たが，途中で死んだり，参加を断ったりした被験者に関する詳細な分析

がバルテスとスミス（1997）によってなされた結果，ベルリン加齢標本は，認知測度を含むすべての検討された25の変数においてよい成績になる人が選択されていたことが示唆された。

　ベルリン加齢研究からの発見は，認知のエイジングの理解に大いに重要なものである。多くの異なるタイプの認知が研究され，わずかの選抜された個体のみが研究されるような認知加齢研究とは異なり，人口のすべての側面を代表する標本が含まれていた。それに加えて，これは，80歳代，90歳代，そして100歳を越

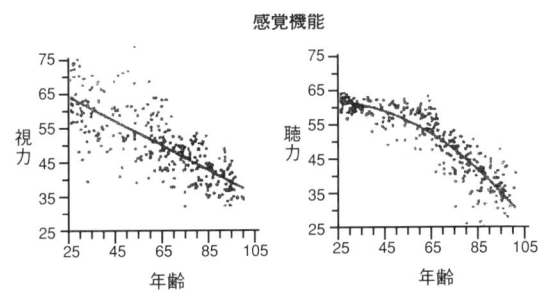

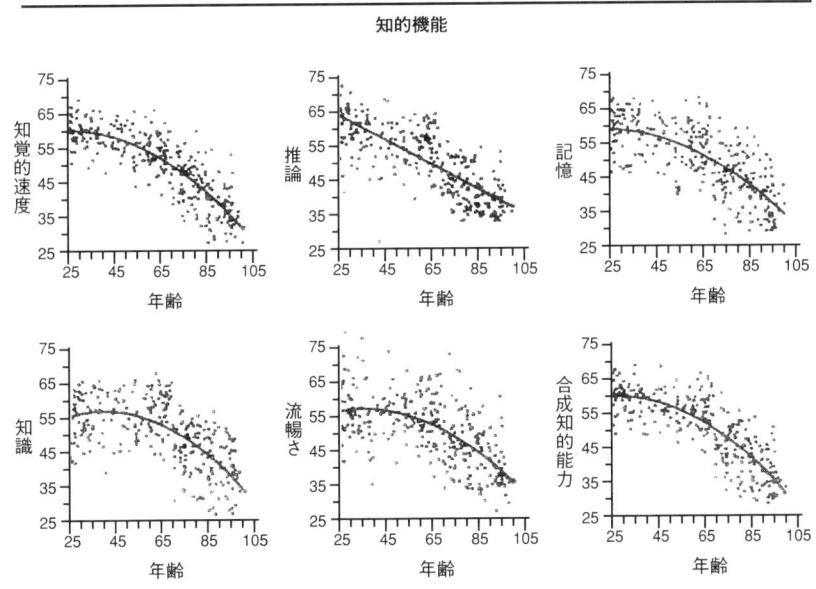

●図1-6　生涯にわたる感覚機能と知的機能の低下（N＝315）
(Baltes & Lindenberger, 1997)（訳注：縦軸はTスコア）。

える年齢までの多数の被験者を含むまれな研究である。だから，この研究は，われわれが比較的知るところが少ない，超高齢期における認知のエイジングへの完全な視界を提供する。ここからの重要なメッセージは，教育水準が高く，裕福で，高い認知能力をもっていても，加齢に関連する低下からは逃れることができないことである。

社会的階級や教育などの社会自伝的変数が年齢効果を緩和しないという発見は，個体が同じ比率で老化し，能力における初めの水準にかかわらず，加齢にともなう低下を示すことを示唆している。それにもかかわらず，これらのデータから，異なる初期能力をもった個体が，日常生活環境において認知のエイジングに対して同じ効果を示すだろうと解釈されるべきではない。

バルテスとリンデンベルガー（1997）のデータはチェリーとパーク（1993）のものと同様に，教育水準の高い個体は認知資源が大きいことを明らかに示している。このように，すべての社会経済的なグループに関する認知能力が一様に低下するにもかかわらず，社会自伝的な変数は，認知のエイジングが個体に危険をもたらすような状況を理解するのに重要であることはほとんど疑いがない。パーク（1997）が言及しているように，大量の認知資源とともに人生を始め，そして加齢に関連する有意な低下を経験している個体は，日常生活の課題，たとえば，決まりきった財政上の仕事，薬の摂取の管理，買い物や料理の処理などを遂行するのに必要な認知資源の量を保持しつづけているだろう。

対照的に，若齢者はこれらの課題をなんとか処理できるが，初期の認知資源が比較的低い個体では，加齢とともにこれらの課題を遂行するのに必要な資源が臨界的な閾値以下に落ちてしまい，老人施設への収容が必要となる。日常生活における認知資源の重要性については，認知のエイジング研究の応用的側面に焦点を合わせた12章でもっと完全に考察される。

3. 要　約

認知のエイジングのメカニズムにおける加齢にともなう変化が，注意，記憶，抑制，推理，問題解決を含む多くのタイプの認知的行動に及ぶ広範囲の認知課題において観察される，加齢にともなう低下の基礎にあることを示すよい証拠がある。速度，作動記憶，抑制，感覚機能の構成概念は本書の次章以降で何度もくり返し出現するだろう。今日までの証拠は，感覚機能と速度が個体の中枢神経系の全体的な神経的統合の厳密な指標であることを示唆している。しかし，これらの認知のエイジングの行動的測度を個体内の神経生物学的な機能に直接関連づける

挑戦はまだなされずに残っている。作動記憶の機能は処理速度に直接的に関係しているかにみえる。しかし，それにもかかわらず，作動記憶はそれ自身重要な構成概念であり，努力を要する課題において，速度とは独立的な変数を支配しているようにみえる。最後に，認知課題にかかわる加齢にともなう低下における抑制の役割は3つの他の基本的なメカニズムに比べ，十分には理解されていない。これからの研究により，認知のエイジングの他の基本的なメカニズム，感覚機能，速度，作動記憶能力と抑制との関係を確立することが必要である。

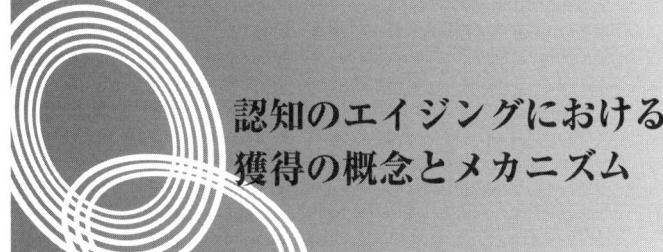

2章 認知のエイジングにおける獲得の概念とメカニズム

ロジャー・A・ディクソン（Roger A. Dixon）

「獲得」という用語は，人間発達の，特に生涯発達の心理学的側面の研究において使われる頻度が増加している。発達的「獲得」は，発達的「喪失」と明瞭に区別される。それにもかかわらず，前者の用語の意味と使用および後者の用語との関係については十分吟味されていない。「獲得」が生涯を通じた，特に人生後期における発達に当てはまるように，本章では「獲得」の概念に焦点を合わせたい。

1. 獲得の考え方

伝統的な辞書的観点でいうならば，獲得は勝ち取られた，または習得された望まれるべき何かである。獲得は改善，上達，進歩または価値のある目標に向かう動きさえも包含する。獲得は必ずしも努力の産物ではないが，人が状態やスキルを改善することを求めているときには，しばしば努力の産物となる。他方，喪失は勝ち取ることや習得することの失敗，人がもっているものを保存したり持続させたりすることの失敗を反映する。喪失は人が前に所有していたか，もしくは求めていた何かを，それが数値的であろうと（前より少なくなる），質的なものであろうと（前よりも低下する），奪われた状態である。喪失は一般的には意図的な努力の産物ではなく（ヒトは自分が持っているもの，および持ちたいと思っている何かを失うことを，自ら求めることはめったにない），喪失は努力の失敗，事故，病気，または連続的な低下の所産である。

変化は獲得と喪失の両者の前提である。量や質における変化は，(a) 低いまたは悪い状態から，高いまたはよい状態への動きを含むならば獲得として，(b) 高いまたはよい状態から，低いまたは悪い状態への動きを含むときには喪失として評価できる。もし，システムや処理過程の状態に変化も変更もみられなかったら，

それは定常状態，維持と安定の時期にあると（日常用語では）いわれる。

発達の基本的な特徴は，多様な分析を行い，誕生から死にいたるまでの生涯を通じて考えると，人間という有機体は変化するということだといえる。形，性質，特徴，他のもろもろの側面で変化してくることである。この生涯を通じて生じる変換は獲得，損失および維持の期間と多様性を含む変化である。このことは人生の後の4分の3（成人期）と最初の4分の1（児童期）の両方に当てはまる。児童期と成人期における発達のステレオタイプは異なる獲得と喪失のパターンを示すが，変化の両方向はすべての局面で生じる（Baltes, 1987）。獲得と喪失が成人期にどのように本質的に関係しているかについてのわかりやすい例は，以下のようなものである。ヒトは年齢を「獲得」する（年をとること）につれ，生きることが可能な残された時間を「喪失」する（死に近づいていく）。

しかしながら，成人は年をとるにつれ，生きるために残された時間よりも多くのものを失っている。実際，加齢とともに，生物学的（Medina, 1996），感覚的（Schieber & Baldwin, 1996），認知的（Salthouse, 1991）変化は，ほとんどが無理なく損失と評価されている。成人期を通して生じる動きのなかに，基本的で意味のある獲得は存在しないのか？　獲得であると論証的に評価できる加齢にともなう変化はないのか？　それとも，獲得という概念は加齢現象に適合させるためには何らかの修正が必要なのか？　本章のおもな目的は，成人における認知的変化の議論において使われてきた，あるいは認知のエイジングの分野において知られている「獲得」の概念を見直すことである。加えて，獲得と喪失の研究における経験的で理論的な新しい方向性に注目することである。

2. 獲得と喪失の概念化

成人期における認知的発達は，全体として喪失のみにより特徴づけられることはないだろう（実際のところ，獲得ふうのものも含まれる）ということが，20世紀のほとんどの期間において，時折，心理学者により注目されてきた。確かに，認知のエイジングの獲得は典型的には喪失の文脈のなかにおかれる。たとえば，より若齢者（高齢者と比較して）に有利な知的遂行における年齢差を観察しても，初期の学者たちのなかでも認められているように明らかな例外がある（Jones & Conrad, 1933; Pressey, 1919; Sanford, 1902; Dixon, Kramer, & Baltes, 1985 参照）。加齢の喪失の法則にとっての例外は，低下の始まりが一般的に遅延するようにみえる過程，広範囲な個人差をもって発達する過程，そして支援可能なメカニズムに連結している過程を少なくとも含んでいた。近頃では，認知能力とスキルの維

持に関する可能なメカニズムと獲得と喪失の間のダイナミクスに焦点を合わせている研究者もいる（Baltes, 1987; Baltes & Baltes, 1990; Perlmutter, 1990; Salthouse, 1987, 1990; Uttal & Perlmutter, 1989）。

　他の観察者は近頃，加齢低下と比較的切り離されており，実のところ基本的には成長志向と考えられてきた過程を明らかにしてきた。そのような獲得は喪失の法則の例外とはみなされないで，むしろ低下とは独立したものであり，展開していく（あるいは成長していく）有機体や環境の関数として産出される。全般的に，興味をひく視点として，獲得が認知のエイジングのなかに出現しうるのかどうか，出現するとすれば，いかに，なぜ出現できるのかということが論じられてきている。

3. 相補的な観点

　本章はパーク（Park）による1章と対をなすものである。1章では，認知のエイジングの基礎的メカニズムに焦点を合わせたが，その際，獲得よりも喪失に力点があった。この2つの章は対比というよりも対をなす一組という考え方を強調したい。なぜなら，2つの章は異なる軌跡をもつが，これらの章で示される理論的な見地は同じ概念で測れないものではないからである。実のところ，近位の理論的，経験的な目標にはいくつかの相違があるにもかかわらず，この2つの章において代表される見地は認知のエイジングの研究において相補的なものである。それらはともに記述的および説明的な水準で，獲得と喪失の論点に注目するだけではなく，相対的に多くの制約と包括的な目的を分担している。加えて，両視点は認知のエイジングにおいて必ず生じる拮抗を，すなわち生涯を通じての喪失と獲得の変化するバランスを議論している。

　他のところで議論されているように（Dixon & Hertzog, 1996），認知のエイジングの多様な理論的視点は焦点，仮説，バランス，そして方法の数多くの点で異なる。しかし，それらはいまだ競合するパラダイムがあるべきように，強く対立しておらず，むしろ，それらの違いを通して互いに相補している。それにもかかわらず，認知のエイジングの分野では，二者択一的な視点が同じ領域上で戦うことがしばしばあるとはいえない。そのことは，個々の主張者たちの引用パターンを非公式にでも吟味するとすぐに確認できる。認知のエイジング現象の輪は非常に大きく，広い範囲の (a) 論点，概念，方法，理論，(b) スキル，パフォーマンス，行動，能力，反応，信念，(c) 観察，方向性，解釈，推理，原因さえも含むことがある。実は，認知のエイジングの輪の異なる区分が探求されていることは有益である。これらの異なる区分のなかに，加齢にともなう獲得と喪失を代表すると

考えられる現象が潜んでいる。

4. 獲得と喪失の論点の取り扱い

認知のエイジングにおける獲得・喪失の論点に関して4つの主要な取り扱い方がある。最初の3つについては手短に議論するが，4つ目の取り扱いについては，少しばかり，より詳しくふれてみたい。この4つの考え方は質問形式で示すと以下のようになる。

1. 学者たちは認知のエイジングの獲得と喪失について，（理論的，推測的に）何をいっているのか？
2. 教科書の著者たちは認知のエイジングの獲得と喪失について，生徒に何を教えているのか？
3. 研究者たちは認知のエイジングの獲得と喪失について個々人の信念を調査するとき，何を発見するのか？
4. 獲得は喪失の文脈において，概念的，経験的にいかに表現されうるのか？

●● 学者の視点

上に述べたように，いく人かの学者は認知のエイジングにおける獲得の概念を含む理論的な立場を構築している。バルテス（Baltes, 1987, 1997）は認知のエイジングには獲得があるという考え方の中心的な主張者である。確かに彼の視点は包括的なものである。なぜなら，彼はかなりの喪失もあることを必ず認めるからである。全体的に生涯発達は，獲得，喪失，維持の同時的な変換を反映している複雑な過程として描かれる。バルテスの主張するところは，獲得・喪失の論点は生涯的な論点であり，もっと明確にいえば，獲得の喪失に対する比率が生涯を通じて変化するのだということを強調する。簡単にいうなら，人生の初期には獲得が喪失を上回り，人生の後期では喪失が獲得を上回る。おそらくこの描写の最も注目すべきところは，子どもの発達においても喪失があり，加齢においても獲得があるということである。この考え方は，発達の考え方の伝統的な獲得・喪失の概念への挑戦的な再公式化という性格をもつ。しかしながら，より広範囲な発達の概念は，人生のいかなる特定の時点における獲得対喪失比の正確な値に依存しないし，またその関数の形の正確な表現にもよらない。他の学者たちは認知のエイジングの獲得・喪失論争において相補的な取り扱いをしている（Perlmutter, 1990; Uttal & Perlmutter, 1989）。同様に，発達の概念に獲得と喪失の両者を含むように拡張する問題は他のところでも議論されている（Dixon, Lerner, & Hultsch,

1991; Harris, 1957; Lerner, 1984; Wohlwill, 1973)。

●● 教科書における描写

　成人発達と加齢に関する著名な教科書では，獲得と喪失の概念はいかに記述されているであろうか？　筆者は非公式にこの分野の最近出版された4冊の教科書を選び，調査してみた。これらの教科書を選択する2つの基準は，(a) 成人発達の心理学における学識への積極的な貢献者が1人以上著者に含まれること，(b) 教科書がこの数年間以内に発行されたものであることである。筆者は，以下の4点におもな関心をもって本を精査した。

1. 獲得・喪失論争が顕著であるか否か，またその程度は？
2. 認知のエイジングの特徴として，獲得がどの程度記述されているか？
3. 記述された獲得は認知的喪失に関係づけられているか？
4. 加齢にともなう認知的喪失についての顕著な理論がどの程度記述されているか？

　全体として，筆者が調べた4冊の本は，感覚，健康，社会的役割，そして認知能力における加齢にともなう低下について，かなりの範囲の内容を含んでいる。特に，若齢者に有利な年齢差が，さまざまな記憶や他の認知過程に関して報告されている。しかしながら，そのような認知的喪失に関するかなり経験的な文献とともに，これらの喪失の範囲，その分岐，原因に関する，よく確立されよく検証された理論がある (Cerella, 1990; Craik & Jennings, 1992; Light, 1991; Park, 本書の1章; Salthouse, 1991; Zacks & Hasher, 1994)。これらの教科書は，すでに出版された考え方，経験的な結果，認知的獲得に直接関連のある理論に比べ，この比較的大きく，影響を及ぼす理論的文献をどの程度十分に提示できたのであろうか？

　教科書のページ数の多さや図表の多さの点で，これらの4冊の教科書は，認知的喪失の理論よりも，認知的獲得に関連するはるかに多くの情報を提供した。実のところ，教科書のうちの3冊はソルトハウス (Salthouse, 1991) の全般的速度低下に関する影響力と説得力のある見地のような，認知のエイジングの著名な理論について実質的にまったくふれていない。対照的に，理論的には，これらの教科書はポスト形式的操作，弁証法的・相対論的思考，知恵，創造性，そして熟練性を含む認知のエイジングの獲得の可能性についてより焦点を合わせている。成人発達と加齢に関する心理学の教科書には，加齢にともなう獲得についての考え方を認め，それに光を当てているものもあるが，しかし，認知的喪失に関する理論的文脈のなかで，それらの議論は片隅に押しやられているだけである。この観察は，もし認知的獲得と喪失に関連した文献の相対的な量と影響が後者のほうに圧

倒的に大きいことを認めるならば、もっと意義がある。ひょっとしたら、認知のエイジングに関する楽観論的な視点が著者と出版者により計画的に採用されたのかもしれない。

●● 獲得と喪失についての信念に関する研究

　素人の（心理学の専門家ではない）成人は、加齢にともなう獲得と喪失について何を信じているのであろうか？　ヘックホーゼンとその研究仲間たち（Heckhausen, Dixon, & Baltes, 1989; Heckhausen & Krueger, 1993）は加齢に関連した獲得と喪失についての信念に関する調査を行った。それらの結果のいくつかは、認知のエイジングに関するものであった。代表的な手続きとして、ヘックホーゼンら（1989）は若齢者と高齢者に広範な人格特性（たとえば、疑い深い）、社会的特性（たとえば、友好的な）、および認知的特性（たとえば、知性的な）を記述する350以上の形容詞の系列を呈示した。これらの形容詞は、望ましい、望ましくない、どちらでもないの3つのカテゴリーに分類されるように選択された。参加者は、発達的変化に対する感度（たとえば、それが増加する、より強くなる、より共通になる：1＝まったくない、9＝非常に）と望ましさ（変化の望ましさ：1＝非常に望ましくない、9＝非常に望ましい）に関して、各形容詞を評価することを求められた。属性における非常に望ましい増加を獲得とみなし、非常に望ましくない増加を喪失とみなすことには、大きな思索的な飛躍はない。これに続き、参加者は20歳から90歳にまたがる成人期の年齢尺度上において、予期される開始年齢（増加が始まる年齢）と終了年齢（増加が止まる年齢）を評価した。成人期における獲得と喪失の間の全体的な釣り合いの取れた関係はバルテス（1987）により仮説的に提案されたものと非常に似ていた。すなわち、喪失に対する獲得の比率は児童期では高く、成人期では大変低い。

　本章の目的のために、筆者は、ヘックホーゼンら（1989）の論文のオリジナルの表を再吟味した。そうする際に、項目について原データから二次的な選択を行った。選択は次のような基準を含む。選択された属性はまず間違いなく認知的なものであった。

1. 成人期を通じて、増加しつづけると信じられる（平均＞6）
2. 獲得（平均　望ましさ≧6.6）または喪失（平均　望ましさ≦3.8）であると信じられる
3. 獲得であると信じられ、30歳以後の開始年齢をもち、70歳よりも遅い終了年齢をもつとき、加齢的獲得とみなされる。
4. 獲得と信じられるが、70歳よりも早い終了年齢をもつとき、加齢的獲得・喪失変化とみなす。

5. 喪失と信じられるが，30歳よりも遅い開始年齢で，70歳よりも遅い終了年齢のときには，加齢的喪失とみなす。

加齢的喪失・獲得変化というカテゴリーもありうるが，しかし，実際には出現しなかった。

この非公式な選択の結果は，すなわちこれらのカテゴリーがいかに分布したかは，簡単に要約できる。ヘックホーゼンら（1989）の研究に参加したドイツ人の成人は，加齢により生じる実質的に無条件な認知的獲得として以下の属性を評価した。それらの属性とは，人に関する知識，偏見のない，明敏な，経験豊かな，博識な，道理をわきまえた，穏健な，賢明な，教養のある，であった。獲得・損失変化のカテゴリーに適合する属性は，論理的な，生産的な，方法論的な，機転の利いた，適応的な，勤勉な，計画性のある，であった。対照的に，参加者によって加齢にともなう喪失として信じられている認知的属性は，教訓的な，用心深すぎる，わかりにくい，頑固な，忘れやすい，強情な，扱いにくい，ぼんやりした，であった。

要約すると，成人発達を広範囲な属性で特徴づけることを求められたとき，参加者たちは，学者たち（たとえば，Baltes, 1987）により生み出されたパターンに適合する，生涯にまたがる獲得対喪失比の変化のパターンを作り出した。さらに参加者たちは，望ましいものであり，かつ加齢とともに増進を続けることを信じる1組の認知的属性を認めた。これらのデータは知性の概念（たとえば，Berg & Sternberg, 1992）および加齢のステレオタイプ（たとえば，Hummert, Garstka, Shaner, & Strahm, 1994）の最近の研究と重なるところがある。たとえば，ヘックホーゼンら（1989）とフンメルトら（Hummert et al., 1994）の両研究において，機知に富む，賢明な，知的な，博識な，見識のある，生産的な（獲得から喪失へ）のような認知的獲得とみられた属性は，後期成人のステレオタイプ的な属性としていくつかの条件のもとで出現した。両研究は，認知的喪失は柔軟性のない，思考が遅い，忘れやすい，のような属性を含むと素人が信じていることを発見した。

●● 要　約

これらの短い検討により，獲得の概念に関する最初の3つの取り扱い方は，多くの観察者——理論的創始者，教科書の著者，そして素人まで——が，認知のエイジングにおいて，少なくとも選ばれた獲得が存在する可能性を考慮する理由があると信じていることを明らかにしている。理論的な学者は認知的獲得の考えに関する概念的な基礎を確立し，教科書の著者は加齢にともなう認知的獲得の可能性があることを楽観的な調子で大学生たちに教示している。そして，この問題に

特別の利害関係をもたない成人調査研究の参加者は，加齢とともに生じる増進を基盤づけるいくつかの過程を認めている。

　学者たちが，人間発達における獲得と喪失の諸側面を連結させるための挑戦的な企てをいまだ果たしてこなかったというのは不公平であろう（Baltes, 1997）。しかし，獲得と喪失を別々に，あるいは並行的に議論するという傾向が支配的であったことをいうのは公平であろう。たとえば，いく人かの著者は要約で，獲得について論評し，それから喪失について論評している。しかし，2つの概念は理論的にも経験的にも必ずしも関連づけられていない。後期成人期における認知的潜在能力と適応性（獲得であろうと喪失であろうと）の説明に断絶がある。加齢にともなう認知能力の低下に関する記述や説明に関連する経験的そして理論的な仕事はかなりあるが，真偽はともかく，加齢とともに保持されるかあるいは増進する認知過程に関連して，記述的かつ説明的な仕事はほとんどない。これら獲得と喪失の結びつきについて今後さらに詳細に吟味されるべきである。

　次の節では，獲得と喪失の取り扱い方に関する研究の4番目の主要なカテゴリーにふれたい。このカテゴリーは喪失の文脈のなかで獲得がいかに概念づけられるかの研究を含んでいる。

5. 喪失の文脈のなかでの獲得の概念化

　獲得と喪失の取り扱い方に関する4番目の主要なカテゴリーは最も大きく，最も複雑である。このカテゴリーは加齢にともなう認知的獲得と喪失に関する経験的かつ理論的な仕事に関係している。膨大な文献を調べた後に，筆者はそれを認知のエイジングの獲得の論点に対する以下に示すような3つの主要なアプローチとして分類した。

1. 獲得としての獲得，もしくは喪失により生じる制約にもかかわらず，あるいはそれとは独立して獲得が出現し，継続するという考え方。それは「両者は決して出合うことはない」原則を含んでいる。この考え方は，獲得としての獲得に焦点を向ける研究者たちはめったに認知的喪失に焦点を向ける研究者仲間の観察や理論に言及しない，あるいはその逆の傾向という筆者の非公式的な観察を反映している。
2. より少ない喪失としての獲得，もしくは認知的喪失が，(a) 期待よりも遅い時期に，(b) 普遍的ではなく，(c) 恐れられていた，または予想されていたよりも低い水準で，(d) 日常生活のスキルを弱体化させないような水準等々で生じたという一種のなぐさめのような考え方。

3. 喪失の関数としての獲得，もしくは特殊な，あるいは一般的な喪失に結びつけて考えられ，喪失により引き起こされるか，喪失を補償する見かけの獲得。

これらの下位カテゴリーは順次要約される。

●● 獲得としての獲得

　この選択肢は3つの下位カテゴリーのなかで，最も大胆でかつ最も楽観論的である。なぜなら，その考え方では，認知のエイジングの諸側面を，成人期を通じて連続的あるいは更新される成長を受けるものとして表現している。いくつかの例において，その考え方は加齢とともに思考または推理能力は連続的な成長をするという新有機体説（たとえば，新ピアジェ派）を受け入れる人間発達の視点に由来する。成長とは本質的に「構造的」あるいは質的なものである（たとえば，Commons et al., 1989）とさえする。例として，(a) 認知的発達の第5番目の，またはポスト形式的操作の段階（ピアジェの4番目の形式的操作段階を越えたもの（Sinnott, 1996）），(b) 弁証法的，相互作用的，相対主義的な思考または推理（Kramer & Woodruff, 1986），(c) 人生後期における知恵（Baltes & Staudinger, 1993; Sternberg, 1990）に関する研究を含む。観察者のある者はこのアプローチを「発達的アプローチ」として言及する。なぜなら，おそらくは発達の伝統的な概念は，成長が発達的である過程と衰退が発達的でない過程において採用されているからである。しかし，上に示したように，発達のより広い概念は成長と衰退の両者を含む。もし発達という用語が成長と等価でないとすれば，発達的アプローチは生涯における変化の軌跡に関するすべての様態を含む。他の場所では，有機体的，構造的，そして新ピアジェ派を含む他の用語が，この「獲得としての獲得」のアプローチに適切なものとして使用される（たとえば，Dixon & Hertzog, 1996）。

◇◇ **ポスト形式的操作**　ポスト形式的操作における基本的な研究上の問題は，（ピアジェの）形式的操作よりも質的に高い合理的行動のタイプがあるかどうかに関している。形式的操作の段階は，それを遂行する青年期や若齢者に関する主要な認知的進歩を現わしている。論理的，抽象的な思考は多くの有益な問題解決の道具を提供する。しかし研究者のなかには，成熟した成人がいくつかの認知課題において，相対論的で矛盾した，本質的にあいまいな性質を考慮できることが重要であると主張する者もいる（Perry, 1968）。形式的論理の使用や絶対的な解の追求は最も適応的な方略ではない。形式的推論によって制約されない（たぶんそれに先行されるが）能力や問題解決のスタイルは「ポスト形式的」操作として言及される。シノット（Sinnott, 1996, p.362）によると，ポスト形式的操作の精

髄は，一般操作規則を知り，それを自分の現実というフィルターを通し，使用する形式的操作論理システムを意識的に選択し，そして，それを「真実」として生きていくことである。この記述から，ポスト形式的操作はいくぶんかのメタ認知的な性質を含むようにみえる。すなわち，特定の分析と論理を採用する時と場所に関する評価とモニターを含んでいる。

しかしシノット（1996）が認めているように，研究の基礎における重大なギャップがいまだ解決されていない。おそらく，さらに特定化を進め，認知スキルがポスト形式的操作の代表的なものであるとみなすことは有益であろう。たとえば，シノットは多くの日常生活における認知的および社会認知的なスキルを反映するポスト形式的操作の例を提供した。それらは，「他者の言語または他の信念システムで話す能力。よりよいコミュニケーション。他者の論理で議論する能力。家族のための可能性に関する柔軟な見方……自分自身の偏見やフィルターを通した世界観を意識していること……。より創造的な問題解決。より柔軟な人間関係」（p.370）などである。この視点の提案者たちへの挑戦は，これらの価値あるスキルがどのように発達し，維持されるかという彼らの見地を，他のアプローチをする研究者の見地から区別することである。理論的に，ポスト形式的操作における獲得が認知的，感覚的，神経的な喪失と独立的に発達できるのかどうか，そして発達するのであればどのようにするのかという疑問にこの領域の研究者たちが取り組むことは1つの挑戦的な課題である。成人期における認知的成長のメカニズムは人生初期にそれを増進させたメカニズムと同じであろうか？　経験的にいえば，この視点を共有する研究者たちが，加齢のエイジングに関する彼らの刺激的かつ楽観論的な見地をテストするため，もっと研究を重ねることが重要である（Sinnott, 1996）。

◇◇**知　恵**　同じように刺激的な説として，加齢にともなう知恵の発達に関する多方面の研究が過去数十年にわたって行われてきた。知恵は加齢にともなう獲得であるということは，加齢についての信念に関する研究（Heckhausen et al., 1989）や知恵の常識的定義（Berg & Sternberg, 1992; Sternberg, 1990）を参照することにより確証することが可能である。すなわち，知恵は認知のプラス方向の価値をもつ特徴であり，しばしば年齢とともに増加するとみなされる。それが獲得としての獲得であるということは，知恵を認知的喪失の文脈のなかに典型的には置かない文献を検討することから参照されうる。知恵はポスト形式的操作とは2つの重要な点で異なる。第一には，それが幅広い成人の層にまたがり近似した意味をもたらす，持続する常識的な性質をもっていることである。第二には，成人期における知恵の発達はかなり経験的な研究の論題であったことである。

知恵に関する最大の研究プログラムの1つはバルテスとその共同研究者たちから始まった（Baltes & Smith, 1990; Baltes & Staudinger, 1993）。知恵を人生や生活の基本的な論点に関連して成長する専門的な知識システムの点で定義することは，ポスト形式的操作（Sinnott, 1996）のそれとまったく似ても似つかぬものとはいえないが，それを明確に専門知識の枠組みのなかで理解することは決定的な利益がある。知識の発達と専門性の獲得は一般的によく理解されている過程である（Ericsson & Charness, 1994）。専門性の発達の事実とその適切なメカニズムが積極的に多様な領域で研究されている。専門性に関する周知の原理によれば，領域における練習と経験が，さらなる発達のための基本的な前提およびメカニズムであることである。このように，理論的に諸仮定を考慮すれば，専門性としての知恵は確固たる有望な地盤の上に築かれている。

　過去10年において，知恵と加齢に関する研究が増えつつある。それらの研究を概観することはこの論評の目的を超えているが，いくつかの特徴に光を当てるのは有益である。第一に「人生の実用学」の領域が3つの主要な典型，すなわち，人生計画，人生管理，人生回顧によって操作されてきた。注目すべきことには，これらの領域はポスト形式的操作の研究者（Sinnott, 1996）によって提供された認知的活動の記述に若干似ているところがある。バルテスとその共同研究者は，しかしながら，この操作的な定義をさらに取り上げ，各領域の各々を経験的にさまざまな方法で別個に吟味した（Baltes & Smith, 1990; Baltes & Staudinger, 1993）。このようにして，加齢にともなう獲得として知恵についての結論を導き出すデータベースを強固なものとした。しかしまだ，知恵が成人期を通じて獲得を示す過程であるかどうか，通例なのか例外なのか，そして，その発達のためには何が制約で，何が支援的な条件なのかについては明確な結論は得られていない。

◇◇**要　約**　認知のエイジングの研究者たちは後期成人期を通じて，実証できる獲得としての獲得があるということを，いまだしっかりと確立していない。この領域の2つの研究例が言及された。研究手法は実験，インタビュー，質問紙法を含む。さらなる研究努力が期待される。

●● より少ない喪失としての獲得

　ことによると少数の観察者のみが，たとえ喪失が期待されたものよりちょっと少ないか，またはよかったとしても，喪失とはともかく獲得と同等であることを陽気に主張しているのかもしれない。しかしこのカテゴリーは数多くの日常生活における例によって知られている。たとえば，しばしばスポーツにおける競技者は，勝ち目のない努力であっても個人のベストを尽くすことは，ある種の勝利で

あることを宣言している。競技に全力を注ぐことは，威厳をもって負けたとしても，多くの行為者にとってはなぐさめとなる。革新的な戦略や上位の技術を通して，娯楽や専門的なスキルを遂行し，それによって自分自身の期待にかない，または自分自身の遂行の水準を維持するように管理することの新しい方法を発見することは，心励まされることである。

　認知のエイジングにおいて，この考え方は，いくぶんかのなぐさめが認知的喪失の選択された特徴のなかに見いだされるということを意味する。たとえば，期待していたよりも遅く生じた喪失，期待していたよりも全般的でなかった喪失，恐れていたよりまたは予想していたより小さかった喪失，そして他の能力や日常生活のスキルおよび能力とは独立している（関係していない）喪失である。筆者はこのカテゴリーに属する無数の例を認知のエイジングの文献から認めたが，ここでは，ほんの一部のみを例としてあげる。

◇◇**期待していたよりも後に生じ，より一律でなく，より全般的でない喪失としての獲得**　この典型はかなめのようなものである。認知能力が低下するというステレオタイプやこの見方を支持する膨大な証拠の集積があるとすれば，なぐさめはその規則に例外もあるという証拠から採用される。例外は巨大な部分を占める必要はない。実際のところ，期待されたよりも控えめな喪失に関する証拠が理論的にはより有望であるかもしれない。優れた例がシャイエ（Schaie, 1990, 1994, 1996）によって提供されている。彼の膨大なシアトル縦断研究に関するいくつかの最近の検討において，シャイエは7年間にわたる4つのコーホート（53～60，60～67，67～74，74～81）の知的能力の維持に関するデータを図で示した。彼の分析により，非常に多くの割合の年齢の異なるサンプルが，7年の期間を通じて1つ以上の知的能力を維持していた。たとえば，すべての4つのグループで（81歳までのグループも含めて），少なくとも2つの知的能力を維持していた。シャイエの維持やその他の論点に関する定義に難癖をつける批判もあるが，現在の文脈における彼の分析の重要性は，喪失が知的能力において生じるが，しかしそれらは他の観察者が期待するようには大きくなく，一律でなく，一般的でもないという意見を暗黙のうちに例示していることである。この事実はいくぶん楽観論的であるが，獲得としてみなされるかもしれない。

◇◇**調節可能な喪失としての獲得**　2番目の例もまた優れたものである。この現象の卓越した例はブランツシュテッターの仕事（Brandtstädter & Greve, 1994; Brandtstädter & Wentura, 1995）において発見される。喪失の全体的な効果は，再定義と再方向づけを通して補償するように働く過程により緩和される。調節およ

び補償へのつながりについては他のところで議論されてきた（Bäckman & Dixon, 1992; Dixon & Bäckman, 1995; Salthouse, 1995）。調節の例は以下を含む。

1. 成功の基準を下げること，すなわち，ヒトは行動を評価する標準を単に低くすることにより，力の衰えた領域において成功を宣言できる。そのような「バーを低くすること」は競争的なスポーツにおいて規則的に生じる。そこでは，年少者，年長者，熟達者のための競争や記録がある。加齢の効果が可能な遂行を減少させるいかなる行為においても，成功のための遂行の標準を低く調節することは，喪失に対する調節の一種である。
2. 目標を調節すること，すなわち，妨げられた目標の価値を減少させ，それから撤退するとともに，新しい，もっと実行可能な目標を選択する。ブランツシュテッターとウエントラ（Brandtstädter & Wentura, 1995）が論評しているように，人生後期では生産的資源の低下にともない，多くの領域で最高の基準を維持することが困難になる。課題は自分の資源を，それが年齢とともに変化するに従い，新規な重みづけされた目標群が追求されうるように効率的に管理することである。たとえば，調節するには，資源の同じような配置を必要とするもう1つの課題を目標群から削除すれば，1つの価値ある課題に関する遂行努力を強化し，維持することができる。優先順位を再配置化することは，加齢に関連する喪失のある側面を調節する効果的な手段である。
3. 緩和的意味を構築することは，それによって，喪失を経験している個人にプラス方向の解釈をさせ，集中させることができる調節の1つの形態である。ブランツシュテッターとウエントラ（1995）は，理性のある間は，緩和的意味を構成することが可能であり，重大な喪失でさえこの方法で調節されるかもしれないと注意深く論説している。そのようなものとして，喪失の経験に対するなぐさめとして最も効果的であるかもしれない。しかしながら，もう1つの補償過程と結合していなければ，それは，直接的に欠陥に取り組み，打ち勝ち，それを癒すことはない。

◇◇**許容度が高い環境を構築することによる獲得**　環境が加齢にともなう喪失に対して，防止，管理，補償において演じる役割について，チャーネスとボスマン（Charness & Bosman, 1995）が詳しく論評している。環境を管理する努力によって，加齢にともなう喪失から獲得がいかにもたらされるかに関する初期の見解はスキナー（Skinner, 1983）によりなされている。実際，スキナーは，高齢期における知的な自己管理に関する彼の方法を「補綴的環境」を提供するものとして言及している。彼自身の経験に基づき，スキナーは生物学的な低下（それを衰退と腐敗として色彩豊かに特徴づけた）が年齢とともに不可避であることを強調

した。生物学的な能力の低下が不可避であるにもかかわらず，高齢者の生産的な行動が強化されるような補綴的環境を提供することが可能である。彼は高齢者の環境を管理するいくつかの例について注目している。たとえば，手がかりを含む環境を整えたり，記憶遂行を増進する協力者を使ったり，他者が人を評価する基準に影響を及ぼしたり，補助をする装置や技術を使用して手強いオンラインの記憶課題を避けることなどである。

◇◇要　約　　このカテゴリー，つまり，より少ない喪失としての獲得は，認知のエイジングの最近の研究においては，創意豊かなものである。下位カテゴリーについての3つの例が手短に要約された。各々のテーマは，生物学的なものに基づく認知的喪失は加齢とともに避け難いが，これらの喪失のあるものは期待されているようには一様でもなく，一般的でもなく，防止したり，出現を遅らせたり，打ち勝ったり，大目に見たり，価値を減じたり，さもなければ調節したりできる強さのものである。そのようなものとして，この少ない量の喪失は，各人が衰退であるにもかかわらず，たとえ，最善ではないにしても，受け入れ可能で，成功しうる水準で行動しつづけることができるという意味で，獲得とみなしうる。

●● 喪失の関数としての獲得

さて，この論点に関する3番目のアプローチ，獲得は認知のエイジングにおける喪失の文脈においていかに概念化されるかの問題に向かおう。このアプローチでは，獲得を喪失の関数として言及している。基本的な原理は，認知的喪失または障害は成人発達および加齢における基本的かつ不可避な事実であるということである。加齢にともなう低下を記述し，説明することが主要な経験的かつ理論的目標になる。これらの挑戦に応じて驚くべき進歩がもたらされてきた（たとえば，Salthouse, 1991）。それにもかかわらず，付随する難問に注目する観察者もいる。すなわち不可避で実質的な加齢にともなう認知的喪失があるにもかかわらず，高齢者が驚くべき効果的な方法で行動し，注目に値する効率的な水準の業績をあげるような条件がある（Dixon, 1995; Salthouse, 1990）。したがって，いくぶんかの注意が喪失と獲得のつながりに関連する疑問へと向けられている。これらの疑問のなかで最も基本的なものは，ある特殊な獲得はある特殊な喪失の関数でありうるのか，あるいはいかにしてそうなるのかである。

このアプローチに関する研究は脳，心理的スキル，相互コミュニケーションを含めて，分析のいくつかの水準がある。この研究は用語法に関しても異なる好みをもつが，筆者がもつ現在の目的のためにこれを無視し，アプローチと論点の類似性に焦点を向けたい。この点に関して，カギとなる用語と視点は「補償」である。

上記の補償の形態に加えて，喪失を獲得に関数関係として結びつけるものが，現在の視点に立つ研究において明白である。補償は現在利用しうるスキルと環境が要求するものの間にあるギャップを減少させたり，なくしたりする過程として言及される（Bäckman & Dixon, 1992; Dixon & Bäckman, 1995）。障害は加齢にともなう低下，神経あるいは感覚システムへの損傷，器官における進行的な神経学的病気または先天的なものにより生じる。現在の文脈においては，適切な補償的メカニズムは，新しいか，あるいはすでに存在している（たとえば，潜在的な）スキル，資源，または経路の補充と代替を含む。このように，この文脈では獲得という言葉は認知課題を遂行する新しいまたは補助的な手段の発達に関連している。しかし，障害が低下または損傷のいずれに基づくかに関係なく，それが出現しなければ，獲得は発達しなかったであろうから，獲得は喪失の関数といえる。獲得が喪失とがんじがらめに結びついていると仮定されるような研究例を以下に要約する。

◇◇**脳における喪失の関数としての獲得**　脳の水準における，いくつかの最近の異なる例について言及したい。この議論のより詳細な内容は他のところで要約されている（Dixon & Bäckman, 1999）。ブックナーら（Buckner, Corbetta, Schatz, Raichle, & Petersen, 1996）は，会話能力が前頭前野の損傷の後でも維持されるようなメカニズムについて研究した。予想通り，左前頭野の損傷は，たとえば非流暢的失語症のような会話の損傷をもたらす。回復期の後に損傷において個人差がある。ブックナーら（1996）は陽電子断層撮影法（PET）の評価により，少なくとも 72 歳の脳卒中患者の 1 人に関しては，左前頭前野の外にある脳の領域の活性化により会話と言語を維持したという直接的な証拠を発見した。すなわち，脳は補償的な機能に役立つ新しい経路を発達させ，活性化した。たぶん，この経路は障害のない個人においては使用されないものである。したがって，このような意味においてこの獲得（認知機能を遂行するための新しい経路）は喪失（脳の特殊な領域の損傷）の関数である。喪失（損傷や疾病など）の関数としての獲得（脳における代替する領域と経路の補充など）を示す研究が増加しつつある。

◇◇**器官の損傷の関数としての行動的獲得**　重い脳の損傷，器官の病気（たとえば，認知症），脳における加齢にともなう低下から生じる認知的損傷もまた行動的補償に結びつけられる（Bäckman & Dixon, 1992; Dixon & Bäckman, 1999）。脳に関連した損傷と関連する喪失は，種々の記憶術，外部記憶の支援，そして環境的な適応によりある程度まで対応可能である（Wilson, 1995）。ウイルソンとワトソン（Wilson & Watson, 1996）は，特殊な器官による記憶損傷が，特別な訓練

可能な方略により補償されうる方法を理解するための枠組みを提案した。焦点となるのは、行動的補償によって打ち消され、管理されうる脳の損傷に関連した喪失である。古い課題を遂行するための新しい技術が認知神経リハビリテーションの専門家により作り出され、それを障害者は学習できる。特殊な行動的獲得は識別可能な神経学的な喪失に関連づけられる。しかしながら、機能の回復の程度または獲得の程度は障害のいくつかの器官的な特徴にも依存する。たとえば、障害が人生の初期に生じたとき（たとえば、30歳前に）、そして障害の程度が（大きいよりはむしろ）小さいときには、より多くの獲得が可能である。加えるにウイルソンとワトソン（1996）は、器官的な記憶の損傷に続く獲得の程度と持続は次にくるリハビリテーション・プログラムのタイプに関連していることを主張している。

◇◇代替可能なスキルにおける獲得　情報が処理される速度は、加齢とともに一定の割合で低下していく（Salthouse, 1991）。それは1つには、加齢とともに、速度をもった遂行を必要とするスキルがよりゆっくりした割合で実行されるかもしれないということを意味する。遂行の速度が成功の重要な基準であるようなスキルに関しては、そのような加齢にともなう速度低下は好ましくない悪影響を幅広くもたらす。たとえば、筆写のタイプ打ちは遂行の速度と正確さがともに価値のあるスキルだ。タスク分析によると、このスキルに関する多数の決定因子のなかに、指打ち（finger-tapping）速度と選択反応時間のような速度に関連する成分がある。もし、これらの成分に関する遂行が年齢とともに低下するなら、筆写タイプの速度もまた年齢とともに低下するはずだ。興味深いことには、巨視的スキルは必ずしも加齢とともに低下しない。活動的な高齢のプロのタイピストたちは、同様の若いタイピストたちに比肩する速度で正確な筆写タイプができることが認められている（Salthouse, 1984）。さらに、彼らは速度に関連した成分における喪失にもかかわらず、この複雑なスキルを高い水準で遂行する。低下があるにもかかわらず、遂行の維持が存在することは、補償の主要な形式である代替メカニズムにおける獲得を通して成し遂げられているようである（Bäckman & Dixon, 1992; Dixon & Bäckman, 1995; Salthouse, 1987, 1995）。研究者たちが示してきたように、筆写タイプは、増大した目・手スパン（範囲）という補償メカニズムを使用しているのかもしれない（Bosman, 1993; Salthouse, 1984）。すなわち、高齢のタイピストはその他の熟練したタイピストに比べ、現在行っているキー打ちのところよりはるかに先のテキストを処理している可能性がある。1つの可能な推論として、この目・手スパンにおける獲得は、手の速度と反応時間の喪失の関数であるといえる。

◇◇**協調的な文脈におけるまたはそれを経由した獲得**　会話的で協調的なメカニズムにおける最近の研究では，器官的損傷の関数なのか，あるいは加齢にともなう喪失に関する関数なのかという認知的障害へのそれらの関連に焦点が合わされている。これらの各々に関して，1つの短い例を示す。

最初に，アルセン（Ahlsen, 1991）が，急な病気の後で失語症になった47歳の患者を研究した。回復期は大変長かったが，数年の後に，意味を加えたボディ・コミュニケーションを発達させ始めた。すなわち，この患者は意味的なコミュニケーションを口でできないので，この情報を視覚的に伝達するためのボディ・ジェスチャーを発達させた。さらに，言葉による表出とコミュニケーションパターンが回復したときには，ボディ・コミュニケーションの使用は低下した。獲得は喪失の関数であり，正常な機能が回復すると新しいスキルは低下した。

次に，高齢者が過酷な認知課題を遂行する際に，生きている外部の認知的支援として，協力者を効果的に使用する程度についての研究がある（Dixon & Gould, 1998; Gould, Kurzman, & Dixon, 1994; Gould, Trevithick, & Dixon, 1991）。すなわち，個人の認知的損傷がその個人の脳内における代替経路の導入によってではなく，他者の脳にアクセスすることにより補償されるかという問題である。研究者たちは健常な高齢者（典型的な加齢にともなう認知的低下をもつ）とともに，パーキンソン病のような器官的損傷をもつ成人も検査した。検査は個人のみの状態と協調的な状態の両条件下で行われた。すなわち，遂行が個人レベルと集団レベルで比較された。測定は認知的所産の多数の側面とともに，協調的過程の多数の側面（たとえば，方略的な交渉など）も含まれた。参加者には互いに見知らぬ人の集まりであるグループと結婚している夫婦（協調を経験ずみ）も含まれた。この研究の初期の結果は，経験豊かな高齢の2人組は独特な交互作用の過程を通じて，個人レベルの加齢にともなう低下を補償することを示した（Dixon, 1996; Gould et al., 1994）。それに加えて，協調的遂行のパターンは相互作用の経験の関数として効果の程度が大きくなることを示した（Dixon & Gould, 1998）。この例では，喪失は，典型的な加齢に関連する認知的な喪失である。しかしこの補償的な獲得は分析の個人的水準によってではなく，それよりも（人間的）環境の水準によって決まる。高齢者のなかには，全体的な遂行水準がパートナーのどちらか1人が成し遂げられるよりも高い水準であり，若齢者や健康な人などを含む多くの比較群よりもよりよい水準に達するように，パートナーとともに選択的，方略的に活動できる者もいる（Dixon, 1996）。そこで，この意味において，他者の能力を採用し，使用するということに関する獲得は個人レベルでの喪失と結びつくか，あるいはそれらの関数であるとさえいえる。

◇◇**要　約**　　認知のエイジングの獲得の論点における3番目のアプローチは，獲得が喪失のどのような関数であるかというところに焦点を合わせている。このアプローチに関する研究例がいくつか簡単に示された。すべてのケースで，特定の獲得が実際のところ特定の喪失の関数であることを正確に決定するための決定的な問題が解決されないでいる。しかし現時点での目的のためには，このことは重要な手抜かりあるいは欠陥とはみなされない。なぜなら，(a) そのような決定的な経験的データを得ることが大変難しい，(b) その論点に関する議論は，通常，単一の関係よりもむしろ結果のパターンに基づいている，(c) 現在の目標はこの研究の方向性と理論の簡単な例を示すことであるからである。それにもかかわらず，「喪失の関数としての獲得」を，「獲得としての獲得」と「より少ない喪失としての獲得」から区別することが重要である。前者のアプローチは，認知的喪失が理論的水準または経験的水準であっても，分析の標的として採用されるがゆえに独特である。認知的喪失を前提とするなら，問題は全体的な遂行の維持がいかにして維持されうるかということになる。典型的な例としては，そのような維持は補償的代替のメカニズムを含む。新規ではないが，代わりになるメカニズムが特殊な喪失に適応して打ち勝つために使われる。

6. 結　論

　認知のエイジングにおける獲得の概念に関する初めの分析においては，筆者はこの用語が認知のエイジングの文献において（明示的であろうと暗示的であろうと）どのように使われているかの典型を示す控えめな分類法を開発した。関連する文献として，この分野の出版，加齢に関する所信，さまざまな視点を現わす経験的な研究が含まれる。分類は主要な3つのカテゴリーをもつ。(a) 獲得としての獲得，(b) より少ない喪失としての獲得，そして (c) 喪失の関数としての獲得である。これらのカテゴリーは多様な研究プロジェクトにより更新され，異なる実験的，臨床的，自己報告的，そして調査による手続きが採用されている。認知のエイジングにおける獲得の概念は複雑で，しばしば理解されているよりも，もっと複雑である。認知のエイジングの現象は実際のところ，多数の決定素，多様な方向性，多数の側面により特徴づけられる。この複合性は，焦点とするところが獲得であろうと喪失であろうと，あるいはその両方であろうと，認知のエイジングに関する多様で説得力のある合理的な視点と理論に反映されている。

3章 認知のエイジングにおける緊急の論点

ティモシー・A・ソルトハウス（Timothy A. Salthouse）

　認知に2つのタイプの区別があることが少なくとも1920年代以来認められてきた。たとえば，フォスターとテイラー（Foster & Taylor, 1920）は，若齢者が3つの特定の単語を含む文章を作ることや絵記憶において優れているが，他方，高齢者は問題の理解，不合理さの検知，抽象的単語の定義において相対的に優れていることを発見した。筆者たちはこのパターンを，若齢者はより適応的で，高齢者は蓄積された経験から利益を得るときに優位に立つと解釈した。類似の分類が数年後にジョーンズとコンラッド（Jones & Conrad, 1933）によりなされた。最も大きな加齢にともなう低下は，「生得の能力」または「調節能力」を評価すると彼らが主張しているテストにより発見され，そして，加齢にともなう最小の低下は，「経験の蓄積効果」によって影響されると彼らが感じたテストにおいて発見された。

　認知能力の安定と低下という似た分類はキャッテル（Cattell, 1972），ヘッブ（Hebb, 1942），ウエルフォード（Welford, 1958），バルテス（Baltes, 1987）とその他大勢によって引き続き言及されてきた。さまざまなラベルがこの区別を特徴づけるために使用された。たとえばタイプA対タイプB認知，流動性対結晶性知能，認知メカニズム対認知的実用主義などである。流動性・結晶性の用語法はたぶん最も親しまれているものである。しかし筆者は過程（process）と成果（product）という用語が意図的な分類のなかでは，より説明的であると信じている。すなわち「過程」という用語により，筆者は評価時点における処理の効率性や効果性を指示する。このタイプの認知は目新しい問題を解決したり，熟知している素材を変換したり，操作したりする能力を反映している。「認知的成果」という用語は，過去に実行された処理の蓄積された成果に関連している。したがって，このタイプの認知はもっぱらさまざまな形式の獲得された知識から成り立っている。

　認知の2つの側面は，必ずしも独立的なものではない。なぜなら，すべての成

	過程	成果	過程×成果
年齢とどのような関係があるのか？	??	??	??
なぜ年齢とこのような関係があるのか？	??	??	??

●図3-1 認知のエイジングにおける6つの緊急な論点を示すための分類の枠組み

果は過程の操作を通して獲得されるものだからであり，成果の現状のレベルが過程のいくつかの効率性または効果性に影響を与える可能性もあるからである。また，これらの側面は認知の多くの可能なタイプのなかの2つにすぎず，認知の多くのタイプ，たとえば，知恵，判断，実用的な知性，および社会的知性はこの分類のなかに含まれない。それにもかかわらず，過程と成果の側面は，成人期を通じて異なった発達パターンをもつであろうと推測されるという理由だけであっても区別されるべきである。

2つの認知タイプに関するこの区別は，筆者がこれから提案する認知のエイジングの分野における6つの主要な論点に関する基盤を提供するものである。これらの論点は図3-1のマトリクスに表現されており，認知的過程，認知的成果，そして過程と成果の交互作用を反映する変数に対して，成人の年齢がどのような関係を有し，またなぜ関係するかという視点で特徴づけられている。筆者の意見ではあるが，これらの論点がもし解決されるようなことになれば，計り知れない進歩が加齢と認知の理解に対してなされるゆえに，緊急性のある論題といえる。筆者はわれわれが他の者よりもマトリクスのセルのいくつかに関する答えに対して近い位置にいることを信じている。しかし，われわれが結論のどれかに自信をもつには，少なからぬ研究がなされずに残されている。本章の残りでは，筆者はこれらの論題について詳しく述べ，利用しうる適切な研究の発見について報告する。

1. 過　程

筆者は認知の過程の側面から始める。なぜなら，それは加齢と認知に関する大部分の研究の焦点だからである。認知的過程は記憶，推論，空間能力の実験的，計量心理学的な多くのタイプのテストにより評価されてきた。評価はしばしば，数字やふつうに使われている言葉などの非常に親しみのある材料を使うか，幾何的符号のような抽象的で意味のない材料を使うことにより，既存の知識の影響を最小にするようにデザインされた。認知処理の効率性や効果性を評価するために

使われた典型的な課題は，意図的な記憶，関係抽出，空間パターンの変換を含んでいた。本書の他の章（1章，5章，9章，10章，11章）が認知的過程の測度に関する年齢との関係についての研究に言及している。

年齢・過程の関係は研究文献によく記録されている。ことによると，それらを例示する最善の方法は幅広い年齢を含む大規模サンプルからの結果を示すことかもしれない。さらに，何組かのデータは認知的過程と認知的成果の両方の測度を含んでいるので，両タイプの認知に関する年齢傾向が直接的に比較できる。われわれは最初に認知的過程の測度に対する年齢の関係を考慮しよう。

図3-2はシャイエのシアトル縦断研究（Schaie, 1996）における1984年と1991年の横断的サンプルの1,322名の参加者からのデータを示す。非常に似た年齢関係が帰納的推論，空間的能力，知覚速度，エピソード記憶の能力を代表する複合の測度において明確である。

図3-3は1,600名以上の成人からのデータで，ウッドコック・ジョンソン認知能力テスト（Woodcock & Johnson, 1990）において，2種の知覚速度，推論，連合学習，短期記憶測度の平均に関する標準化したサンプルを示す。これらの処理測

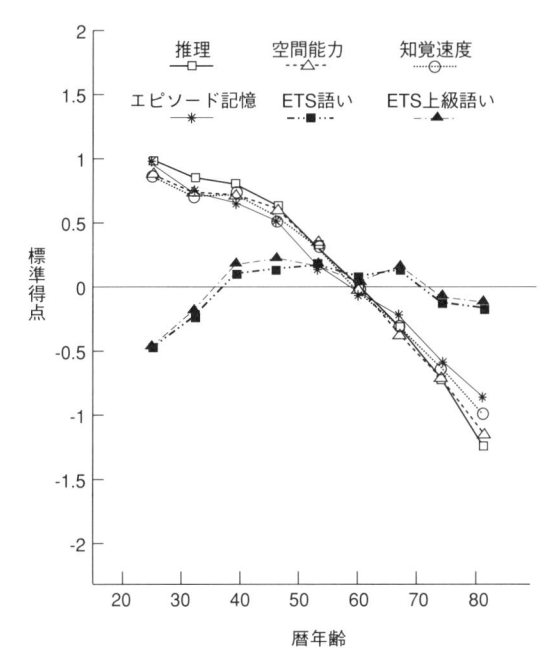

●図3-2　シアトル縦断的研究の1984年と1991年の計測の横断的データにおける異なる認知能力の複合的な尺度に対する年齢の効果

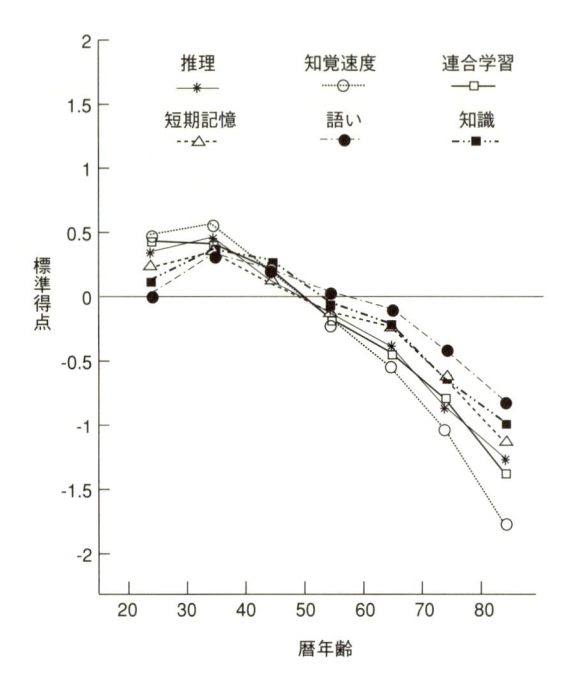

●図 3-3 ウッドコック・ジョンソン認知能力テストの標準化サンプルからの異なる認知能力の複合的な尺度に対する年齢の効果

度において，ふたたび，ほとんど単調的な年齢に関連する低下があり，最も若い年齢から最も高齢にかけて，少なくとも全標本標準偏差1つ分の差が得られている。

　異なるサンプルや特殊なタイプのテストにまたがって，認知的過程の測度に対する年齢の関係が首尾一貫していることから，年齢・過程関係がどのようなものであるかに関してかなりの自信をもつことができる。すなわち，少なくとも横断的なサンプルでは，18歳から80歳までの年齢範囲において，1から2の標準偏差分の年齢に関連する低下がある。

　これらの年齢・過程の負の関係がなぜ生じるかについては，不運にもまだほとんど知られていない。

　多くの考察が，作動記憶，注意の多様な側面，処理速度における低下に対する世代に特有の経験から，特定タイプの神経伝達物質における供給の減少にいたるまで提案されてきた。しかし，処理効率や効果性の測度における加齢にともなう低下の原因についてはまだ十分な一致が得られていない。

　しかしながら，筆者は年齢と認知的過程の測度の間の関係について何も知られ

ていないというつもりはない。なぜなら，年齢・過程の関係について，いくつかの結論が明らかに可能であるからである。たとえば，いまや，さまざまな認知的変数における加齢にともなう差は独立的ではないというかなりの証拠があるので，多数の特有の障害が，認知の過程的側面における年齢に関連する効果にほとんど大部分において関係していることはありそうもないと結論できると信じている。この結論に関連する証拠は2つの異なるタイプの分析的方法により提供されている。

1つの分析的アプローチは媒介の概念に基づき，しばしばパス模式図（path diagram）として表わされるモデルにおいて示されている。たとえば，多くの研究が，認知機能のさまざまな測度に関する加齢にともなう効果が，作動記憶や処理速度における加齢にともなう低下により媒介されるという構造的モデルのもっともらしさを研究した。図3-4はこの2つの変数に関する2つの選択肢的モデルの非常に簡潔な改訂版を含んでいる。

1つはこの2つの変数に関して，完全に独立的な加齢にともなう効果をもち，他の1つはこの変数に関して共有的な加齢にともなう効果をもつ。もし図上段のパネルのように，加齢にともなう効果が独立的であれば，ある変数への加齢にともなう効果が他の変数を経由して媒介される可能性がない。最近の10年以上にまたがり，多くの研究がこのタイプの分析的な手続きで行われてきた。そして，

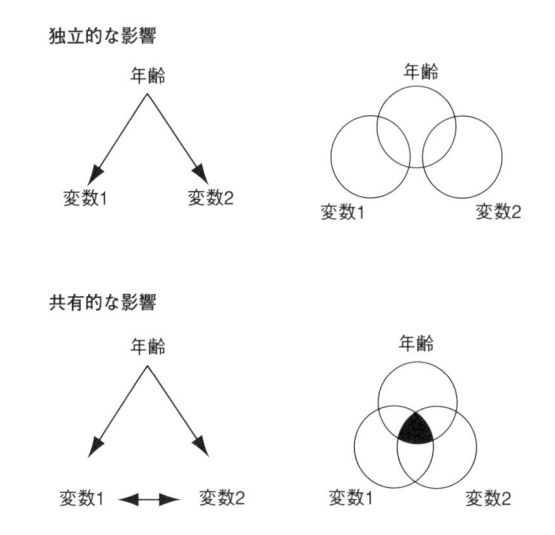

●図3-4 2つの異なる認知的変数に関する年齢関連のパス分析をもつ2つの可能な結果の概略図

ほとんど例外なく，完全に独立的な加齢にともなう効果の考えに対してはほとんど支持が得られてこなかった。実際，認知的変数の多くの組み合わせに関する年齢に関連した共有する分散の評価量は中程度から大までであるが，しばしば全年齢関連の分散の50%以上を超える大きさになる（Salthouse, 1994）。

2番目の認知における年齢に関連した影響の独立性に関する分析的方法は，他の変数における年齢効果の文脈において，ある変数の加齢にともなう効果を吟味することからなる。この手続きは，単一共通因子分析（single common factor analysis）としてしばしば言及される。そして，概略図が図3-5に示される。単一共通因子分析の手続きは，すべての変数が共有してもっているものに対する年齢効果を統制した後に，ある特定の変数に対する加齢にともなう効果の大きさを決定するのに役に立つ。それは，媒介的アプローチと次の点で異なる。すなわち，その他の変数によって基本的または原初的であるような特定のタイプの変数を取り入れていない。また，変数に対する加齢にともなう影響の点以外では，変数間のつながりを特定する試みもないことである。この分析的手続きはどちらかといえば極度に単純化しているようにみえるが，異なる年齢関係がこの枠組みのなかで生じうる少なくとも理論的に興味のある2つの経路がある。ある変数が年齢とほとんどかまったく関係をもたないような1番目の経路では，変数が共通因子に対する負荷が弱いか存在しないときであり，2番目の経路は，共通因子による加齢にともなう効果とは独立した年齢との特異な関係をもっているかである。この単一共通因子分析手続きはようやく始まったばかりであるが，今，記述されたパターンの両方が異なる変数に対して報告されている。数多くの単一共通因子分析にわたる首尾一貫した発見は，図のなかに点線で示している異なる認知的変数

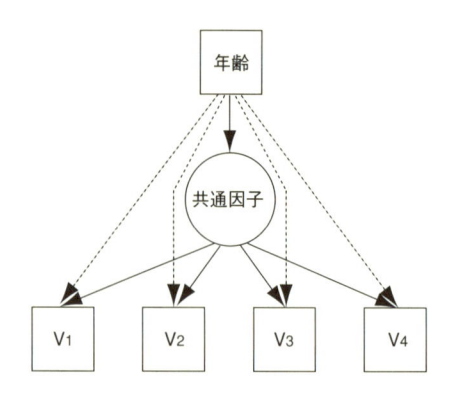

●図3-5 単一共通因子分析法の概略図。断続線は共通因子を通っている線とは独立な認知的変数に対する年齢の関係を示す（V＝変数）。

に関する独立した，または特異な年齢関連の影響が，ほとんど常に数において少数で，大きさにおいて小さいということであることが，現在の文脈で最も興味がある (Salthouse, 1996; Salthouse, Hancock, Meinz, & Hambrick, 1996; Verhaeghen & Salthouse, 1997)。これが意味するものは，異なる認知的変数に関する年齢関連の影響の大部分は共有され，独立的でないことである。

それゆえ，認知過程の側面における加齢にともなう低下に関する理由について，いぜんとして意見の一致がないとしても，いまや説明の数が加齢にともなう低下を示す変数の数よりもはるかに少なくなったとわれわれが誇りをもてるようになったので，いくぶんかの進歩がなしとげられたといえる。そこで，以下のように結論づけるのは道理に合ったことであるようにみえる。すなわち，限られた課題で使用される非効率な方略や欠陥のある構成要素というような課題に特有な解釈は，多くの異なる認知的変数において発見される年齢・過程関係を説明するのに主要な役割を果たすとは思えない。

2. 成　果

認知の成果的側面は，典型的には，獲得された知識やその他の蓄積された経験の利得を反映する変数で評価される。

たとえば，語いやその他のタイプの情報に関する知識のテストはしばしば認知的成果を評価するために使われる。

年齢・成果関係は年齢・過程関係のように一貫していない。一貫性の欠如は上記の同じ2つのデータの組から例示される。図3-2は，1984年と1991年のシャイエの研究における横断的な標本への参加者に対して行われた2つの語いテストからのデータも含んでいる。そして，これらの測度に対する年齢傾向はだいたい安定している。図3-3は語いのテストとウッドコックとジョンソン（Woodcock & Johnson, 1990）の標準化データからの科学，社会的研究，そして人文科学についての知識の合成的測度からの結果を含む。この大規模な代表的な標本における認知的成果の知識テストの遂行は，知覚的速度，推論能力，連合学習，短期記憶などの認知的成果の測度に関する遂行と同じ大きさで低下している。

これらの矛盾したパターンに照らして，年齢・成果関係における不一致をもたらしたものは何かということを尋ねるのは理にかなっている。決定的な答えはまだ不可能だが，ウッドコック・ジョンソン標準化標本のような代表的な標本では，しばしば年齢と教育歴の間に負の関係がある。そして，教育は典型的に知識の水準と正の関係があることを仮定するのは理にかなっている。年齢と知識測度の間

の関係はこのような代表的な標本では,それゆえ負であるかもしれない。なぜなら,平均的な高齢者は平均的な若齢者よりも少ない教育歴しかもたないからである。対照的に,多くの認知の研究者たちはしばしば慎重に年齢と教育量を混同するのを避ける努力をする。そして,その結果,このようなタイプの標本において,知識の測度は成人期を通じて安定しているか,あるいは年齢とともに増加したりさえすることがある。しかし,異なる量の教育は,年齢・成果関係におけるすべての変化に関連しているわけではない。なぜなら,教育の統制により,いくつかの分析では,認知的成果の測度における加齢にともなう低下を除去することが発見されているが,年齢との関係の程度の減少はウッドコック・ジョンソンの知識測度において,わずか50％程度であった。

　他の因子もまた年齢・成果関係のパターンの変化に寄与しているかもしれない。しかし,標本の間の不一致ゆえに,現状では,年齢と認知的成果の測度間の関係が何であるかについて確固たる結論には到達していない。

　人は年齢とともに知識測度における増加を,おそらく経験に基づいて,もっと特定的にいえば情報の獲得に関する機会に基づいて期待するが,われわれは,研究結果により,この期待が確認されなかったことをみてきた。それゆえ,認知的成果に関する主要な「なぜ」に関する疑問は,何が年齢・成果関係の安定性に関与しているかである。少なくとも3つの可能な説明が知識の測度における加齢にともなう期待された増加の欠如を説明するために仮定されうる。

　1つ目の可能な説明は,新しい学習の効率性に低下があり,それが忘却によるいくつかの喪失とともに,知識における蓄積的な増加を相殺するか均衡を保つことにより,成人期のほとんどを通じて全体的に安定状態にあることである。この解釈は,おそらく知識の増加率を減少させるような,多くあるタイプの学習の効果性における加齢にともなう低下を示す証拠からいくらかの支持を受ける。知識測度における加齢にともなう増加がないことの2つ目の可能な説明は,人が遭遇する経験のタイプには制限があり,経験の利得は年齢の初期に安定期に達するということである。この説明は,多くの事態における多くの経験は冗長であり,ゆえに知識の増大へと導かない。このような環境においては,経験の初めの期間のみが新しい知識に導くために,十分な多様さと新奇性をもつ。したがって,高齢者の経験における優位性は,知識の増加に貢献しないという意味で浪費されているといえる。

　3つ目に可能な説明は,成果型の認知の知識測度において加齢にともなう増加が欠如していることを,知識が典型的に評価される方法に帰属させている。すなわち,広い応用可能性を確保するために,知識に関するほとんどのテストは,特定の本業（職業）や副業（趣味）に特有の情報よりも,比較的一般的な情報を評

価するようにデザインされている。しかし，人々は専門的になればなるほど興味は狭くなる可能性が確かにある。このように，知識の全量は拡大しつづけても，それが一般的な情報や語いのテストにおいてはうまく代表できない制限された領域にあるならば，検知されることはないであろう。これらの仮説はすべてもっともらしいが，それらは研究することが困難である。なぜなら，獲得の効率性における喪失が，蓄積的な成果における獲得に対してどのように換算されるのかが明らかでないため，経験の多様性がどのように正確に評価されるかが不確かであるからであり，そして，異なるタイプの特殊な知識の評価が直接的な比較を許さないからである。以上のことは，これらの解釈は意味がなく，重要ではないといっているのではない。むしろ，年齢・成果関係についての「なぜ」については，現状では，いかなる決定的な結論にも達していないということを示している。

3. 過程と成果の交互作用

　筆者の提案する分類の枠組みにおける認知の第三の主要な側面は，過程と成果の結合効果に関したものである。もっとはっきりいうと，この焦点は，成人期を通じて，認知の2タイプ間の関係がどのようなものであり，なぜそうなるかである。これらの論議には少なくとも異なる2つの側面の区別が可能である。1つ目は，過程と成果の水準が互いの年齢との関係にいかに影響するかである。2つ目は，過程と成果が，この両タイプの認知を含む複雑な課題の遂行に関する年齢との関係に，いかに結合的に影響するかである。

　2つの可能な結果が，認知における2つのタイプの相互関係に関する1番目の疑問に関して詳述できる。すなわち，過程と成果は互いに加算的な関係なのか，交互作用的な関係なのかを明らかにすることである。加算関係は，認知的過程と認知的成果に関して年齢が独立的に影響することを示唆するが，交互作用では，認知の1つの側面に対する年齢関係は，認知のもう1つの側面の水準に依存する。ことによると，これらの可能性が検討されうる最も簡単な方法は，重回帰モデルの文脈によるものである。このモデルでは，年齢と成果の変数から過程を予測するときおよび年齢と過程の変数から成果を予測するときに，年齢×予測変数の交互作用を検定する。これらのタイプの分析が意味をもつためには，認知の過程と成果の両側面の測度が利用可能である比較的大きなサンプルを必要とする。幸運にもウッドコック・ジョンソンのデータはこれらの特性を有している。

　ウッドコック・ジョンソン標準化標本における1,600名を超える成人からのデータの回帰分析は，認知的過程の測度（たとえば，このテスト法の筆者たちに流

動的または認知的過程の最良の測度とみなされている帰納的推論の複合的測度)の予測において,年齢と成果の交互作用をまったく示さなかった。図3-6は,知識測度(たとえば,語いおよび科学,社会的研究,人文科学のテストからの得点の合成)の分布から,全標本の上位25%,中位50%,および下位25%からの年齢に関係する結果を示す。認知的過程である複合的推論測度に対する年齢の関係は,語いの遂行における3つの水準および知識の遂行における3つの水準にわたって,ほとんど平行であることに注目してほしい。この事実は,より高い水準の認知的成果をもつ人々はまたより高い水準の認知的過程をもつが,年齢と認知的過程の測度間の関係は認知的成果の水準と独立的であることを意味する。

対照的に,年齢と認知的過程の交互作用は,認知的成果の測度の予測に統計的に有意である。図3-7はこれらの交互作用を,複合的な帰納的推論過程測度に関する上位25%,中位50%,および下位25%の分布に関する年齢・成果関係の形で示す。語い的成果測度(上段パネル)に関して低い推論得点をもつ個体においてのみ年齢に関連した低下がある。そして,合成的知識成果測度(下段)に関しては,高推論得点をもつ成人にのみ加齢にともなう増加がみられる。これらの交互作用はもしかすると大変興味深いものかもしれないが,いくつかのグループは人数が少ないので,それらは慎重に解釈されねばならない。例を示すと,60歳以上では22名の成人のみが高処理グループであった。したがって,交互作用のパターンは実際的なものというより,理論的な関連性をもつものといえる。

過程と成果の結合効果に関係している2つ目の側面は,他の課題や活動に関するそれらの合併的な影響に関したものである。すなわち,この文脈における基準的な変数は,抽象的な課題や認知の過程や成果の形を評価するためにデザインされたテストに基づくものではなく,その代わりに,過程と成果の混合したものを含むもっと複雑な活動を代表する。過程と成果の両方が遂行に影響するとき,遂行における個人差は,予測変数の水準や予測変数の重みづけにおける分散に寄与するかもしれない。このことは,遂行が過程と成果の両方により決定される回帰方程式の形で,容易に概念化できる。すなわち,遂行 = a(過程)+ b(成果)である。このとき,加齢に関する第一の疑問は,この予測変数の重みづけはそれらの水準に加え,年齢とともに変化するか,また,もし変化するなら,この変化に何が関係しているかというものである。

この論題は,この分析的な枠組みが加齢にともなう補償(たとえば,Salthouse, 1995)の存在に関する証拠として解釈されうるので,大変興味あるものであるかもしれない。たとえば,年齢の増加とともに安定した,もしくは増加する成果により大きい重みづけをし,低下する過程にはより小さい重みづけをするような方向に移動するなら,成人期を通じてなされうる全体的な遂行の水準は,関連する

要素の低下にかかわらず，同じであるか，あるいは増加することさえありうるかもしれない。

この論点に関するいくつかの予備的な証拠は，言語的流暢性のような大変簡単な標準的課題，成果的変数としての語い測度，および過程的変数としての知覚速度の測度で利用できる（Salthouse, 1993）。先述のプロジェクトにおける2つの研究は，若齢者と高齢者は過程と成果の変数に関して，まったく異なる平均的な水準をもっているが，しかし回帰係数は両グループとも大変似ていることを明らかにした。これらの結果は，過程と成果の相対的な重みづけについては年齢差がないことを示唆しているが，このような結論に対して十分な自信をもつには，もっ

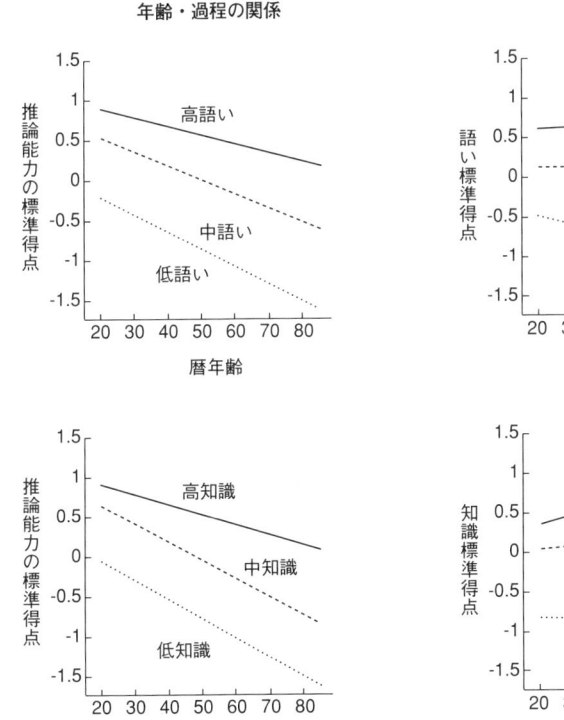

●図3-6 語いおよび複合的な知識成果尺度における成人の分布の上位25％，中位50％，および下位25％に関する複合的帰納推論成績と年齢に関係する回帰直線。

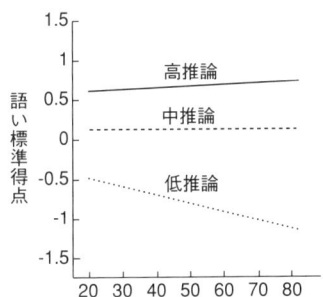

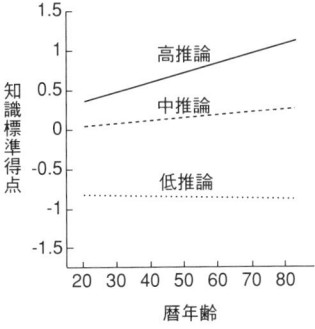

●図3-7 複合的帰納推論成果尺度における成人の分布の上位25％，中位50％，および下位25％に関する認知的成果尺度と年齢に関係する回帰直線。

と複雑な課題での追加的な研究が必要である。

　要約すると，いくつかの興味をそそる可能性が述べられてきたが，年齢と過程および成果の結合効果の間にある関係の性質（すなわち，何）や理由（すなわち，なぜ）のいずれについても，現在知られていることは比較的少ない。実験室の外におけるほとんどの活動が認知の両タイプの組み合わせを含むのに，われわれはそれらがどのように一体として機能するかについてほとんど知らないことは残念なことである。

4. 結　　論

　結論として，筆者は加齢と認知に関する6つの主要なまたは緊急な論点を示した。さらに，これらの論点のうち，たった1つを除いては，答えに関する合意が明らかにされていないことを示唆した。それにもかかわらず，筆者はこれらの論点がこの分野で最も重要な問題であり，一度回答が得られたときには，年齢の増加にともない認知機能がどのように変化するかについて，理解を大いに進めるであろうことを信じ続けている。

II

注意と記憶

4章 注意とエイジング

ウェンディ・A・ロジャース（Wendy A. Rogers）

　遡ること1890年，ウィリアム・ジェームズは「注意が何であるかは誰でも知っている」と言った（James, 1950, p. 403）。しかし，まれに注意の演習などで大学院生が「注意が何であるかは誰も知らない」と嘆くことがある。こういう混乱の原因の1つは，注意が多重な次元からなる概念であるという事実によるようだ。そのためジェームズは，誰もが注意が何であるかを知っていると述べつつも，かなり長い定義をした。

> ［注意］とは，いくつかの同時に起こりうる対象もしくは一連の思考のなかの1つを，心が明瞭で鮮明な形でとらえるものである。意識を集中することは，その基本的性質である。それは，あるものを効果的に扱うために，他のものから退くことを意味する。混乱し，ぼうっとし，気の散る状態である，いわゆるフランスでは「注意散漫」とよばれるような状態のちょうど反対である（pp. 403-404）。

以下の例を考えてみよう。

　キャロラインは家族のために感謝祭の準備をしている。午後4時で，皆がそろそろ到着する頃だ。彼女はとても忙しい。すべてを時間通りにすませなければならない。彼女はグレービーソースを数分おきにかき混ぜ，オーブンのなかのパイをチェックし，ポテトをつぶし終え，他の野菜の味つけもしなければならない。さらにこの間中ずっと，キャロラインは，「お手伝い」をすると言って聞かない孫たちが，床で遊んで火傷したり，転んだりしないかを見張っていなければならない。

　アリスは街の新しい医者のいる診療所に車を走らせていた。彼女は田舎に住ん

でいるので，交通渋滞というものにまったく慣れていない。さらに悪いことに，彼女はその道にも慣れていない。幸いにも，アリスは運転歴が長いので，自分の古いセダンには慣れている。しかし，アリスは，安全のために交通状態を監視し，目的の道路標識を探し，自分がきちんと右の路線にいるかどうか定期的に方角を確認し，さらには，着いたら医者に聞くために覚えておきたい質問項目を頭のなかでくり返さなければならない。

　以上で述べたキャロラインとアリスは，2人とも注意が必要な課題に取り組んでいる。キャロラインは，作っているいくつかの料理に注意の焦点を交互にあてたり，キッチンにいる人々に注意を切り替えたりして，注意をたくさんの課題に分配している。アリスの課題の特徴は，彼女が熟練した運転手であるために（たとえば，ハンドル操作やギアの切り替え），それほどは注意を要しないということだ。しかしアリスもまた，安全に運転すること，環境の情報を探すことに注意を分配し，道路と標識の間に注意を定期的に切り替えている。また，彼女は新しい医者への質問をしっかりと覚えていたいので，それを心のなかで何度となく吟味しているため，彼女の注意資源はある程度限られているだろう。
　これらの例は，注意という用語の複雑さを表わしている。注意がたくさんの活動やプロセスからなるとすると，注意をどのように定義すべきなのだろうか。結局，心理学者たちは，「多様な注意がある」という結論に達した（Parasuraman & Davies, 1984）。すなわち，注意とは，いろいろな過程を代表する構成概念である。このため，われわれはこの概念について議論するとき，注意のどの側面について述べているかということをはっきりさせなければならない。そこで，これからわれわれは，選択的注意，焦点的注意，持続的注意，そして分割的注意といった異なる注意の側面について論じていこう。ある課題をどのように扱うか最初に学習するときには注意を要するが，練習するにつれてあまり注意が要求されなくなる（つまり，より自動的になる）ということを認識することも大切だ。課題または課題の構成要素に関して，注意を要求される遂行から自動的な遂行への移行についても論じる予定である。
　今述べた注意のタイプの特定化に加えて，人間の年齢も考慮しなければならない。たとえば仮に，キャロラインとアリスが2人とも70歳だとしよう。すると，注意を選択し，分割し，移動し，持続し，そして焦点化する能力に，どのような影響が生じるだろうか。さらに，注意が必要な事態から自動化していく移行過程は，高齢者では異なるのだろうか。われわれは，今あげたような注意の各々の領域に対して，年齢がどのような影響を与えるかを吟味していく。

1. 注意の種類

●● **選択的注意**

> 注意…それは生じうるすべての感覚のなかから，注目に値するものを拾い上げ，残りのすべてを抑えることである（James, 1950, p. 285）。

　注意のおもな機能の1つは，処理する必要のある情報を選択することである。選択的注意は，刺激情報をフィルターにかけるのである。古典的な例としてはチェリー（Cherry, 1953）の「カクテルパーティ問題」がある。カクテルパーティ（もしくはたくさんの人々が同時に会話している混んだ部屋）にいるところを想像してみよう。あなたはどうやって，自分が加わっている会話に選択的に注意を向けることができるのだろうか。

　選択的注意は，実験室内では視覚探索課題を使って研究されてきた。典型的な視覚探索課題をみてみよう。被験者は，妨害する複数の項目（単語, 文字, 絵など）のなかから特定の項目を探すよう命じられる。たとえば，ある文字を探すために，文字のリストを走査するとしよう。すると，ターゲットとなる文字に注意する一方で，他の，妨害となる文字を無視しなければならないだろう。このとき，妨害文字がターゲット文字に似ていれば似ているほど，課題は難しくなる（たとえば，QのなかからOを探すことは，TのなかからOを探すよりも難しい。図4-1参照）。つまり選択的注意は，特定の環境におけるターゲット情報と他の刺激情報との区別のしやすさによって影響を受けるのである。人ごみのなかであなたのお姉さんを探すことを想像してみよう。もしもあなたのお姉さんの身長が168 cmで，4歳の子どもたちのなかに立っていたり，あるいはお姉さんは黒髪で金髪の人ばか

```
T T T T T          Q Q Q Q Q
T T T T T          Q Q Q Q Q
T T T T T          Q Q Q Q Q
T T T T T          Q Q Q Q Q
T T T T T          Q Q Q Q Q
T T T T T          Q O Q Q Q
T T T O T          Q Q Q Q Q
T T T T T          Q Q Q Q Q
```

● 図 4-1　視覚探索課題の例。課題は「O」の文字を見つけることである。TのなかからOを見つけることが，QのなかからOを見つけるよりも，かなり容易であることに注目してほしい。

りいる部屋にいたりすれば，課題は容易だろう。また，選択的注意は，手がかりによって促される。もしも誰かがお姉さんは部屋の左側にいると教えてくれれば，お姉さんがどこにいるかはより速くわかるだろう。

　視覚探索のパラダイムは，選択的注意における加齢にともなう差異を調べるのに広く用いられてきた。プルードとデュサード・ルーズベルト (Plude & Doussard-Roosevelt, 1989) は，注意を要する結合探索課題では遂行において加齢にともなう差異が生じることを示した。結合探索課題では，複数の特徴を探さなければならない。例を示すと，チョコレートがかけられたドーナツをストロベリーがかけられたドーナツも入っている容器から探すとしてみよう。この探索は，色特徴（茶色 対 ピンク）だけで区別できるので，特徴の結合を必要としない。しかし，もしもチョコレートのかけられたクロワッサンを，ストロベリーがかけられたクロワッサンとチョコレートがかけられたドーナツが入った容器から探すのならば，色（茶色 対 ピンク）と形（ドーナツ 対 クロワッサン）の結合が必要となる。

　プルードとデュサード・ルーズベルト (1989) は，結合探索が必要な課題では（緑のXと赤のOのなかから赤いXを探す）では，探索は高齢者よりも若齢者のほうが速いことを示した。つまり，複数の特徴に基づいた情報の選択をしなければならない課題を遂行する能力は，加齢にともなって低下するということである。

　年齢にともなう選択的注意の能力の違いは，ターゲット項目と妨害項目の情報に関する経験によって減少することがある。クランシーとホヤー (Clancy & Hoyer, 1994) は，中間年齢層のX線写真の医学技術者（年齢範囲40歳〜68歳：平均47.4歳）に，危険な兆候を示すX線写真（たとえば悪性腫瘍）の探索課題を行って，選択的注意の能力を調べた。このような，慣れていることが想定される選択課題では，医学技術者たちは中間年齢層であっても，若齢者と同様に課題を遂行することができた。しかし興味深いことに，慣れていない文字を使った探索課題では，同じ中間年齢層の被験者たちの遂行成績は有意に悪かった。したがって選択的注意の能力は，慣れた課題についてのみよく維持されているのかもしれない。

　情報の選択を改善するもう1つの方法は，手がかりを与えることである。たとえばマドゥン (Madden, 1983) は視覚探索における手がかりの使用を高齢者と若齢者で比較し，実際に高齢者では若齢者よりも手がかりによる利益が大きいことを見いだした。彼の課題では，課題における探索の必要性が最小限になるように手がかりを使うことによって，遂行成績における加齢にともなう差はかなり減少した。一般的には，若齢者と高齢者は手がかりによって同じような利益を示すようである (Hartley, 1992; Madden & Plude, 1993)。しかしなぜ手がかりの効果があ

るのかということはまだよくわかっていない。それは，手がかり使用の時間経緯は年齢によって異なるかもしれないし，手がかりの有効性の程度などが年齢によって異なるのかもしれないからである。

極端かもしれないが，手がかりは選択的注意課題を焦点的注意課題に変えることによって，加齢にともなう差を低減するのかもしれない。次項でみるように，高齢者は焦点的注意では能力の低下を示さないからである。

●● 焦点的注意

> そのとき，1つの重要な対象が意識の中心に浮かび上がり，他のものは一時的に抑えられる（James, 1950, p. 405）。

焦点的注意課題では，妨害する情報があったとしてもターゲットがどこに現われるかがあらかじめわかっている。混んでいる劇場でこれから映画を観ようとしている状況を考えてみよう。無視しなければならないたくさんの妨害物はあるが，スクリーンの場所は変わらないという状況である。焦点的注意は，集中，つまりある特定の情報源を懸命に処理することにかかわる。この焦点的注意に，選択的注意を対比させてみよう。あなたは今，ポップコーンを買いに行って，連れを探しているとする。ターゲットの場所がわからないので，あなたは複雑な視覚場面のなかでターゲットを探さなければならない。あなたは不要な情報を無視して，この選択的注意課題に関連する情報だけを選ぼうとするだろう。

注意の焦点化は，外的な刺激の情報源を遮断することにかかわっている。われわれはときどき自分がどこにいるかを忘れて，周りで起こっていることに気づかないくらい課題に熱中することがあるだろう。またその一方で，なかなか集中できないということもある。興味，動機，疲労などのいろいろな変数が，注意をうまく焦点化する能力に影響する可能性がある。

高齢者の焦点的注意の研究によると，この能力は比較的損なわれていない。もしもターゲット情報が明瞭ならば，高齢者は若齢者と同様に注意を集中することができるのだ。たとえば，ライトとエリアス（Wright & Elias, 1979）は，課題に関連しない妨害情報が，若齢者と高齢者に似た影響を及ぼすことを示した。彼らの課題では，ターゲット情報がいつも同じ中心の位置に現われたために，無関連情報を無視することができたのである。

焦点的注意を調べるもう1つの方法は，ターゲット情報が妨害情報とカテゴリーによって区別できるような状況を設定することである。マドゥン（1982）は，もしもターゲットが文字で妨害情報が数字ならば，高齢者は若齢者と同様に，課

題に関連する情報に注意を焦点化できることを示した。たとえば，K4VCSと書かれたディスプレイにおいては，若齢者と高齢者の両方が比較的容易に数字の4に焦点化することができる。

また，焦点的注意はアルツハイマー病を患った高齢者においてさえも維持されているという証拠がある。ネーブとブラディ（Nebes & Brady, 1989）は，探索課題に色手がかりを用いて，手がかりによる利得が健常高齢者とアルツハイマー病患者，そして若齢者で類似していることを見いだした。そのため，アルツハイマーの可能性があると診断されている患者でも，焦点的注意の能力は損なわれていないという結論に達した。

焦点的注意課題においては，ターゲットの位置がわかっているか，あるいはターゲットが妨害情報から容易に区別できる。高齢者は（アルツハイマー病をともなっていてさえも），若齢者と同様にこれらの課題を遂行することができる。しかし上で論じたように，もし課題が，どこにあるかわからないターゲットの情報の選択を必要とするか，ターゲットが妨害刺激から容易に弁別できないか，探索が特徴の結合を必要とするのなら，高齢者は若齢者に比べて遂行成績に低下を示すようだ。しかしこのような遂行成績の低下は，経験や手がかり情報によって低減させることができる。

●● 持続的注意

> 随意的な注意が数秒以上も続くなどということはありえない——それは，特定のことがらに心を向けなおそうとする絶え間ない努力のくり返しである（James, 1950, p. 420）。

持続的注意とは，ある特定の時間の間ずっと，入力情報を能動的に処理する能力のことである。それは，焦点的注意の時間間隔を延長したものだと考えればよい。持続的注意は通常ヴィジランス課題で測定されている。ヴィジランス課題とは，観察者がある長い時間にわたって，たまに起こる信号に反応しなければならないという課題である（概説として，Parasuraman, 1984 参照）。ヴィジランス課題の実例としては，潜水艦の士官がレーダーのスクリーンのなかの未確認な映像をモニターしたり，組み立てラインの検査官が不良品を探したり，母親が赤ん坊の泣き声に耳を澄ますことがあげられる。

実験室環境においては，初期のヴィジランス研究は時計テストを用いた（たとえば，Mackworth, 1948）。この課題では観察者は数字が描かれていない時計面を秒針が1秒ごとに進むのを見ている。そして秒針が1度に2秒動いたら報告する

のである。この課題の遂行成績は，たった30分後に大きく落ち込む。おそらく観察者は注意をこんな小さな刺激の動きに注意を向けつづけることが困難になるのだろう。もちろんターゲットを見落とすことが重大な結果を生むような場合には，もっとうまく持続的注意を向けることができる。たとえば戦時中なら，レーダーの操作者はより長い時間，レーダー表示機に注意を持続することができるだろう。しかし，このような状況であってもなお，ヴィジランス課題では遂行成績が低下することが観察されている。

　最近のヴィジランス課題における年齢差についての概説で，ギャンブラ（Giambra, 1993）は結果が一貫していないことを報告している。つまり，ある研究では年齢差が報告され，他の研究では報告されていないのである。しかし，ヴィジランス課題には持続的注意だけでない他の成分が含まれていて，それが観察された年齢差の原因となっているのかもしれない。たとえばギャンブラは，刺激の呈示時間が高齢者にとって短すぎて刺激を確実に検出できない場合には，見逃すのかもしれないと示唆した。しかしこのような見逃しは持続的注意それ自体の欠陥を示すものではない。

　また，加齢にともなう差はターゲットと非ターゲットが類似していて区別が難しい課題において大きくなる傾向がある。たとえば，パラシューラマンとギャンブラ（Parasuraman & Giambra, 1991）は，被験者に17 mmの四角形（ターゲット）と20 mmの四角形（非ターゲット）を区別するように求めた。中間年齢層（40歳～55歳）と高齢層（70歳～80歳）の被験者は，若齢者（19歳～27歳）に比べてヴィジランスの低下を示した。

　まとめると，年齢差はしばしば課題本来とは違った他の側面により起こることがある（Giambra, 1993）。たとえば，（a）刺激の弁別性：もしも刺激が背景ノイズから容易に弁別できるなら，年齢差は最小限になるだろう。そして（b）刺激の呈示時間：もしも刺激の呈示時間が短すぎるために「見逃される」事態でなければ，年齢差は減少するだろう。また，（c）作動記憶の負荷：もしも作動記憶において情報の活性を維持しなければならない必要性があまりなければ，年齢差は低減するだろう。このように年齢差は，課題それ自体によるわけではなく，課題の他の側面によると考えられる。実際には注意を持続する能力は年齢によって変わらないのかもしれない。しかし，持続的注意が必要な課題にはしばしば加齢によって低下する他の成分が含まれるために，このような課題の全体的な遂行成績が加齢によって低下することがあるということを念頭に置くのは重要である。

●● 注意の切り替えと分割的注意

われわれは一度にいくつのことに注意できるだろうか。答えは，もしもその過程があまり慣れたものでないならば，おそらく，2つ以上は無理だろう（James, 1950, pp. 405, 409）。

分割的注意の研究では，ヒトが複数の課題を同時に遂行する能力が評価される。これまでに，単純な課題では若齢者も高齢者も同じくらいうまく注意を分割することができるが（たとえば，Somberg & Salthouse, 1982），複雑な課題では高齢者の行動遂行は低下することが実証的に示されている（たとえば，McDowd & Craik, 1988; Salthouse, Rogan, & Prill, 1984）。さらに練習量も重要である。課題の同時遂行成績が加齢にともなって低下することは練習によって和らげられるかもしれない（たとえば, Rogers, Bertus, & Gilbert, 1994）。

分割的注意と注意の切り替えについては，実際に分割しているという事態と，速く切り替えているという事態を区別することは難しいので，一緒に考えられている。たとえば，新聞を読みながらテレビを見ているとしよう。あなたは限られた注意を本当に2つの課題に同時に分割しているのだろうか。それとも実際は，何かおもしろいことが起こったときにはテレビに，コマーシャルの間には新聞にと，その2つの間を行ったり来たりしているのだろうか。われわれは先行研究の慣例に従って，「分割的注意」という用語をどちらの可能性もあるものとして使う。ただし，分割的注意とよぶときに，注意を切り替える事態も含まれることを念頭に置いておくことは重要である。

分割的注意に加齢にともなう差はあるのだろうか？ それは課題の複雑さによる。これまで，比較的単純な課題では，若齢者も高齢者も同じぐらいよく注意を分割できることが示されている。たとえば，ソンバーグとソルトハウス（Somberg & Salthouse, 1982）は，Xから少し伸びた線分と＋から伸びた線分を同時に探す知覚同定課題を用いた（図4-2参照）。この結果，注意を2つの課題に分割する能力には，若齢者と高齢者の間に有意な差がないことが示された。ソンバーグとソルトハウスは2つ目の実験で単純反応時間課題（音を聞いたら反応する）と反復キー押し課題（数字の連続をキーボードに入力する）の同時遂行を調べて，実験1と同じ結果を得た。再び，高齢者と若齢者は注意を2つの課題に同様に分割することができたのである。

しかしもっと複雑な課題では，高齢者の遂行成績は低下することが示されている。マックドウドとクレイク（McDowd & Craik, 1988）は，被験者に，音声で呈示された単語のリストをモニターして生物を意味する単語を検出し，同時に視覚

```
           X        +        X
           +                 +
           X        +        X
```

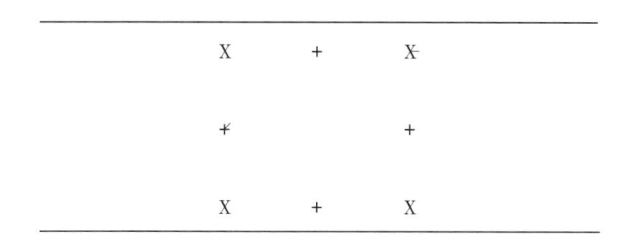

●図 4-2　ソンバーグとソルトハウス (1982) の知覚同定課題で用いられた刺激の例。課題は X から伸びた小さな線分を探しながら、同時に十から伸びた小さな線分を探すこと。

的に呈示された文字が母音、子音、奇数、偶数であるかどうかを決定するよう求めた。例を示す。もしもあなたがこの実験に参加するなら、あなたは「wolf」を聞いて、「Q」を見ることとなる。あなたは「狼」が生き物であるという事実に対してボタンを押し、Q が子音であることを示すために対応するキーを押さなければならない。12 個の単語が 2 秒ごとに呈示され、視覚的な文字は連続的に 24 秒呈示された。この 2 つの課題を同時に遂行することがかなり難しいことは、おそらく想像に難くないだろう。マックドウドとクレイクはこの複雑な二重課題において加齢にともなう有意な差があることを示した。高齢者がこれら 2 つの課題を同時に遂行するとき、一度に 1 つの課題を遂行するときに比べて、若齢者よりもかなりの困難を示した。この結果は、分割的注意の能力における年齢にともなう差が、難易度の高い、あるいは複雑な課題のときにだけ明らかになるかもしれないことを示している。

　課題の複雑性に加えて、どのくらい練習したかということも重要である。課題の同時遂行成績の加齢による低下は、練習によって和らげられるかもしれないのである。これまで加齢にともなう差がないと報告している研究では、かなりの量の練習を行っている傾向がある。たとえば、バロンとマティラ (Baron & Mattila, 1989) は、記憶走査の練習を 11,800 試行行い、ソンバーグとソルトハウス (1982, 実験 2) は知覚的同定の練習を 550 試行、ウィケンズ、ブラウンとストーク (Wickens, Braune, & Stokes, 1987) は、正確な回数はわからないが、課題の練習を 3 セッション (3.5 時間)、ロジャース、バータスとギルバート (Rogers, Bertus, & Gilbert, 1994) は 9,000 試行以上の練習を行っている。

　これに対して、二重課題における年齢差を報告している研究ではかなり少ない練習しか行っていない。たとえば、クロスレイとヒスコック (Crossley & Hiscock, 1992) の被験者は、48 回の実験試行しか受けなかった。マドゥン (1986) の被験者は 240 から 280 試行、ポンズ、ブルーワーとファンウォルフェラー (Ponds,

Brouwer, & van Wolffelaar, 1988) では26分間（試行数は決められていなかった），ソルトハウス，ローガンとプリル（Salthouse, Rogan, & Prill, 1984）では100〜300試行, マックドウドとクレイク（1988）では実験1が9.5分, 実験2が9分の練習試行を行っている。マックドウド（1986）の被験者は，練習が全部でたった180試行であった。これらの二重課題のデータは，練習が分割的注意において年齢にともなう差があるかないかを決定する重要な要因であることを示唆している。

まとめると，分割的注意とは複数の課題を同時に行うことにともなう注意である。加齢にともなう差を調べた研究では，もしも記憶を要する課題でなければ，高齢者はうまく注意を分割することができることが示された。しかし，もっと複雑な課題では，加齢にともなう差が生じることが示された。この謎を解くもう1つの鍵は，分割的注意の練習が年齢差を減少させているのかもしれないということである。

●● 自動的処理

> 習慣は，われわれが活動を遂行する際の意識的な注意を減少させる（James, 1950, p.114）。

「若者たちが，たちまちのうちに，単なる歩く習慣の束（walking bundles of habits）になってしまうかを，みずから悟ることさえできたら，柔軟に変化できる状態にある間に，自分の行為にもっと注意をはらったであろうに」とジェームズが述べたとき（James, 1950, p.127），彼は加齢とともに起こるいくつかの変化を予見していたのかもしれない。

ここでの目的に沿って考えると，習慣とは自動的過程であるといえる。われわれはこれまで注意が必要な課題について議論してきたが，スキルを習得するための重要な成分として，もはや注意を要しない課題成分を「自動化」する能力がある。会話しようとしている初心者ドライバーを考えてみよう。経験の浅い自動車ドライバーは，ギアの切り替えや角を曲がるといった特に重要な運転の節目に注意を絞らなければならないので，会話しようとしても断続的になってしまう。しかし，ドライバーが経験を積めば，話したり，ラジオのチャンネルを変えたり，1日の計画を考えたりしながらでも容易に運転できるようになる。初心者のドライバーと熟達者のドライバーの違いは，課題の諸成分に必要とされる注意の量である。ギアの切り替えのようないつも決まった課題成分は，たくさんの練習によって自動化される。しかし，たとえ熟練したドライバーであっても，運転という課題全体が自動的になるわけではない。これは，交通渋滞やあまり親しくない同

段階1：以下の文をあなたの利き手でできるだけ速く書いてください。
　I think that this task is a time-consuming and silly exercise.
結果：書字は自動的過程なので、おそらくこの課題はとるにならないほどやさしく、あなたはとても速く書くことができたでしょう。

段階2：同じ文章をもう一度書いてください。ただし、今度は t の文字の横棒と、i の文字のドットを書かないようにして下さい。
　I think that this task is a time-consuming and silly exercise.
結果：これは、経験を積んだ書き手にとって、t の横棒や、i のドットを書くことが、たとえ抑えようとしてもし難い、とても自動化された過程であることを示すための例です（おそらく、あなたはうまく自動的過程を抑制することができたでしょうが、自然に任せて自動的過程を生じさせるときに比べて、かなり遅くなったことに気づいたでしょうか）。

●図 4-3　自動的過程の実例

乗者がいるときには、運転以外の活動が止まることから明らかである。

　あることが制御的過程か自動的過程かを定義する確かな特徴がある（Schneider, Dumais, & Shiffrin, 1984）。自動的過程とは特定の誘発刺激があるときに強制的に起こる過程である。つまり、意図しなくとも起こりうるもので、ひとたび始まればそのまま完遂されてしまう。しかしそれ自体は、意識的に気づかれることがなく、注意資源を消費することもない。自動的過程の実例を図4-3に示す。

　制御的過程とは特定の目的を達成するために注意を焦点化する意図的な過程である。つまり、それは意識的に気づくことに関連して、注意資源を必要とする。われわれの毎日の活動のほとんどすべてが自動的過程と制御的過程の組み合わせからなっている。このことだけでも、この2つの過程が実験心理学の研究領域としていかに重要であるかがわかる。

◇◇**新しい自動的過程の習得**　子どもが最初に読むことを学び始めるとき、その過程のすべての側面に努力がいり、注意が必要である。子どもたちは、各々の文字の特徴や、その文字が何を表わしているか、どのように文字が組み合わされて音や単語が形作られているのか、どのように単語が組み合わされて句や文が形作られ、そしてもちろん、その文が何を意味しているかを学ばなければならない。経験を積んだ読み手にとっては、読み課題の低次の成分の多くが自動化されているので（LaBerge & Samuels, 1974）、理解のような高次の過程により多くの注意

資源を自由に使うことができる。このような自動化は，たとえば／―＼といった特徴が組み合わされて A の文字ができ，文字の C・A・T が組み合わされて CAT ができるというように，同じ要素を含んだ広範な練習を通じて起こる。

高齢者の新しい自動的過程の習得は，視覚探索で最も頻繁に調べられている。そこでは，練習のタイプや練習量，課題に関連する個々人の先行経験などが綿密に統制されている。視覚探索課題については，本章のはじめのほうの選択的注意の節で議論した。もしもターゲット項目が常に一貫しているならば（つまり，いつも動物のカテゴリーの単語を探す），探索課題は若齢者では自動化される（たとえば，Fisk & Schneider, 1983; Schneider & Shiffrin, 1977）。しかし，同じターゲットを用いて多くの練習を行った後でさえも，高齢者にとって視覚探索課題は注意を要する課題のままなのである（たとえば，Fisk & Rogers, 1991）。

視覚探索課題とは対照的に，高齢者は，記憶探索課題はうまく自動化することができる。記憶探索課題は視覚探索課題と以下のように異なっている。視覚探索課題では，被験者は単一のターゲット項目を，複数の項目が配列されているなかから探し出すよう求められる（たとえば，A の文字を 50 個の文字リストから探す）。一方，記憶探索課題のほうでは，被験者はターゲットになるかもしれない複数の項目を与えられ，単一のプローブ項目と比較するよう求められる（たとえば，ターゲット文字は A，B，G，O，P で，プローブ項目は B のとき，一致する項目はありますか？）。したがって，視覚探索課題は知覚的な要求がより高く，記憶探索課題は記憶の要求がより高い。記憶探索課題においても，同じ項目を使って多くの練習をした後には，すべての記憶セットを探索する時間が 1 つの記憶セット項目を探索する時間と同じくらい速くなるので，自動化が起こるといえる。高齢者の研究では，若齢者よりも多くの練習を必要とはするけれども，高齢者が記憶探索課題を自動化できることが明らかにされている（たとえば，Fisk & Rogers, 1991）。

以上から，新しい自動的過程の習得に年齢差はあるのかという問いに答えるには，課題のタイプを考慮しなければならないということがわかる。知覚学習（たとえば，速い視覚処理）を要する自動的過程は年齢差を示すことがある。しかし，記憶に依存した自動的過程の場合は，十分な練習量を積む機会を与えられる限り，高齢者は課題を自動化することができる（Fisk & Rogers, 1991）。

◇◇**以前に習得した自動的過程**　新しい自動的過程を発達させることと，以前に習得した自動的過程を使用することを区別するのは重要である。若いときに自動化した過程は，高齢になっても影響を受けないことを示す証拠がある。これは，高齢になるまで機能を維持することに関する重要な問題である。われわれの毎日

の活動の多くの成分が自動的に遂行されるので，もしもわれわれが年をとるにつれてこれら自動的能力を失うとすると，すべての活動が注意を要するようになり，通常の活動を行うのが難しくなってしまうだろう。

　読みにおける自動的成分の維持の問題は，ストループ課題を用いて調べられている。この課題では，色のついた，色を表わす単語が呈示される（たとえば，赤いインクで書かれた「緑」）。そしてインクの色を言って，単語を無視する（たとえば，赤と言う）。しかし，単語の意味を知っている読み手は自動的に「緑」という単語を読んでしまうために干渉が生じるのだ。単語の意味を知らない読み手はストループ効果を示さない，すなわち読みの経験にともなって干渉量は増加する（概説として，MacLeod, 1991 参照）。高齢者でも干渉の効果が観察され，そしてその効果はより大きいことがあることが報告されている（たとえば，Dulaney & Rogers, 1994）。これは，単語の自動的な活性化が，加齢しても変わらないことを示唆している。同様に，算数操作についてもよく学習した自動的過程が維持されていることがロジャースとフィスク（Rogers & Fisk, 1991）によって報告されている。たとえば，3 + 2 = ＿ が呈示されたときには，自動的に5が検索される。

　情報への自動的なアクセスを反映するもう1つの測度に，語いアクセスとよばれるものがある。語いとは単語に関連した用語で，アクセスとは長期記憶からの情報の検索のことである。たとえば，もしもあなたが「オランウータン」という単語を呈示されたとすると，自動的に記憶のなかのその単語にアクセスするだろう。このような語いアクセスは高齢になってもかなり安定しているという証拠がある（Light, 1992）。これらのすべての例において，若齢者と高齢者が，よく学習された情報の自動的な活性化に関して類似のパターンを示すのは明らかである。これらの結果は，人生の初期に発達した自動的過程は，高齢になるまでしっかりと維持されることを示唆している。

　自動的過程の加齢にともなう差についての知識をまとめると，2つの基本的な問題があるといえる。1つ目の問題として，若いときに習得された自動的過程は高齢になっても維持されるのだろうか？　この答えはここでは「イエス」である。この知見は，われわれが人生を通じて若いときに最初に習得した自動的過程に頼ることができることを意味するので，とても勇気づけられる。2つ目の問題として，高齢者はどれくらいうまく新しい自動的過程を習得できるだろうか？　この答えはここでは課題のタイプによる，ということである。記憶に基づく課題では，高齢者は，時間はかかるかもしれないが，うまくその課題を自動化することができる。しかし，視覚探索課題のような，より多くの知覚学習をともなう課題では，高齢者は同じような練習を何千試行も行った後でさえも，課題に注意を向け続けるのである。

2. 注意のエイジングにともなう差に関する一般理論

不適切な運動と考えの抑制はいつもある (James, 1950, p.445)。

注意はしばしば情報の選択をともなう。分割的注意課題では，われわれは特定の刺激情報を除外するために注意をどのように分配するか選ばなければならない。同様に，焦点的注意と選択的注意では，われわれは他の刺激よりもある刺激をより多く処理する。このような選択過程は，重要な情報を強調することによって(たとえば 手がかりや，同じ刺激の練習を通じて)，あるいは逆に重要でない情報をあまり強調しないことによって促進される。すなわち，注意は，情報の選択と他の情報の能動的な抑制という，二側面をもっているのである。この抑制の過程は注意課題における加齢にともなう差の有力な原因であるかもしれないと考えられている（たとえば, Hasher & Zacks, 1988）。

ハッシャーとザックス (Hasher & Zacks, 1988) は，「選択的で意図的（焦点的）な注意……が効率的に作用するための中心的役割を担うのは……抑制メカニズムである。それが正常に機能しているときには，作動記憶の入り口を制限するよう働く」(p.212) と提案している。そして高齢者の抑制メカニズムにおける効率が低下している可能性を示唆している。

抑制の機能におけるこのような低下は，注意の選択，焦点化，および分割に影響するだろう。それは，うまく抑制されない不適切な情報が，適切な情報の処理に干渉することによって生じると考えられる。抑制は選択の必然的な結果なのである。われわれはさらなる処理をするために何らかの情報を選択するとき，他の関係ない情報もしくは妨害情報を抑制する。もしわれわれが妨害情報をまったく抑えることができないという事態だとすると，本来の正常な活動をすることはもはや不可能であろう。本書を読みながら，あなたは隣の部屋のラジオ音や，椅子が快適でないという事実，空腹の感覚や，部屋にある他のたくさんの視覚刺激などに対する無関係な思考を抑制しているかもしれない。もしあなたがこれらすべての刺激を抑制できないとしたら，あなたは本章を読み終えることができないに違いない。これは極端な例だが，高齢者は情報を抑制する能力に低下があるのかもしれないのである。そしてこの「抑制の不十分さ」が，彼らの注意や他のタイプの課題の遂行成績に影響を及ぼすと考えられる。

抑制過程を測る方法に，いわゆる負のプライミング効果がある。図4-4はこの現象を図示している。試行1では被験者は文字Dに反応しVを無視するよう言われる。次に試行2では被験者は文字Vに反応しMを無視するよう言われる。

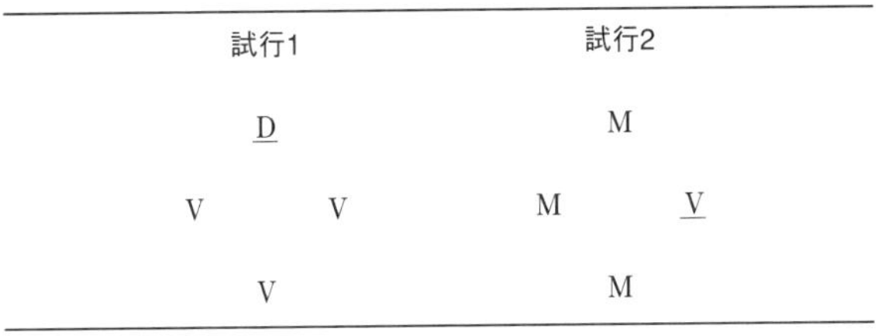

```
                    試行1              試行2

                      D                  M
              V       V          M       V
                      V                  M
```

●図 4-4　負のプライミング・パラダイムの例（Kramer et al., 1994 から適用）
　被験者は試行ごとに下線が引いてある項目に反応しなければならない。試行 1 で文字 V を無視（つまり抑制）することは試行 2 における V への反応を遅らせる。

反応時間は試行 2 で遅くなる。なぜなら被験者は先行する試行で抑制した項目に反応しようとするからである。つまり，試行 1 で無視されることによってその刺激は抑制され，すぐ後には注意されにくくなったわけである。

　ハッシャー，ストルツファス，ザックスとリプマ（Hasher, Stoltzfus, Zacks, & Rypma, 1991）は，高齢者が負のプライミング課題において抑制の低下を示すことを見いだした（この効果はベースラインに対して相対的に測られていて，若齢者と高齢者との全体的な反応時間の違いは統制されていることに注意されたい）。しかし，クレーマー，ハンフリー，ラリッシュ，ローガンとストレーヤー（Kramer, Humphrey, Larish, Logan, & Strayer, 1994）は負のプライミング効果の大きさは若齢者と高齢者で変わらないと報告した。ハッシャーらとクレーマーらの研究では異なる負のプライミング課題が用いられている。したがってこのような先行研究間の不一致は，複数の抑制システムを仮定し，そのうち一部が加齢にともなって低下すると考えることで説明できる（Kramer et al., 1994; May, Kane, & Hasher, 1995）。

　高齢者が情報の抑制に困難をもつかどうかはまだ論争中である。ある研究は高齢者の抑制機能に不十分さがあることを見いだし，他の研究は見いだしていない。さらに，高齢者が全体的な抑制機能の低下を示すのか，それとも何らかの抑制過程における特異的な低下を示すのかという議論もある。しかし 1 つだけ明らかなことがある。高齢者の抑制機能に低下があるという考えは，注意研究の発展に重要であり，究極的には注意における加齢にともなう差を説明するための統一的な理論を提供することになるかもしれないということである。

3. 注意におけるエイジングにともなう差のまとめ

　注意には明らかにいろいろな種類があり，いろいろな加齢にともなう差がある。高齢者で損なわれていない注意の側面には，選択的注意，焦点的注意，分割的注意，そして注意を要する課題から自動的過程への移行，がある。一方，高齢者で低下している注意の側面には，選択的注意，分割的注意，注意を要する課題から自動的過程への移行，がある。いくつかの注意タイプが両方のリストにあることに気づくだろう。この事実は，注意が加齢にともない低下するのかという質問の複雑性を示している。あるタイプの注意では加齢にともなう低下がみられ，あるタイプではみられなかった。またあるタイプでは特定の文脈でのみ低下が示された。しかしわれわれが概観したように，注意の加齢にともなう差に関する諸研究は，加齢が影響する部分とタイプについての知識の確かな基盤を提供している。

4. 注意研究における将来の方向

●● 注意の神経学的基盤

　　連結された……これら脳の諸過程は……閾下で興奮し続け……刺激との総和が運動中枢の準備をする（James, 1950, pp.433-434）。

　　神経系に与えられたすべての痕跡はどこかへ伝播するに違いない（James, 1950, p.457）。

　1890年という昔でも，ジェームズは行動を神経学的過程と生理学的過程に対応づけることの重要性を理解していた。研究者たちは注意処理における異なる成分は異なる脳領域で制御されるかもしれないことを示唆している。たとえば，ポズナーとピーターセン（Posner & Petersen, 1990）は，後頭の脳システムが空間位置への注意を媒介する一方で，前頭システムは注意を認知の諸作用に媒介すると提案した。脳構造もしくは脳過程の加齢にともなう変化が，これらのシステムで異なるのかどうかを理解することは，注意における加齢にともなう差を理解する助けになるだろう。これらのことがらを調べるための技術はたくさんある。脳活動は，脳電図（EEG），陽電子放出断層撮影法（PET），核磁気共鳴断層撮影法（MRI）を使って測ることができる。このような神経科学的技術と注意の認知測度が融合

した学問は神経心理学とよばれ，注意の加齢にともなう変化の理解を広げるにあたり非常に前途有望である。たとえばこれらの方法を用いて，高齢者がもはや課題に無関連な情報を活性化し続けるかを調べることによって，情報の抑制能力が低下しているかどうかが近い将来わかるようになるかもしれない。

5. 実際的な応用

　注意の加齢にともなう差について多くを学ぶにつれて，われわれは実験室の外での遂行を理解し増進させるような情報を使用できるようになる。たとえば，研究者はうまく自動車の運転ができるかを予測する注意の諸変数の個人差を理解しようとしてきた。このような変数の1つに，有効視野（UFOV: useful field of view）がある。これは一瞬見て処理することのできる視野のことを指す。有効視野は，ターゲットの呈示時間，顕著性，視野における偏心度の関数として変化する。しかし，有効視野という測度は単なる視覚の測度以上のものである。というのは，競合する注意要求の程度に関連する注意成分をもつからである（Ball & Owsley, 1991）。有効視野には個人差があり，高齢者では狭くなる傾向がある。ボールとオスレー（Ball & Owsley, 1991）は，有効視野測度だけで高齢者のサンプルにおける自動車事故の分散の13%と，同サンプルにおける交差点事故の分散の21%を説明することができると報告した。このように有効視野の個人差は，自動車事故における個人差と関連していると考えられる。狭い有効視野が5日間のトレーニングの後133%にも向上したという，励まされるような知見もある（Ball, Beard, Roenker, Miller, & Griggs, 1988）。

　また，運転は異なる情報源の間の急速な注意の切り替えを必要とし，注意を移動する能力には個人差がある。これは特に，さまざまなタイプの痴呆をともなった高齢の運転者で顕著である（Parasuraman & Nestor, 1991）。このような注意移動の個人差は，運転能力を測るのに用いることができるかもしれない（Proctor & Van Zandt, 1994）。このような運転能力に関する有効視野や注意の切り替えの影響は，注意における加齢にともなう差を理解することが，いかに実用的な課題における加齢にともなう差を理解するのに役立つかということについての2つのよき例を提供する。

5章 エイジングにともなう記憶の変化

ファーガス・I・M・クレイク　(Fergus I. M. Craik)

　本章では加齢にともなって生じる記憶のさまざまな問題を取り上げる。加齢にともない記憶に変化が起こることは広く知られている (Craik & Jennings, 1992; Light, 1991; Salthouse, 1991; Zacks, Hasher, & Li, 1999)。一般的には高齢者では記憶成績が低下するが，この低下はすべての記憶課題にみられるわけでなく，取り上げている記憶課題に大きく依存すると考えられている。高齢者でかなり低下がみられる課題もあれば，ほとんどもしくはまったく低下がみられない課題もある。さまざまな記憶の低下やどのような補償が可能かを理解することが記憶理論の研究者がなすべき仕事であり (Dixon & Bäckman, 1995)，そのような加齢にともなう記憶の変化が日常生活の行動にどのように影響を与えるかを明らかにすることが，記憶の応用研究者の仕事である。本章では記憶と加齢に関する現在の理論およびデータを紹介し，いくつかの応用的な問題についても簡単に論じる。

1. 記憶のタイプ

　認知心理学者は通常さまざまな種類の異なった記憶システム，記憶段階，記憶貯蔵庫について述べている。100年にわたる実験室研究および臨床的研究から同じ個人でも，加齢，脳損傷や不利な環境にほとんど影響されない課題遂行もあれば，それらに大きく影響される課題遂行もあることが明らかにされていることから，さまざまな種類の記憶が述べられるのは理にかなったことであり，また必要なことでもある。古典的な例として，てんかん治療のために両側，すなわち左右の脳の海馬とその周辺の脳領域の外科的な除去手術を受けたH.M.の症例があげられる。彼は手術後に経験した個人的なできごとをまったく思い出せないが，基本的には新しい運動スキルを学習することや単語系列，数字系列を復唱す

ることは可能である (Milner, Corkin, & Teuber, 1968)。また，交通事故によって脳に障害を負ったK.C.の症例もある。彼は事実や手続きといった一般的な知識へのアクセスは正常であるが，これまでの人生で起こった個人的なできごとにはアクセスできない。車のタイヤ交換に必要な手順をきちんと説明できるものの，自分が実際にタイヤを交換したときのことはまったく思い出せず，また兄弟が何年も前に事故で亡くなったことさえ思い出すことができない (Tulving, Hayman, & Macdonald, 1991)。ふつうに年齢を重ねた場合，健常成人（ここで取り上げる研究では概ね60歳から85歳）が，若齢統制被験者（概ね20歳から30歳）と比較して通常成績が低下する記憶課題は，自由再生，人の名前のような特殊な事実の想起，できごとの場所や時間の詳細の想起といった課題である。一方，単語プライミング，再認記憶，単語の意味に関する知識といった他の課題では，若齢対照群に比べて高齢者の記憶成績はそれほど低下しない。ときには高齢者のほうが高い成績を示す (Craik & Jennings, 1992; Salthouse, 1991; Zacks et al., 1999)。

　このような結果から必然的に導かれる結論は，「記憶」は一枚岩の存在ではないということであるが，現時点では，この記憶をどのように区分すべきかということについて，残念ながら認知心理学者は意見が一致していない。初期の枠組みでは，感覚記憶 (sensory memory)，短期（あるいは一次）記憶 (short-term or primary memory)，長期（あるいは二次）記憶 (long-term or secondary memory) という3つの継時的段階に区分することが示された (Atkinson & Shiffrin, 1968; Murdock, 1967)。この分類によって，健忘症患者やそれより程度はかなり軽いものの健常の高齢者が，数時間あるいは数日前の個人的なできごとの検索は困難であるが，数字系列や単語系列の復唱は若齢対照者と変わらない理由が説明できる (Baddeley & Warrington, 1970; Craik, 1977)。すなわち，長期記憶は損なわれているが，（刺激が「頭のなかに今なお残っている」という意味での）短期記憶は影響を受けていない。タルヴィング (Tulving) と彼の研究グループ（たとえば，Schacter & Tulving, 1994）は，この3区分の枠組みを拡張し改訂したものを提唱してきている。この枠組みでは記憶は互いに異なる5つの主要なシステムに区分できると主張されている。その5つとは，手続き記憶 (procedural memory)，知覚表象システム (PRS: perceptual representational system)，一次記憶 (primary memory)，エピソード記憶 (episodic memory)，そして意味記憶 (semantic memory) である。これら5つのうち，PRSはほぼ感覚記憶に，一次記憶は短期記憶に一致しており，エピソード記憶と意味記憶はともに長期記憶のなかに位置づけられる。手続き記憶という新しいシステムは，連合関係の学習，単純な条件づけや，運動と認知スキルにおいて重要な役割を果たしている。

　記憶システムの区分を支持する主要な証拠の1つは，それぞれのシステムを

異なった形でおそらく反映する課題間で「かい離」が存在することである。エイジング，脳損傷あるいは他の何らかの作用によって影響を受ける課題もあれば，何ら影響を受けない課題も存在するとすれば，これらの課題には別個のシステムが介在していると考えられる。しかし，さまざまな研究からの証拠を集めて，はじめて課題がそれぞれのシステムを実際に反映していると結論づけられる（Schacter & Tulving, 1994）。この5つのシステムを仮定する枠組みは，H.Mの症例（エピソード記憶は障害されているが手続き記憶と一次記憶は正常である），K.Cの症例（エピソード記憶は障害されているが意味記憶と手続き記憶は正常である），また，エピソード記憶と意味記憶の一部は低下しているが手続き記憶には問題ない正常のエイジングをうまく説明することができる。記憶をシステムとしてとらえる見方は批判されることもあるが（McKoon, Ratcliff, & Dell, 1986），加齢にともなう記憶の主要な変化を理解する優れた記述的枠組みを提供していることには違いない。以下の節で，さまざまな記憶システムにおける加齢にともなう変化を簡単に概説する。また最後の節ではこれらの知見と結論をまとめて，質問紙によって高齢者の認知的変化を評価する際の計画と解釈について述べる。

2. 手続き記憶

　「手続き記憶」という用語には，かなり広範囲にわたる運動スキルや認知スキル（たとえば，ピアノ演奏，車の運転，ジグソーパズルやハノイの塔問題を解く），さらに計算，綴り，読書といった学業にかかわるスキルの学習と保持が含まれている。これらの能力にはすべて，大きな自動的要素が含まれているため，通常，最初の学習エピソードの意識的想起は含まない。このため，手続き記憶は潜在的（implicit）な記憶過程を含むといわれることがあり，エピソードの再生や再認が必ず含まれる顕在的（explicit）な想起と対照的である。潜在記憶過程は意識的な想起や意識的な意思決定は含まない一方で，十分に学習された自動的な心的過程を多く含んでおり，これらはともに，手続き記憶が関与しているスキルを加齢や脳損傷などの影響から守ることに役立っていると思われる。

　認知研究の分野では，手続き記憶はしばしばプライミング手法によって評価される。たとえば，ある単語を読むとその単語の分析に含まれている特定の知覚的，語い的，意味的操作が促進され，その結果，同じ単語（たとえば，先行刺激としてdoctorが呈示され，その後DOCTORが呈示される場合）あるいは関連語（たとえば，先行刺激としてdoctorが呈示され，その後NURSEが呈示される場合）のその続きの分析がより容易にすばやくなされる。レーバーとバーク（Laver &

Burke, 1993) は意味プライミング課題のメタ分析を実施し，意味プライミング効果が高齢者でより大きいことを報告している。プライミング手続きの1つの方法には，まず学習単語（たとえば，market）を呈示し，その後，単語の最初の数文字が印刷されている単語断片完成課題（たとえば，MAR＿）に解答させるというものがある。ライトとシン（Light & Singh, 1987）は2種類の教示条件で若齢者と高齢者にこの課題を行った。1つは心に最初に浮かんだ単語で単語断片完成課題に答えることを求めるものであり，もう1つは呈示された数文字を手がかりとして学習リストから単語の想起を求めるものであった。彼らは，前者の潜在的な課題では年齢に違いがないことを見いだした。すなわち，高齢者は若齢者と同様に，MAR＿の解答として，marble や marriage などではなく，market と答えたが，後者の顕在的な手がかり再生課題では若齢者の成績のほうが高齢者よりも優れていることを見いだした。

　非常に優れた第二のプライミング手法としては，ジャコビーとウィザースプーン（Jacoby & Witherspoon, 1982）が考案した方法がある。この方法では被験者はまず同音異義語，すなわち発音は同じだが異なる意味をもつ単語（たとえば，使用頻度の高い rain と使用頻度の低い reign や，使用頻度の高い hair と使用頻度の低い hare など）の使用頻度が低い方の単語へバイアスをかける文章を読むことが求められた。「The wounded hare limped slowly across the field（傷ついた野ウサギが片足を引きずりながらゆっくりと野原を進む）」のような文である（訳注：hare が hair と同音異義語になる）。同様の一連の文が呈示された後，聴覚呈示された単語の綴りテストが実施されたが，そのなかには同音異義語が含まれていた。その結果，文中で読んだ使用頻度の低い単語を書く傾向が高くなることが見いだされたが，ハワード（Howard, 1988）は若齢者と高齢者でこの傾向に違いがないことを示した。

　これらの例は手続き記憶がエイジングによって明白な影響を受けないことを明らかにしている（概説として，Craik & Jennings, 1992; Light & LaVoie, 1993 参照）。このことは，全体的には肯定的な知見であるが，その一方で否定的な結果にもなりうる。ジャコビーと彼の研究グループは最近の一連の研究で（たとえば，Dywan & Jacoby, 1990; Jacoby, 1991; Jennings & Jacoby, 1997），多くの認知課題には，無意識的で潜在的な過程と意識的で顕在的な過程が混在していることを指摘している。もし加齢によって顕在的な過程は低下するが，一方潜在的な過程は影響を受けないとすれば，高齢者の反応は後者の潜在的な心的操作の影響をより大きく受けていると考えられる。ディワンとジャコビー（Dywan & Jacoby, 1990）は，架空の名前がくり返されると高齢者はそれを実際の有名人の名前と考えやすくなることを示している。すなわち，高齢者はくり返し呈示されたことによって生じた熟知性を実際に有名だからだと思い込んでしまったのである。同様に，ジェニン

グスとジャコビー（Jennings & Jacoby, 1997）は，テストリスト内で単語をくり返すと，若齢者よりも高齢者において前の学習リストで呈示された単語だと考える傾向が高いことを示した。高齢者で経験されることの多いこれらの結果や他の偽りの記憶（false memory）に関する例（概説として，Schacter, Koutstaal, & Norman, 1997参照）は，単語やできごとを経験したエピソード文脈を保持している顕在記憶の障害と，障害を受けていない手続き記憶（あるいは潜在記憶）とが組み合わされることから生じるのだろう。

このような偽りの記憶は高齢者の日常生活に深刻な負の影響を与えうる。たとえば，想像した行為や意図した行為と実際の行為（薬を飲むことやストーブを消すといった行為）を混同してしまうことはきわめて危険だろう。調査研究という文脈で考えると，ある方向に枠づけるような質問やその前に出てきた「例」によって反応にバイアスが与えられたり，それに沿った処理を誘発されたりするかもしれない。認知のエイジング研究の結果は，高齢者がこれらの影響をより強く受ける可能性を示している。

3. 知覚表象システム

この「システム」は明らかに，さまざまなモダリティからの感覚，知覚情報を処理する異なる下位システムの集合体である。関連する脳領域にはモダリティ特定的な情報の初期処理を行う領域があげられ，このシステムの機能は入力された感覚データの分析，統合，一時的な保持である（Tulving & Schacter, 1990）。これまで，エイジングに関して，知覚表象システムの機能の変化を直接扱った研究はほとんどなされていない（概説として，Craik & Jennings, 1992参照）。しかし，高齢者では手続き記憶が基本的に保たれていることを考えれば，潜在記憶と顕在記憶に共通である初期処理段階は加齢の影響をあまり受けないと仮定するのがふつうである。一方，感覚メカニズムそのもの（たとえば，視覚，聴覚，味覚，触覚，嗅覚）は加齢にともない顕著に変化する。そのため，このような感覚機能の低下がどのように高次の認知機能に影響を及ぼすかが，ここでは興味深い問題となるだろう（Schneider & Pichora-Fuller, 1999）。

リンデンベルガーとバルテス（Lindenberger & Baltes, 1994）は最近かなり衝撃的な研究結果を呈示している。70歳から103歳の高齢群では，加齢にともなう知能の変動の93%を視力と聴力の低下が説明するというものである。知能は14の認知テストからなるテストバッテリーによって測定されているため，この結果は妥当性が高いものであると思われる。しかし，必ずしも視力と聴力の低下

が知能の低下の原因であるというわけではない。別の解釈として，正常なエイジングにはさまざまな身体能力と心的能力の低下がともなっており，何らかの「共通の原因」が機能の効率を全体的に低下させているということが考えられる (Lindenberger & Baltes, 1994)。すなわち，加齢が広範な身体システム（たとえば，心臓血管，筋肉，呼吸，中枢神経系）に影響を及ぼしているかぎり，その影響を受けるすべての機能間に十分な相関があるかもしれない。たとえば，脳の機能と筋力は因果関係をもつメカニズムによって直接つながっているわけではないけれども，相関があるかもしれない。

　もう1つの研究の流れとして若齢者において感覚入力を低下させることが，認知成績にどのような影響をもつか検証するものがある。スピンクス，ギルモアとトーマス (Spinks, Gilmore, & Thomas, 1996) は，若齢者の視覚刺激のコントラストをアルツハイマー患者レベルまで低下させると，数字・符号置き換え課題（symbol-digit subtitution）やレーヴンマトリックス検査（Raven's advanced progressive matrices）での成績が50歳程度になることを示した。また画面のコントラストが調節された場合には，アルツハイマーの患者の成績は大きく改善されることも示されている (Gilmore, Thomas, Klitz, Persanyi, & Tomsak 1996)。マーフィー，クレイク，リーとシュナイダー (Murphy, Craik, Li, & Schneider, 2000) によって行われた同様の研究では，単語がノイズとともに聴覚呈示された場合，直前に呈示された連合刺激対の記憶が若齢者でも大きく低下することが示された。注目されるのは若齢者が刺激を正確に知覚していたことである。それにもかかわらず，背景ノイズによって適切な記憶痕跡を残すことが困難になったのである。

　加齢にともなう発話理解の違いも知覚的要因と認知的要因の相互作用の別の例を提供している。このトピックは特に電話インタビューを多く用いる研究者から関心が寄せられている。なぜなら，電話インタビューでは発話を理解することが困難なために，対面インタビューした場合と違う結果が生じるかもしれないからである。しかし，そのような困難さがあるにしても適切な文脈，特に重要な情報や質問の前に文脈が与えられると，このような困難さは低減されるだろう。ウィングフィールド，アレクサンダーとキャビゲリ (Wingfield, Alexander, & Cavigelli, 1994) は単語だけが呈示された場合と，さまざまな量の先行文脈，後続文脈，あるいは両者を呈示した場合の聴覚呈示された単語同定における年齢差を検証した。その結果，若齢者は単語が独立で呈示された場合により優れた同定成績を示し，またターゲット単語に続く文脈をより上手に利用することができた。しかし，先行文脈の利用については高齢者と若齢者の間で大きな違いはなかった。ピショーラ・フラー，シュナイダーとダーネマン (Pichora-Fuller, Schneider, & Daneman, 1995) もこの問題を検討している。被験者は，ノイズとして背景にさまざまな話

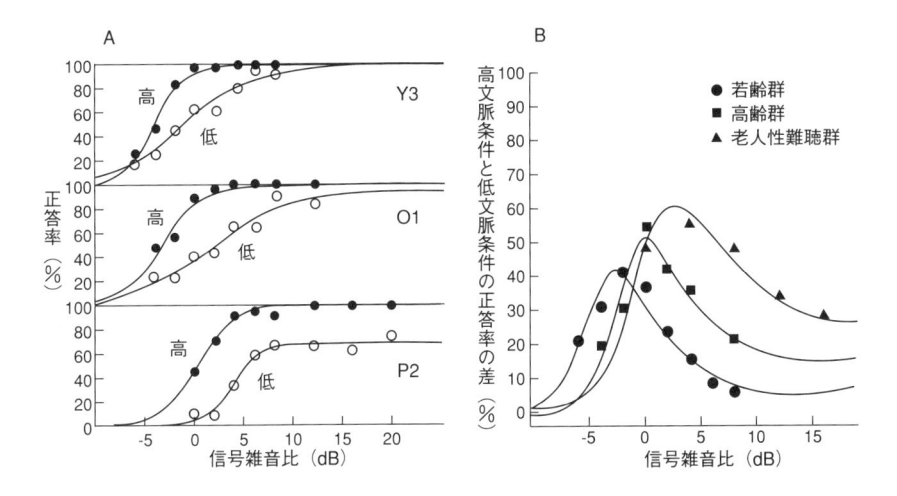

●図 5-1　A：信号雑音比ごとの高文脈条件，低文脈条件における正単語同定率。3 人の被験者例。若齢群（Y3），高齢群（O1），老人性難聴群（P2）。
　　　　　B：若齢群，高齢群，老人性難聴群における，信号雑音比ごとの高文脈条件，低文脈条件における差の平均（Pichora-Fuller et al., 1995 の許可を得て引用）。

し声が流れるなかで短い文を聞き，文の最後の単語を同定することが求められた。刺激文によって，最後の単語が予測可能な文脈と予測不可能な文脈があった。このため，感覚的な信号と雑音の比率（SN 比）ならびに認知的サポートの両方が操作されている。図 5-1 A は，若齢群，高齢群，そして聞き取りに問題のある高齢（老人性難聴）群の一般的な結果が示されている。図 5-1 B は，高文脈文と低文脈文の比較により推定される，高文脈文の有利さを群別に示している。

この図から示されるのは，文脈の予測可能性が高いことによる成績の向上は若齢群以上に高齢群と老人性難聴群で大きいが，このような成績の向上効果を得るためにはより高い SN 比のレベルが必要だということである。

4. 一次記憶と作動記憶

　1960 年代の初めから，認知心理学のなかでは独立した短期記憶システムが存在するという一般的な考えが広く受け入れられているが，残念なことにこの用語はまぎらわしい使い方をされてきた。実験心理学者はこの用語を非常に小さな記憶の断片，すなわち，いくつかの刺激が呈示された後まだ「心のなかにある」情

報を指すものとして用いてきた。たとえば，リストの終わりにある項目の再生がよい（新近性効果：recency effect）のはこの特別な短期貯蔵庫のおかげである。しかし，臨床家は数時間，ときには数日にさえわたる最近のできごとの記憶に「短期記憶」を用いることが多い。明らかにこれらは大きく異なる概念である。この問題を明確にするために，ウォーとノーマン（Waugh & Norman, 1965）は心のなかに今現在ある情報の断片には一次記憶（primary memory）という用語を，記憶から検索されるそれ以外のすべての情報には二次記憶（secondary memory）という用語を用いることを提唱した。このため，一次記憶は新近性効果，記憶スパン，電話番号を一時的に覚えることなどにかかわっている。

バドリーとヒッチ（Baddeley & Hitch, 1974）は作動記憶（working memory）というさらに重要な概念を発表した。この概念はやはり心のなかに保持されている情報のことを指すが，特に短期記憶保持の働き（たとえば，言語と言語以外で系列的に呈示された刺激の統合や暗算，推論）を強調したものである。このため，作動記憶は一次記憶で主張された受動的な貯蔵庫という概念よりも，よりダイナミックな概念である。しかし，一次記憶と作動記憶は分離したシステムなのだろうか。筆者はそうではないと考えており（Craik & Rabinowitz, 1984），短期記憶課題は受動・能動という連続体の上に存在していると主張したい。受動的な課題（たとえば，数字リストの再生）は比較的純粋な一次記憶課題であり，一方，刺激の操作，保持，変換を要求する能動的な課題（たとえば，リーディングスパン・テスト，Daneman & Carpenter, 1980）は作動記憶課題の例である。

年齢差を考えたときには一次記憶と作動記憶の区分は有効であり，加齢にともなう違いは一次記憶課題ではわずかだが，作動記憶課題では大きいと考えられる。このため，少数の刺激を直後に反復することが求められる課題では，成人における年齢差はきわめて小さい。しかし，貯蔵された刺激の操作が必要となる，あるいは，貯蔵と次に入力される情報の処理をすばやく切り替えることが必要となる課題では年齢にともなう違いは非常に大きくなるだろう。一次記憶コンポーネントが強くかかわる課題の例には，単語や数字のスパン（Parkinson, Lindholm, & Inman, 1982），ブラウン・ピーターソンパラダイム（Craik, 1977; Inman & Parkinson, 1983），自由再生リストの新近性部分からの再生（Delbecq-Derouesne & Beauvois, 1989）がある。このような課題ではしばしば年齢にともなう統計的に有意な違いが示されることもあるが，一般的な知見では，その違いは二次記憶課題で示されるかなり大きな違いと比較して小さいものである（概説として，Craik & Jennings, 1992 参照）。

応用的な示唆に関して，一次記憶では加齢にともなう低下が比較的少ないということは，高齢者は電話番号を正確に書き写せる，すなわち少ない量の情報

では誤りなしに書き写せるということを意味する。しかし、日常生活での課題は作動記憶を反映していることが多く（たとえば、長く複雑な文での電話調査、覚えておくべきいくつかの選択肢がある質問）、これらについては加齢にともなう低下が大きいことを研究データは示している。多くの研究は作動記憶課題における成績は成人初期から一貫して減少していくという点では一致している（たとえば、Craik, Morris, & Gick, 1990; Dobbs & Rule, 1989; Wingfield, Stine, Lahar, & Aberdeen, 1988)。また、まだ明確にはなっていないものの、加齢にともなう低下は課題の複雑さが増すにつれて顕著になるという可能性が存在している（Craik, Morris, & Gick, 1990; Salthouse, Mitchell, Skovronek, & Babcock, 1989)。加齢にともなう低下が生じる理由については議論があり、心的エネルギーあるいは「注意資源」の枯渇を主張する研究者もいれば（Craik & Byrd, 1982)、処理速度の加齢にともなう減少（Salthouse, 1991, 1993)、不必要な情報の抑制能力の減少（Hasher & Zacks, 1988; Zacks & Hasher, 1988)を主張する研究者もいる。その基礎にある原因が何にせよ明らかなことは、しばらくの間ある程度の情報を保持、操作、統合しなければならない状況では高齢者は特に困難を示す。いくつかの情報を保持しながら同時にその後で呈示される入力情報を処理しなければならない課題では、この困難はより大きくなるだろう（Daneman & Carpenter, 1980; Gick, Craik, & Morris, 1988)。

5. エピソード記憶

　高齢者が「以前のようには」記憶できないと訴えるとき、それはたいていエピソード記憶（episodic memory）のことを指している。エピソード記憶は比較的最近自分に起こった特定のできごとについて想起する能力である。実験室的にこの能力を反映するものとしては単語、文、物語、絵などの自由再生があげられる。この手法では被験者は長い刺激リストを呈示され、その後（一般的には、呈示後30秒から24時間後）、何の手がかりもなしにそれらを再生することが求められる。このようなテストにおける成績は30歳代、40歳代から70歳代、80歳代にかけて低下し、加齢にともなう自由再生の低下は一次記憶、手続き記憶、意味記憶課題といった他の多くの記憶課題でみられる低下よりも大きいことが多くの研究から明らかにされている。

　なぜエピソード記憶は、加齢の影響を特に受けやすいのだろうか。数多くの原因がこのような最終的結果を生み出すために働いていると思われる。筆者としてはこのような加齢にともなう低下は何ごとも神のおぼしめし、たとえば、高齢者の記憶システムに些細なことで負荷がかかりすぎないように守ってくださるとい

った楽観的な説明を信じたいのだが，このような適応的，補償的理論を信じることは難しいとわかっている。第一に，最近のできごとについての詳細を思い出せないことは，高齢者にとって，気まずさやフラストレーションの原因にしばしばなっている。彼らは確かに思い出したいのである。第二に「記憶装置に負荷がかかりすぎている」という考えは，熟達や記憶の研究で明らかにされていることを考えるととてもありそうにない。すなわち，あるトピックについて知れば知るほどそれに関連するさらなるエピソードの符号化と検索はより簡単になることは明らかである（Bransford, Franks, Morris, & Stein, 1979）。このため，積み上げた知識を新しいできごとのための枠組みや足場としてたとえるほうが，乱雑に詰まった食器棚にたとえるよりも適切である。第三に，記憶は脳の神経構造によって媒介されており，脳は心臓，肝臓，肺，腎臓と同じような身体的器官である。これら脳以外の器官は加齢にともないその働きが落ちることは疑いなく，もし脳が加齢の影響を受けないとすれば，その方がかえっておかしいことだと思われる。

　では，実際にはいったい何が変化するのだろうか。認知のエイジングの研究者は，「注意資源」が認知パフォーマンスを支えるのに必要な処理に向けられると考えており，この注意資源が中年期から高齢期にわたり減少するということを主張してきた。また，エピソード記憶は特に注意資源を要求すると考えておく必要がある。このような注意資源の候補として，血液中のグルコースの利用しやすさやその効率，脳の重要な領域への適切な血液供給の可能性，心的操作が実行される速度，中枢神経系における神経間の結合の緻密さなどがあげられる（Wickens, 1984）。近年の認知神経科学における研究の急増によって，数年以内に最終的な答えが出される可能性があるだろう。行動レベルでエピソード記憶にかかわる問題の1つは，できごとのなかには予測できない特異なものがしばしば存在しているということである。このため，そのようなできごとを符号化，検索するためによく学習されたスキーマやルーチンを用いることはできない。エピソード記憶は蓄積された構造である「結晶性知能（crystallized intelligence）」をもとにした能力というより，新しい情報を扱う「流動性知能（fluid intelligence）」に類似したものである。

　エピソード記憶における加齢にともなう変化は，役に立つ文脈情報が（新しいできごとを意味あるものにできるような方略の教示や体系化された枠組みの形で）符号化時あるいは（もとの文脈の手がかり，ヒント，思い出させるもの，復元の形で）検索時に与えられた場合にしばしば小さくなることが指摘されている。しかし，この文脈情報の効果が十分に発揮されるためには，符号化時と検索時の両方において手がかりを与えることが必要であるかもしれない。たとえば，クレイク，バードとスワンソン（Craik, Byrd, & Swanson, 1987）の研究では，若齢被験

者と高齢被験者に無関連単語の学習リストが呈示されたが，その際短い記述文（たとえば，水の集まり，いずみ）があわせて呈示される場合と呈示されない場合があった。この研究で年齢差が最も小さかったのは，学習段階と検索段階の両方でこの手がかりが呈示されたときであった。同様の結果がショーとクレイク（Shaw & Craik, 1989）によっても報告されている。一方，パークとショー（Park & Shaw, 1992）は，検索時に単語の最初 2 文字，3 文字，4 文字を与えると，単語に関するエピソード記憶課題の成績が上昇し，特に若齢被験者でこの手がかりの効果が比較的大きいことを見いだした。しかし，ライト（Light, 1991）はこれまでの研究を概観し，高齢者と若齢者では「環境的サポート」を有効に利用する点において相違はないとするのが最も一般的な知見であると結論した。高齢者は若齢者と比較してどのような条件下で優れているか，劣っているか，同じであるかの詳細については研究途上であるが，適切な文脈情報が符号化時と検索時に与えられると高齢者のエピソード記憶成績が高まるということは明らかである。

　広く受け入れられている 1 つの知見は，いつ，どこであるできごとを経験したか，あるいは，ある事実を学んだかを思い出すことが高齢者にとってより困難だということである。このため，高齢者は（しばしば，若齢者でも）「よく知っている」と思う顔でも，いつ，どこで出会ったのかを思い出すことができない場合がある。脳損傷患者では，この種の失敗は「出典健忘（source amnesia）」とよばれる。脳損傷患者ほど深刻でないとしても高齢者が示すこのような失敗は，脳損傷患者と同じ前頭葉機能の効率の低下を潜在的な形で反映しているのかもしれない（Craik, Morris, Morris, & Loewen, 1990）。さらに，出典健忘の程度は健常群でも年齢とともに高まるようである。シャクター，ハーブラックとマクラクラン（Schacter, Harbluk, & McLachlan, 1984）が考案した手法を用いて，マッキンタイアとクレイク（McIntyre & Craik, 1987）は実験のために作った架空の事実（たとえば，ボブ・ホープの父親は消防士であった）を若齢被験者と高齢被験者に呈示した。1 週間後，被験者は「一般知識テスト」を受けたが，そのなかには「パブロ・ピカソの職業は何だったか」，「ボブ・ホープの父親は何をして暮らしていたか」といった質問が含まれていた。さらに被験者は，その情報を最初に学んだのはいつ，どこであったかを合わせて答えることが求められた。その結果，高齢者は「新しい事実」をよく覚えていたが，先週の実験のときに学んだということは忘れてしまうことが示された。加齢にともない文脈の詳細を忘れることは，高齢者が同じ話を同じ相手に何度もするという傾向においてもみられる（Koriat, Ben-Zur, & Sheffer, 1988）。おそらくこの失敗は，加齢にともない変化する以下の 2 つのことから生じるのであろう。第一は与えられた文脈が特定の意見，質問，話を誘発する可能性の増大であり，第二は前回質問されたときのことや話をしたときのこと

を思い出す可能性の減少である。
　加齢にともない文脈を思い出すことが難しくなるのは，おそらく連合情報を扱うときに起こるより全般的な加齢にともなう低下の1つの現われだと考えられる。すなわち，高齢者は心的できごとの間に連合的なつながりを形成し，それを用いることに問題があるのかもしれない。心的できごとは統合される必要があり，それを行う能力は，「バインディング (binding)」とよばれている。ジョンソンと共同研究者は，そのようなバインディング問題は加齢にともない増加することを示している (Chalfonte & Johnson, 1995; Johnson & Chalfonte, 1994)。

6. 意味記憶

　意味記憶という用語を認知心理学者が用いる場合，この用語は事実に関する知識の貯蔵を指しており，その知識をいつ，どこで学習したかというエピソード想起とは通常かい離しているとされる。初めは，このような意味記憶における加齢にともなう低下はほとんどないように思われた。典型的には，知能検査の一般知識問題では高齢者も若齢者と同程度に解答できる (Salthouse, 1982, 1991)。また，語いの知識や使用では70歳代後半から80歳代までほとんど減少がみられず (Salthouse, 1982)，意味情報の使用における加齢にともなう低下はないか，あったとしてもわずかである (Light, 1992; Light & Burke, 1988)。意味記憶において年齢差がほとんど認められないのに対して，エピソード記憶においては加齢にともなう大きな低下が認められるという対照的な結果は，少なくとも2つの分離した記憶システムが存在するさらなる証拠として受けとめられていたのだろう (Tulving, 1983 参照)。しかし実際には意味記憶機能のある側面では加齢にともなう大きな低下が存在し，このような結果から過度に単純な公式は成り立たないと考えられる。たとえば，喉まで出かかっているのにその単語を思い出せない失敗は，加齢にともない増加することが示されている (Burke, MacKay, Worthley, & Wade, 1991)。また，加齢にともなう記憶の低下で最も顕著なものの1つは，名前を検索するのにほとんどすべての高齢者が困難を示すということである (Cohen & Faulkner, 1986; Maylor, 1990)。
　記憶における年齢差の有無を決めるのはエピソード的・意味的の区別ではなく，むしろ探索している情報の特殊性かもしれない。正しい反応には，時間的，空間的情報の詳細が必要だと考えれば，エピソード情報は典型的には非常に特殊性が高い。一方，事実についての知識はさまざまに表現できるという点でかなり一般性が高いものである場合が多い。知識が特殊的なものであり他の表現はできな

いとき（たとえば，名前），系統だった加齢にともなう変化が発見される。一方，質問によって特定されるエピソード文脈がより一般的であれば，エピソード記憶での年齢差が小さくなるかについては今後の検討課題である。

さらに，エピソード記憶と意味記憶の境界のあいまいさは空間記憶の研究や，個人的なできごとでの遠隔記憶（remote memory）の研究の考察からも示されている。当初，場所の記憶や昔の体験の記憶は明らかにエピソード記憶に当てはまるものとされていた。しかし，詳細な研究からこの分類はそれほど明確ではないことがわかっている。ある特定のときに自分がどこに本を置いたかを思い出すことは，間違いなく「エピソード」的であるが，いつも鍵を置く場所や車を停める場所の記憶は意味記憶の領域にまで及んでいる。建物や町の空間的配置を記憶する場合，問題となる情報は本質的にかなり一般的で「意味的な」ものだと思われる。同じように，ずっと以前の自伝的なできごとは，エピソード記憶を反映しているように思えるが，サーマック（Cermak, 1984）は次のようなおもしろい指摘をしている。幼児期から青年初期で生じたできごとは何度も語られるため，実際に生じたもとのできごとから大きく逸れてしばしば個人的あるいは家族の物語の色彩を帯びることがある。

●● 空間記憶

どのように空間記憶が分類されようと，空間情報の記憶は生涯にわたって明らかに低下する。文脈情報の記憶は加齢にともない一般的に減少するというよく知られたことから考えれば，この低下は予想されることである（Spencer & Raz, 1995）。空間記憶における年齢差の研究は，実験室課題から実生活の行動にまで及ぶ（たとえば，Cherry & Park, 1993; Park, Cherry, Smith, & Lafronza, 1990; Zelinski & Light, 1988）。後者の研究として，ウットールとグラフ（Uttl & Graf, 1993）は15歳から74歳までの博物館の来場者を対象に，最近訪れた博物館の展示品の配置に関する記憶テストを実施した。その結果，55歳以上の被験者ではこのような空間記憶にはっきりとした低下があることが示された。この低下は課題がよく学習された意味記憶を反映している場合でもやはり報告されている。たとえば，エヴァンス，ブレナン，スコロヴィッチ，ヘルド（Evans, Brennan, Skorpovich, & Held, 1984）は，町のよく知られている場所にある建物を思い出し概略地図に書き込むことを被験者に求めた。高齢者は質問された場所をとてもよく知っていたにもかかわらず，両方の課題で若齢者よりも成績が低かった。ここで1つ注目すべきことは，空間情報を再生するという抽象的な能力と現実生活での移動の際によく知っている空間的手がかりを用いる能力の間には，違いがあるかもしれないということである。高齢者は，後者の部類に属する課題では低下は小さい（ある

いは低下は認められない)。もしそうだとすれば,この違いは潜在記憶よりも顕在記憶において加齢にともなう減少が大きくなるという結果と一致するものだろう(概説として,Craik & Jennings, 1992 参照)。

●● 遠隔記憶

　ずっと以前の記憶について検証することは方法に関する興味深い論点を提起する。高齢者は幼児期や青年期に自分の身に起こったできごとの「生き生きとした思い出」と,数時間あるいは数日前に生じたできごとの「ぼんやり」した記憶をしばしば比較する。しかし,50年前の鮮明な記憶はいくらか目立ったできごとについてのものであることが多い。また,その記憶は50年後に初めて思い出されたというよりも,何度も検索し再現されていた可能性が高い。このような選択やくり返される検索の要因により,過去の鮮明な記憶と最近のよりありふれたできごとの記憶を比較することが難しくなる。1つの解決策は日誌法を用いることである。日常のできごとを(見直すことなく)記録してもらい,その後記録された個人的なできごとについての記憶をテストするのである。これら日常生活についての忘却関数は指数関数とべき関数の積になるが(Rubin, 1982),今後もこの手法における高齢者からの十分なデータが必要である。2つ目の解決策としては被験者に1つの単語を呈示して,その単語から思いつく個人的なできごとを答えてもらう。そして,このような方法で思い出された記憶にできるだけ正確に日付をつけてもらう。ルビン,ウェッラーとネーブ(Rubin, Wetzler, & Nebes, 1986)は,1時間あたりにこのようにして思い出された記憶の数は現在から20年前までは減少の一途をたどり,20歳代でも70歳代でも得られる忘却関数は類似したものであることを見いだした。さらに,10歳代から30歳代についての記憶では,他の年代以上に思い出される記憶が多い「バンプ(bump)」があり,この時期は人生の目立ったできごとが特に豊富にあるのか,あるいは,この時期に起こったできごとの多くが感情的な意味をもち,特に符号化されやすいのかもしれないことを示している。

　遠隔記憶へのもう1つのアプローチは個人的自伝的記憶を扱うのではなく,むしろ検証可能な社会的できごとを扱うことである。この方法は明らかにより客観的ではあるが,個人的な記憶のいくつかの側面を取りこぼすかもしれない。たとえば,自己の関与や自己と他者の感情的相互作用である。しかし,これらの可能性はあるものの,ワリントンとサンダース(Warrington & Sanders, 1971)やスクワィア(Squire, 1989)の研究はともに,ルビンら(1986)によって報告されたものと全体的に同じパターンを示した。すなわち,想起はできごとが古くなるにつれて少なくなるが,この減少は若齢者と高齢者で等しかった。

●● 真実効果

　応用的な側面をもつ最後のトピックは，1回だけ呈示されたフレーズよりも，くり返し呈示されたフレーズをより妥当で信用できるものと判断する傾向についてである。マーケティングの研究ではこの傾向は真実効果（truth effect）として知られており，広告や宣伝文句の効力はくり返し呈示されるにつれて増加する（Hasher, Goldstein, & Toppino, 1977）。このトピックについての年齢差の研究はほとんど行われていないが，ロー，ホーキンスとクレイク（Law, Hawkins, & Craik, 1998）による研究ではこの効果が高齢者でかなり大きくなると示されている。このことは，高齢者は放送や販売広告でくり返される政治的主張や宣伝文句をより受け入れやすいことを意味しているかもしれない。

　一般的に意味記憶における年齢差の研究では，質問が社会的できごとの想起にかかわるときは若齢者，高齢者ともに時間が経つにつれてできごとや人物のことを同じように忘れる傾向が示されている。しかし，特に人の名前や場所の名前のように非常に特殊な情報を想起しなければならないときには，高齢者は通常，正確に思い出すという点ではいくぶん成績が悪い。個人的な遠隔記憶は（たとえ心から信じていても），くり返し再構成することによって歪みを受けやすい（Bartlett, 1932）。事実に関する情報は直前に使うことによって，その情報が促進され，アクセスしやすくなる。そのため，研究者は，年齢の異なった人々は，質問に含まれる直前の情報からの影響の受けやすさに違いがあることに注意する必要がある。また，文脈についての詳しい情報は年齢の影響を特に受けやすいようである。

7. 結　　論

　加齢と記憶の研究に関する今回の短い概説から明らかになったことは，高齢者を扱う研究者や専門職の人は，質問紙を計画，実施するときに，この領域での多くの結果に気づくべきだということである。予測可能で明白な影響もあれば，そうではないものもある。前者にあたるものとして，高齢者は最近のできごとの再生はあまり正確でない。特に特定の時間や場所の詳細を含むものではそうだと予測されるはずである。同様に，電話インタビューで与えられる長くて複雑な質問には常識を用いることで対応していると考えられる。それほど明確ではない注意点としては，プライミング効果が高齢者の反応により大きなバイアスをもたらす可能性が考えられる。すでに述べたように「わかりやすい」例の呈示によって，答えを選択する際の高齢者の反応は偏るかもしれない。知覚的な明瞭さの減少（視

覚刺激のコントラストの減少やノイズの入った電話の声）は，複数の選択肢がある場合に最初に呈示された選択肢についての直接記憶を減少させるかもしれない。この知覚的な要因と作動記憶容量の減少の両方が，最後に呈示された選択肢の方に選択を偏らせる可能性がある。また，情報のくり返しによってその情報がより好ましいものとみなされたり（単純接触効果：mere exposure effect; Zajonc, 1968），外的なソースに誤って帰属されたりする（疑似有名効果：false fame effect; Dywan & Jacoby, 1990）可能性がある。

　これらのバイアスになる原因を防ぐには，質問や選択肢の順番をカウンターバランスする，関連項目を調べることで答えを確認する，できるときはいつでも支援的な文脈を与える，作動記憶とエピソード再生の関与を減らすといったわかりやすい測定法を用いることである。もちろん，これらの方法がいつでも役に立つわけではないが，加齢にともなう記憶の低下から生じるバイアスの考えられる原因に気づくことによって，少なくとも研究者が適切な注意をはらって高齢者の反応を解釈することができるだろう。

6章 脳のエイジングの認知神経心理学

パトリシア・A・ルーター・ローレンツ（Patricia A. Reuter-Lorenz）

　加齢によって認知機能は広範に変化する。その変化は脳機能の全体の変化によって生じることもあれば，特定の神経構造の部分的な減少によって生じることもある。加齢の神経心理学は，加齢による機能低下に関するこれら2つの原因を区別したうえで，認知の変化の原因となる神経メカニズムを明らかにしなければならない。神経心理学者は，高解像度の脳機能画像法，認知モデル技術，および脳の局所的損傷の知見を比較することによって，この難問に対処している。このような複数の手法を組み合わせるアプローチからさまざまなことが明らかになり始めている。そして新しい知見は加齢のプロセスに対するわれわれの理解を変える可能性をはらんでいる。

　本章は，加齢による認知の変化とその原因となる神経基盤とを関連づけるおもな理論と実証的知見をまとめる。該当する対象は広範囲におよぶため限られたテーマを選んで扱うこととする。しかしおもなことがらについては各節で多数の文献を分析しながら論じる。われわれは，脳の構造を認知機能に関連づけることに必要な関連用語，おおまかな皮質解剖学の顕著な特徴，そしていくつかの一般的な挑戦的研究を紹介しながら，大脳皮質の構造を概観することからはじめる。次に，加齢への認知神経心理学的アプローチがどのような目的に基づいているかをまとめ，その後，この分野における実証的研究を検討する。

1. 脳の構造と年齢の影響

　2つの皮質半球は，それぞれ，ヒトの思考と行動の全範囲にかかわる4つの主要な葉からなっている（口絵・図6-1参照）。脳の一番後部（後方）にある後頭葉は視覚のための最初のもしくは一次の皮質領野，そして，一次視覚野からの出

力を処理する二次視覚領野および連合領野からなる。一次, 二次, および連合領野の基本的階層性は, 聴覚処理のための側頭葉や, 体表面からの体性感覚入力を処理する頭頂葉にもある。後頭皮質, 頭頂皮質, および側頭皮質が結合する部位は, 複数の感覚モダリティからの入力を統合する領域であり, 目的, 情動・注意状態, そして環境における体の位置によって影響を受けることがわかっている。脳の前部（前方）にあるのは前頭葉である。前頭葉の後方で頭頂葉に隣接する境界部は運動皮質であり, 体に運動指令を送る神経装置がある。右利きならば, 運動野のちょうど前方の左前頭皮質にブローカ野がある。この領域は言語のプランニングやプログラミングに重要な役割をもつことが知られている。他の前頭部の下位領域は, すべての感覚モダリティの二次領域および連合領域, そして情動と記憶に関係する視床, 海馬, 扁桃体のような皮質下中枢と相互に結合している。したがって, 前頭葉は情報処理の階層における頂点に位置すると考えられており, 現在の意図や目的, そして計画に沿って, 他の脳領域の神経作用を調節（つまり抑制または促進）すると考えられている。

　顕微鏡下では, 皮質には6つの層があり, それらの層は各々の皮質領域の機能によって厚さや細胞密度が異なっている。前世紀の変わり目にブロードマン（Brodmann）という神経解剖学者が, 細胞構築に基づいて皮質を52の下位領域に分類した（口絵・図6-1参照）。この数字による分類は, ヒトの認知神経科学の基準システムとして今も広く用いられているものである。さらに脳の領域は, 特定の葉における側方（外側）, 中心（内側）, 上方（背側）, 下方（腹側）のような相対位置と, その部位が溝（脳のしわに当たる部分）であるか回（溝にはさまれた部分）であるかに基づいて, 呼び名が決められている。

　高齢者（60歳以上）の脳と若齢者（18歳〜35歳）の脳は物理的に異なっている。特定の領域における細胞の損失や脳組織それ自体の全体的な萎縮によって, 加齢とともに溝が目立つようになる（Haug & Eggers, 1991）。樹状突起の減少は加齢にともなう脳の萎縮を生じ, おそらく神経伝達の質と効率に影響を与える。加齢は神経伝達物質, 特に前頭葉の機能に関係するドーパミン, そして学習と記憶に重要な役割をもつアセチルコリンの濃度の低下を招く（たとえば, Woodruff-Pak, 1997参照）。細胞内の変化と脳血流量の減少は, 脳の代謝効率を悪くする。このような加齢による血流量の変化（たとえば, 脳血行動態の変化）によって, PET（陽電子放出断層撮影法）やfMRI（機能的核磁気共鳴断層撮影法）のように血流量を頼りに神経活動の場所を突きとめる脳機能画像法の結果の解釈は複雑になるかもしれない。PETでは, 放射性を帯びた水が血液に注入され, 同位体元素の崩壊による放射性物質の放出が局所的な神経活動の変化によって生じる脳血流の変化の信号となる。一方fMRIの技術では, 局所的な神経活動に由来する血液の磁

場特性の変化を検出する。脳機能画像研究の活発な領域では，血行動態にかかわる要因による年齢差から，認知神経の変化を反映する年齢差を分離しようとしている（たとえば，D'Esposito, Zarahn, Aguirre, & Rypma, 1999; Ross et al., 1997）。

　脳の構造がいかに多様であるかということを考えれば，ある領域が他の領域よりも早く加齢するということがあったとしても不思議ではない。検死解剖や生体の構造学的画像研究によって，加齢による萎縮が最も大きいのは，海馬，前頭前野の背側皮質，および小脳であることが明らかにされている（Raz, 2000）。しかし，過去1世紀の行動学的な脳研究からわれわれが学んだことは，構造と機能が必ずしも一致するわけではないということである。特定の領域に明らかな欠陥の物理的な兆候があったとしても，再組織化や補償過程，さらに方略の変化などによって，目に見える形では障害を引き起こさないことがある。同じ理由で，行動もしくは認知の変化がどのような神経基盤に基づくのかを同定することも容易ではない。特定の認知作用を特定の神経回路に割り当てるには，われわれの認知理論はまだあいまいで，行動学的な測度の結果にはばらつきがあり，神経科学の測度も粗く間接的であるという問題がある。それでもやはり，複数の認知神経科学のアプローチの知見が特定の事実に収束することによって，認知の神経基盤の理解は著しく進歩している。

　われわれは，加齢への神経心理学的アプローチから何を学ぶことができるだろうか。いくつかの有益で刺激的な目標がある。1つ目は，加齢によって最も影響される認知能力と心的作用をより深く理解することである。純粋に行動学的な研究では，処理速度，注意資源，作動記憶などの認知要素のうち，どれによって加齢の影響が引き起こされたかが明らかでなく，理論は対立している。しかし認知科学的な方法と神経科学的な方法を組み合わせた研究（つまり，認知神経科学的アプローチ）は，このような加齢の影響における対立する説明に判決を下して，いつ，そしてどのように特定のメカニズムが高齢者の遂行成績を制限するのかを明らかにする可能性がある。2つ目は，認知機能の神経基盤についてのわれわれの理解を，全般に向上することである。加齢の認知神経科学研究は，局所的な脳損傷の症例研究が認知心理学を進歩させたのとちょうど同じように，理論的な仮説を検証し，理論を説明するための新しい現象を明らかにすることによって，認知理論に有益な情報を提供することができる。最後に，おそらく最も楽観的な展望は，加齢の認知神経科学研究によって，認知に関する加齢の影響と闘う方法を開発するための重要な洞察が得られるかもしれないということである。最近，加齢した脳には，遂行成績が低下するのを補う過程があるかもしれないことが示唆されている。また，加齢した脳にとって何が適切かを同定することによって，われわれは，どうすればうまく加齢できるかについて秘伝を手に入れることができ

2. 右半球のエイジング

●● 言語性能力と非言語性能力の異なる低下

　加齢に関する最初の神経心理学的説明の1つに，右半球が左半球より急速に加齢するという仮説がある。この理論は1970年代に左脳・右脳研究が頂点にあるときに起こり，そして今もなお検討されている。臨床学的知見と健常の若齢者の神経学的研究の多くが，2つの半球に機能的な違いがあるという点で一致している。すなわち左半球はほとんどすべての言語課題において優位であるが，描画や複雑図形複写や大きさや距離や方向の判断，そして形の構築や操作を必要とするような視覚・運動課題の遂行のような空間課題では右半球に劣るのである（概説として，Reuter-Lorenz & Miller, 1998 参照）。

　これらの神経心理学的な2分法は，加齢が言語性知能よりも非言語性知能に対して大きく影響するという広く認識されている見解に新しい視点を与えた。たとえば，ウエクスラー成人知能検査（WAIS: Wechsler Adult Intelligence Scale, たとえば，Wechsler, 1981）のような標準化されたテストによる測定では，言語性IQが60歳くらいで低下し始める一方で，非言語性のIQ（すなわち動作性IQ）は50歳ですでに低下が明らかになる（たとえば，Albert & Kaplan, 1979; Schaie & Schaie, 1977）。動作性よりも言語性の下位スケール得点は高くなることが右半球損傷患者でも見いだされている（Albert & Kaplan, 1979; Botwinick, 1977）。非言語性の測度が加齢によっていっそう低下するということから，半球が非対称的に加齢すると推論してもよいのだろうか？　しかしこのような結論を慎むべき理由がいくつかある。第一に，標準化された手続きを実施するうえで，WAISは神経学的欠陥の部位を明らかにするのに適した道具ではない（Kaplan, Fein, Morris, & Delis, 1991）。動作性IQの成績が悪くなるような要因はたくさんあるため，右半球患者と高齢者がかなり違った理由で似た得点を生じる可能性があるのである。第二に，加齢に対する言語性検査と動作性検査は，決定的な点で異なっている。つまり，動作性検査には時間的な制約があり，言語性検査にはない。知覚・運動の遅延が認知のエイジングの基本的な要因なので（Salthouse, 1992），動作性検査の下位テストは言語性検査の下位テストよりも，一般的な加齢の影響に対して感受性が高いのかもしれない。

　それでは，速さが要求される反応測度で言語性能力と非言語性能力の両方を評価したらどうなるだろうか？　もし言語性課題と非言語性課題が全体的な難易度

に関して釣り合っているなら，それらの間のどんな年齢差も，もしかすると基礎にある脳のメカニズムに関連づけることができるだろう。このようなアプローチによって，ローレンス，ミエソンとヘール（Lawrence, Myerson, & Hale, 1998）は，18歳から90歳までの大規模な群を用いて言語性の低下と非言語性の低下を評価した。言語性検査は速さを要求する語い決定，カテゴリー決定，および同意語・反意語決定からなった。一方，速さを要求する視空間課題は，線分の長さ弁別，形分類，視覚探索，および模様照合からなった。これらによって，言語処理の時間は生涯を通じておよそ50％増加するのに対して，視空間処理時間は500％も増加することが見いだされた！ 彼らはこの結果を，加齢における半球の非対称性よりもむしろ言語性処理と非言語性処理の基本的差異に帰属させて考察している。たしかにこの結果は右半球加齢仮説から予想される結果ではあったが，言語性の課題と非言語性の課題の間のこの決定的な差には，もう1つの説明が可能である。彼らが用いた非言語性の課題では，刺激呈示における無関連な（無視すべき）特性を排除する必要があった。しかし言語性の課題ではこのような選択的注意の必要はほとんどなかったのである。選択的注意と抑制処理は部分的に前頭前野に依存しているので，前頭前野の加齢が影響したという可能性もある（以下を参照）。このようにわれわれは，言語性の遂行成績と非言語性の遂行成績の間の劇的な違いに基づくだけでは，機能不全の位置を特定することができない。

　純粋な行動学的アプローチには，課題がどの過程を測っているかが不確かであるという特有のあいまい性がある。たとえ右半球加齢仮説が正しかったとしても，もし言語性の課題と非言語性の課題がそれぞれ似た過程，もしくは少なくとも同じ半球に依存した過程を駆動するならば，それぞれの成績の低下は等価にみえるだろう。たとえば，おおまかな配置における要素に基づいて判断するような非言語性の記憶課題では，分析的もしくは局所的処理が強調されるかもしれない（たとえば，Salthouse, 1995）。このような「局所的」レベルの処理は，たとえ非言語性の材料を用いていても左半球と関連づけられている（概説として，Ivry & Robertson, 1998 参照）。同様に，数理的処理は，被験者の方略によってどちらか片方の半球が必要な場合と，両半球が必要な場合がある。

　加齢の影響が言語性の課題と非言語性の課題で異なることは，扱う材料や課題それ自体の新奇性にも帰せられてきた。たとえば，単語を定義づけることはブロック模様の組み立てよりも熟知性が高く，名前をつけられない形や配列は単語や文よりも熟知性が低い。一般に長く生きるほど，熟知性の違いは大きくなる。そのようなわけで，テュビとカレヴ（Tubi & Calev, 1989）は高齢者が単語よりも幾何学的模様の再生成績が悪く，若齢者はこの逆であることを見いだしたのを，生涯を通じて言語材料の熟知性が強固になるためであると示唆した。以上のように，

さまざまな説明が可能であり解釈は難しいので，半球の機能が低下しているかどうかをより直接的に測る必要性が高まった。

●● 右半球のエイジングとラテラリティ研究

　半球間の違いは，左側や右側に刺激を呈示する技術を用いて評価することができる。これは耳や目からの感覚入力経路が神経解剖学上，脳の右側と左側に分かれていることを利用している。左耳は右の一次聴覚皮質に，右耳は左の聴覚皮質にそれぞれより多くの神経線維を投射している。視覚モダリティでは各々の目が両半球に投射するのでもう少し複雑である。まっすぐ前を凝視しているとき，凝視の左に位置する（左視野の）像は，右半球の一次視覚野に投射される。同様に，凝視の右に位置する（右視野の）像は，左半球の一次視覚野に投射される（口絵・図6-2参照）。一次感覚皮質の後に，左側と右側の情報のほとんどは脳梁を介して統合されるが，それでもなお，感覚受容野から対側半球へと直接入力される情報は，脳梁を介して間接的に伝わる情報に比べて，測定しうる処理利得を生じるのである。視覚のラテラリティ研究では，右利きの被験者の場合は典型的に，右視野に呈示された言語項目は左視野よりも速く正確に同定されることがわかっている。この右視野における利得は，情報が直接的にその情報の処理に特化した半球（この場合は言語処理に対する左半球）に呈示されたためであると考えられている。同様に，非言語材料の左視野における利得は，非言語情報の処理に特化された右半球に直接アクセスするためである。

　このような技術を用いることで，右半球加齢仮説から2つの予測が導き出される。もしも加齢によって右半球の機能が左半球より低下するなら，第一に，若齢者でみられる言語性の課題における右耳または右視野の利得は，高齢者で増加するはずだと予測される。第二に，若齢者でみられる非言語性の課題における左耳または左視野の利得は，高齢者で減少するはずだとも予測される。すなわち右半球加齢仮説が正しいならば，高齢者は若齢者に比べて，言語性課題では左半球の利得が増加し，非言語性課題では右半球の利得が減衰すると予想されるわけである。逆にこのような言語性の課題と非言語性の課題における半球利得に年齢差がないならば，右半球加齢仮説は疑わしいものとなる。

　現在，以上のような予測はうまく検証されず，結果的に右半球加齢仮説は下火になっている（Nebes, 1990参照）。たとえば，ネーブ，マドゥンとバーグ（Nebes, Madden, & Berg, 1983）は，左視野または右視野に呈示した単語の読み課題を使って言語処理の非対称性を検討した。左視野の利得をもたらすような非言語性の課題において，観察者は視野のどちらかに呈示された時計の短針の位置を命名した。これらの課題に対して，若齢者は視野差に関して予想通りのパターンを示し

た。しかし，高齢者も同じくらいの大きさの同じパターンを示したのである。さらに最近では，チェリー，ヘリーグとマックドウド（Cherry, Hellige, & McDowd, 1995）が，視覚的に呈示した子音・母音・子音課題において，呈示された音節を試行ごとに声に出して命名するよう被験者に要求した。高齢の被験者は全体的に遂行成績が若干悪かったが，右視野の利得の大きさは年齢によって変わらなかった。最後に，ホヤーとリバッシュ（Hoyer & Rybash, 1992）は座標判断（Kosslyn et al., 1989）を要求する視空間課題において，高齢者と若齢者の両方に予想通りの左視野利得を見いだした。さらに右半球加齢仮説に対立して，左視野利得は高齢者のほうがやや大きい傾向にあったのである。

一方で右半球加齢仮説を支持する知見もある。ガーハードスタイン，ピーターソンとラプサック（Gerhardstein, Peterson, & Rapcsak, 1998）による物体弁別に関する最近の研究では，若齢者が視野差を示さないのに対して，高齢者は左視野で遂行成績が悪いことが見いだされた。さらに，チェリーとヘリーグ（Cherry & Hellige, 1999）は右半球を介する注意の作用が加齢とともに衰える可能性を示す知見を概観したうえで，この立場を支持するデータを示した。しかし一方で，右頭頂部メカニズムに関連する選択的注意成分である視空間的注意の解放に関しては，高齢者に特異的な低下はみられなかった（Faust & Balota, 1997; Hartley, 1992 参照）。それでも，右半球加齢仮説が支持されることがあるのは，おそらく仮説のもとになる枠組みが広すぎたためであろう。全体的な半球が非対称的に加齢するというよりはむしろ，特定の処理メカニズムが影響されるというほうが妥当なのかもしれない。右半球加齢仮説を調べるのに機能的神経画像法はまだ用いられていないので，用いられれば，右半球メカニズムの選択的な加齢を明らかにすることができるかもしれない。したがって，以上のような質問に対する答えは将来の研究に期待しよう。

3. エイジングと長期記憶の神経心理学

●● エイジングと側頭葉内側部の機能不全

年配者はよく記憶が悪くなったと不平をこぼす。認知研究はそれが正しいことを示している。つまり記憶は加齢とともに低下するのである。しかしわれわれは20世紀の心理学から，記憶は単一の一元的なものではないということを学んだ。記憶には異なる神経構造もしくは異なる下位システムからなるいくつかの違ったタイプがある。加齢はそれらすべてに同じように影響するのだろうか？　あるいは特定の下位システムを他の下位システムよりも選択的に損なうのだろうか？

このような質問に対して、高齢者の遂行成績と、側頭葉内側部または前頭葉の記憶領域の局所的損傷による健忘症における障害と残存機能を比較するというアプローチがとられてきた。

患者 H.M. が示す側頭葉内側部に関連した健忘症（Scoville & Milner, 1957）は、記憶の機能不全の典型例である。側頭葉内側部の組織（海馬、内側嗅皮質、海馬傍回、側頭葉の一部）の両側を外科的に除去した後、H.M. は知能と直接記憶は正常なまま、事実上新しいものは何も覚えられなくなった。再認テストと再生テストから、彼の前向性健忘が、事実やできごと（意味記憶）、個人的経験（エピソード記憶）を含むすべての情報に影響することが明らかになった。このような記憶の測定法は、宣言的記憶もしくは顕在記憶を述べることが求められるため、以前に学習した経験の意識的な想起が必要である。特定の学習エピソードで習得した項目の顕在的な想起を必要としない潜在記憶テストでは、H.M. の遂行成績は比較的損なわれていなかった。鏡映描写や逆読みなどの新しいスキルが習得され、古典的条件づけも成立したのである。また、彼は手術前10年間を思い出す能力は損傷しつつも、子どもの頃の記憶もしくは遠隔記憶は保持していた。

直接記憶、潜在的および手続き的知識、遠隔記憶が比較的損なわれていないことに加えて、基本的な特徴として新しいエピソード記憶と意味記憶をほんのしばらくの間しか保持できないということが、間脳の損傷患者でも明らかである。このような特徴は健常の高齢者の記憶にもあるのだろうか？　ただしわれわれの比較は質的なものであるということを念頭においてほしい。H.M. や他の神経学的な症例には記憶回路におけるはっきりとした損傷がある。一方、正常な加齢による物理的変化はそれほど劇的ではない。したがって、機能的な変化の量は神経学的患者より少ないはずである。しかしパターンは同じなのだろうか？　類似していても違っていても加齢による記憶の低下の神経基盤を理解するうえで有益である（概説として、Prull, Gabrieli, & Bunge, 2000 参照）。

側頭葉内側部の機能不全と同じように、加齢にともなう記憶の低下は、遅延再生や再認のような顕在的な測度を用いて新しい言語・非言語学習を調べたときに明らかになる（Craik & Jennings, 1992）。側頭葉内側部に関連する健忘症のように、直接記憶や特定のプライミング課題による潜在記憶（たとえば、知覚的な言語同定や断片補充問題）には加齢による影響がほとんどみられない（概説として、Light & LaVoie, 1993; Moscovitch & Winocur, 1995 参照）。しかし、語幹完成や古典的条件づけのような潜在的なテストでは加齢効果がみられた。これは、記憶の加齢にともなう低下は側頭葉内側部の機能不全だけでは完全には説明できないことを示す。モスコヴィッチとウィノカー（概説として、Moscovitch & Winocur, 1995 参照）によると、語幹完成は加齢とともに低下する前頭葉のメカニズムを補う処

理方略にかかわっている。古典的条件づけの加齢にともなう衰退は，加齢した脳における小脳機能の変化と関連づけられている（Woodruff-Pak, 1997）。

以上のように，加齢と側頭葉内側部に関連する健忘を比較すると，後者は重篤かつ特異的であるということがわかる。すなわち，加齢は確かに新しい宣言的なエピソード記憶と意味記憶に影響するが，他の記憶タイプにも影響するのである。しかし，われわれは加齢による宣言的記憶の損失が加齢による全般的な神経学的な低下よりもむしろ側頭葉内側部の機能不全から生じると推測している。どうしてこのような推測が可能なのであろうか。まず構造学的な知見から，海馬における特定の細胞の損失には加齢による記憶の損失に特別な役割があることが示唆されている（Simic, Kostovic, Winbald, & Bagdanovitch, 1997；概説として，Morrison & Hof, 1997 参照）。また，たとえ全体的な萎縮が統計学的に統制されても，再生の遅延がみられる被験者では海馬がより萎縮していることが見いだされている（Golomb et al., 1994; Raz, Gunning-Dixon, Head, Dupuis, & Acker, 1998）。

さらに，電気生理学的な知見や神経画像の知見が，記憶課題中の側頭葉内側部の活動が加齢にともなって変化することを明らかにしている。頭皮上の電極から電気生理学的に記録した N4 という事象関連電位成分が年齢によって異なることが明らかにされている（Nielsen-Bohlman & Knight, 1995）。側頭葉内側部から発生していると考えられるこの電位は，長い遅延の後に項目を再認するとき高齢者で有意に減衰した。高齢者は遂行成績に関しても長い遅延条件において若齢者より悪かった。PETを使った神経画像研究では，グラディと共同研究者たち（Grady et al., 1995）が，高齢者と若齢者に顔を覚えてもらい，長期記憶から検索するときの脳活動を測った。若齢者と比較して，高齢者群は学習（符号化）段階における右の海馬の活動に低下がみられた。前頭の活動も年齢によって明らかに異なったが，この件については後述する。加齢にともなう記憶の損失は，側頭葉内側部の活動の変化に関連するが，前頭葉を含む他の脳領域もまた関連するのである。

●● 内容記憶のエイジングと前頭葉

ヒトの前頭葉は皮質表面のおよそ3分の1を占めており，それぞれが皮質や皮質下領域と独自の結合パターンをもつ10以上の異なる構造からなる。前頭葉は人類を他の種から区別する能力の所在地として，認知神経科学の重要な新領域である。前頭葉の機能不全は，新しい目的志向的な行動の計画，開始，および遂行，そして不適切な行動の抑制にかかわっている（Fuster, 1989; Luria, 1966）。また最近の研究では，前頭葉が記憶のプロセスにも重要な役割を担い，宣言的記憶における加齢にともなう変化にかかわっていることが示されている。これらの関係を理解するには，内容記憶（何が起こったか）と文脈記憶（どこで，いつ，起こっ

たか）を区別することが重要である。前頭葉の局所的な損傷患者の研究は，前頭前野が内容記憶と文脈記憶に対してそれぞれ異なった関係をもつことを示唆している（たとえば，Moscovitch & Winocur, 1995; Prull et al., 2000）。神経画像研究はこの結果に一致して，前頭前野は加齢が影響する記憶の諸側面に関連することを示している。われわれはまず内容記憶の符号化と検索に前頭前野がどのように関与しているかを考えてみよう。

1994年に，タルヴィングとその共同研究者は，若齢者が長期記憶の課題において特定の項目を学習しているときのPETを測定し，左前頭部が顕著に活性化することを報告した（Kapur et al., 1994; Tulving, Kapur, Craik, Moscovitch, & Houle, 1994）。さらに意味連合を形成するよう強調して教示したとき，左前頭部（ブロードマン領域［BA］45/46, 47/10）が活性化し，そして記憶成績を向上させた。一方，記憶を検索するときの前頭部の活性化は顕著であるが，右半球のみにみられた（BA10, 46, 44, 6）。このような前頭部の活性パターンの非対称性は，言語材料と非言語材料の長期記憶の両方にみられ，半球の符号化・検索非対称性（HERA: hemispheric encoding-retrieval asymmetry, Tulving et al., 1994）とよばれている。

現在いくつかの研究によると，高齢者はHERAとまったく異なるパターンを示す。グラディら（Grady et al., 1995）は，高齢者では顔の学習時に前頭前野の左下部が活性化しないことを最初に報告した。また，この実験は先述のように高齢者では右の海馬の活動が少ないことを見いだしている。しかし，年齢によるこの効果は全般的な血流量の低下や萎縮のためではないようだ（Raz, 2000 参照）。なぜなら若齢者と高齢者とで同様に活性化する脳領域もあるからである。特にグラディらは，両群が再認段階において右前頭葉に優位な活性化を示すことを見いだした。グラディらは高齢者の顔の再認成績の低下が学習段階における左の前頭前野に起因すると考えた。これは高齢者の記憶の低下を導くような不適切な符号化方略を反映しているのかもしれない（Schacter, Savage, Alpert, Rauch, & Albert, 1996 参照）。

符号化時における前頭前野の活性の加齢にともなう低下は，再生時にも年齢差を見いだした後続の研究によって追試されている（Cabeza et al., 1997a; Schacter et al., 1996 も参照）。カベザ（Cabeza, 1997a, 2000）は高齢者は再生時に若齢者よりも右前頭部の活性が低いことを報告した。しかし若齢者と異なって，高齢者は再生時に左前頭部の活性化も示した。他の研究では，高齢者で両側の活性化が生じる傾向があることが確認され（Cabeza et al., 2000; Madden et al., 1999），脳の加齢効果についてのある興味深い仮説が提唱されている。1つの可能性としては，高齢者は若齢者が用いている右前頭部の検索作用を使おうと試みてはいるが，右前頭部の欠陥を補償するために左半球側をも働かさなければならないのかもしれな

い。いいかえれば，高齢者は若齢者と異なる検索の方略を使っており，その違いが左半球の活性に反映されるのかもしれないということである。さらにもう１つの可能性は，高齢者では脳領域間の相互作用が損傷されており，そのため左半球が不適切に活性化し，結果的に遂行成績を悪化させるということである。

　まとめると，加齢は，若齢者における意味的な符号化と長期記憶からの顕在的な検索に寄与する前頭前野の活性パターンが変わるということにかかわっている。前頭前野がどのように記憶にかかわっているかはまだ完全には理解されていないが，現在のところ前頭葉は記憶の符号化と検索における組織的側面や方略的側面にかかわっていると思われる（Moscovitch & Winocur, 1995）。前頭前野の活動における加齢にともなう変化は，記憶の符号化や検索の諸側面にかかわる脳領域間のネットワークにおける相互作用を変えると考えられる（Cabeza, McIntosh, Tulving, Nyberg, & Grady, 1997b 参照）。このネットワークは脳の後方にあるモダリティまたは材料特異的な処理領域と同様に，海馬とそれに関連する構造を含む。

●● 文脈記憶のエイジングと前頭葉

　前頭前野を損傷した患者は，文脈情報，つまり新しいことがらをいつ，どこで覚えたかを思い出すことが難しくなる。たとえば前頭葉患者は実験室の検査において項目への再認や再生に関する記憶能力それ自体は比較的損なわれていないが，自分が学習した単語が男性と女性いずれによって読まれていたかや，聴覚と視覚いずれのモダリティであったかなどをうまく思い出すことができない（Janowsky, Shimamura, & Squire, 1989; Schacter, Kaszniak, Kihlstrom, & Valdiserri, 1991）。さらに，前頭の損傷は時間的文脈の記憶を傷害し，患者はどの項目を新しく学習したかを判断するのが難しくなる（McAndrews & Milner, 1991; Shimamura, Janowsky, & Squire, 1990）。

　高齢者も，ある情報をうまく再認できたとしても，その情報源や新近性を思い出すことに障害を示すことがある（Craik, Morris, Morris, & Loewen, 1990; Fabiani & Friedman, 1997; Schacter et al., 1991; Spencer & Raz, 1994, 1995）。そしてこれは前頭葉の機能不全に基づくことを示すいくつかの証拠がある。第一に，文脈記憶の障害は前頭葉の機能不全を調べるための心理測定検査と相関があることが見いだされている（Craik et al., 1990; Parkin, Walter, & Hunkin, 1995; Degl' Innocenti & Backman, 1996 と比較せよ）。絵に関する再認と新近性記憶を比較したファビアーニとフリードマン（Fabiani & Friedman, 1997）によると，記憶の新近性を判断するとき高齢者は若齢者よりも顕著な障害を示すが，再認の遂行成績は２グループ間で差がなかった。重要なことは，記憶の新近性に関するエラーは，前頭葉機能を調べるウィスコンシンカード分類課題（WCST: Wisconsin Card Sort Test）のエ

ラーと相関があり，再認のエラーはそのテストとは相関がないことである。似た結果が情報源記憶の検査でも見いだされている (Spencer & Raz, 1994)。

第二に，前頭機能の加齢変化を文脈記憶の障害に関連づける電気生理学的証拠がある。トロット，フリードマン，リターとファビアーニ (Trott, Friedman, Ritter, & Fabiani, 1997) は高齢者が通常の項目記憶よりも情報源の記憶に大きな低下を示すことを見いだした。電気生理学的な測定によって，若齢者の情報源記憶に関連した前頭の活動が高齢者ではみられないことが示されている。最後に，最近の PET の研究では，若齢者だけに，項目の検索よりも時間順序の検索に対して右前頭前野 (BA 10) に大きな活動が生じた (Cabeza et al., 印刷中)。カベザと共同研究者たちは，この結果を時間順序の記憶それ自体に対する前頭皮質の役割を反映しているか，または新近性判断にはより多くの作動記憶や，注意，抑制が必要であるためではないかと指摘している。前頭領域は，加齢にともなって低下する他の能力にもかかわるから，今後の研究ではこれらの可能性を区別する必要がある。

4. 作動記憶，実行機能のエイジングと前頭葉

前頭前野は内容と文脈に関する顕在記憶だけでなく，総じて実行機能とよばれる他のさまざまな認知能力に関連づけられてきた。それらは目的を達成するために一連のプロセスを計画したり，妨害する事象や優位な反応を抑制したり，複数の課題や複雑な課題の下位プロセスを制御したりする (概説として，Smith & Jonides, 1999 参照)。前頭皮質の諸領域は，さらに問題解決や綴りの変換，そして暗算のような課題で用いられる短期間 (30 秒以内) の情報の貯蔵にも関与する。これらは (短期記憶の) 貯蔵と実行処理成分からなる「作動記憶」を必然的にともない，そのすべては前頭葉皮質内のさまざまなメカニズムに部分的に依存している。

作動記憶と抑制過程が加齢にともなって低下することが多くの行動学的知見により示唆されている (Park, 本書の 1 章参照)。しかしこれらを測るための課題は研究によってさまざまであり，多くの場合「前頭」だけに限らず，加齢が影響する他のたくさんの過程がかかわっているので複雑である。したがって，行動学的な測度によって明らかにされた作動記憶や実行過程への加齢効果が，前頭の機能不全によるかどうかは，認知神経科学の知見によって支持されなければ決定することができない。モスコヴィッチとウィノカー (Moscovitch & Winocur, 1995)，およびウェスト (West, 1996) の最近の概説では，前頭葉損傷患者の遂行成績と，自己順序ポインティング課題，色文字のストループ課題，そして言語の流暢さの

ような検査でみられる加齢効果が一致していることを詳しく述べている。ここでは，加齢にともなう前頭葉機能の変化のさらなる証拠を提供する短期記憶と抑制についての一連の研究を概観する。

霊長類の文献では，前頭機能を測るのに遅延見本照合課題が広く使われている。典型的な例では，動物は片方にだけ餌がある2つの餌台を見ている。次に両方の餌台に覆いがかけられ，数秒間隠される。その後，動物は報酬を得るために正しい餌台を選ばなければならない。前頭前野背側部の損傷はこの課題の遂行成績を悪くする。ゴールドマン・ラキーチ（Goldman-Rakic, 1992）は単一電極記録と脳損傷の研究から，前頭領域が遅延の間，情報を保持するのに不可欠であると提唱した。この結論は言語材料と非言語材料（たとえば，文字と空間位置）を使った神経画像研究によって支持されている。頭頂部（BA 7と40）と前頭前部（BA 9, 46, 44, 45, 6）は，短期記憶の間，言語課題に対しては左半球，非言語課題に対しては右半球が優位に活性化される（Smith, Jonides, & Koeppe, 1996）。

一般に短期記憶課題は，長期記憶課題や，情報操作と処理を必要とする作動記憶課題よりも加齢の影響を受けない（Craik & Jennings, 1992）。しかし短期記憶課題にも小さいが確かな加齢効果があることがわかっており，加齢によって貯蔵操作が損傷されるかもしれないことが示唆されている。この可能性は最近の電気生理学的研究と神経画像研究によって支持されている。たとえば，カオとナイト（Chao & Knight, 1997a）の実験は，3つの同定可能な音（たとえば，犬の吠える声，ベル，サイレン）を2.5秒の間隔をあけて呈示し，その後プローブを呈示した。被験者の課題は3つの先行する音にプローブが合致したかを示すことであった。刺激の大きさは高齢者の聴覚の低下を補うために聴力測定技術を用いて被験者ごとに調整された。しかしそれにもかかわらず，高齢者はこの課題において若齢者よりも多くのエラーを示した。また，最も顕著な電気生理学的な年齢差として得られたものは，高齢者では持続性頭頂部陰性電位（SFN: sustained frontal negativity）とよばれる前頭で発生する電気信号の振幅が減衰したことである。SFNは聴覚的注意と関連するため，以上の結果は短期記憶に必要な注意が加齢によって機能不全を生じたことを示唆している。

短期記憶の神経画像研究から，加齢が前頭部における顕著な差を生じることが明らかにされている（Grady et al., 1998; Jonides et al., 印刷中 ; Reuter-Lorenz, Jonides et al., 印刷中）。ルーター・ローレンツとジョニデスら（Jonides et al., 印刷中）は，若齢者では言語的短期記憶に対して左半球，空間的短期記憶に対して右半球といった予想される優位性のパターンを見いだした（口絵・図6-3）。しかし，これらの課題を遂行した高齢者はまったく異なるパターンを示した。リハーサルを中継すると考えられている前頭部（文字に対してブロードマン野［左BA 44］,

位置に対して補足運動野［右 BA 6］）において，高齢者は両側性の活動を示した。符号化と短期記憶からの検索を中継していると考えられている前頭前野背側皮質（BA 46, 9）に関しては，高齢者群は若齢者でみられた左右の非対称性と，反対の活性パターンを示した。この一見矛盾したラテラリティのパターンを解決する糸口が，言語の研究にある。高齢者を高成績群と低成績群に分けた場合，高成績群は前頭前野背側皮質に両側性の活動を示し，低成績群は一般の傾向と矛盾するパターンを示した（言語短期記憶の課題中，左よりも右の前頭前野背側部が活性化した）。つまり両側性の活動は，加齢の影響を補償するために，脳領域が付加的に活動していることを示している。一見矛盾しているラテラリティのパターンは低成績の高齢者に特異的であるので，不利な行動を生じさせる前頭葉機能の変化を示すのかもしれない。今後の研究によってこれらの機能的意義やラテラリティに関する他の加齢効果が明らかになることが期待される。

　日常生活では，進行中のできごとからの妨害を避けつつ心を特定の物事に向けなければならないことがよくある。そのようなわれわれの能力も加齢にともなって低下する。短期記憶における干渉効果を調べる古典的な実験室検査に，ブラウン・ピーターソン課題（Brown-Peterson task）がある。被験者は一連の項目を聞いて保持し，保持の間は数字を引き算し続ける。そしてその後，項目を再生するように命じられる。つまり計算課題が干渉し記憶が妨害されるのである。パーキンとウォーター（Parkin & Walter, 1991）は，高齢者が若齢者に比べてこの課題をうまく遂行できないこと，さらに WCST と言語の流暢さ（前頭の機能不全に感受性のあるテスト）に障害を示す高齢者で最も成績が低下することを見いだした。

　カオとナイト（1997b）の電気生理学的な研究も，加齢にともなって妨害されやすくなることを前頭葉に関連づけている。被験者は，音のない一定の時間，または妨害音がある一定の時間の間，ある音の高さを覚えておくよう求められた。高齢者群は若齢者群よりも遂行成績が低く，そして上述の研究のように注意に関連する前頭の活性化はみられなかった（Chao & Knight, 1997a）。さらに，高齢者の妨害音に対する聴性誘発反応は大きく，前頭部がこれらの信号を抑制するよう十分に作用しなかったことが示唆される（関連する結果として，McDowd & Filion, 1992 参照）。この解釈は，WCST のエラーが妨害刺激に対する反応振幅と相関があるという知見によっても支持されている。

　最近のジョニデスら（Jonides et al., 不明）の研究は，前頭の抑制過程が加齢にともなって低下することについてのさらなる証拠を提供している。抑制の必要が高まるように修正された文字の短期記憶課題が用いられた。いくつかの試行ではプローブの文字が現在の記憶セットに一致しなかった。しかしそれは直前の試行では一致した。したがってこのプローブは被験者に，高い熟知性（正の反応を示

唆する）と，現在の試行での記憶セットのメンバーではない（負の反応を要求する）という間で葛藤の事態を引き起こす。結果として「いいえ」反応は，プローブが直前のセットのメンバーでないときに比べて遅かった。この遅延は高齢者群でより大きかった。また，若齢者では左の背側前頭前野（BA 45）における活動が増加したのに対して，高齢者ではこのような活性化がみられなかった。したがって高齢者では，このような事態で生じる反応の葛藤を解決するための前頭を媒介とする過程がうまく働かないと考えられる。

この短いまとめから，前頭機能の加齢にともなう変化が，短期記憶や，競合する感覚事象と反応大脳中枢の実行の抑制に影響するかもしれないということがわかる。しかしこれらは関連する過程の部分集合にすぎない。そして今後の研究は前頭葉が媒介する他の実行機能が，認知の加齢変化にどのようにかかわるかを明らかにする必要がある。カオとナイト（1997b）の電気生理学的な研究は，前頭葉が他の脳領域に影響することの重要性を強調することによって，局在化された加齢効果は，同じネットワークにおける他の部分の機能による二次的な結果にすぎないかもしれないということを思い出させてくれる。次の最後の節では，異なる脳領域間の相互作用に対する加齢の影響の可能性を明示的に提起するために，脳梁が媒介する半球間相互作用における加齢について考えたい。

5. 半球間相互作用のエイジングにともなう変化

いくつかの神経画像研究では高齢者における大きな両側性の活性化もしくは通常と逆の活性化のパターンが見いだされたが，これは半球間のダイナミクスが加齢によって変わることを示唆する。成人の脳梁はおよそ 6 cm の長さで左右の半球を結びつけ，20億から35億の（髄鞘化された，またはされない）軸索からなっている。脳梁はトポグラフィカリーに組織化されている。おおまかにいうと，前頭葉は脳梁の前方3分の1で相互に連結し，頭頂の体性感覚領域，側頭葉の聴覚領野は中心部で連結し，頭頂と後頭の視覚皮質は脳梁膨大部として知られる後方の領域で連結している。脳梁の萎縮が他の脳領域よりもいくらか早いことを示す構造学的な画像研究があるので，脳梁は特に加齢によって傷つけられやすいことが示唆されている（Driesen & Raz, 1995; Reuter-Lorenz & Stanczak, 1999 を参照）。脳梁の萎縮は，脳梁を通じて投射する皮質領域の細胞の損失の結果であるかもしれないが，このような関係性は正常な加齢においてもまだ証明されていない（概説として，Thompson, Narr, Blanton, & Toga, 不明）。

少数の行動学的研究が，脳梁の感覚運動機能が加齢にともなって低下すること

を示唆している（概説として，Jeeves & Moes, 1996; Reuter-Lorenz & Stanczak, 不明）。たとえば，脳梁を中継する半球間の情報の伝達は，左手が右視野の信号に反応するときに必要で，左手が左視野の信号に反応するときには必要ない（口絵・図 6-2 参照）。若齢者と高齢者の反応速度の違いは半球間の伝達が必要なときに最も大きくなるため，脳梁の効率性に何らかの低下があることが示唆される（Jeeves & Moes, 1996; Reuter-Lorenz & Stanczak, 不明）。また，電気生理学的研究でも脳梁を介して伝達される視覚信号が高齢者では減少するかもしれないことが示唆されている（Hoptman, Davidson, Gudmundsson, Schreiber, & Ershler, 1996）。

　しかし，加齢は脳梁機能を均一に衰退させるのではないと考えられる（たとえば，Cherry et al., 1995; Reuter-Lorenz & Stanczak, 不明）。たとえば，いくつかの神経画像研究でみられた両側性の活性化は（上記参照），左右の半球領域の補償的活動（すなわち両半球処理）や，脳梁を介した相互作用への依存性が増加したことを反映するのかもしれない。最近の視覚のラテラリティの研究はこの解釈に一致している。ルーター・ローレンツ，スタンザックとミラー（Reuter-Lorenz, Stanczak, & Miller, 1999）は，以下のような条件下で，複雑さを操作した文字の照合課題を行った。(a) 照合する文字は同じ視野・半球に投射される。(b) 照合する文字は反対の視野・半球に投射される。高齢者は全般に片側条件よりも両側条件において遂行成績がよかったが，このパターンは若齢者では最も複雑な課題においてのみみられた。このような結果は，半球間の相互作用が必要な条件における利得が高齢者にはあることを示す。バニック（Banich, 1998）はこのような課題は注意資源の分配に脳梁が寄与することを反映すると提案した。このように，ルーター・ローレンツらは，加齢は脳梁を均一に損傷するのではないことを示唆している。感覚・運動の制御のための半球間相互作用は，脳梁が中継する注意の過程よりも加齢によって傷つきやすいのかもしれない。後者は処理要求に見合う脳の能力を向上するために，いくつかの正常な加齢効果を補償するのかもしれない。

　加齢がどのように脳梁の機能を変えるかを理解することによって，ネットワークの相互作用における加齢にともなう変化のもっと一般的な理解につながるだろう。つまり脳梁に中継される相互作用は，半球内のダイナミクスにおける加齢の影響のモデルシステムとしても役立ちうるということである。構造的，機能的，行動学的方法を組み合わせた今後の研究は，加齢が脳梁の抑制機能と興奮機能のいずれに影響するかを明らかにし，さらに，脳梁にどのような機能的な下位領域があるかを同定しなければならない。

6. 終わりに

　本章で概観された証拠は，特定の脳領域とそれが作用しているネットワークの変化が，特定の認知機能の加齢にともなう低下の根底にあることを示す。この特定の認知機能には，顕在記憶の符号化と検索，文脈記憶，作動記憶の諸側面，そしていくつかの抑制機能が含まれる。このような観点において，認知の加齢を，全体的な遅延や処理資源の損失のような全体的なメカニズムに帰する説明は不完全である。明らかに，非常に多くの達成すべき問題がある。現時点では，前頭葉と側頭葉内側部の加齢による機能変化が最も注目されている。しかし，これは後頭や頭頂部の諸過程が，側頭葉の記憶機能ほどには加齢によって影響されないことを示唆するのだろうか？　また，小脳についてはどうだろうか？　認知神経科学が認知の発達と低下における自らの役割を理解するにはまだ長い道のりがある。さらに，加齢の包括的な認知神経科学的説明は，究極的には，広範にわたり影響する神経化学的な変化を考慮しつつ，そのような変化が局所的な加齢の影響とどのように相互に作用するのかを特定しなければならない。加齢研究で用いられている最新の神経画像法では，多くの方法論的な挑戦が試みられている。脳活動の年齢による違いから有益な結論を描き出せるかどうかは，これらの挑戦しだいで決まるといえる。そして，われわれの認知的な構成概念を洗練することによって，それらと特定の神経処理メカニズムを関連づける能力が向上するだろう。認知神経科学研究は，抑制のタイプや，注意のタイプ，記憶の符号化・検索の諸過程をさらに分化させていく必要がある。なぜならば，各々が加齢によって選択的に影響されうる特定の神経メカニズムをもっていると考えられるからである。最後に，加齢における補償と可塑性という刺激的な糸口が，生涯を通じて認知神経的な機能を最適化することに対する新規なアプローチを切り開く研究領域を指摘している。

7章 メタ記憶：社会認知的視点

ジョン・C・カバナ (John C. Cavanaugh)

　人を他の種と区別するのは，人が自分自身の認知について考え，内省できることであるといえよう。内省 (self-reflection) やその結果生まれる自己知識は，人間の意識のまさに基礎となっているものである (Metcalfe & Shimamura, 1994)。われわれは何を知覚しているかをモニターできるし，何を知っているかや何を学ぶべきかを判断できる。また，自分の行為の結果を予測することもできる。

　認知についての内省は，心理学分野ではメタ認知 (metacognition) とよばれている。この用語は最近25年ほどの間に使われるようになってきたが，人が自分の認知について何を知っているのか，どのように知識を使っているのか，なぜこのような知識が重要なのかといった問題は，何千年にもわたって哲学の中心問題であった。実際，最もよく知られている（そして別の言い方もされている）哲学の言葉の1つはメタ認知に関するものである。すなわち，デカルトの有名な言葉である「我思う，故に我あり」がそうである。明らかに，少なくともメタ認知が人間の認知の中核につながるものであると信じている哲学者がいるのである。

　認知心理学におけるメタ認知に関する主張はより控えめなものである。もちろん，人が自分自身の考えていることについて意味のある意識的な内省ができるかどうかについては，いまだ論争のある点である（たとえば，Nisbett & Wilson, 1977)。それにもかかわらず，特に記憶の領域において過去四半世紀を超えてメタ認知への注目が増加してきた。記憶に関するメタ認知（これはメタ記憶 (metamemory) とよばれる）は，メタ認知のなかでも最も古くから，そして最も精力的に研究されてきたといえる。

　人の記憶に関する知識や信念についての系統だった研究はたかだか1世紀程度であるが，この問題に関する関心は，記録として残っている歴史より以前からあった。たとえば，古代の語り部が，何時間にもわたる（あるいは何日にもわたる）文章を覚えることが並大抵のことではないことを認識していたことは，容易に想

像できる。このことは，おそらく古典的な記憶術と同様に音楽を記憶の道具として用いることへとつながっている。実際，場所法のような明確な記憶方略が，記憶が間違いやすいということに気づくことなしに作られたと考えることは難しい。

　人の記憶が完全ではなく，またある種の行動が記憶を支えるために必要であるという認識は，記憶に関する知識やある種の信念を人はもっているという一般的な考えの一例である。1970年代初頭にフラベル（Flavell, 1971）によって「メタ記憶」という名がつけられて以来，記憶に関する知識や信念は小さな研究トピックから記憶研究における重要な問題へと変化してきた。メタ記憶の定義は年を追うごとに充実したものになってきているが，一般には，人がどのように思い出すかという点に関する知識や自分自身の記憶処理に関するモニタリング過程，記憶に関してわれわれがもっている信念などを指している（Cavanaugh & Perlmutter, 1982; Hertzog & Dixon, 1994）。

　本章では，高齢者にかかわるメタ記憶研究について，次の2つの点について述べる。まず，主要な理論と研究について簡単に概略する。そこでは，記憶成績に加えて，おもに記憶に関する知識と自己効力感を評価する自己報告による質問紙に焦点を当てる。第二に，メタ記憶を一種の社会的認知とみる枠組みに沿って，社会的認知研究のなかから主要な問題を取り上げる。そこでは，項目に対する個人の反応がどこから生まれてくるかに焦点が当てられる。最後に将来の研究に関する方向について述べる。

　本章はメタ記憶や加齢に関する研究の完全な展望を目指しているわけではない。この目的のためには，他にいくつかの優れた論文や章がある（Cavanaugh, 1996; Hertzog & Dixon, 1994; West & Berry, 1994）。記憶能力の自己評定は，大規模な調査やインタビュー研究においてもくり返し用いられてきた。これらの知見はメタ記憶の文献でいつも取り上げられるというわけではないが，人が記憶について何を知っていて何を信じているのかについて付加的な証拠を与えてくれるものである。そこで，ここではメタ記憶研究における鍵となる問題は何かに焦点を当てることとしよう。

1. メタ記憶の理論と研究

　子どもや大人のメタ記憶研究はおおよそ1世紀にわたって行われてきたが，高齢者のメタ記憶に関心がもたれたのは，ほんの1970年代後半か1980年代初頭からである。このように比較的最近になって注目されてきた理由の一部は，高齢者は記憶が減退し不満が生じるものであるというステレオタイプ的な見方によって

いる (Levy & Langer, 1994)。記憶の低下が避けられないものであるとの考え方が支配的であった時代には，高齢者が記憶について知っていることや信じていることが正しいかどうかに関する理論や研究はほとんど必要とされなかった。しかし，人生後期の記憶の変化が，調べられている記憶の種類（たとえば，作動記憶，超長期記憶など）に依存していることや，記憶の変化に関する個人差が大きいことなどが知られてくるにつれて，人生後期におけるメタ記憶が潜在的な説明変数となってきた。記憶に関する個人内および個人間の差という対となる考え方は，メタ記憶の理論と研究に重要な概念基盤を提供すると考えられる。

ほぼ同時期に研究者は，成人が記憶について何を知っているかを評価することを目的として，記憶の質問紙を開発し始めた。この初期の研究（たとえば，Herrmann & Neisser, 1978）は第一世代の質問紙（たとえば，記憶経験の短時間検査）を生み出した。この調査研究のアプローチは，大人が自分自身の記憶について知っていることやその記憶をもっていることに関する信念の年齢差について，系統だって研究を行う主要な方法となっている。

個人内差や個人間差に関する理論と，記憶の質問紙に関する研究の両者の発展によって，広範囲にわたる調査手法が生み出される段階へと進んだ。計量心理学的に信頼できる質問紙が1980年代に出現し，理論モデルの進展の最初の試みも行われた。その後のほぼすべての研究はこれらの初期のアプローチに基づいており，その結果，次のようなメタ記憶の分類を生むことになった。

●● メタ記憶の分類

メタ記憶をどのように分類するかは，想像するよりもやや困難である。その複雑さの一部は，メタ記憶の定義にいくつかの異なったタイプの過程や情報が含まれていることによる。たとえば，モニタリングの側面を含むと考えると，メタ記憶には「記憶に関する事実」（たとえば，逐語的再生はふつう要旨の再生よりも難しい）に加えて，既知感（feeling of knowing，また TOT: tip of the tongue 現象としても知られている）が含まれることとなる。本章の目的のために既知感にも簡単にふれるが，ここでは情報そのものの側面により焦点を当てる。

ハーツォグとディクソン（Hertzog & Dixon, 1994, p.229）は，メタ記憶を次のような3つの一般的カテゴリーに分けるという非常に有用な分類法を提供している（Cavanaugh & Green, 1990; Cavanaugh & Perlmutter, 1982; Gilewski & Zelinski, 1986; Lovelace, 1990）。

1. 記憶課題と記憶過程に関する宣言的知識——これは，記憶がどのように機能するかに関する知識，そして記憶過程が必要な課題に対する方略的行動の実行可能性に関する知識という2つの点に関する知識として定義される。

2. 記憶のモニタリング——これは自分の記憶システムの現時点での状態に関する意識と定義される。
3. 記憶についての自己に関連した信念。

記憶の自己効力感 (Cavanaugh & Green, 1990) は，記憶の信念を構成する中心となるものであり，記憶を必要なときに効果的に使うことのできる能力に関する感覚として定義される。

もしメタ記憶が想起で果たす役割を理解したい (Hertzog & Dixon, 1994)，またさまざまなデータを矛盾なく解釈しよう (Berry, in press) とすれば，メタ記憶の多次元的視点が重要となってくる。もしメタ記憶の概念化が研究者間で異なっているとすれば，その概念についての操作性（と指標）や説明力は研究間で異なることになる。このような問題はメタ記憶研究において常に問題となっているのである（たとえば，Berry, 1999; Cavanaugh, Feldman, & Hertzog, 1998）。

●● 理論的枠組み

現在まで，高齢者のメタ記憶に関して，成人の発達的視点からの最も重要な理論的枠組みは，カバナと共同研究者らによって提唱されたものである（たとえば，Cavanaugh, 1989; Cavanaugh & Morton, 1989）。初期の枠組みに基づいて (Cavanaugh, Kramer, Sinnott, Camp, & Markler, 1985)，カバナと共同研究者らは一群のダイナミックな相互関係を提唱している。そこでは，認知発達レベル，性格，状況要因，一般的知識，自己効力感，努力，記憶方略，多様なフィードバックの影響と評価過程が記述されている。

このモデルの重要な側面は，メタ記憶の自己評価は，記憶過程や記憶機能の内容に関する知識からの直接的な入力のみに基づいて行われるわけではないという点である。むしろ，貯蔵された知識の影響は記憶の信念を介在しているといえる。このような媒介過程の重要性はいくら強調してもしすぎることはない。カバナと共同研究者らの枠組みは，記憶能力の評価は単に客観的な「記憶に関する事実」を引き出し適用することによってのみ作られるわけではないことを意味している。そうではなく，ある文脈における能力の評価は，その時点での情報処理に加えて既存の貯蔵情報を用いることによって作られるのである。このことは，項目に対する反応が，既存の判断の検索，必要とされた時点での反応の構成，さらにその両者に基づいている可能性があることを示している (Cavanaugh et al., 1998)。

メタ記憶に関する成人の発達研究の大部分は，カバナと共同研究者らによる枠組みにおける記憶信念と自己効力感の側面に焦点を当ててきた。枠組み全体はまだ実証的検証を受けていないが，これからみるように，少なくとも一部の仮説的

な関係によって予想される大量の事実が存在している。

●● メタ記憶に関する実験的研究

　成人期を通したメタ記憶に関する研究は，部分的には，子どもが効率的な記憶方略を使わない1つの理由として，彼らが方略を使うべきだということを知らないからであることを示す研究の副産物として始まった（Cavanaugh & Borkowski, 1980; Flavell, 1971; Schneider & Pressley, 1989）。そのため，たとえば，多様な記憶方略の効率性に関する情報を高齢者に与えるという方法をとった研究者らがいた。しかし，この研究はあまりうまくいかなかった。たとえば，ラビノヴィッツ（Rabinowitz, 1989）は記憶方略を使う機会や励ましを与えても，それ自体では適切な記憶方略の使用を生み出すことはできなかったことを実証した。記憶方略を使う特殊な訓練も，いくぶんかは効果はあったものの，長期の遂行の上昇を生み出すことはできなかった（たとえば，Anschutz, Camp, Markley, & Kramer, 1985, 1987）。

　しかし，より初期には，老年学における多くのメタ記憶研究は次の2つの重要な質問に焦点を当てていた。すなわち，高齢者は記憶について何を知っているのか，記憶に関するどのような信念をもっているのか，という点である。

◇◇**記憶の信念**　　大部分のメタ記憶についての質問紙研究は，記憶の信念について調べてきた。特にバンデューラ（Bandura, 1986, 1989）による自己効力感の一般的概念から派生した記憶の自己効力感の概念に，研究の焦点が当てられてきた。すなわち，自己効力感とは，課題要求をコントロールするために必要な，動機づけ，認知資源，一連の行為を実行する能力について，その人自身がどの程度信じているかということである。記憶の自己効力感は次のような信念によって階層的に作られているとみることができる。すなわち，一般的信念（「私の記憶はあまりよくない」）から領域固有な信念（「私は名前を覚えることは苦手だが顔を覚えることは得意だ」），文脈特定的な信念（「私は車を駐車場のどこに止めたかを思い出せない」），局所的あるいは一時的信念（「私はこの電話番号を覚えられるのでメモする必要はない」）といったように階層的に構成されていると考えられる（Hertzog, Dixon, & Hultsch, 1990）。記憶の自己効力感は，遂行に関する最も強い，しかし媒介的な影響を，次の3つの形でもっているとみることができる（Bandura, 1989; Berry & West, 1993; Cavanaugh & Green, 1990）。(a) 方略の構成と選択への影響，(b) 努力あるいは持続のレベルへの影響，(c) 遂行の感情と関連した出力への影響，である。現在のメタ記憶に関する成人の発達理論は，記憶の自己効力感，記憶能力，そして遂行が密接に影響しあうとしており，それぞれの

影響について個人差を考慮すべきであるということを前提としている(Cavanaugh & Green, 1990; Hertzog et al., 1990)。

これまで，研究者らは記憶の自己効力感に関する年齢差を調べる次のような3つの質問紙をおもに用いてきた。つまり，成人メタ記憶検査 (MIA: the Metamemory in Adulthood Instrument)，記憶失敗質問紙 (MFQ: the Memory Failure Questionnaire)，記憶自己効力感質問紙 (MSEQ: the Memory Self-Efficacy Questionnaire) である。計量心理学的研究によれば，MIAの下位尺度である，容量（自覚された能力を測定），変化（能力の変化の自覚を測定），コントロールの中枢（記憶コントロール能力の自覚を測定）が，MFQとともに記憶の自己効力感を決める要因となっていることが明らかとなってきた (Hertzog, Hultsch, & Dixon, 1989)。また，記憶の自己効力感に関する年齢差も見いだされている(Berry, West, & Dennehy, 1989; Dixon & Hultsch, 1983)。

自己効力感と実際の遂行間の関連が予測されることから，多くの研究がこの問題を扱ってきた。データによって明らかになったことは，記憶の自己効力感に関する信念はしばしば不正確であり，記憶の自己効力感と遂行の間には中程度の相関しかみられなかったことである (Cavanaugh & Green, 1990; Hertzog & Dixon, 1994; West & Berry, 1994)。しかし，両者の関係は媒介的であり（たとえば，Berry, 1999; Cavanaugh et al., 1998; Cavanaugh & Green, 1990)，さまざまな記憶課題 (Berry, 1999; West, Dennehy-Basile, & Norris, 1996) や教示条件間 (Baldi & Berry, 1996) で変化することが示されている。前者の場合，自己効力感の信念は男性の（女性ではみられない）言語記憶の成績をよく予測するが非言語記憶とは関連がない (Seeman, McAvay, Merrill, Albert, & Rodin, 1996)。後者については，たとえば，自己効力感の質問を下降系列（つまり最も難しい課題要求から最も容易な課題要求への順）で完成させた回答者は，容易な課題から答えた被験者よりも自己効力感が高かった (Baldi & Berry, 1996)。さらに，記憶の信念は非常に複雑であり，明確なカテゴリーに分けることは容易でないことを示す研究報告が増えつつある（たとえば，Hertzog, Lineweaver, & McGuire, 1999; Lineweaver & Hertzog, 1998)。

これらのデータから，記憶の自己効力感（および一般的な記憶の信念）は，社会的認知の一種として検討すべきであることが示唆されている (Cavanaugh et al., 1998)。たとえば，記憶の自己効力感は認知について個人がもっている潜在的理論に影響されやすく (Dweck & Leggett, 1988)，これらの潜在的理論が記憶の年齢差をどのように説明するのかについても研究されている (Hertzog & Dixon, 1994)。同様に，遂行から生じる感情（たとえば，不安や確信）は特定のレベルの自己効力感の結果であるのかもしれない (Bandura, 1986, 1989)。次に，メタ記憶と社会的認知の統合についてみていこう。

2. メタ記憶と社会的認知の接点

　メタ記憶が自分の記憶に関する信念や自己効力感の側面を含むものだとみられてきたこと，また典型的なメタ記憶評価のアプローチが，多くの異なった記憶の側面に関する多様な質問に対して反応を求めるというものであったにもかかわらず，驚くべきことに，メタ記憶質問への反応がどのように行われるのかといった，多くの基本的問題にはほとんど注意が向けられてこなかった（Cavanaugh et al., 1998）。この問題や一連の関連した問題（たとえば，情報の分析，文脈効果，判断時の感情の役割）が社会的認知の研究ではかなりの関心が向けられてきたことを考えると，この種の研究の欠如は驚くべきことである。

　幸い，少数ではあるがメタ記憶と社会的認知の研究間の理論的関係を明確にし始めた研究者がいる（Cavanaugh et al., 1998; Schwarz, 1996）。これらの新しい研究は比較的並行して進められた研究の流れを受けたものである。すなわち，これらの研究は，社会的認知判断の研究と密接に関連しており，それらの知見を自分自身の記憶に関する判断へ適用するというものである。本章の目的のために，最も重要な関連した点のうちのいくつかのみを強調しよう。しかし，興味をもった読者はより完璧な説明を求めて広範な議論を読もうとするかもしれない。さらに，読者は，大部分についてこれらの関係がこのような仮説を直接導き出すという経験的事実がないことに気づくであろう。そのため，現時点ではこの関連についての論点は純粋に思索的なものである。

　それにもかかわらず，このアプローチのいくつかの側面はメタ記憶の他の側面，最も注目されるのは既知感と記憶のモニタリングであるが，これらの側面にうまく適用されてきた。たとえば，何人かの認知心理学の研究者はモニタリングがどのように成功し失敗するかを説明するために接近可能性と利用可能性という概念を用いてきた（たとえば，Koriat, 1994; Nelson & Narens, 1990, 1994）。このように，類似の構成概念に収束することによって，これまで議論してきたメタ記憶のダイナミックな観点が支持されるのである。

●● 社会的認知の視点からみた記憶に関する理論的枠組み

　社会的認知の研究では，メタ記憶の知識や信念の側面の記述に関して，その理論的枠組みの基礎となる多くの構成概念とデータがある（Cavanaugh et al., 1998）。この枠組みは，スキーマ性，接近可能性，利用可能性，診断可能性という4つの基本となる考え方に基づいている。もちろんそれらに影響する（文脈や感情のような）ことがらも含んでいる。カバナら（1998）は，これらの構成概念は，記憶についての貯蔵された自己知識や記憶についての先行判断，感情，そして尋ねら

れた質問によって引き起こされる反応の構成などで生じる複雑で相補的な相互作用への準備をするものであると主張した。これらの相互作用は記憶に関する調査項目に反応するための基礎を形成するものとなる。

　前もって述べておくと，われわれはメタ記憶に関する質問に答える際に，一部にはすでに貯蔵された情報，そして一部にはその時点で構成されたものの結果に基づいている。個人差は，基礎にある認知構造やそれらがどれくらい柔軟で文脈依存的であるかにおいてはっきりとみられる（Barsalou, 1987; Kelly, 1955）。環境（たとえば，課題）からの要求とともに，これらの構造は人々が行うメタ記憶判断に影響し，その後の行動や認知構造そのものに影響することになる（たとえば，Cavanaugh & Morton, 1989）。このような相互作用には，感情の相互作用的役割が含まれているが，感情の役割は判断過程そのものの結果だけでなくすべての既存の認知構造内に一貫してみられるものである。この枠組みの基礎的過程についてはカバナら（1998）によって詳しく述べられているので，ここでは社会的認知研究における，より中心的構成概念のいくつかを述べていこう。

●● メタ記憶に対する社会的認知の示唆

　メタ記憶の社会的認知の観点の最も重要な示唆は，記憶にかかわる自己の表象が複雑で多面的な認知構造であるということである。たとえばある時点で，人々が想起者としての自分自身について信じている内容は，自己に関する判断がどのようになされるか，また何に基づいているのかということに大きな影響を受けている。実際，自己に関する不変な認知構造というものはないと考えられている（Anderson, 1987; Bargh, 1989; Feldman & Lynch, 1988; Markus & Wurf, 1987）。さらに，記憶能力あるいは記憶の信念に関する自己判断も永続的な構造をもたない。実際的ないい方をすれば，自己判断の一貫性を解釈しようとする際に考慮すべき重要な点は，人が自分自身を想起者としてどのようにみるかが時々刻々変化していることなのである。

　自己が一貫して進化しているダイナミックな過程であるという考え方をすれば，メタ記憶と社会的認知研究の間に直接的な関係が導かれる。たとえば，スキーマ性，帰属，自己効力感，自動性，個人属性の再生といった社会的認知研究から生まれてきた概念はすべて，メタ記憶の性質を理解するために適用されうるものである。もちろん，その両者に基本的（そして目立つ）違いはあるが，そのような関連を考えることはメタ記憶研究の将来への実りある道筋を与えることになろう。

◇◇**スキーマ性**　　人の性格や，非常に緻密に作り上げられた自己概念，あるいは人物に関する理論といった概念を示すために，マーカス（Markus, 1977）はス

キーマ性という用語を用いた。スキーマ性の概念は、「外向的」とか「物忘れしやすい」のような、個人が自分や他者を記述するために習慣的、自動的に用いる概念が人によって異なること（Bargh, 1989, 1994）を示唆している。この概念は非常に緻密であると同時に感情をともなっているため（Fiske & Pavelchak, 1986），これらの領域での情報処理は他の領域での処理よりも効率的に行われ（たとえば，これらの調査項目に対する反応はよりすばやく生成される），また拮抗した情報はより詳細に処理される（これらの調査項目に対する反応の生成には時間がかかる，Kihlstrom & Klein, 1994）。簡単にいえば，人は自分自身に強く関連していて重要である概念を評定しようとすれば，その概念（たとえば，「記憶のよい人」）について非常にスキーマ依存的になるということである。そうでない場合には人は非スキーマ的になる。一般に，人が自分のことを記述するように求められた際に使うものがスキーマ的概念である。

スキーマ的概念は常にアクセス可能であり，より緻密であり，感情の影響を受けやすいが，非スキーマ的概念は，これらの特徴をあまりもっていない。スキーマ的概念は自己や他者を評価する際に使われやすい。一方，非スキーマ的概念は，直接的な質問の場合のみに使われ，非常に文脈依存的である。端的にいえば，スキーマ的概念は調査項目への反応時に使われやすい。非スキーマ的概念は非常に困難をともなって注意深く行われる場合にのみ用いられる。

スキーマ性が一貫したメタ記憶判断に影響しているかどうか（つまり，判断がどの程度文脈効果からの影響を受けやすいか）はまだ議論のなかにある。カバナら（1998）は，高齢者は記憶やその低下に関してスキーマ依存的であり（つまり，記憶を「非常に重要」とみなしやすかったり自分自身を「物忘れしやすい」とみなしやすい），自分自身をある領域内で長期間持続する「特性」をもっているエキスパートだとみなしたり（Feldman & Lynch, 1988），非常に洗練された価値体系や観念をもっているとみなしたりする（Fischoff, Slovic, & Lichtenstein, 1980）。そのような記憶の「エキスパート」は，領域に関連する情報に自動的にアクセスしやすい傾向や，正確な分析的，直観的処理を使いやすい傾向，スキーマ的概念に関連した形で刺激を構造化しやすい傾向，印象と一貫しない情報はより緻密に処理しやすい傾向，感情を自動的に生起しやすい傾向，文脈に独立した判断基準やより発達した抽象的な概念表象を有しやすい傾向，さらに，判断の際に文脈の影響を一般に受けにくい傾向をもっている（Alba & Hutchinson, 1987; Fazio, Sanbonmatsu, Powell, & Kardes, 1986; Feldman & Lindell, 1989; Feldman & Lynch, 1988; Wyer & Srull, 1986）。このことは，たとえば記憶と関連した情報を扱う質問では，高齢者は若齢者よりもこれらの特徴を現わしやすいことを意味している。メタ記憶に関して特に重要なことは，このような「エキスパート」判断に影響を

与えること（たとえば，人に付加的要因や他の視点をもたせようとすること）は容易ではないことである。これは自動的反応の抑制を必要とするためであり，そのことによって回答者にさらにかなりの努力を要求することになるからである。

これらの示唆はどれもメタ記憶領域で直接に検証されてきたことではないが，高齢者は記憶の低下についてスキーマの影響を受けやすいという結論と一致する知見がある。たとえば，カバナ，グラディとパールムッター（Cavanaugh, Grady, & Perlmutter, 1983）は，高齢者は，思い出すべき情報の個人的重要性が低く評定された場合でさえ，記憶の失敗に対して不快感を示しやすいことを報告している。カバナ（1987）はいくつかの領域を通じて高齢者による自己評定間に高い相関がみられることを報告している。カバナら（1983），カバナとモートン（Cavanaugh & Morton, 1988），ディクソンとハルシュ（Dixon & Hultsch, 1983）はすべて，高齢者は，記憶がよいことは重要であり，自分は適切な記憶をもっていると主張することを見いだしているが，一方，高齢者は若齢者に比べて記憶の失敗をより多くすることも報告している。高齢者の記憶の自己効力感を訓練したり修正しようとするほとんどの試みは，最もよく見積もって中程度の成功率であり，長期的な強い効果を示した研究はない（Cavanaugh, 1996）。

このように，示唆的な知見はあるものの明確な結論を導くことはできないのである。シュワルツ（Schwarzとの個人的通信, 1996）は，判断は時間が変化しても安定しているという仮定は，自己判断の領域では確証されておらず，少なくとも大学生が被験者の場合は上述の高齢者のような結果はみられないと指摘している。また，記憶能力の自己評定に焦点を当てているわけではないものの，高齢者は若齢者よりも反応順序の影響は受けやすいが項目順序の効果は受けにくいことを示すいくつかの知見がある（本書の13章, Schwarz & Knäuper, 2000）。これらの考え方がメタ記憶に当てはまるかどうかを見きわめる唯一の方法は適切な実験を行うことであろう。

◇◇**帰属過程** 人は原因をできごとや行動に帰属する。これはメタ記憶概念にくり返し取り込まれている点である（たとえば，Cavanaugh, 1996）。これらの帰属された原因が論理的であるかどうかは，その情報がどのように枠づけられているのか，またどのように処理されるのかによっている。つまり，部分的には自動的処理によって引き起こされる，つまりスキーマ性があることによって引き起こされるようなバイアスが帰属過程に存在していることがよく知られている。人がスキーマ的である領域では，情報は常に接近可能な因果関係の枠組みを通して処理される。一方非スキーマ的領域では，情報はより一般的な枠組みを通して処理される。このことは，スキーマ的な高齢者では，店で何を買うかを忘れることを，

「歳をとった」せいにすることを意味すると考えられる。すなわち，他の事象によって自分の注意をそらされてしまったというもっともらしいと思われる説明が，ほとんど考慮されないのである。人が自己と不一致な課題経験を得る程度が大きくなると（たとえば，記憶課題で高い割合での成功），結局，スキーマ的である一般的な記憶能力の印象から，ある課題遂行に特殊な印象を区別することになるだろう（Brewer, 1988; Cavanaugh & Morton, 1988; Cavanaugh, Morton, & Tilse, 1989）。いいかえると，人は（よい遂行と結びついている）食料品店でのことがらと，（悪い遂行と結びついている）他の店でのことがらとを区別して思い出すということである。しかし，一般的印象が弱いかあるいは存在しない場合には，特殊な課題経験は，重要でない特徴をカテゴリー表象に取り込むことで，その印象を作り出したり変化させるように働くと考えられる。このことは，調査項目への反応時点以前に考えたことがないようなトピックについては特に当てはまる。

◇◇**自動性と意識**　人はメタ記憶質問への反応に多くのことがらが影響していることに気づいていない。このような仮定はバージ（Bargh, 1989）による条件付き自動性（conditional automaticity）の概念に一致するものである。彼が記述しているシステムでは，たとえば記憶事象の知覚や判断は柔軟であり，過去経験と現時点の文脈の両者に依存しているが，しかし，現象的には記憶事象は世界や自己の現時点での状態として経験される。人は状況の変化に意識的に注意を向けることによってのみこの過程に気づくことができるが，もしできたとしてもそれは容易なことではない。最も重要なこととしては，自動的過程は非常に大きな努力なしには内観を通して分析されえない，このことが，調査項目への反応を記述することの困難さを引き起こしているのである。

　メタ記憶も例外ではない。われわれは記憶について多くのことを「知っている」が，その知識にどのようにしてアクセスしているのかを内省し，説明することはできない（Nisbett & Wilson, 1977）。食料品店でパンを買うことを忘れるといった記憶事象が自動的にカテゴリー化されるにつれ，その事象の生起頻度をかなり正確に推定したり，アクセス可能な特性や能力のカテゴリーに関する自己判断を行えるようになる。もしメタ記憶質問がこれらと同様なカテゴリーに関連があるなら，回答は直接検索され反応として用いられる。しかし，もし質問がその人によって典型的に使われないカテゴリーに関連しているなら，特殊な事象の記憶と既存の関連した判断の両者が反応を生成するために引き出されることになり，その反応はさまざまなバイアス要因の影響を受けやすくなると考えられる。そのようなバイアス要因がどのように働くかは今後のメタ記憶研究にとって重要な点である。

メタ記憶のこれらの側面は，明らかに調査項目を作成する際の主要な示唆となる。どのような頻度推定の質問もこれらの影響を免れない。項目特性のカテゴリーと人物特性のカテゴリーが一致するかどうかを理解することなしに，特にいったん反応が項目と回答者を通じて集計されれば，反応の意味を理解することはほとんどできなくなる。

◇◇**個人的属性の再生**　メタ記憶質問へ回答する際には，回答する時点においてそれまでの反応を考慮することを回答者に求めることとなる。これは社会的認知研究では「個人的属性の再生」とよばれている。ロス（Ross, 1989）によれば，これは次のような2段階の過程をともなうとされている。すなわち，(a) 質問されている属性についてその時点での状態を生成する，(b) 判断を行うための属性に関する経時的な安定性や変化についての暗黙の理論を喚起する，という2つの過程である。ロスによれば，人はある属性を他の属性より比較的安定しているとか，コントロールできず肯定的でない環境下ではそのような安定した属性でも変化することがあると考えている。さらに，暗黙の理論は属性の真の変化を過小評価あるいは過大評価するといった，判断へのバイアスを与えることがある。これは，判断が，基準となる安定性あるいは変化しやすさのどちらによってバイアスを受けるかに依存している。

この問題と関連したデータがいくつかのメタ記憶研究にみられる。年齢層によって分けられた不特定のターゲット人物を評定するかあるいは，自分自身を評定するかにかかわらず，記憶能力に関する信念はきわめて似ているように思われる（Ryan, 1992; Ryan, & Kwong See, 1993）。カバナとモートン（1988）は，年齢によって記憶が標準的な変化をみせるという意見に賛成するにもかかわらず，同時にそのような変化は自分とは関係がないと述べる高齢者がいることを報告している。さらに彼らは，暗黙の理論が若い頃の能力に対する評価を上げていると報告している。これは，高齢者が，自分自身をより健康であり，自分が38歳のときにはその時点で評定された38歳の群よりよい記憶をもっていたと評価しているという知見（McFarland, Ross, & Giltrow, 1992）によって確認されている。マクドナルド・ミスツァクら（McDonald-Miszczak, Hertzog, & Hultsch, 1995）は，自己報告された記憶能力の尺度は，実際の記憶の変化を正確にモニターするというより，変化に関する暗黙の理論によって，より影響を受けやすいことを見いだしている。彼らは実際の記憶能力の縦断的変化は，感じられている記憶能力の変化とはあまり関連していないことを発見した。まとめると，これらの知見は，記憶能力の変化や現在の状態に関する信念という暗黙の理論が，記憶能力の変化に関する判断をもたらし，その判断は記憶能力の真の変化を正確に反映していることもあればし

ていないこともあるのである。メタ記憶質問紙研究で頻繁に述べられる年齢変化は，加齢が記憶にどのように影響するかといった暗黙の理論の影響による人工的産物にすぎないのかもしれない。そのため，人が記憶能力の変化をどのように感じているかについて知るためには，記憶に関する暗黙の理論について理解することが基本である。そのときにはじめて，われわれは適切で効果的な介入方略を作ることができるのである（Cavanaugh, 1996 参照）。

3. 将来の方向

これまでの議論から推測できるように，メタ記憶の知識や信念といった側面に関する成人の発達研究は重要な岐路にある。現時点では，われわれは記憶に関する知識や信念を評価する計量心理学的に優れた質問紙を作ることができ，ある状況下では，これらの質問に対する反応が記憶成績を予測することを知っている。しかし，計量心理学的に優れた質問紙を作ることに焦点を当ててきたため，さらに部分的には成人の認知的発達研究における歴史的なバイアスによって，人がどのようにしてその反応にいたったかを理解しようとする努力はほとんどなされてこなかった。本章では，社会的認知研究の視点から，これらの過程を理解するうえで有用であると考えられるいくつかの主要な構成概念を議論してきた。さらなる発展のためには，系統立って考えておかなければならないいくつかの問題点がある。それらのなかでも最も重要なものは次のような点である。

1. 人が反応をする際にどのような判断基準を用いるのか。これらの基準は教示が変わると変化するのか。記憶の自己効力感と遂行に関する帰属は，判断の基準にともなってどの程度変化するのか。この文脈では，判断の基準は 2 つの異なったことがらを指している。1 つは回答者が判断を行う準拠集団であり（たとえば，「自分の年代の他者」や「自分より高齢あるいは若齢者」），もう 1 つはその記憶状況で典型と考えられる遂行レベルである。おそらく，これらの基準それぞれ（準拠集団と遂行）は独立に変化すると思われる。
2. 人は以前の記憶遂行をどれくらい正確に思い出すことができるのか。何が正確さをもたらすのか。どのような条件下で，思い出された記憶がエピソード記憶課題（つまり特定の数の項目の再生）を表わしていると考えられるのか，あるいは回答者が評価方略を用いていると考えられるのか。
3. どのような種類の記憶状況が最も感情を含んだ出力を生みやすいのか。記憶に関する知識や信念のどの側面が最も感情の影響を受けやすいのか。
4. 記憶のスキーマ性に系統立った年齢変化はあるのか。もしあるなら，異な

った記憶状況によって変化するものなのか。スキーマ性は記憶内容のさまざまな領域を通して変化するものなのか。
5. 記憶の暗黙の理論は成人の反応を作り上げているのか。暗黙の理論は判断基準やスキーマ性，自己効力感，感情経験と関連しているのか。
6. 有意な個人差パターンは，メタ記憶質問項目に対する反応の仕方にもみられるのか。もしみられるなら，そのような差は記憶の遂行や不適応的信念などを予測するために使うことができるのだろうか
7. これらのすべての側面が成人期を通じてどのように変化するのだろうか。異なった年代ではある過程が他の過程より重要なのだろうか。もしそうなら，どのように，そしてなぜその変化が起こるのだろうか。

これらの問題を検討していくことによって，われわれは，人が記憶についてもっている信念が想起能力にどのように影響しているかに関して，多くの興味深い点を詳細に明らかにできるだろう。そのような理解を進めていくことによって，われわれがもっている認知と加齢の知識がより進歩すると考えられる。

8章 自伝的記憶とエイジング

デヴィッド・C・ルビン（David C. Rubin）

　自伝的記憶（autobiographical memory）は，ここ数十年にわたり多くの成果をあげてきた領域である（Brewer, 1996; Conway, 1990; Conway & Rubin, 1993; Conway, Rubin, Spinnler, & Wagenaar, 1992; Jobe, Tourangeau, & Smith, 1993; Neisser & Fivush, 1994; Rubin, 1986, 1996, 1998; Schwarz & Sudman, 1994）。高齢になると思い出せる人生のできごとが多くなるため，自伝的記憶に関する研究の多くは，認知のエイジングの研究と統合されてきている。本章では，自伝的記憶が人の一生という時間的変化のなかでどのように分布しているかについて焦点を当てる。その理由は，自伝的記憶が明確な量的評価が可能なトピックであり，また人生のさまざまな時期における自伝的記憶の利用しやすさ（availability）にはっきりとした違いがみられるためである。

　ここで2つの問題を簡単に述べておく必要がある。第一は記憶内容の正確さの問題であり，第二はその日付の正確さの問題である。自分の人生のなかで起きたできごととして思い出した自伝的記憶の多くが，実際に起こったこととはほとんど無関係な作り話であったり，思い出された日付が実際のできごとがあった日とはまったく関係がない日付であったりするとすれば，本章で述べられている結果は，加齢と記憶の調査研究にとってほとんど意味がないだろう。しかし実際にはどちらの条件も有効ではないように思われる。

　自伝的記憶の正確さの問題は，心理学のなかで最も複雑でこれまで多くの議論がなされてきた問題の1つである（Brewer, 1996; Robinson, 1996; Schacter, 1996; Winograd & Neisser, 1992）。ブルーワー（Brewer, 1996, p.61）は，哲学的，心理学的研究を幅広く概観した後，次のような結論を得た。「強力なスキーマに基づいた処理に影響を受けている場合を除けば，最近のできごとの回想的記憶（recollective memory）は真実である可能性がかなり高い。回想の記憶は，それらの内容の正確さに関する強い確信（confidence）をもたらし，その確信はしばしば

客観的な記憶の正確さを予測できる」。多くの場合，思い出すときにバイアスになる要因がなければ，できごとはほぼ正確に思い出される。このブルーワーの結論は個々の法廷の事例ではあまり役に立たないが，現時点では最良の考え方であり，収集された調査データではこの点はほとんど問題にならない。調査の目的により，問題とならないバイアスもあるだろう。人は自分の記憶を自分自身の現在の視点と一致させる傾向があるため（Robinson, 1996），すべてではないが何らかの目的にとって有用な形で記憶を歪めてしまうだろう。

　日付の記憶の正確さに関する問題は，データがわかりやすいので議論しやすい（Friedman, 1993; Huttenlocher, Hedges, & Prohaska, 1988; Larsen, Thompson, & Hansen, 1996; Thompson, Skowronski, Larsen, & Betz, 1996）。われわれは，ほとんどのできごとについて，正確な日付を覚えているわけではなく（Brewer, 1996），むしろ年，季節もしくは月，週というようなくり返しのある時間スケールを使って日付を構造化していることは明らかである。ある人はあるできごとが6月の日曜日に起きたということはわかるが，それが何年に起きたのかはわからないだろう。このように，日付が1日，7日，30日，365日分プラスもしくはマイナスにずれるというような偏った日付の記憶エラーが生じる。それにもかかわらず，そのような時間的区切りがないときのできごとについて思い出した日付は，実際にできごとが起きた日付のバイアスのない推定値である（Rubin, 1982; Rubin & Baddeley, 1989）。このような一般化には例外もあるものの（Brown, Shevell, & Rips, 1986; Kemp & Burt, 1998），それほどありふれたことではない。

　このような予備的な考慮をしたうえで，自伝的記憶の分布に関する問題を考えることができる。自伝的記憶やその分布に関する科学的研究の始まりは，ゴールトン（Galton, 1879）までさかのぼることができる（現代の認知心理学への統合については，Crovitz, 1970; Crovitz & Schiffman, 1974 参照）。

1. 最近のできごとの記憶

　ゴールトン（1879, p.151）は「ペルメル街（訳注：原文では，Pall Mall。ペルメル街というロンドンの街路名であり，トラファルガー広場から セント・ジェームス宮殿にいたる場所である。Pall-mall 球技場があったことから，Pall Mall とよばれる）をゆっくりと散歩する」という方法，すなわちおよそ300個のものの前で立ち止まり，それぞれを記憶の手がかりとして使うことで，自分自身の記憶について調べた。ゴールトンは実験室で研究するために，単語のリストを作成し，リストの単語を1つずつ眺め，その単語から記憶を引き出すのにかかった時間，簡単な回答，そのできごとを経験した

年齢を書きとめた。ゴールトン自身の記憶の分布をみると，その39%が「少年時代や青年時代」のものであり，46%が「その後の成人期」のものであり，15%が「かなり最近のできごと」であった（p.157）。この研究は，その後の2つの研究の流れの基礎とみなすことができる。第一はフロイト（Freud）やユング（Jung）による自由連想法である。第二はクロヴィッツとシフマン（Crovitz & Schiffman, 1974）による自伝的記憶を研究するためのテクニックの再興である。ゴールトンはすべての記憶を反応として扱っていたが，クロヴィッツとシフマンは，タルヴィング（Tulving, 1972, 1983）によってエピソード記憶として定義された記憶，すなわち，ある時間や場所で起きたできごとに関する記憶を被験者の反応として扱おうとした。

　時間的な分布を得るために，クロヴィッツとシフマン（1974）は，回答者が，ある記憶がn時間単位前に起きたと報告した場合，暗黙の正確な意味として，その記憶は時間単位の前後±1/2にわたって等しく分散していると考えた。このように考えると，24時間前に起きたと報告された記憶は，23.5時間～24.5時間前の範囲に対応し，一方，1日前に起きたと報告された記憶は，12時間～36時間前の範囲に対応する。クロヴィッツらは，英単語を手がかりとして想起されたできごとがいつ起きたものであったかについて，時間，日，週，月，年といった時間単位を使って，1時間前から17年前までの密度分布を描いた。別の分析方法（Rubin, 1982）では，できごとの正確な日付や時間，それらの順序をたずね，報告された記憶の奇数番号のものを集めた。その方法として，記憶の密度を決定するためには思い出されたできごとの時間的範囲を用い，また何年前のできごとであるかを決定するためにはそれらの中央値を用いた。結果は同じであった。18歳の大学生を対象に後者の分析方法を用いた場合の分布の例（Rubin, 1982, 実験2）を図8-1に示してある。図のなかのひとつひとつの点は，85個の連続的な日付の記憶に関する中央値と範囲をもとにしている。

　いくつかの点に注目する必要がある。第一に，記憶の時間と密度の範囲は非常に幅広く分布しているため，すべてのデータを示すためには縦軸，横軸ともに対数尺度（logarithmic scale）を使っている。第二に，学習時にはまったく条件統制はなく，また検索時にもほとんど条件統制はないにもかかわらず，データは滑らかな曲線にほぼ一致している。第三に，データは両軸とも対数のグラフで線形に近似していることから，指数bをおよそ.8とした，$\ln(y) = \ln(a) - b \cdot \ln(t)$すなわち$y = at^{-b}$というべき関数（power function）に適合している。また，べき関数は実験室で行われた学習の研究ともよく一致する（Anderson & Schooler, 1991; Rubin, 1982; Rubin & Wenzel, 1996; Wixted & Ebbesen, 1991）。ルビンとヴェンツェル（Rubin & Wenzel, 1996）は，人間や動物の記憶に関する研究から得ら

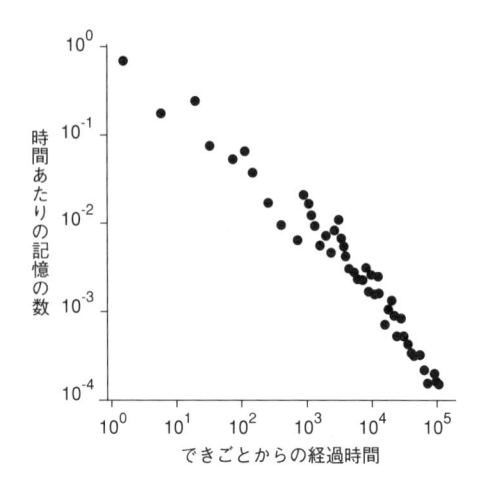

●図 8-1 大学生が報告した時間あたりの自伝的記憶の数をそれらの記憶の年代別に示したもの。縦軸および横軸は対数値であり，分布が直線的であることは，その分布がべき関数であることを示す (Rubin, 1982)。

れた 210 個のデータセットを改めて検討し，べき関数は，おおよそのところ彼らが検討したパラメータを 2 つもつ 125 個の関数のいずれとも同じ程度にデータと適合することを明らかにした。自伝的記憶のデータセットに関しては，べき関数は，対数関数や 2 つのパラメータをもつ関数よりも明らかに優れている。このような違いは，さまざまな自伝的記憶があること，もしくは自伝的記憶のデータにみられる再生値の時間的範囲が非常に広いことによるだろう。

12 歳から 70 歳までの人たちについて，10 年前から 20 年前までの自伝的記憶を調べてみると，類似した結果が得られる (Rubin & Schulkind, 1997b, 1997c; Rubin, Wetzler, & Nebes, 1986)。べき関数と実際のデータは，r^2（r：相関係数）がすべて .95 以上で適合する。被験者，刺激，データの収集方法が異なるさまざまな研究では，傾きが .69 から 1.07 の間で変動するものの，その傾きは，被験者の平均年齢によって規則的な違いがあるわけではなかった。このように，どのような年齢の成人でも，最近の記憶が最もよく思い出されやすく，b が .7 から 1.1 の範囲である at^{-b} の単調減少保持関数で示される。回答者の年齢によって傾きのパラメータに一貫した違いがないということは，別の保持形態で検討した研究とも一致する知見である (Giambra & Arenberg, 1993; Hulicka & Weiss, 1965; Rubin & Wenzel, 1996; Wickelgren, 1975)。年齢によって学習に違いはあるものの，学習のレベルをそろえると，年齢による保持率の違いはほとんどみられない。

自伝的記憶に関するべき関数は，個人が単語をひとつひとつ手がかりとして与えられた場合や，手がかり語をいっさい使わずに自分の人生のできごとのなかから50個の自伝的記憶を思い出すことを求められた場合にも当てはまる（Rubin, 1982）。異なる手がかりは異なる効果をもっている。たとえば，指示物（referent）としてよく使われる対象物である，火（fire），家（house），船（ship），木（tree）というような具体的で簡単にイメージできるような単語は，内容（contents），文脈（context），記憶（memory），時間（time）というようなイメージするのが難しい単語よりも，より多くの古い記憶を引き出す（つまり傾きが小さくなる）（Rubin, 1982）。同じ指示物を示すにおい手がかりは単語手がかりより古い記憶を呼び出すということはないが（Rubin, Groth, & Goldsmith, 1984），具体的で簡単にイメージできる手がかりによって記憶が思い出されるということは，においによって古い記憶が引き出されやすいということの1つの理由であろう（Herz & Cupchik, 1992）。しかしながら，においはふだんはあまり考えない記憶を思い出させる。それにもかかわらず基本的なべき関数は維持されるのである。まとめると，想起時から10年から20年前の自伝的記憶が利用しやすいという解釈可能な定量的データが得られている。

2. 幼児期の記憶

ここで幼児期の記憶について少し考えてみる。保持関数（retention function）は，経過時間（すなわち，現時点から昔へさかのぼる時間）の関数として表現できる。年齢（誕生から測定される時間）の関数として表わされるもう1つの要素が必要である。なぜならこれは，人生の初めの数年間の記憶はほとんど思い出すことができず，また生まれる前の記憶はもっていないからである。さまざまな年齢の人の自伝的記憶の分布について説明する場合には，at^{-b} における t として表現されるような経過時間の関数と，age-t で表現されるような生まれた時点からの時間の関数の両者が必要である。図8-2は複数の研究をもとに，幼い頃の記憶の分布を示したものである。

図8-2の左の図は，大学生に対して8歳以前の記憶を思い出すように教示した3つの研究の結果を示している。それぞれの研究ごとに，各年齢における記憶の比率を示してある。第一の研究として，ウォルドフォーゲル（Waldfogel, 1948）の研究があげられる。この研究では124名の大学生に8歳の誕生日までの経験を思い出してもらった。85分のセッションが2回あり，セッション間の間隔は35日から40日であった。このようにして，ウォルドフォーゲルは，一度しか起こ

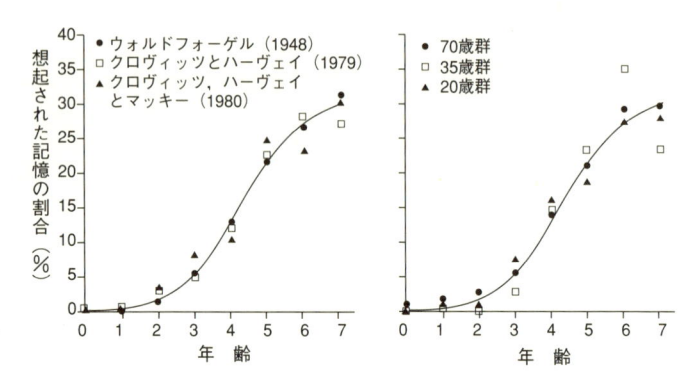

●図8-2 3つの研究によって示された幼児期の記憶の分布。比較しやすいように，各年齢での記憶は，8歳以前の記憶全体に占める割合で示してある。図中の曲線は，3つの研究をまとめた8,610個の幼児期の記憶に関する分布の平均である。

らない特別な記憶の数を，年齢ごとに集計した。第二の研究として，クロヴィッツとハーヴェイ（Crovitz & Harvey, 1979）の研究があげられる。彼らは17名の大学生に，8歳より前のエピソードの記憶を思い出してもらった。大学生は12週間にわたり，1週間に4時間をエピソードの想起に割くように言われた。その結果，12週間の期間のなかで週が進むにつれて8歳に近いほうの記憶が思い出される傾向があった。しかしながら，ここではこの効果は扱わないことにする。第三の研究として，クロヴィッツ，ハーヴェイとマッキー（Crovitz, Harvey, & McKee, 1980）の研究があげられる。彼らは，18名の大学生に，20個の名詞を手がかりとして呈示し，それぞれについて3分間，8歳より前の自伝的記憶を思い出してもらった。ここで使った名詞は，先述のクロヴィッツとハーヴェイの研究において，被験者が記憶の内容を表現するために用いた単語のなかから選ばれている。図8-2の左側の図からわかるように，それぞれの実験で手続きが異なるにもかかわらず，データは明らかに類似しており，3つのデータセットすべてに関して1つの曲線を描くことができる。

図8-2の右側の図は，3つの異なる年齢層の被験者を対象としたルビンとシュルキンド（Rubin & Schulkind, 1997c）のデータである。被験者は，20歳の大学生40名，35歳の成人20名，70歳もしくは73歳の成人60名であった。被験者の課題は，124個の手がかり語それぞれについて，自伝的記憶を思い出すことであった。左側の図とは対照的に，右側の図は8歳までの記憶を思い出すように教示されたのではなく，人生を通しての記憶を思い出すように教示された場合のデータである。しかしここではそのうち8歳以前の記憶のデータだけを示してある。各

年齢群に関して，8歳の誕生日以前に起きたとされた記憶の数を100%になるように示してある。あとで取り上げるように，より幼い頃の記憶へのバイアスを示す被験者もおり，彼らはより幼い記憶を思い出したが，分布の形に違いはなかった。同様に，124個の手がかり語から思い出された8歳以前の記憶の割合は，20歳，35歳，70歳の被験者それぞれで広い範囲に分布していた（20歳では6.0%，35歳では1.4%，70歳では4.2%）。しかし，各群の被験者の数が多くなることによってデータはより標準的になるという明らかな例外があるものの，3つの年齢群の相対的な分布はよく似たものである。データに当てはまる曲線は，左側の図と同じ形状になっている。このことは，被験者の年齢とは独立して，またすべてのエピソード記憶を思い出してもらうか，それとも幼い頃の記憶だけを思い出してもらうかとは独立して，同じ分布が得られることを示しているように思われる。

図8-2で示されているすべてのデータを平均すると，つまり，各記憶を調べた研究にかかわらず，年齢ごとに思い出された記憶の総数を加算し，記憶の全体数で割ると，0歳から7歳にかけて次のような割合を示す。0歳で0.13%，1歳で0.38%，2歳で1.68%，3歳で5.54%，4歳で12.96%，5歳で21.80%，6歳で27.05%，7歳で30.45%となる。図8-2に示されたような曲線に当てはまるこれらの値は，各年齢での幼児期の記憶の相対的頻度を評価するのに最も適している。これは，全部で8,610個の8歳以前までの記憶をもとにしたものである。

3. 想起の手がかりから思い出される人生の記憶

これまで，20歳代の被験者に関する自伝的記憶の分布については詳しくみてきた。しかし高齢者についてはあまりふれてこなかった。高齢者の全体的な分布を考える場合には，第三の要素，すなわち「バンプ（bump）」を考慮する必要がある。これは幼児期を過ぎた頃から増加し，30歳頃から低下する記憶である。図8-3は70歳の被験者を対象に実施したいくつかの研究室で示された分布である。

このような第三の要素はレミニセンス（reminiscence）とよばれる。10歳から30歳までの間の自伝的記憶が，他の2つの要素，すなわち経過年数や経験時の年齢から予想されるよりもたくさん思い出されることから，バンプという用語は発見の実証的な特徴を強調するために用いられる。また，バンプという用語は適切な理論的枠組みがないことを強調するために使われることもある。バンプに関してはここで示される明確な定量的定義はないものの，レミニセンスはエイジング研究において多くの関心が寄せられているトピックになってきている（たとえば，Butler, 1964; Costa & Kastenbaum, 1967; Havighurst & Glasser, 1972; Romaniuk,

1981)。理論的に，より明確な用語であるレミニセンスに関する研究と自伝的記憶の分布の統合については，フィッツジェラルド (Fitzgerald, 1996) やウェブスターとカペリーツ (Webster & Cappeliez, 1993) を参照するとよい。さらに，多くの健忘症患者は，より最近のできごとよりも昔のできごとをよく覚えているということがしばしばあり (Butters & Cermak, 1986; Ribot, 1882; Squire, Chace, & Slater, 1975)，彼らのバンプを記述することによって，健常者においてこのようなパターンがどの程度生じるのかを比較測定できる。

ここで使われているバンプの定義は，手がかり語から記憶を想起してもらうというテクニックを用いた自伝的記憶の実証的研究から得られたものである。図8-3 のなかで一番古い曲線はルビンら (1986) のものである。これは，できごとが起こったことを思い出したとの被験者の報告をもとに，70 名の成人被験者が想起した 1,373 個の記憶を 10 年ごとに分けたものである。70 歳前後の被験者が，条件が少しだけ異なる 3 つの実験でテストを受けた (Fitzgerald & Lawrence, 1984; Franklin & Holding, 1977; Rubin et al., 1986)。データを集めた当時，このようなバンプが出現することは誰も予想していなかった。ルビンら (1986) のデータを再分析することにより，はじめてバンプが明らかになったのである。どの場合にも，被験者の課題は各手がかり語に関する自伝的記憶を思い出すことであった。各被験者につき 20 語から 50 語の手がかり語を呈示した。この課題が終わったあと，被験者にそれぞれの記憶に関して日付を答えてもらった。被験者が思い出した記憶の約半分については，図 8-3 に示していない。すなわち，ごく最近のでき

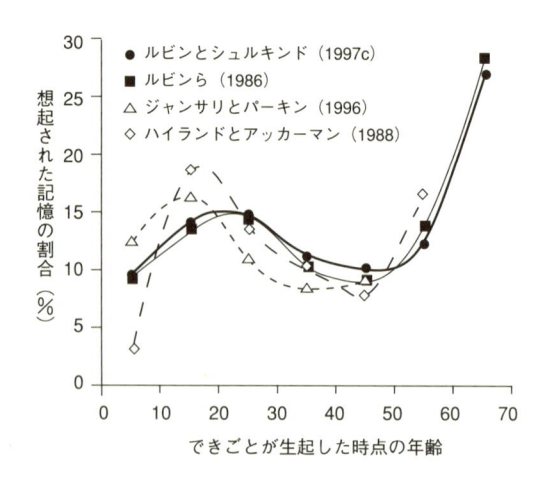

●図 8-3 4 つの研究における高齢者の人生の自伝的記憶の分布。各曲線がもとにしているデータの範囲が同じになるように，データを標準化してある。

ごとの記憶はこの図には含めていない。それらを含めると縦軸を広げる必要があり，曲線が見にくくなってしまうからである。3つの同じ研究室と，加えてもう1つ別の研究室（Zola-Morgan, Cohen, & Squire, 1983）で集められた50歳代と60歳代の年代のデータからも，類似した曲線が示された。40歳代のデータからは，はっきりとしたバンプが示されなかった。

図8-3のなかの第二の曲線は，70歳の被験者20名と73歳の被験者20名をまとめたルビンとシュルキンド（Rubin & Schulkind, 1997c）の研究によるものである。彼らの研究は，124個の手がかり語に対して自伝的記憶を想起してもらうものであった。ここでも，ごく最近の記憶はすべて除外したうえで，データの合計が100%になるようにしてある。

図8-3のなかの第三の曲線は，ハイランドとアッカーマン（Hyland & Ackerman, 1988）の研究である。被験者は，手がかりとしてロビンソン（Robinson, 1976）の研究で使われた事物を示す名詞，活動を示す動詞，感情に関する用語を与えられた。高齢者の記憶は，明らかに10歳代や20歳代前半にピークを示している。図8-3では，平均年齢が70歳となる12名の被験者のデータを示してある。ハイランドとアッカーマンはごく最近の記憶を除外しなかったが，70歳の被験者の記憶の47%は最近10年間のできごとであったと報告されている。ハイランドとアッカーマンの研究を先ほどの2つの研究と比較するために，ルビンらのデータにあわせて60歳までのデータのみを図示した。60歳代の人たちについてもはっきりしたレミニセンス効果が示されていた。また50歳代の人たちについてもレミニセンス効果の可能性が示されていたが，40歳代の人たちについては，10歳代，20歳代，30歳代の頃の記憶がだいたい同じくらいであり，報告されたできごとの80%は最近10年間のものであった。40歳代の被験者に関するルビンら（1986）の分析と同じく，この場合にも最近のできごとの記憶によってレミニセンス効果が隠されている可能性がある。ジャンサリとパーキン（Jansari & Parkin, 1996）も，成人の被験者にロビンソン（1976）の手がかり語から自伝的記憶を思い出してもらった。半数の被験者には通常の教示を行い，残りの半数の被験者には2年半前より古い記憶を思い出すようにという教示をつけ加えた。理由ははっきりしないのであるが，どちらの教示でも，最近の記憶が少なく幼児期の記憶が多いという結果が示され，他の研究と比べて少し異なる結果となっている。それにもかかわらず，ジャンサリとパーキンの研究における両条件から描かれた曲線下の面積を等しくすれば，2つの条件のパターンは互いに類似したものになり，また別の研究のデータとも類似したパターンになった。彼らが検討した被験者のなかで最も年齢の高い56歳から60歳のグループのデータについて，2つの教示条件のデータを平均したうえで，図8-3に示してある。この曲線は，50

歳までの曲線下の面積を，ルビンら（1986）における50歳までの曲線下の面積と同じにして描かれている。

これまでみてきた研究では，バンプは生涯のある時期に生起している。これが成長過程における成熟によるものなのか，それとも環境によるものなのかという問題は，発達にかかわる基本的な問題である。この答えは，他の発達の問題と同じように，両方であるといえるだろう。シュラウフとルビン（Schrauf & Rubin, 1998）は，少なくとも20年間スペイン語文化圏に住んでおり，その後少なくとも30年間英語文化圏に住んでいる12名の成人について調べた。サンプル数は少なかったけれども，明らかなバンプが認められ，それは移住した後に生じた。ただし，バンプはより若い頃に移住した人で最も大きかった。

このように，バンプは再現性の高い，安定した効果である。高齢者に内容や時期に関する制限なしに自伝的記憶を思い出してもらった場合，青年期や成人期初期に起こったできごとの記憶をたくさん思い出す。このような結果が得られない唯一の方法は，成人の被験者に対して5分から10分の間に人生の3分の1，4分の1，あるいは5分の1の時期に関するできごとを思い出すよう教示し，他の時期よりも記憶の多い時期があるかどうか調べることである（Howes & Katz, 1992; Rabbitt & Winthorpe, 1988）。

心に浮かんできた記憶を報告させるという方法に関して，1つの残された問題がある。それは要求特性の役割である。手がかり語から自由に記憶を思い出すという手続きは，認知心理学において被験者への制約が最も少ない手続きであり，したがって被験者が実験課題で何を行っているのかは明らかではない。この手続きは信頼性のある結果をもたらすものの，原因が不明な分布の違いがある。たとえば，図8-3で示したようなジャンサリとパーキン（1996）の結果では，他の研究に比べてより早い時期の記憶が多く想起されている。この問題を検討するべく，より早い時期の記憶を想起させるために，標準的な教示を修正したり，バイアスをかけることが行われた。ルビンとシュルキンド（1997c）は，「覚えているできごと」について質問する代わりに，「自分の経験として覚えているできごと」について質問した。また，例としてあげる内容を，最近のできごとから幼い頃のできごとに変えた。図8-4は，73歳の被験者20名の2つの群を比較したものであり，今述べたような変更以外は，124語の手がかり語を用いた同じ課題を行ったものである。図からわかるように，バンプは残ってはいるものの，このようなわずかなバイアスの影響は大きいのである。

ルビンとシュルキンド（1997c）は，自伝的記憶に関する多くの特徴を測定し，バンプにあたる時期の記憶と他の時期の記憶を区別しようとした。10歳から30歳の間のできごとに関する記憶を，他の年代の記憶と比較したところ，反応時間，

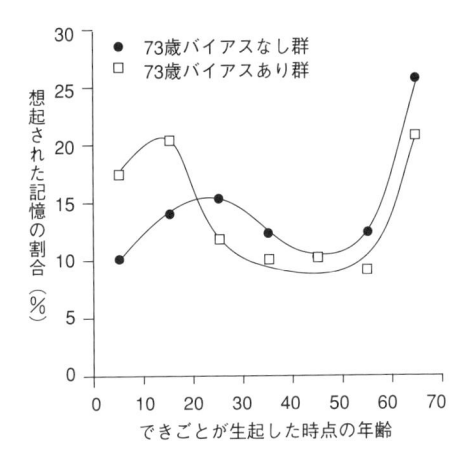

●図8-4 高齢者の人生における自伝的記憶の分布。半数の被験者はより早い時期の記憶を想起するようにバイアスがかけられた (Rubin & Schulkind, 1997c)。

記憶を引き出す手がかり語の特性 (Rubin & Schulkind, 1997a)，重要性，鮮明性，情動性，新奇性，記憶がリハーサルされる回数といった評定尺度には違いがなかった。バンプにおける記憶を，それをとりまく時期の記憶から区別するための，簡単でわかりやすい指標がないため，バンプの記憶が他の時期の記憶とどのように違うのか，なぜ異なるのか，あるいは本当に違いがあるのかどうかさえ知ることは難しい。

単語を手がかりとして自伝的記憶を想起する場合にバンプを見いだした研究に加えて，高齢者に「重要な」あるいは「鮮明な」自伝的記憶を思い出すように教示した場合にバンプを見いだした研究もある。フロムホルトとラーセン (Fromholt & Larsen, 1991, 1992) は，これまでみてきた研究のように1つの単語をそれぞれの記憶の手がかりとするかわりに，30名の被験者にこれまでの人生のなかで重要なできごとを15分間で思い出してもらった。被験者は71歳から89歳であり，平均教育歴は7年であった。重要なできごとの記憶について，バンプは，これまで概観した研究とほぼ同じ時期に，同じ形で生起した。しかし，手続きを変えると，最近10年間の記憶は相対的に減少し，バンプは増加した。さらに，手続きの変更にともない，20歳〜29歳の10年間よりも10歳〜19歳の10年間の記憶がわずかに増加した。このように，フロムホルトとラーセンは，少なくとも重要なできごとの記憶に関しては，バンプの存在が，手がかりを呈示するという手続きや，もしくは手続きの詳細には依存しておらず，また重要な記憶を思い出すことを要求すると，比較的大きなバンプが生じることを明らかにした。同様の結果は，

年齢をマッチングさせたアルツハイマー型認知症の初期段階にある成人や，重度なうつ病と初めて診断された成人においても認められている（Fromholt, Larsen, & Larsen, 1995）。

　フィッツジェラルド（1988）は，平均年齢70歳，平均教育歴12年の被験者に，3つの「鮮明な」記憶を思い出すように指示した。鮮明な記憶の分布は，前のほうでみてきた手がかり語を用いた研究よりも，むしろフロムホルトとラーセン（Fromholts & Larsen, 1991, 1992）の，重要な記憶を想起させる研究とより一致していた。つまりバンプは最近の記憶の想起を減少させることで大きくなっていたのである。バンプは16歳〜20歳の5年間がピークになっており，その前後5年間の記憶は少なく，さらにまたその前後5年間の記憶も少なかった。その後，フィッツジェラルド（1996）は，31歳から46歳の成人に関して，鮮明な記憶は，16歳〜25歳の間で最も多いことを明らかにした。また，フィッツジェラルド（1996）は，若齢者と高齢者はともに，彼らの人生についての記録として残っていくであろう記憶の分布のなかで，6歳〜25歳の間の記憶が最も多いことを見いだした。若齢者を含めた研究では，鮮明で重要な記憶に関するバンプは人生のかなり初期にあることが示されており，また，単語を手がかりに記憶を想起してもらった場合，40歳代の被験者ではっきりとしたバンプがみられなかったが，これは最近の記憶によって隠されてしまっているためであることが示されている。

　高齢者の鮮明な記憶に関しては，別の2つの研究でも類似した結果が示された。ベンソンら（Benson et al., 1992）は，日本人および中西部に住むアメリカ人に，鮮明に想起できる記憶を10個思い出してもらった研究を報告した。両方の被験者群でバンプが認められ，日本人では21歳〜30歳の10年間の部分に，アメリカ人では11歳〜20歳の10年間の部分にバンプがあった。コーエンとフォークナー（Cohen & Faulkner, 1988）は，20歳から87歳の人たちに鮮明な記憶を6個思い出してもらった。バンプはみられたが，次のような例外があった。40歳〜59歳と60歳〜87歳の人たちは，0歳〜10歳の頃の記憶を最も多く思い出した。

　一般的に，高齢者に鮮明な記憶もしくは重要な記憶を思い出してもらった場合はバンプがみられるが，単語を手がかりにした場合の分布と比較すると，最近の記憶の想起は少ない。ルビンとシュルキンド（1997c）は，70歳から73歳の被験者40名に対して，重要な記憶を5つ思い出してもらう課題と，約124語の手がかり語から記憶を思い出してもらう課題の両方を実施した。これらの被験者が示した記憶の分布を図8-5に示してある。この被験者たちは，より昔の記憶を思い出さなければいけないというようなバイアスは与えられなかった。ここでは，重要なできごとを想起した場合と単語を手がかりにして想起した場合の記憶の比較をわかりやすくするために，ごく最近の記憶である過去1年間の記憶も含めて

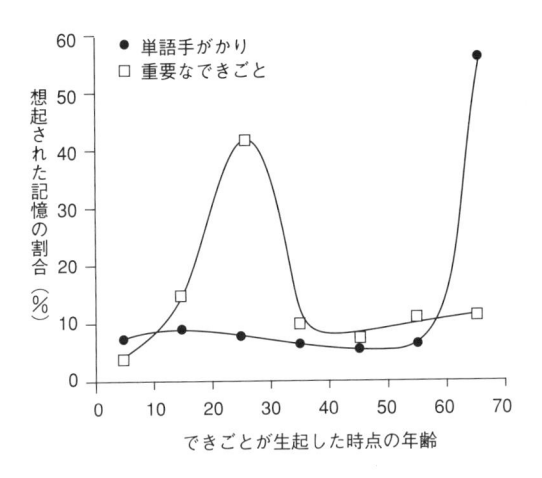

●図 8-5　同一の高齢者から得られた単語を手がかりとして想起した場合の記憶と，重要なできごとを想起した場合の記憶の比較 (Rubin & Schulkind, 1997c)。

いる。他の研究と同じように，重要な記憶を思い出してもらった場合，最近の記憶を思い出す割合は少なかった。加えて，平均教育歴 16 年という教育歴の長い被験者に関しては，20 歳代の 10 年間に重要な記憶が集中していた。このように，重要な記憶は手がかり語から想起された記憶よりも狭い範囲で分布している。重要な記憶に関する別の分布と比較してみると，異なる被験者群や手続きによってバンプのピークの時期や広がりに違いがあることがわかる。たとえば，教育歴が短い被験者の場合には，バンプのピークが早い傾向がある。それにもかかわらず，図 8-5 で示したような同一の被験者を用いた比較は，どのような種類の記憶を思い出してもらうかという要求の違いによって，思い出される記憶の生涯における時期が変化するということをはっきりと示している。

　これまでみてきた結果は，特に厳密に統制されているわけではないが，いずれも心理学の実験室で得られたものである。実験室以外で行われた研究でも，類似した結果が示されてきている。図 8-6 は，有名な心理学者たちによって公刊された自伝から，特定のできごとや，長期間にわたって生じたできごとの分布を示したものである (Mackavey, Malley, & Stewart, 1991)。ここでも，一般の被験者に重要な記憶を思い出してもらった場合にみられたものと同じようなバンプが示されていると思われる。

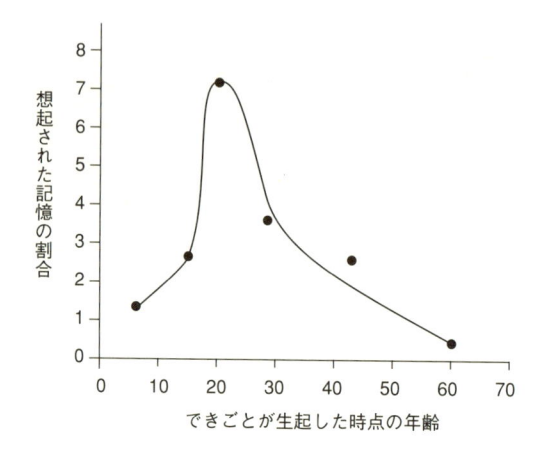

●図 8-6 有名な心理学者たちによって公刊された自伝に記録されている記憶の分布。特定のできごととより長期間にわたって生じたできごとの記憶はまとめてあり，相対的頻度によって重みづけしてある (Mackavey et al., 1991, Table 2)。

4. 社会的できごとおよび一般的知識の記憶

　個人的なできごとではなく，社会的なできごとについて質問した場合にも，バンプが生じる。シューマンらは，電話調査を用いて，過去 50 年間のなかで最も重要なできごともしくは変化について質問した。その結果，被験者は 10 歳から 30 歳の時期のできごとや変化を報告する傾向があることがわかった（Belli, Schuman, & Jackson, 1997; Schuman, Akiyama, & Knäuper, 1997; Schuman, Belli, & Bischoping, 1997; Schuman & Rieger, 1992; Schuman, Rieger, & Gaidys, 1994; Schuman & Scott, 1989）。図 8-7 は，過去 50 年間で最も重要なできごとは，第二次世界大戦，ジョン F. ケネディ暗殺，ベトナム戦争のうちのいずれかであると答えた人数の割合を，そのできごとが生起した時点の回答者の年齢を横軸にとって示したものである。このオリジナルの研究でも，個々のできごとの分布は，同じパターンを示した。シューマンらの研究における問題意識や方法は，ここでみてきた研究とは異なるものであるが，基本的な結果は同じようなパターンになっている。これは，調査を用いた場合と実験を用いた場合で同じ結果になることを示すものである。人々が重要であると判断するできごとは，被験者が 10 歳〜30 歳の時期により起こりやすい。ナイサー（Neisser, 1982）は，フラッシュバルブ記憶（flashbulb memory）に関する議論のなかで，歴史的なできごとが起こった

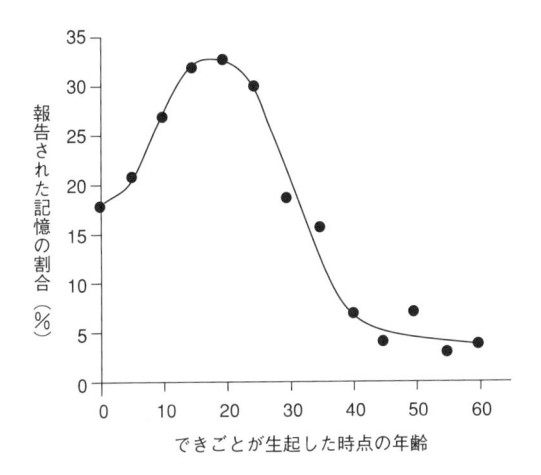

●図 8-7　過去 50 年間で最も重要なできごとは，第二次世界大戦，ジョン F. ケネディ暗殺，ベトナム戦争のうちのいずれかであると答えた人数の割合を，そのできごとが生起した時点での年齢を横軸にとって示してある。ここに示してある数値は，5 年ごとに 3 つのできごとの平均をとったものである。0 歳〜5 歳および 40 歳以上の時期に関しては，できごとが生起した時点にその年齢であった被験者がいなかったため，平均は 3 つ未満のできごとをもとにしている (Schuman & Scott, 1989)。

ときの自分の状況を想起することが，個人的なできごとを歴史に結びつけると述べている。人生の同じ時期にある場合には，重要な個人的できごとの記憶と社会的できごとの記憶のピークにこのような結びつきが起こりやすい。
　エピソード的な自伝的記憶の分布を詳細に扱う場合，このような記憶と，より意味的な記憶の関係を考慮すべきである。図 8-1 で示された数桁に及ぶ低下を示すような意味記憶に関する研究，もしくは実験室で行われた研究は何もない。しかしながら，ここでは，現時点で得られているデータに限定すると，このような記憶は上記で示してきたものと同じパターンに従うと考えられる。事実に基づく材料を用いた非常に長期の記憶に関する研究として，最もよく知られているものは，バーリックらによって行われてきた研究である (Bahrick, 1983, 1984; Bahrick, Bahrick, & Wittlinger, 1975)。彼らの研究では，最初の学習後に記憶が急速に低下し，その後，ほとんど目に見えない穏やかな低下が人生の最後までずっと続くことがあると示された。バーリックは，何十年にもわたって記憶がほとんど低下しないことを，永久貯蔵 (permastore) と名づけた。彼は，この永久貯蔵の保持関数を，さまざまな領域で見つけた。しかし，それらの研究ではいつも最初のできごとが，高校生もしくは大学生の間の若い頃に学習されたものであり，その数日後から 50 年後までの間にテストされたものであった。図 8-1 のデータが均等目

盛り上に描かれた場合，そのデータの値もまた急速に低下し，その後安定することを意味する。類似性を示すために，バーリックの永久貯蔵を示すデータをべき関数に当てはめて図8-8に描いてある（この分析の詳細は，Rubin & Wenzel, 1996参照）。心理学の実験室で集められたほとんどのデータと同じように（Rubin & Wenzel, 1996），べき関数と対数関数の両方がバーリックのデータに適合した。保持関数を描くために，対数関数もしくはべき関数のいずれを用いる場合でも，重要なことは時間の比率である。3年は1分の1,557,880倍である。それに対して，60年は3年のわずか20倍である。このように，これらの関数と永久貯蔵は，未来における情報の消失について，3年後にも適度なレベルで想起される，つまりさらなる情報の消失は非常に少ないという，きわめて類似した予測を行う。

　バーリックの研究（たとえば，Bahrick, 1983）は，本章で初めに述べた保持曲線には適合するが，バンプはほとんどない。バンプについて本章で示してきたデータでは，記憶を獲得した年齢は人生のさまざまな時期であり，一方記憶を想起した年齢はたいてい一定に保たれていた。つまり，x軸はいつも学習時の年齢であった。シューマンの報告したデータは例外であり（たとえば，Schuman, Akiyama, & Knäuper, 1997; Schuman, Belli, & Bischopins, 1997; Schuman & Rieger, 1992），彼らの研究では，学習した年齢とテスト時の年齢の両方を変化させていたが，この場合でさえもx軸は学習時の年齢であった。反対に，バーリックの研究では，学習時の年齢はいつも固定されており，テスト時の被験者の年齢によっ

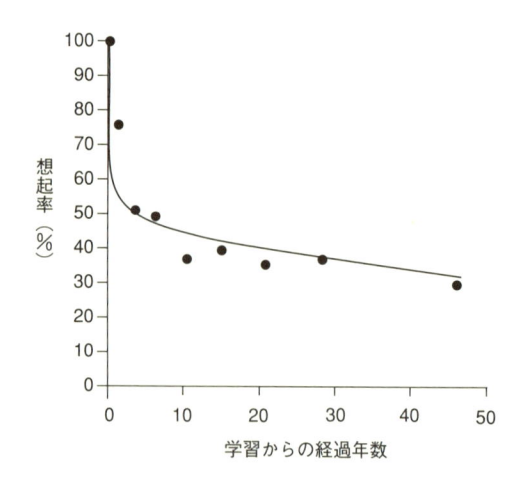

●図8-8　バーリック（Bahrick, 1983）の研究から収集した大学構内の配置図に関する知識について，自由再生を6回実施したものをまとめて保持に関するデータとしたもの。最初の学習レベルを100％としてある。曲線はべき関数を示している（Rubin & Wenzel, 1996）。

て保持期間が決められていた。つまり，バンプを示したデータと永久貯蔵を示したデータでは，保持期間に関して異なる変数が混在している。反対に，われわれが70歳の被験者を対象にして生涯のさまざまな時期に学習された事実に関する意味情報を調べてみると，やはりバンプが現われた。

　ルビン，ラハールとプーン（Rubin, Rahhal, & Poon, 1998）は，以下の5つの領域に関して，それぞれのできごとが生起した年のデータから機械的に多肢選択式の質問を作成した。質問は，ワールドシリーズでプレイしたチームはどこか，アカデミー賞をとった映画は何か，アカデミー賞で最優秀男優賞もしくは最優秀女優賞をとったのは誰か，AP（Associated Press）通信社による最も重要なニュースは何か，大統領選挙で負けたのは誰か，というものであった。質問したできごとの時期における年齢の影響が混在しないように，30名の高齢者には1984年のできごとについて，30名の別の高齢者には1994年のできごとについてテストを実施した。すべての領域において，より最近の時期に比べて，バンプの時期のほうがよく想起された。すべての質問のデータをまとめたものを図8-9に示す。これは，これまで示してきた（回答の正確さを確認できない）自伝的・エピソード的記憶の自由再生の結果を，検証可能な一般的で，意味的な記憶に拡張できることを示している。

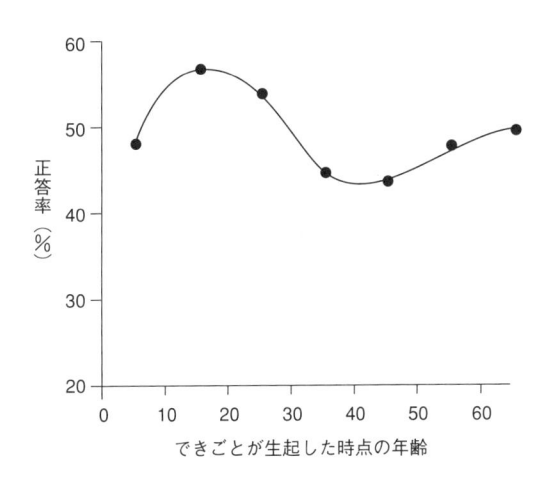

●図8-9　5肢選択式の質問に対する高齢者の正答率を，質問されたできごとが生起した時期の被験者の年齢を横軸にとって示してある。縦軸はチャンスレベルである20％から始めてある。

9章

エイジング，サーカディアン覚醒パターン，認知

キャロリン・ユーン，シンシア・P・メイ，リン・ハッシャー
(Carolyn Yoon, Cynthia P. May, Lynn Hasher)

　過去数十年のヒトの時間生物学研究は，生物学的・生理学的なさまざまな機能にサーカディアン・リズムがあることを明らかにしてきた（Horne & Ostberg, 1976, 1977; Hrushesky, 1994）。つまり，体温，心拍，ホルモン分泌などは1日のうちに規則的な上昇と下降を示すのである。サーカディアン・リズムは，交代制の仕事への適応能力に加えて（たとえば，Monk, 1986; Moore-Ede & McIntosh, 1993），健康や医学的処置など日常生活の重要な側面に影響するのは明らかである（たとえば，Hrushesky, 1989, 1994; Smolensky & D'Alonzo, 1993）。非常に多くの研究が一般的なサーカディアン・パターンの存在を提唱しているのに比べて，このパターンや同様に日内の異なる時間における遂行成績の違いにどの程度の個人差があるのかに関する文献ははるかに少ない（たとえば，Bodenhausen, 1990; Colquhoun, 1971; Folkard, Knauth, Monk, & Rutenfranz, 1976; Folkard, Weaver, & Wildgruber, 1983）。しかし，このような研究は，個々人のサーカディアン覚醒パターンがいろいろな課題（たとえば，刺激への反応の効率性，単純な計算，認知活動への従事）の遂行成績に関連することを示している。遂行成績はサーカディアン・リズムにおける特定のレベルにおいて頂点を示し，その頂点は日内の特定の時点において多かれ少なかれ規則的に起こるのである。

　認知の領域においては，サーカディアン覚醒パターンの個人差は，最近まであまり意識されてこなかった。いくつかの研究がサーカディアン覚醒パターンの個人差によって，1日のうちの認知遂行成績が有意に変わることを示している（たとえば，Bodenhausen, 1990; Horne, Brass, & Pettitt, 1980; Petros, Beckwith, & Anderson, 1990）。メイ，ハッシャーとストルツファス（May, Hasher, & Stoltzfus, 1993）による研究はさらに，サーカディアン覚醒パターンのはっきりとした年齢群差を見いだしている。高齢者は明らかに朝型パターンの傾向を示し，大学生は

明らかにこの覚醒パターンとは異なる傾向を示したのである。彼らはまた，若齢者と高齢者の両群が日内（早朝から午後遅くまで）の記憶遂行成績に劇的な差を示すことを報告した。そしてこの日内の遂行成績の違いは，若齢者と高齢者でまったく異なっていた。本章でわれわれは，日内の認知遂行成績の違いが，サーカディアン覚醒の加齢にともなう差と関連していること，そして若齢者の成績は1日の時間が進むにつれてよくなるが，高齢者では逆に悪くなることを報告する。このようなパターンは多くの課題でみられるが，後述するように興味深い例外もある。

1. 朝型・夜型傾向の年齢差

●● 測　度

　サーカディアン・パターンの個人差や群差を評価するにあたり，朝型・夜型質問紙（MEQ: Morningness-Eveningness Questionnaire, Horne & Ostberg, 1976）が一般に使われている。朝型・夜型質問紙は日内の睡眠・起床習慣，主観的な知的または身体的にピークの時間や，食事，活発さのようなことがらへの19の質問からなる，紙と鉛筆を用いて行える単純な検査である。この質問項目の得点から，朝型，夜型，そしてどちらでもないといった3つの主要なタイプに分類される。この分類は，生理学的な測度（たとえば，体温，心拍，皮膚電気抵抗，誘発脳電位の振幅；たとえば，Adan, 1991; Horne, Brass, & Pettitt, 1980; Horne & Ostberg, 1976; Kerkhof, van der Geest, Korving, & Rietveld, 1981）と行動の心理学的測度（性格特性，就眠・起床行動，知覚される活発さ；Buela-Casal, Caballo, & Cueto, 1990; Horne & Ostberg, 1976; Mecacci, Zani, Rocchetti, & Lucioli, 1986; Webb & Bonnet, 1978; Wilson, 1990）の両方によって，信頼性が確かめられてきた。さらに朝型・夜型質問紙は，再検査に対しても高い信頼性があり（たとえば，Anderson, Petros, Beckwith, Mitchell, & Fritz, 1991; Kerkhof, 1984），心理測定検査もこれがサーカディアン・リズムの有効な指標であることを示している（たとえば，Smith, Reilly, & Midkiff, 1989）。

　朝型・夜型傾向における個人差や群差についての最近の研究は，加齢にともない朝型へと有意に移行することを示している（たとえば，Adan & Almirall, 1990; Intons-Peterson, Rocchi, West, McLellan, & Hackney, 1998; Kerkhof, 1985; May et al., 1993; Mecacci & Zani, 1983; Vitiello, Smallwood, Avery, & Pascualy, 1986）。この移行は50歳頃に始まり（Ishihara, Miyake, Miyasita, & Miyata, 1991），イタリア（Mecacci et al., 1986），スペイン（Adan & Almirall, 1990），イギリス（Wilson, 1990），日

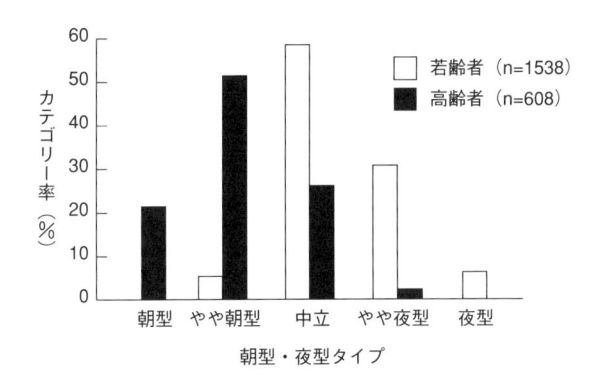

●図9-1　高齢者と若齢者が示す朝型・夜型の割合

本（Ishihara et al., 1991），カナダ（Yoon & Lee, 1998），アメリカ合衆国（May & Hasher, 1998）と，異なる文化圏でも類似したパターンを示す。

われわれは朝型・夜型質問紙を北アメリカの異なった地域で1,500名以上の大学生（18歳〜23歳）と600名以上の高齢者（60歳〜75歳）に行った。図9-1に示すように平均では明らかに日内のピーク時間のパターンには年齢差がある。ざっと40％の若齢者（すべて大学生）が夜型傾向を示し，他の大部分がどちらでもないタイプであり，10％以下が朝型だった。反対に高齢者は3％以下が夜型傾向であり，大半が（〜75％）が朝型だった。この結果は，若齢者と高齢者は日内のサーカディアン・ピークが顕著に異なること，よってサーカディアン覚醒パターンに影響される認知機能の遂行成績は，1日の時間が進むにつれて若齢者では向上し，逆に高齢者では低下することが示唆される。

●● 知的・身体的行動の差異

サーカディアン覚醒の個人差を説明することは，日内で変化する知的・身体的行動に関連する加齢研究にとって重要である。実際にどのような日内の行動の違いがあるかを示す知見の1つに，メディアの利用や買い物のパターンを若齢者と高齢者で比較した研究がある（Yoon, 1997）。この研究は若齢者と高齢者に，いつ新聞や雑誌を読んだり，テレビを見たり，買い物に行くかに関する質問を行った。80％以上の高齢の被験者が朝早く新聞を読むと答えたのに対して，そうすると答えた若齢者はたった14％だった。一方，雑誌に関しては，若齢者と高齢者両方の3分の2が，午後または夜に読むことがわかった。買い物に関しては約半数の高齢者が午前，または午後の早い時間にすることを明らかに好んだが，若齢者は午後遅く，または夜にすることを好む傾向にあった。午前に買い物をすると

いう高齢者の明瞭な好みは，午前中に心的に活発で精力的であるという傾向と一致している。彼らはこれらの時間に認知・身体的負荷が比較的高い課題を当てるのだろう。

　他の研究でも，知的・身体的行動が加齢と日内時間によって変わることが見いだされている。ある研究では，投薬や約束の固守に関する高齢者の展望記憶が，午後や夜よりも午前に有意によいことが見いだされた (Leirer, Tanke, & Morrow, 1994)。スキナー (Skinner, 1985) が大学生に行った他の研究では，授業が行われる時間と成績の関係が調べられた。この研究は午前，午後，夜の授業間の平均成績を単純に比較し，午前の授業の成績が午後と夜の授業よりも有意に低いことを見いだした。以上の研究は朝型・夜型質問紙を測定していないが，実際の知的・行動上の日内の時間による違いが，これら年齢群について他で報告されているサーカディアン・パターンときわめて一致している。

2. 認知遂行成績の日内変化

　われわれは，個々人のサーカディアン覚醒期とテストを行う時間との一致が影響する認知過程のタイプを探し始めた。このような影響は「同期効果」とよばれる (May et al., 1993)。われわれの目的は日内で不変な認知機能と同期効果を示す認知機能とを同定することである。本章の最後には，注意や記憶の抑制の概念に基づいて，情報処理の成功は，課題と関連する目的志向的な材料を活性化する興奮性の注意メカニズムと，課題と関連しない情報を抑制する抑制メカニズムの両方にかかわると結論する (Allport, 1989; Hasher, Zacks, & May, 1999; Navon, 1989)。以下に論じるように，データの大部分は，興奮性の処理は最適時間でも非最適時間でも損なわれず，抑制性の処理は個々人がピーク時でないときに減衰することを示唆する。また，それらのデータは加齢にともなう抑制過程の低下を確認するものである。われわれは，まず，情報処理における抑制の役割について考え，そしてそれら抑制の損傷が認知課題の遂行成績にどのように影響するかについて話を展開していこう。

●●抑　　制

　注意や記憶の抑制について取り上げるとき，われわれは，環境の慣れた刺激が一度記憶に表象を確立したならば，それらが再び起こったとき，たとえ現行の課題に必ずしも関連しなくとも，対応する表象とそれらの連合のすべてが活性化されると仮定している (Hasher & Zacks, 1988; Hasher et al., 1999)。さらにわれわれは，

ある程度活性化された表象のなかで，最も高く活性化された下位セットだけが意識的に感知されると仮定する（Cowan, 1988, 1993 と比較せよ）。今後，この表象の下位セットを作動記憶の内容とよぶことにする。すなわち作動記憶とは，意識の内容，または進行中の心的な作業空間であると仮定される。

抑制メカニズムは3つの一般的な機能に対して重要であると考えられる。それらは各々，効率よいオンライン処理のために，ターゲットの情報が連続的に検索されるよう作動記憶の内容を制御する（たとえば，Hasher et al., 1999）。まず，抑制メカニズムは，課題に無関連な情報が作動記憶に入力されるのを防ぐことによって，純粋に目的に関連した情報へのアクセスに限定する働きをする。次に，抑制は，少しだけ関連する情報や，かつては関連したがもはや今の目的には不適切な情報を消すもしくは抑える働きもする。総合するとこのようなアクセスと消去の機能は，符号化と検索の際の両方において，妨害する材料からの競合を最小にするように作用する。このように，作動記憶のなかで同時に活性化されている項目が互いに関連性のあるものとなり，ターゲット情報がうまく処理され検索される可能性を増加させるのである。最後に，抑制は，適切さが評価される前に，強い反応が出力されてしまわないように働く。この抑制機能は，優位な反応を不要なときに評価して中止する。そして確率は低いが，より適切な反応を生じさせるのである。

抑制の減衰による，直接的な影響と間接的な影響の両方がある。たとえば抑制機能を損傷すると，妨害が外的な情報源（たとえば，背景の左にあるラジオやテレビからの声）だろうと，内的な情報源（たとえば，個人的な関心やことがらについての妨害思考）だろうと，妨害する無関連情報によって影響されやすくなるだろう。さらに，抑制能力が低い者はかつて課題に関連したが今は不適切である情報を消去することがうまくできないことから，関連情報と無関連情報の間の干渉が大きくなるだろう。そしてそのために，新しい材料を取得したり，質問を理解したり，貯蔵した記憶を思い出したりすることが難しくなるかもしれない。また，特定の思考や活動から離れて他に切り替えることや，よく学習された反応の生成を不適切なときに抑制することが困難になるかもしれない。

抑制機能の低下によって生じるこれらの直接的な障害は，他の間接的な認知的影響を導くかもしれない。作動記憶を制御することは最終的に検索の効率を低下させるので，抑制の効率の減衰はさらに，たとえ意思決定において詳細で分析的な処理があきらかに適切な事態であっても，ステレオタイプや，ヒューリスティックス，そしてスキーマへの依存性を高めることになる（Bodenhausen, 1990; Yoon, 1997）。たとえば，グループ外のメンバーの特性と行動の知覚に関する社会的認知研究では，人々は，日内の最適時間に比べて非最適時間にはステレオタ

イプに基づく情報に頼る傾向があるようだ。そして，それはしばしば否定的な情報である。これは特定のステレオタイプ化されたグループが組織的な不利益を被るかもしれない重要な状況（たとえば，人事選択や法律の執行）を同定することに関連する抑制が不十分な人は，弱い論拠によって説得されやすくなる可能性がある（Rahhal, Abendroth, & Hasher, 1996; Yoon & Lee, 1998）。特に，論拠がそのときのトピックに関連しているが，筋の通らないような題材からなるときに起こる。

以降の項では，まず，非ピーク時のアクセス，消去，制止のオンライン（今現在の）の失敗，すなわち非最適時間における抑制の低下によって生じる失敗の直接的な証拠を紹介する。次に，いずれの年齢群にも同期効果がほとんど，またはまったくみられない課題について論じる。そして，非最適時間における抑制の減少から派生する二次的な問題について紹介する。論じられる各々の研究では，若齢者と高齢者が日内のピーク時と非ピーク時の両方でテストされた。朝型・夜型質問紙［注：年齢と朝型・夜型に関する完全な直交計画は残念ながら不可能であった。というのは，若齢者のうち少数は朝型であり，高齢者にほとんど夜型がいなかったからである］によって評価されるように，すべての若齢者は夜型で，すべての高齢者は朝型だった。

●● 非ピーク時間における抑制の減少

◇◇問題解決における妨害の抑制コストのアクセス機能

非ピーク時に抑制が減少しているならば，妨害情報はピーク時よりも非ピーク時に行動に大きく影響するはずである。この予測をテストするために，われわれは最適時間と非最適時間において若齢者と高齢者の単語問題解答能力への妨害効果を調べた（May, 1999）。われわれは遠隔連合テスト（RAT: Remote Associate Tests, Mednick, 1962）という，特定のターゲット単語（たとえば，チーズ）と関連した3つの手がかり単語（たとえば，ねずみ，青，カッテージ）からなる課題の修正版を用いた。被験者の課題は3つの手がかり単語を組み合わせてターゲット単語を産出することだった。われわれの興味は，解答を遠ざけるようなまたは導くような妨害刺激がどのように被験者のターゲット産出能力に影響するかにあった。

RATの先行知見では，紛らわしい妨害刺激が各々の手がかり単語の隣に置かれたとき，ターゲットの同定成績は低下した（たとえば，ねずみ［ねこ］，青［赤］，カッテージ［キャビン］＝チーズ；Smith & Blankenship, 1991）。われわれは，課題に無関連で紛らわしい情報を抑制する能力が下がっているならば，妨害刺激による損失がピーク時よりも非ピーク時で大きいと予測した。さらに，課題に無関連な情報の抑制に失敗することに利益があるような状況の可能性も探求した。そ

●表9-1　若齢者・高齢者の問題解決に対する妨害刺激の効果

年齢と時間	損失	利得
若齢者		
AM（非ピーク時）	-11	17
PM（ピーク時）	-2	1
高齢者		
AM（ピーク時）	-10	8
PM（非ピーク時）	-18	23

のために，低確率のテスト項目において紛らわしい妨害刺激の代わりにむしろターゲットを導くような関連した妨害刺激を呈示した（たとえば，ねずみ［食べる］，青［ドレッシング］，カッテージ［ダイエット］＝チーズ）。このような妨害刺激による利得は，妨害刺激がうまく制御される最適時間よりも非最適時間において大きいはずである。

すべての被験者にすべての試行で妨害刺激を無視するように教示したので，非最適時間のテストは最適時間のテストに比べて，紛らわしい妨害刺激があるとき解答の産出に大きな障害を生じ，解答を導く妨害刺激があるときには大きな利得を生じるとわれわれは予測した。紛らわしい妨害刺激の損失と解答を導く妨害刺激の利得は，統制試行におけるターゲットの同定成績をそれぞれから引き算して計算した。表9-1は，ピーク時と非ピーク時における若・高齢者の問題解決への妨害刺激の効果を示す。日内の最適時間の同期は予想したように両群の遂行成績に影響を与えた。非ピーク時にテストした被験者は（つまり若齢者は朝で高齢者は夜），ピーク時におけるそれぞれの年齢一致群に比べて，紛らわしい妨害刺激に対して大きな損失を，そして解答を導く妨害刺激には大きな利得を示した。さらに，高齢者は若齢者よりも全般に大きな妨害刺激効果を示した。これは加齢によって抑制が低下するという仮説に一致している（Hasher & Zacks, 1988）。

◇◇**抑制の消去機能（もはや課題に関連しない材料の持続的活性化）**　会話のようなダイナミックな経験では，話題や場面そしてそれら両方の変化が，思考の中身を変化させる必要を生じさせることはよくあることである。特定の話題や考えについての思考をやめて，他のものを考え始める必要のある状況をシミュレーションするために，われわれはかつて関連したが，もはや今の目的には適切でない情報を抑制する能力を評価した。メイとハッシャー（1998）はこの目的のために，ガーデンパス文完成課題を使った（Hartman & Hasher, 1991）。この課題の最初の段階では，被験者に最後の欠けている単語が容易に予期しうるような文を呈示し（たとえば，"Before you go to bed, turn off the_____.（就寝する前には，

を消す"),そして各々のフレームの文末を生成するよう要求した（高度の穴埋め読解文）。被験者が特定のフレームの文末を生成するやいなや（たとえば，今の例だと「明かり」），次にターゲットが現われた。被験者はこのターゲットを，後の不特定の記憶テストのために覚えておくよう教示された。文フレームの半分では被験者が生成した項目（フィラー項目）が呈示され，残りの文フレーム（クリティカル項目）では被験者の生成した文末は却下され，新しい，しかしもっともらしい低頻度の文末が呈示された（たとえば，「ストーブ」）。このようにクリティカル項目では，被験者はターゲット文末（実験で呈示されたもの，たとえば，「ストーブ」）のみを次の記憶テストで呈示されると知らされているので，生成した文末（たとえば，「明かり」）を忘れるよう潜在的に教示されることとなる。

　われわれの目的は，5，6分の短い間隔の後，クリティカル文フレームからのターゲット項目（たとえば，「ストーブ」）と却下項目もしくはもはや課題に関連のない項目（たとえば，「明かり」）へのアクセスのしやすさを，ピーク時または非ピーク時の若・高齢者ごとに決定することであった。抑制は今の目標にもはや関連しない項目を作動記憶から消去するよう作用するという前提に基づいて，われわれは効率的な抑制者（つまりピーク時の若齢者）は，ターゲット項目だけにアクセスすると予想した。つまり，能動的な抑制による作動記憶からの消去によって，却下項目は統制項目に比べてアクセスされないはずである。反対に，われわれは非効率な抑制者（つまり高齢者および非同期時の高齢者）は，ターゲットと却下項目の両方にアクセスすると予想した。

　このような予想を評価するために，われわれは間接的な記憶テストを使った。このテストでは，ターゲット項目，却下項目，統制項目（段階1で呈示されなかった単語）に対する生成頻度を比較した。この課題は，新しい実験の材料を作る助けにすると見せかけて，被験者に予測性が中程度な文フレームの文末を生成してもらった。3つのフレームタイプがあった。(a) ターゲット項目が中程度に予想されるフレーム（たとえば，"She remodeled her kitchen and replaced the old ＿＿＿．（彼女はキッチンを改造し，古い＿＿＿を置き換えた）"に対する「コンロ」）。(b) 却下項目が中程度に予想されるフレーム（たとえば，"The baby was fascinated by the bright ＿＿＿．（赤ん坊はその明るい＿＿＿に心が奪われた）"に対する「光」）。(c) 統制項目が中程度に予想されるフレーム（たとえば，"The kitten slept peacefully on her owner's ＿＿＿．（子猫は飼い主の＿＿＿の上で安らかに眠った）"に対する「ひざ」）。ターゲット項目と却下項目に対するプライミング得点は，それらの完成率を統制項目の完成率と比較することによって計算された［注：ある被験者にとっての統制項目を，他の被験者には呈示項目として用

いて，カウンター・バランスをとった］。つまり正のプライミングはクリティカル項目が統制項目より多く生成されたことを示し，負のプライミングはクリティカル項目が統制項目より少なく生成されたことを示す。プライミングのデータを図9-2に示す。

　まず若齢者のプライミングのパターンを考えてみよう。若齢者は，ピーク時にターゲット項目に対する明らかなプライミング効果を示し，そして実際に却下項目にはベースライン以下の有意なプライミング効果が生じた。これらの知見は，最適時の若齢者は抑制の消去機能がとても効率的で，却下項目が新しい項目よりもアクセスされなかったことを示唆する。反対に非最適時にテストされた若齢者は，ターゲット項目と却下項目の両方に正のプライミングを示した。これは，すでに課題に関連しない情報を作動記憶から消去する能力が，不調な時間帯には低下していることを示す。

　高齢者も強い同期効果を示したが，プライミングの全体的なパターンは，加齢による抑制の減少によって若齢者とは異なっていた。ピーク時の高齢者は，非最適時の若齢者に非常に似ており，ターゲット項目と却下項目の両方に確かな正のプライミング効果を示した。これは，たとえ最も調子のよい時間であっても，高齢者はそのとき関係ない情報を作動記憶から消去することがうまくできないことを示唆する。非最適時には，自らが生成した，しかし却下された項目の抑制にひ

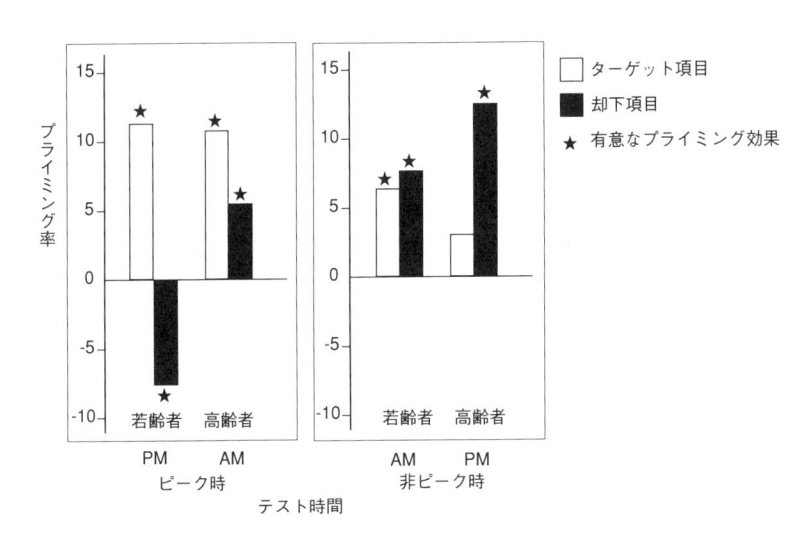

●図9-2　若齢者・高齢者のターゲット項目と却下項目に対するプライミングとテスト時間（プライミング率＝クリティカル項目の完成率・統制項目の完成率）。

どい障害を示した。それは，ピーク時にみられたプライミングよりもわずかな増加を示すほどであった。そして実際に，実験者が提供したターゲット項目へのプライミングはまったくみられなかった。非最適時間における高齢者の抑制処理は非常に低下しているため，彼らは自分で生成した高い比率の反応を中断することができず，その結果，新しいターゲット項目に対してまったくプライミングを起こさなかったと考えられる。このような若齢者と高齢者のプライミングの日内パターンは，非ピーク時はピーク時よりも抑制機能が低下していることを示唆している。その結果，かつて関連したが，今の目的にはもう関連しない情報を抑制する，または消去することができなくなると考えられる。さらに，高齢者が新しい反応に優先させて自分の生成した反応を中断することができないようにみえることは，非最適時間には新しい情報の習得が難しいことを示している。

◇◇**非最適時における優位な反応の制止の失敗（ストップ・シグナル）**　抑制のメカニズムは，強固で優位な反応，もしくは高度に学習された反応の生成を制止することによって，行動を制御することができると考えられている。このようにして，このメカニズムは，反応を評価し，そしてもし必要ならば，それが現行の文脈のなかで不適切なときには除去することができるようにしている。このような抑制の機能のおかげで，変化に富んだ行動が可能であり，優位でない思考も回復することができるのである。

　この抑制の制止機能が非最適時に損なわれる可能性を調べるために，われわれはストップ・シグナル課題（たとえば，Logan, 1983, 1985, 1994）を用いた。この課題では，被験者はつい起こしてしまいそうな反応（比較的低頻度な）をストップ手がかりが呈示されたときに，抑えなければならない。ストップ手がかりの呈示に対して反応を制止する能力は，抑制の1つの測度である。この研究では（May & Hasher, 1998），被験者はカテゴリーの成員をできるだけ速く判断するように練習した（たとえば，「はい，椅子は家具の一部です」や「いいえ，コンロは家具の一部ではありません」を正確に言う）。低頻度の試行（ストップ・シグナル試行）において被験者に音が呈示された。これは，被験者がカテゴリー判断の反応を制止または抑制しなければならないことを示すものであった。被験者がうまくカテゴリー判断の反応を制止できたストップ・シグナル試行の割合を図9-3に示す。両年齢群が，非ピーク時よりもピーク時にうまく制止することができた。つまり同期効果はストップの遂行に影響した。このように，抑制のアクセスや消去の機能と同様に，抑制の制止機能にも，若齢者と高齢者の両方に同期効果がある。さらに，若齢者は高齢者よりも，ストップ・シグナル試行における反応の制止が全般に良好であるため，抑制の効率が加齢にともなって低下することが再び確か

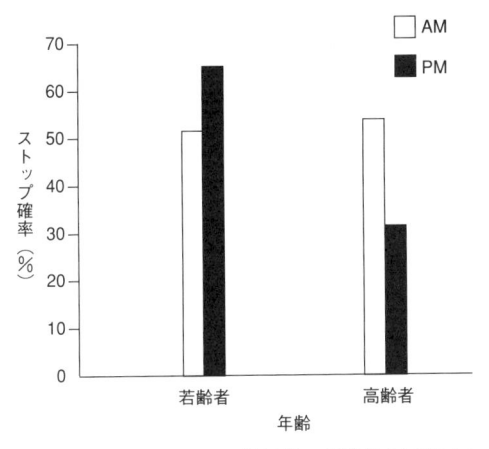

●図9-3 朝と夜にテストされた若齢者・高齢者の平均ストップ確率

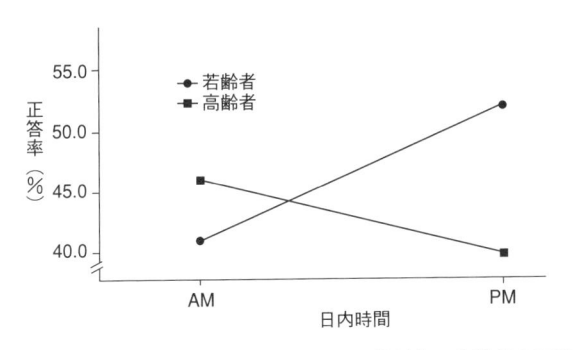

●図9-4 モーゼについての答えられない質問に対する若齢者・高齢者の正答率と日内時間

められた。

　強固によく学習された反応を制御することが非ピーク時に困難であることは，一般的知識を調べた研究からも導かれている（May, Hasher, & Bhatt, 1994）。この研究は，被験者は単純な一般的知識の質問に対して，できるだけ速く正確に答えるように意図した（たとえば，「クラーク・ケントは公衆電話ボックスでどんなヒーローになるか」）。しかし，質問リストにはいくつかの答えられない質問が含まれていた（たとえば，「モーゼは各種類の動物を何びき箱舟に連れて行ったか」：モーゼではなく，ノアが箱舟を作った）。被験者にはあらかじめ答えられない質問の存在を警告してあり，適当に答えるのではなく（たとえば，「2」），「答えられない」と答えるように教示した。よって，被験者は答えられない質問に対して，よく学習した質問形式の言語反応を抑えて，かわりに二者択一の答えをし

なければならなかった。図9-4に示すように，若齢者と高齢者の両方が，よく学習された言語反応を制止する能力に関する同期効果を示した。つまり，非ピーク時にテストされた被験者はピーク時にテストされた年齢統制群よりも，答えられない質問に対して（たとえば，「2」のような）不適切な反応を起こしやすかった。

●● 同期効果が重要でないとき

これまで報告してきた知見は，非最適時は最適時に比べて抑制機能が損なわれているという前提に一致しているが，一方で，興奮性の機能は1日を通じて変わらないことを示す多くの知見がある（表9-2参照）。第一に，（いくつかの研究から抜粋した）語いテストの得点は，若齢者でも高齢者でも日内で変わらなかった。これは，意味記憶もしくは長期記憶からの情報の検索が非最適時間も比較的損なわれていないことを示す。第二に，よく学習した熟知性の高い，もしくはよく練習した反応へのアクセスは非最適時も損なわれていない。われわれは，答えられない質問（たとえば，モーゼと箱舟）が挿入されている雑学的質問への反応も損なわれていないことを見いだした。また上記の消去の実験（May & Hasher, 1998）では，若齢者と高齢者の両方が，最適時と非最適時とで同様に，予想される穴埋めフレーム文の文末を生成した。さらにストップ・シグナル課題では，両群の被験者は，熟知性の高いカテゴリーの判断は日内時間にかかわらず同じぐらい速くかつ正確にできることが示された。最後にメイ（1999）の遠隔連合テスト課題で，統制項目に対するターゲット項目の生成には，同期効果も加齢効果もみられなかった。この知見も，活性化の過程は非最適時にも損なわれないことを示している。

以上のように，熟知性や頻度が高く，よく学習された反応の生成は，サーカディアン・ピークとテストの時間の同期によって影響されないことを示す知見が

● 表9-2 加齢への同期効果がない課題

	若齢者		高齢者	
	AM（非ピーク時）	PM（ピーク時）	AM（ピーク時）	PM（非ピーク時）
語い (lap／bowl) a	22	23	26	29
語い（ストップ・シグナル）b	18	17	28	24
モーゼの質問 c	78%	78%	79%	81%
高穴埋め項目率 d	89%	89%	88%	87%
中穴埋め項目率	52%	53%	49%	51%
ストップ・シグナルのカテゴリー化 c	91%	92%	89%	91%
RAT 統制項目の完成	36%	32%	33%	32%

注：a ervt v4; 最大 48; b ervt v3; 最大 36; c 正答率; d 予期された完成文の割合

増えつつある。まとめると，これらの知見は同期効果の抑制理論を支持し，促進ではなく抑制がサーカディアン覚醒によって影響を受けることを示している。活性化の過程が年齢によって違わないことは，注意に基づく加齢効果が興奮性の過程ではなく抑制の過程の違いに大きく依存するというハッシャーとザックス（Hasher & Zacks, 1988）の仮定も支持している。

●● 抑制の低下の間接的影響

　抑制の理論から予測される欠損や残存のパターンに加えて，日内の非同期時における抑制の失敗は間接的または副次的な影響を生じることもある。このような影響は，特に，課題が多数の試行からなり，現行の情報を記憶するために先行する試行の情報を消去しなければならないときの記憶の低下にかかわって，さまざまなあり方で現われる。日内の非ピーク時の抑制の欠如によって生じる他の影響には，注意深い努力に満ちた判断よりもむしろ単純なヒューリスティックスに基づく判断に頼ることや根拠の不十分な主張によって説得されやすくなることがある。次にこのような間接的な影響の証拠を提供する。

◇◇ 干渉への感受性の増加
　もはや課題に関連しない情報に対する抑制的な制御は非最適時であることと加齢の両方によって低下するので，先行する課題からの入力がない場合に最も遂行成績がよいようなすべての課題でサーカディアン効果と加齢効果が生じると予想される。このような課題群に多重再生課題があり，各々の再生時のターゲット項目が先行する再生セットと少なくとも部分的に異なっている。古典的な例は記憶スパン課題で，被験者は典型的に多重連続試行で再生する情報の単位を与えられる。スパン実験でテストされる情報のタイプには数字や文字や文章などいろいろあるが，ほとんどすべてのスパン実験に共通な1つの側面がある。それは，被験者がまず小さな情報の単位を受け取り（たとえば1，2個の単語），それから徐々に大きな単位へと進めていくことである（たとえば6，7個の単語）。スパンは，被験者がすべての情報をうまく再生できた最大の単位によって決定される。つまり，最も多くの単位を再生した者が最も高いスパン得点をとることになる。しかし最大の単位は，先行試行が非常に似た情報をもつときには，先行リストまたは試行でうまく抑制されなかった項目から非常に妨害されやすくなり，最大量の順向干渉（先行して呈示された材料によって現行の課題に関連するターゲット項目に対する遂行が妨害されること）がともなうことに注意して欲しい。高齢者のように先行する情報へのアクセスを効率的に止める抑制機能をうまく利用できない場合，単位数が多いことは特に問題となり，スパン得点は減少すると考えられる。加えて，抑制の効率は非最適時に低下するため，ス

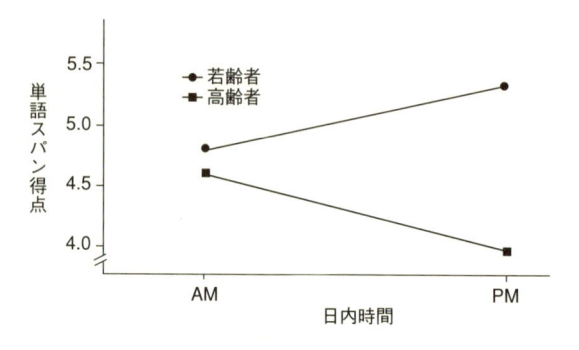

●図 9-5　若齢者・高齢者の単語スパン得点と日内時間

パン得点は非最適時に最適時よりも低下するだろう。

　メイ，ハッシャーとケイン（May, Hasher, & Kane, 不明）の最近の研究では，スパン課題には確かに順向干渉があり，特に干渉されやすい人々が標準的なスパン課題の実施において明らかに不利益を被ることが示されている。この研究の目的は，同期効果による抑制機能の低下が，スパン課題の遂行成績を低下させる可能性を探ることであった。コンピュータ画面の単語を読み，次に記憶したものを声に出して復唱するという単純な単語スパン課題を若齢者・高齢者に行った。単語セットを呈示し，セットサイズを 2 から 6 まで徐々にあげた。各々の被験者はそれぞれのセットサイズを 3 試行ずつ行い，3 試行のうちの 2 試行で正答した最大のセットサイズをスパンとして計算した。図 9-5 にみられるように，同期効果によってスパンの遂行成績は確かに影響され，両群が非ピーク時よりもピーク時に高いスパン得点を示した。

◇◇**ヒューリスティックスの利用**　　以上の研究は，加齢と非最適時における遂行の両方が，記憶に貯蔵された詳細な情報へのアクセスを減少させることを示している。では，非最適時にはどのような情報が検索されやすいのだろうか。これまで優位な反応は利用されやすいことを概観してきたが，これに加えてボーデンハウゼン（Bodenhausen, 1990）は，ヒューリスティックス（たとえば，単純な大ざっぱなやり方や手っ取り早いやり方）とスキーマは複雑な事象の詳細に比べて相対的に利用されやすいとアルバとハッシャー（Alba & Hasher, 1983）が議論しているように，それらは非最適時にも利用されやすく，そのため状況の評価に大変用いられやすいことを示唆している。以下に，まず同期がヒューリスティックスを利用する際の個人差にどのような影響を及ぼすかに関する知見について論じ，次にこれが説得力に対して与える副次的な影響について考える。

●表9-3 再認正答率に対する同期と加齢の効果 (Yoon, 1997より許可を得て掲載)。

年齢と時間	メッセージ項目（ヒット率）	フォールスアラーム率（対照項目)		
		一致	不一致	
			低	高
若齢者				
AM（非ピーク時）	.81	.20	.06	.02
PM（ピーク時）	.83	.08	.03	.06
高齢者				
AM（ピーク時）	.93	.19	.04	.04
PM（非ピーク時）	.77	.43	.37	.09

日内の非最適時には最適時よりも，人々は情報を処理するのにヒューリスティックスに頼るらしい。ボーデンハウゼン（1990）は人の社会的判断に非最適時間ではステレオタイプが用いられることを見いだした。日内の早い時間に心的ピークに達する人は午後や夜にステレオタイプの反応を起こしやすく，一方夜にピークに達する人は午前にステレオタイプの反応を起こす傾向が強い。

人々が非最適時には詳細な処理よりもヒューリスティックスやスキーマに基づく処理に頼ること，そしてこの傾向が若齢者よりも高齢者で顕著であることが，ユーン（Yoon, 1997）の研究によってさらに裏づけられている。この研究では，被験者にターゲット項目と対照項目からなる再認課題が与えられた。結果のパターンはスキーマに基づく処理を示唆し，高齢者は非最適時において，ターゲットと一致またはやや不一致な（このため，間違って一致項目として処理されやすい）対照項目に対して比較的高いヒット率とフォールスアラーム率を示し，一方はっきりと不一致な対照項目に対しては低いフォールスアラーム率を示した。しかし日内の最適時には，高齢者は高いヒット率と低いフォールスアラーム率を示し，若齢者と同様に詳細な処理を行うことが明らかにされた（表9-3参照）。

これら2つの研究の結果から，人々がどのような処理方略を用いるかを調べるとき，同期の影響を考慮しなければならない場合があることが示唆される。たとえばグループ外のメンバーの特徴と行動の知覚に関する社会的認知の研究では，人々が非最適時に反応するとき，最適時に比べてステレオタイプな情報に頼りがちであり，そしてそれは否定的なものであることが多いかもしれない。いいかえれば，これはステレオタイプなグループが組織的な不利益を被る重要な事態（たとえば，人事選択，法律の執行）があるかもしれないことを示唆する。

◇◇説得性　非ピーク時の抑制効率の低下によって，分析的処理よりもむしろヒューリスティックスやスキーマに基づく処理が導かれるという考えから，さ

らに説得性に対する間接的な影響が示唆される。精緻化見込みモデル (ELM: elaboration likelihood model, Petty & Cacioppo, 1986) は，説得性は個々人の情報処理能力と動機づけに依存する異なるルートがあると仮定している。精緻化への見込みが高い（つまり，処理能力と動機づけが高い）場合，態度を変える過程は，思慮深い綿密な吟味や説得力のあるコミュニケーション（たとえば，論拠の強さ）の詳細な処理からなる。この過程は説得性への「中心ルート」とよばれる。一方，個々人が情報を処理する能力や動機を欠くとき，態度の変化は異なった過程により起こる。この過程は説得性への「周辺ルート」とよばれ，説得力あるメッセージの内容を評価するのに，単純で大ざっぱなやり方もしくはヒューリスティックス（周辺的な手がかり）を使う。以上のことから，入力されたメッセージを処理する能力を欠き（たとえば，日内の非最適時），さらに動機がないような人々は，特に有益な情報としての価値はないが目立っていて比較的処理する労力がいらないような手がかりによって説得されると予測される。

この傾向はユーンとリー (Yoon & Lee, 1998) の研究によって実証的に支持された。この研究は，人々が広告における論拠の強さや周辺手がかりによって説得される程度が，どのように同期，加齢，および動機づけのレベルによって影響されるかを調べた。説得性は4種のメッセージ後の9点態度評価（悪い／良い，不満／満足，好ましくない／好ましい，価値がない／価値がある，によって決められる意味的差異尺度）の平均によって評価された。この結果，高齢者は若齢者と同様に，ピーク時に広告メッセージの処理に高く動機づけられているときには，弱い論拠よりも強い論拠によって説得させられた（「中心ルート」）（表9-4A 参照）。ただし高齢者は動機づけが低くとも，ピーク時に情報が呈示される限りは強い論拠によって説得されるようだった。日内の非ピーク時には，高齢者は低・高関与条件の両方で「周辺ルート」（広告において，特徴づけられた製品と絵の関連性として操作された周辺手がかり）によって説得されるようだった（表9-4B 参照）。したがってこれらの結果は，入力情報を処理する能力は，動機づけではなく日内時間によって決まること，そしてそれは高齢者への説得性の重要な決定因であることを示している。反対に，処理の動機づけの高い若齢者は非最適時においてさえも強い論拠によって説得されるようだ（表9-4A）。つまり彼らは，非最適時の動機づけが低いときにのみ絵の関連性（周辺手がかり）によって説得された（表9-4B）。

若齢者が参加する先行研究では，人々が論拠の中身によってどの程度同意するかまたは説得させられるかということが，人々がメッセージの呈示中にどの程度妨害されるかということと関連することも見いだされている。ペティ，ウェルズとブロック (Petty, Wells, & Brock, 1976) は，特に，人々が妨害されているとき

●表9-4　A：論拠の強さの説得性と加齢，日内時間，および動機づけ

論拠の強さ	低い動機づけ		高い動機づけ	
	弱い	強い	弱い	強い
若齢者				
AM（非ピーク時）	5.7	5.7	3.4	4.8
PM（ピーク時）	5.6	5.8	3.5	5.2
高齢者				
AM（ピーク時）	4.3	6.2	2.3	5.1
PM（非ピーク時）	4.5	5.0	3.7	3.3

注：4つの9点メッセージ後態度評価の平均（1=否定，9=肯定）

B：絵の関連性の説得性と加齢，日内時間，および動機づけ

絵の関連性	低い動機づけ		高い動機づけ	
	弱い	強い	弱い	強い
若齢者				
AM（非ピーク時）	5.2	6.3	4.1	3.7
PM（ピーク時）	5.2	6.3	3.8	4.2
高齢者				
AM（ピーク時）	4.8	5.4	3.1	3.4
PM（非ピーク時）	4.3	5.7	3.0	4.2

注：4つの9点メッセージ後態度評価の平均（1=否定，9=肯定）

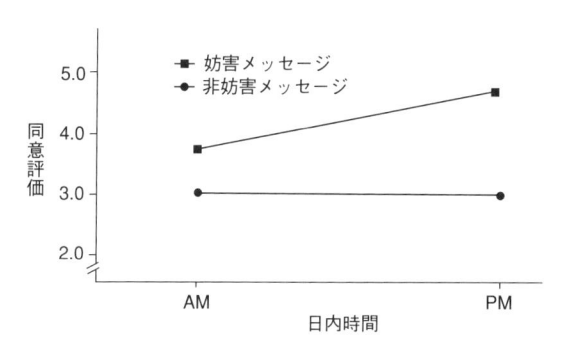

●図9-6　高齢者のメッセージへの同意評価と日内時間

には，弱い論拠でも人々が説得されやすいことを示した。ラハールら（Rahhal et al., 1996）の研究では，妨害と説得性の効果が非最適時にどの程度高くなるかに関心があった。彼らは2つの弱い論拠（母校の廃校と警察の配置転換の計画）を作成および標準化し，高齢者を対象に，午前中および午後に妨害がある，またはない呈示条件における研究を行った。妨害課題はきわめて単純で，コンピュータ画面にXが現われるのをモニターすることが要求された。この間被験者には

メッセージを聞かせ、その直後に7点評価尺度でメッセージに対する彼らの態度が評価された。データは明らかに、午前の妨害は態度得点（この主張がどのくらいよく、賢く、好ましく、有益か）にほとんど影響しないことを示している（図9-6参照）。しかし、非最適時の妨害は高齢者に大きく影響し、午後には弱い論拠がかなり説得力のあるものになった。

3. 結　　論

　サーカディアン覚醒期との同期は、ある認知的および社会的認知タイプの課題に対しては明らかに重要な問題であるが、他の課題タイプに対してはそうではない。そして、加齢にともない抑制が減少すると仮定すると、若齢者よりも高齢者のほうが同期による影響は大きいといえる。非ピーク時の認知機能の変化が実際にサーカディアン・リズムにかかわる抑制の低下から生じる程度に応じて、非最適時における遂行成績には、課題に関連しない情報へのアクセスの増加、もはや使わない情報の消去または抑圧の失敗、不要もしくは不適切な強固で優位な反応の生成の制止または中断の困難のような機能不全が反映される。さらに抑制の低下の二次的な結果として、順向干渉に対する感受性の増加や、検索の失敗による判断の低下や、ステレオタイプやヒューリスティックスへの依存の増加などが生じる。

　一方、課題が、熟知性の高い、よく学習された、もしくはよく練習された材料へのアクセスや生成を単純に必要とするだけであったり（たとえば語いテスト、単純な雑学的知識の質問）、強固な反応によって正しい答えが生成されたりするときには（たとえば単語連合、熟知したカテゴリー判断）、遂行成績は低下しないと考えられる。

　概して、認知的遂行における加齢にともなう差の研究、特に抑制機能に関する研究では、サーカディアン覚醒パターンの個人差または群差を統制し、どんな潜在的なバイアスも混入しないように防御することが大切である。高齢者は午前中に心的ピークに達し、若齢者は午後に心的ピークに達する傾向があることは明らかなので、もし覚醒パターンにおけるこのような違いの説明を欠いているならば、その研究は、年齢とそれ以外の関心のある変数との関係の、組織的な過小または過大評価を反映する結果を生じているのかもしれない。

III

言語と発話

10章 エイジングにおける音声知覚と発話言語理解

アーサー・ウィングフィールド（Arthur Wingfield）

　規則に支配された言語使用能力は，児童期のごく早い時期から観察され，世界中のどのような社会においても存在する。このような言語の普遍性は，特殊な脳の構造により実現されていることが明らかになっている。たとえば，脳のある部位に損傷を受けたことで特定の言語機能を失ってしまった症例や言語活動を行った場合にこれらの脳部位においてみられる代謝活動のパターンを神経学的に健常な成人のパターンと対応させることによりわかる（Goodglass & Wingfield, 1998）。オーラル・コミュニケーションが行えない場合は手話が発達してきた。手話は語いも構文も同様に豊かであるが，対象物や動き，そしてそれらの統語的関係を表わすために手の動きを用いている（Meier, 1991）。

　人類にとっての言語が自然なものであることは，言語規則の知識，そして言語の理解と生成にそれらの知識を用いる能力が加齢によって他の認知機能が犠牲になったとしても強く保持されるという非常によく観察される現象からも示される。これこそ本章で取り上げるテーマである。まず最初に音声知覚からはじめ，若齢者と高齢者の両方について発話言語理解の際に起こる認知的制約を検討する。次に正常な加齢にともなってしばしば発生する聴覚における感覚変化やこれらの変化が発話言語理解にもたらす影響について焦点を当てる。最終的に，高齢者が特別な関心をもっている言語処理の認知的制約について議論を行う。制約は2つある。1つは作動記憶が縮小するために影響をうけるというもの，もう1つは知覚と認知の作業が遅くなることに由来する。本章の目的は，高齢者が早口の発話言語を理解する能力にこれらの制約がどのように影響を与えているかを示すことだけではなく，残存している知識や能力により，もしそれらの力がなければもっと低下してしまうパフォーマンスをどのように改善するかを示すことである。

1. 音声の知覚

　自然な音声の最も顕著な特徴の1つは，その到達時間の速さである。まず最初にいっておかねばならないが，「標準の」話速などというものは存在しない。話速には，深く考え込みながら会話する人の場合では1分間に90語（wpm）のように遅く，事前に準備した台本を自然な速度で読もうとする人の場合では210wpm以上の速さというように幅がある。通常の会話のような平均的な話速の場合，140wpmから180wpmの間となる。つまり別のいい方をすれば，発話がうまく理解されるためには，ある文の単語が知覚的に記号化されること，その言語学的関係性が決定されること，メッセージのもつ一貫性（意味）の構造が構築されることが必要であり，これらを含む音声はすべて1秒間に2.3語から3.0語の速度で到達するのである。

　図10-1には，この働きを音声波形から談話レベルにおけるメッセージの理解までの4段階に分けて示した。この一連の働きをボトムアップ信号処理とよんでいる。本章の後半で，この問題のもう一方の側面である「トップダウン」処理についても扱うことにする。

　図10-1の左図上に音声波形を示す。音声は"You talk, and I'll listen."という文をはっきりと発声したものである。話者がこれらの単語をマイクに向かって発声すると，その信号をコンピュータがデジタル化し，図に示した波形が画面に表示された。垂直方向には，音声信号のエネルギー（振幅）が示されている。大きな

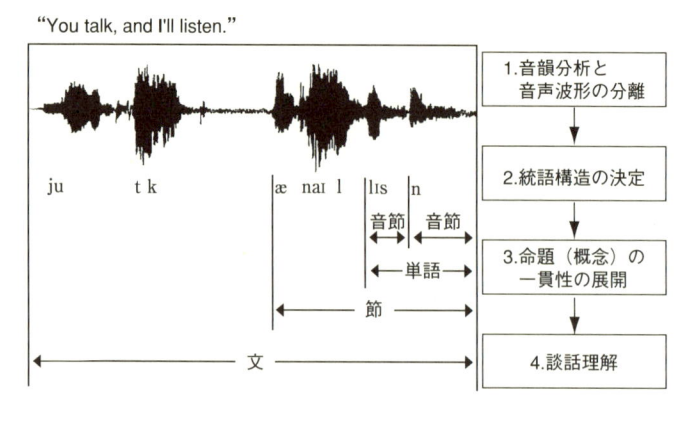

●図10-1　音響的音声波形からのボトムアップ処理

垂直方向へのぶれが，語音（音素）を代表していて，ほとんどの音声エネルギーを含んでいる。これらは典型的には母音やその他の有声音である（英語では，"whisper"の s や "thin"の th のような無声音素はエネルギーが低く，周波数が高い典型例である）。"talk"と"and I'll"の間の波形には，平らな領域がある。この空白は，話者が"You talk"と"and I'll listen"と発声する間に一瞬の休止時間をとったことを示している。波形の下には発音記号を示した。発声は左から右方向へ時間軸に従って行われている。

図の右側には4つの作業段階を示した。作業段階は最初の音韻分析と音声の分離からはじまり，談話全体を理解する最終段階まで行われる。

1. 音韻分析と音声波形の分離。書き言葉では単語の両側に視覚的な空間があることによって区切られている。しかし音声では単語間に明白な分離はなく，単語はつながっている傾向がある。これこそ音声メカニズムの運動力学がもつ自然な特性である。波形を検討すると"and"と"I'll"という単語の間に明確な分離がなく，つながっていることがわかる。これと同様に，自然音声では驚くほど不明瞭に発声される傾向がある。たとえば，"and"という単語の最後にある d という音を聴取者は知覚的には「聴く」が，話者は実際にはその音を発音していなかった。話者は特に明瞭に発音しようと意識的に努力していることから考えると，この結果は非常に劇的である。

   自然音声発話を注意深く分析すると，話者は発話を生成するときに自然に機能的な適応をしていることがわかる。すなわち，文脈からは推測しにくい単語をよりはっきりと発声し，そして推測されやすい単語は比較的不明瞭に発声する傾向がある (Lindblom, Brownlee, Davis, & Moon, 1992)。しかし，音声の知覚過程において音響的ならびに言語学的文脈を聴取者が意識的に用いていないのと同様に，これらのダイナミックな適応が話者に意識的に採用されているわけではないことを強調することは重要である。

2. 統語構造の決定。図 10-1 に示すように，聴取者の課題は，音節や単語を同定するとともに単語がどのように結合して言語学的な節を形成するのか，そしてその節がどのように結合して文を形成するのかを含む。言語学的には，聴取者は入力をすばやく「構文解析する」，もしくは入力される単語の統語的機能を決定しなければならない。

3. 概念の一貫性の展開。発話内の主要な名詞や動詞を決定することは，当然その最終目標である発話内に表現されている命題内容もしくは「主題」とこれらの主題が意味的にどのような関連があるのかを決定することである。文章内でも文章間でも先行発話から引き出された内容と新情報が統合されることから，このことを発話に含まれる概念の一貫性の展開という。

4. 談話理解。ほとんどの心理言語学研究が文レベルで知覚処理を理解することに焦点を当てているが，実際には聴取者の課題は互いに参照し合う多くの個々の文章にまたがる発話の全体的な意味から，各文章の意味的内容を集約することを含む。談話レベルでは，聴取者はあるメッセージが内包する発話の文字通りすべての意味を集約するだけではなく，実際には述べられていない示唆された情報から，意味を推測しなければならない。語りの一部として次のような文章を聴いたとしよう。「見知らぬ人に時間を聞くと，彼は約束の時間に間に合わせようと急いで走り去った」。それを聞いてわれわれは，見知らぬ人は時計を持っていたこと，見知らぬ人がその人に時間を教えてあげたこと，時間を聞いた人は約束の時間に遅れていたことを自然に推測するだろう。確かに調べてみると，聴取者はメッセージに存在しないけれども，過去の経験から適切に推測した情報の項目を聞いたと間違って思い起こすことがしばしばあるようだ（Bransford & Franks, 1971）。

●● トップダウン対ボトムアップ処理

　図10-1の右側で番号をつけた4段階の作業に矢印をひいているけれども，音響入力の分析から談話レベルの理解へ順番に理解が進んでいくことを示すわけではない。聴取者の音声理解が言語学的文脈によって促進されるということは，とりもなおさず，低いレベルにおける知覚，たとえば音節や単語における知覚が，文と談話レベルから引き出される知識によって導かれることができるのを明らかにしている。また，聴取者は特定の発話に含まれた情報以外の実世界の知識から，可能なアイデンティティをもつ単語について有益な予測を展開することが可能である。前述の見知らぬ人に時間を尋ねる例にあるように，話者（そして書き手）は作品をまとめあげるときに視聴者との共有の知識を仮定している。結果としては，適切に推測されうる事実や情報が抜け落ちることがよくある。

　この分野の専門用語では，これを「ボトムアップ・トップダウン相互作用」とよぶ。ボトムアップ処理とは，音響入力の物理信号が単語，句，文というように上へとあがっていくものである。トップダウン処理は，まさに聴取しようとしていることに関して文脈駆動型の推論を行うために聴取者がすでに利用可能である情報を使うことを意味している。

　音声がボトムアップ・トップダウン相互作用の連続表現であるという事実は，どうして音声がそんなに早く処理できるかという理由の1つである。すなわち，ある文のなかの単語を聞いたとき，聴取者は2つの情報源を得る。1つ目はボトムアップ情報であり，時間的に広がって発話された単語としての音響情報の積み重ねによって提供される。2つ目は，文脈というトップダウン情報からくるもの

である。この2つ目の要因のおかげで，その全体の音響持続時間が完了するずっと前に，単語は流暢な音声のなかで理解されるのである（Marslen-Wilson, 1987）。

音声処理に関するトップダウン情報の重要性を特に劇的に示した例は，ポラックとピケット（Pollack & Pickett, 1963）によって提唱された実証実験から示される。彼らは簡単な実験を行った。そこでは会話を録音し，その談話内から単語を切り出し，単語を取り囲む文脈をなくした状態で1つずつ被験者に呈示した。単語はしばしば全体的に理解しにくかっただけでなく，ときにはまったく単語に聞こえないこともあった。この実験を終えて，ポラックとピケットは同様に録音された単語を再び呈示した。しかし今度はオリジナルの文脈中に単語がある状態であった。すると単語ははっきりと聞き取ることができた。これらの先行研究から，音声知覚は特定の単語の前に来る言語学的および音響的な文脈と同時に，それに続く文脈に対しても非常に強く依存していることが明らかになっている（Grosjean, 1985; Pollack & Pickett, 1963; Wingfield, Alexander, & Cavigelli, 1994）。

以上のことから，われわれの日常的な経験では，言語理解が大変たやすく努力しないで行われているように感じられるけれども，効率的な理解のために非常に複雑な作業が行われていることがわかるだろう。この複雑さを理解しようと試みる処理モデルは，ゲルンスバッハー（Gernsbacher, 1994）のレビューが有用である。

2. 音声理解と作動記憶

文章を読む場合，読者は目の動きを使って入力の速度をコントロールできる。またある文が複雑でわかりにくいときには，その前の部分に戻ることも可能である。話し言葉の場合，音声の速度は話者によってコントロールされており，メッセージの前の部分を「読み返す」作業は記憶内で行わなければならない。

これまでに，明瞭度のレベルや理解を助けるような文脈の有用性に関する機能適応について述べてきたが，これは話者と聴取者の間にある自然なパートナーシップの一例である。もう1つの例として，書き言葉と話し言葉の特性の違いがあげられる。それは話し手側が文章を作るときの制約として，書き言葉と比較して文章が短く，統語的にそれほど複雑にならない傾向があるというものである。複雑な構文をともなった長い文章は，散文的な書き言葉を理解するには合理的であるが，それには大きなメモリを必要とするので，同じ文を人が聴き取って処理するには負担が大きい。

言語処理モデルの多くは，言語学的入力が到達するのと同時に音声の統語や意味内容をオンラインで聴取者が分析していると推測している。しかしながら，実

際の音声入力に比べて,処理が時間的に遅れる,もしくは処理速度が遅くなることがある。その場合,知覚システムは何らかの形式をもつ一時的な記憶システムに頼らざるをえない。たとえば,不明瞭な単語につづく文脈から知覚的に意味をくみとる場合,あいまいな単語の音響形式は何らかの形をした記憶表象の形で保持されなければならない。それは単語が何を意味するのかを明らかにするための追加的な「ダウンストリーム」文脈をまっているのである。

　記憶が言語理解を制限する他のケースでは,われわれが最初に文を聞いたときに,文章を誤解したことを発見するような二次的パス操作がある。この最も注目すべき文はいわゆる「ガーデンパス」文とよばれ,"The old man the boats."のような文がその例である。"man"という単語は,"the old man"という名詞句の一部としての名詞として聴取者に解釈される傾向にあるので,このような文はわかりにくい。そのことから,われわれは次に動詞を期待するように導かれる。しかしその代わりに別の名詞句("the boats")が聞こえる。この文中での"man"という単語はもちろん動詞(to operate: 操作する)として用いられているというのが正解である。文を正しく保持しておき,構文解析しなおす能力には,元の発話における記憶表象の存在が不可欠である。

　ガーデンパス文はいくぶん極端な例であるが,音声入力の大部分のセグメントは,埋め込み節,左枝分かれ構造をもつ文,または聴取者が複数の代名詞を正しく対応させておく必要がある文を処理しているときには作動記憶内にたくわえられなければならない。"The man who sold the car to the woman had red hair."という文で考えてみよう。誰が赤い髪の毛なのかを知るためには,その文から"who sold the car to the woman"という節をいったん取り去り,それが埋め込まれている全体の文の枠組み("The man had red hair.")の意味を処理している間,この節を作動記憶に保持しておかねばならない。この例は,文を理解するために,"the woman had red hair."という単語の連続によって惑わされないことが必要だという理由で興味深い。このような文全体の心的表象にアクセスしないようなきわめて局所的な分析をすると,われわれは答えを間違ってしまうだろう。

　構文解析エラーを修正したり,複雑な言語構造を扱ったりすることに加え,一時的な記憶は,すでに聴き取った句や節を一時的に保持し,後から到達する句や節との統合を許容するためにも必要とされる。この統合は,発話全体の意味を展開するために必要である(van Dijk & Kintsch, 1983)。

3. エイジングにおける感覚と認知の変化

　これまでの議論で示してきたように，話し言葉音声の理解には，記憶能力や処理速度がおそらくピークである若齢者でさえ，その処理のために認知資源が制約を受けるような複雑な処理を必要とする。以下では，高齢者の発話言語理解に関連する3つの要因を検討する。3つの要因とは，正常な加齢にともなう聴力の変化，作動記憶容量の変化，そして最後に情報処理速度の加齢変化である。

●● エイジングと聴力

　高齢者の聴力は個人差が大きいので，高齢者への話しかけは特別大きな声で行う必要があると短絡的に推測するのは間違いである。確かに，施設に収容されていない高齢者の大多数は，音声に対する聴力に特別な問題はない。しかしこのように慎重な立場をとったとしても，成人の一生涯にわたって，臨床的に意味のある聴力損失の生起率が増加するのが実態であると大規模研究は明確に示している（Morrell, Gordon-Salant, Pearson, Brant, & Fozard, 1996）。その研究によれば，音声の理解に影響するような聴力障害の推定値は，施設に収容されていないアメリカ人成人の65歳から74歳では24％から30％，75歳以上では，30％から48％である（U.S. Congress, Office of Technology Assessment, 1986）。しかしながら，臨床的に顕著な障害がない人でも，必ずしも標準的なオージオグラムでは検出されない聴覚的処理効率が低下しているかもしれない（Schneider, Pichora-Fuller, Kowalchuk, & Lamb, 1994）。

　老人性難聴という専門用語は，文字通り「老人の聴力」を意味しており，本議論にとって重要な2つの特徴をもつ。1つは，年齢に関係する聴力損失は周波数範囲にわたって一様ではないというものである。この例を図10-2にみることができる。図は国立健康統計センター（National Center for Health Statistics）による大規模研究から引用したデータをプロットしたものであり，5つの異なる年齢群に対するさまざまな周波数音における聴力損失の発生を示している（U.S. Congress, Office of Technology Assesment, 1986, p.15）。図は，500Hz～4,000Hzの音を強度レベル31dBで与えたとき，少なくとも50％は聴き取れる聴取者の聴力に基づいて作成されている。500Hz～4,000Hzという帯域は，一般的な音声の周波数帯域を含むという理由で選ばれた。

　図10-2に示されたデータは，加齢がすべての周波数において聴力に影響を及ぼすが，その影響はより高周波数になると特異的に大きくなることをはっきりと示している。このことは音声にとって重要である。というのは高周波数での聴力

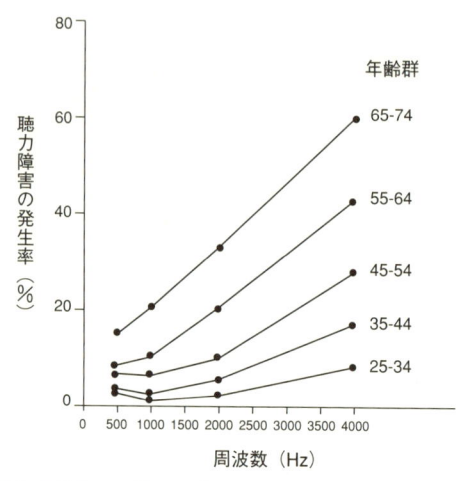

●図10-2　年齢の異なる成人の5群に，音声の周波数帯域を代表する数種類の可聴周波数で呈示された音色に対する聴力障害発生率を示す（データは National Center for Health Statistics により実施された広範囲の研究（U.S.Congress, Office of Technology Assessment, 1986）から引用し，許可を得て改変）。

損失は，高周波でありかつ低エネルギーの音，たとえば，p, k, s, t, sh, ch や（"thin" に含まれる）無声音 th などの知覚に特異的に影響するからである。

　老人性難聴が，高周波数の聴力損失以上のものを含む可能性があることにも注目しておくべきである。高齢者の聴覚において珍しくないのは，**音韻退行**(phonemic regression)，すなわち音声のような複雑な聴覚信号に対して，明瞭性が欠けることである。実験では，音韻退行は，純音聴力検査のみから予測された結果より音声の識別が悪いという形で現われる。また高齢者の音声知覚は，背景雑音の存在や（Tun, 1998），残響特性の悪い部屋での音声聴取で（Gordon-Salant & Fitzgibbons, 1993）特に影響を受けやすい。肯定的な側面としては，老人性難聴の高齢者でも，正常に近い聴力をもつ高齢者でも，正常な聴力の若齢者より理解の支援となる文脈の利用がすぐれていることが示されている（たとえば，Pichora-Fuller, Schneider, & Daneman, 1995; Wingfield, Aberdeen, & Stine, 1991; Wingfield et al., 1994）。これが，ボトムアップ処理における感覚機能低下に対するトップダウン処理における補償の力強い源である。しかし否定的な側面としては，このような低いレベルにおける聴覚知覚をトップダウン的に補償する処理資源の配分は，より高い次元の認知作業で使える資源を減らしてしまうかもしれない。このことが作動記憶内の貯蔵や検索機能と同様に，解釈作業にも加齢にともなう悪影響を及ぼしている可能性が指摘されている（Pichora-Fuller et al., 1995）。

認知のエイジングにおける感覚機能低下に関する問題は，視力と聴力の変化を合わせて考えることにより，認知課題の領域における遂行にみられる加齢にともなう変化を大部分説明することができるという報告（Baltes & Lindenberger, 1997）とともに，新しい興味を引き起こしている。しかしながら，これは原因と結果の関係ではなく，別の領域で生じた低下にともなって起こる感覚変化を反映したもののようだ。そのような結果の解釈を複雑にする要因は，もちろん感覚閾が測定され，定義される精度が，高次の認知媒介過程の定義とその測定における正確さを大きく超えていることにある。

●● 年齢と作動記憶の容量

前章では文の処理に必要な短期記憶の型について引用してきた。最も一般的に関係のある記憶システムは作動記憶（working memory）とよばれてきた。作動記憶とは，最近受け取った情報を一時的に保持しておく能力，ならびに記憶内にある材料がモニターされ，処理される容量の限られた「計算領域」の両者を含む認知システムのことである（Baddeley, 1986; Just & Carpenter, 1992）。この記憶能力の本質は，ダーネマンとカーペンター（Daneman & Carpenter, 1980）が作成した作動記憶スパンテスト（working memory span test）に表現されている。ダーネマンとカーペンターのテストで最もよく知られているのは「リーディングスパン」版であるが，ここでわれわれが興味があるのは話し言葉の理解における記憶の役割であるので，このテストの音声の側面に焦点を当てる。

ダーネマンとカーペンターテストの音声版では，参加者は文リストを聴取する。すべての文の呈示が終わると，参加者は各文の最後の単語を呈示された順番通りに思い出すように要求される。参加者が全文を理解しており，最後の単語だけ聞いているのではないことを確認するために，参加者は文が呈示された直後に，文の内容が正しいか否かを答えるように要求されるという簡単な方法が用いられる（Wingfield, Stine, Lahar, & Aberdeen, 1988）。被験者が1つのセットで聴取する文の数は徐々に増加していき，作動記憶スパンの推定値として，被験者が最後の単語を全部思い出すことができた文の最大数を採用する。結果的にダーネマンとカーペンターのスパンテストは，理解作業を同時に行っている間の記憶内の情報保持能力を表現することを意図する。それは作動記憶を，たとえば，数字やランダムな単語のリストの逐語的な再生によって表わされる単純な短期記憶貯蔵庫から区別する，保持と操作の両機能を組み合わせたものである。

図10-3は若齢者と高齢者が3種類のスパン測度を与えられた研究から引用したデータを示している。それぞれの測度は記憶課題にともなう精神的負荷の増加を代表している（Wingfield et al., 1988）。この実験に参加した高齢者は健康で自

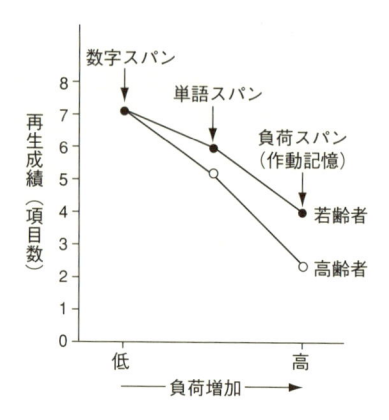

●図10-3　若齢者と高齢者は，数字読み上げ（数字スパン）のリスト，単語（単語スパン）のリスト，および理解のために示された文のセットの最後の単語（負荷スパン）を再生する能力に関してテストされた（Wingfield, Stine, Lahar, & Aberdeen, 1988を許可を得て改変）。

宅に住んでおり，教育ならびに言語能力がかなりの水準にある。これらの測度のなかの2つにおいては，高齢参加者は大学の学部学生である若齢者と少なくとも同等であった。

　図のx軸にそって左から右へと移動すると，最初の点は若齢ならびに高齢参加者の平均数字スパンを表わしている。これは聴取直後に正しく再生できた数字の数を測定したものである。単純な数字スパンでは年齢の違いはあったとしても概して小さい（Salthouse, 1991）。確かにこの例では，単純な数字スパンでは年齢差はなかった。図の次の点は，ランダムな単語リストに対する若齢ならびに高齢参加者のメモリスパンを表わしている。単語に対するメモリスパンは，数字スパンに比較して概して小さいが（Cavanaugh, 1972），この例でもそうであった。また単語スパンに対しては，小さいけれども明らかな年齢差をみてとれる。しかしながら，グラフ上の最後の点でははるかに大きい差が出現する。これらは，上述したダーネマンとカーペンターのスパンテスト音声版における参加者の得点を示している。このテストにおいて参加者は，セット内の各文の最後の単語を記憶に保持するとともに，文のセットの意味を聴取して理解しなければならなかった。加齢に関する文献と一致して，この測度——3つの測度のうち，作動記憶の容量を最もよく引き出すもの——はかなりの年齢差を示している（Salthouse, 1991, 1994）。

●● 作動記憶，年齢，そして言語理解

　認知資源は，作動記憶の容量あるいは作動記憶内で項目が符号化される速度の

いずれの観点からみても，話し言葉（Stine & Wingfield, 1990）や書き言葉（Hartley, 1993）の再生において観察される年齢差のかなり大きな分散を説明することがよく報告されてきた。このような限られた作動記憶の容量が言語理解ならびに話し言葉や書き言葉の記憶にどのような影響を与えるのだろうか？

　この関係に対する初期の研究では，若齢者と高齢者を対比したものはみられないが，若齢者間の理解能力や作動記憶容量に関する個人差の相関の見地からなされたものがある（Daneman & Carpenter, 1980）。統語解析，命題統合，推論そして参照割り当てのような心的操作は，これらはすべて文章理解に必要な能力であるが，個人の作動記憶容量によって変化することが議論された。したがって，高齢者が若齢者よりも小さい作動記憶容量をもつ程度に応じて，作動記憶を特別に浪費する必要のある言語処理において，有意な年齢差を観察するであろうと仮定するのは理にかなったステップである（Carpenter, Miyaki, & Just, 1994）。

　加齢に関する文献のなかの諸研究は，この示唆を支持するように思える。たとえば，高齢者がかなり単純な統語構造をもつ短い文章を聞き取る場合，彼らの音声内容に対する理解と再生は一般的に非常によい。しかしながら，文章の長さや統語的複雑さが増すと，高齢者は若齢者に比較して文理解や再生の正確さに顕著に大きな困難をかかえるようになる（Norman, Kemper, Kynette, Cheung, & Anagnopoulos, 1991）。

　また高齢者は，推論処理やすばやい要点抽出を要求されると何らかの困難を経験する。これは前方照応する距離が特に大きいとき，たとえば代名詞とその指示対象語がテキスト内でいくつかの文章によって分断されているような場合によくみられる事象である（Light & Capps, 1986）。これはオンライン入力の文章理解において指示対象語の痕跡を活性化する際にはなおさら当てはまる（Zurif, Swinney, Prather, Wingfield, & Brownell, 1995）。最後に，文脈がはっきりしない単語に先行しているとき，その単語の知覚を補助するために高齢者は非常にうまく言語的文脈を用いているが（Wingfield et al., 1991），前にさかのぼって単語を理解するために言語的文脈を用いようとすると，たとえば，はっきりと発音されなかった単語が何であるかは，その単語のあとに文脈の単語をいくつか聴き取るまで理解されないときのように，記憶の制約が高齢者を不利にしてしまう（Wingfield et al., 1994）。

　これらの発見は，言語知識や語いの欠損とは区別して，作動記憶容量の加齢にともなう制約からもたらされるものだと通常は解釈される。神経病理学的なケースを除いて，語いも言語規則を用いるための手続き的知識も加齢とともに減少するとは考えられてはいない（Kempler & Zelinski, 1994; Light, 1991）。作動記憶と言語理解に関するよい概説として，失語症と健常な加齢のデータを含むものと

して，カーペンターらのものがある（Carpenter et al., 1994, Daneman & Merikle, 1996 参照）。

作動記憶は記述的な便利さをもたらしてくれるが，この用語は具体的な構成概念を示しているというよりは，むしろ，この能力を測定するために計画された課題（一般的に，情報を記憶に保持しつつ操作するというように，同時に2つのことをこなすように要求される課題）をうまくこなせる能力を表わしていることを理解しておかねばならない。言語理解を支援する記憶貯蔵の実際の特性は，いまだ研究と議論の対象である。この議論は，特定の脳領域に損傷を負ったために，短期記憶ならびに作動記憶の古典的なテストにおけるスパン得点が劇的に低い患者による文理解の研究に関する神経言語学的な文献で特に注目を集めてきた。これらの縮小したスパンを考慮すると，記憶に重い負担をかけると通常考えられる文理解に関して，患者たちは相当な困難があるとわれわれは予想できる。驚くことに，そういった患者のなかには，複雑な関係詞節構造をともなう文や正しい理解に第二パスの操作を要求されるようなガーデンパス文でさえ，うまく理解できる人もいる。概説や説明図は，ウィングフィールド，ウォータースとタン（Wingfield, Waters, & Tun, 1998）の論文を参照するとよい。

これらの患者のデータは，作動記憶の概念やその測定法が，音声理解に対するはるかに複雑な表象的，処理システムにおおまかにふれたにすぎないことを強く示している（これらの問題に関するさらに完全な議論は，Waters & Caplan, 1996; Wingfield et al., 1998 参照）。現在の認知心理学ならびに認知加齢学に関する多くの研究は，作動記憶を，言語理解を実行するが，それゆえに制約する測定可能な容量をもつ機能的システムとして扱い続けている。しかしながら実際には，作動記憶はいまだに完全には特定されていない記憶処理システムに対する，とりあえずの用語と考えるのが最良だろう（Baddeley, 1998; Waters, & Caplan, 1996; Wingfield et al., 1998）。

●● 年齢と処理速度

処理速度の低下は目につきやすい加齢の特徴である。速度低下によって処理の効率が悪くなっているのか，効率が悪くなっているからシステムの速度が落ちるのかはわからない。原因もしくは結果のどちらであるにしろ，知覚と反応の速度低下が加齢に関する文献のほとんどいたるところでみられるといえる（Salthouse, 1991, 1994）。もし通常の話速とそれゆえ必要な処理作業が行われなければならない速度があるとすれば，「処理速度が低下した」高齢者に音声理解にともなう特別な問題が生じることを予想できる。次節でみるように，これこそがまさにその実情であり，もし高齢聴取者が言語的文脈や他のトップダウン型の情報源を日常

的に非常にうまく使用することがなければ，問題はよりいっそう深刻かもしれないことも理解されるだろう。

　話速の効果に関する研究は一般的に，音声のイントネーションパターンや有声から無音までの区間の相対的な時間パターンもしくは文章の言語学的構造に結びつけられる母音の持続時間を損なうことなく，話速を早めることができるようなコンピュータアルゴリズムを使って行われている。このような操作を加えた音声は**時間圧縮音声**（time-compressed speech）とよばれる。年齢と話速の最も劇的な効果は，言語的文脈の支援がない状態で時間圧縮した単語リストを呈示した場合にみられる。若齢者も高齢者も話速を早くすると再生の精度が低下するが，高齢者の低下の割合は若齢者の5倍大きい（Konkle, Beasley, & Bess, 1977; Wingfield, Poon, Lombardi, & Lowe, 1985）。

　時間圧縮された音声に高齢者が特別に悪影響を受けやすいのは，単に聴力における加齢にともなう差の結果によるものではないことを得られたデータは示している。つまり，若齢者と高齢者が聴力に関して差がないように組み合わせたときでも（すなわち，高齢者と同程度の聴力損失のある若齢群と高齢群との比較，もしくは，正常聴力の若齢群と老人性難聴を示す聴力的特徴が見受けられない高齢者群との比較），高齢者は若齢者に比較して，時間圧縮音声に対し大きな悪影響の受けやすさを示し続けている（Gordon-Salant & Fitzgibbons, 1993; Konkle et al., 1977; Sticht & Gray, 1969）。

　再生における年齢差は環境的支援の存在，たとえば個人がもっている現実世界の知識や支援的文脈により提供されるものがあると劇的に減少することがよく知られている（Craik & Jennings, 1992）。したがって，話速の効果と聴取者の年齢における重要な要因は，言語的文脈によってなされる役割であるということは驚くべきことではない。なぜなら，もしその役割がなければ知覚処理速度に負荷がかかりすぎて非常に重大な結果に陥るが，その状況から若齢者ならびに高齢者を助けることができるからである。高齢者は若齢者と比較すると早口の音声理解に非常に大きな困難を示し続けるが，単語が文脈中に呈示されると年齢の影響は顕著に減少する（Wingfield et al., 1985）。

　また高齢者は，いつでも音声の理解を補助するために通常の音声の韻律パターンを非常にうまく利用しているのだが，特に聴取条件が悪い場合はそうである（Cohen & Faulkner, 1986; Wingfield, Lahar, & Stine, 1989）。韻律は音声の音韻パターンやピッチ曲線を含んだ包括的な用語である。韻律は，単語強勢ならびに主要な言語学的要素の終末に続くことのあるとぎれ，もしくは節境界に先行する単語の引き延ばしのような音声の時間的変化をも含んでいる。高齢者は音声理解（Cohen & Faulkner, 1986; Wingfield, Wayland, & Stine, 1992）や統語解析（Kjelgaard,

Titone, & Wingfield, 1999; Wingfield et al., 1989) を助けるために強勢や他の音韻特性を効果的に用いて利得を得ることが示されているが，どことなく保護者ぶった「エルダースピーク（elderspeak）」に話しぶりを変化させる誇張された強勢や音韻は，高齢者をおとしめて，それゆえ，よそよそしい気分にさせてしまう危険性があるということは注目すべきである（Ryan, Hummert, & Boich, 1995 参照）。

　高齢（ならびに若齢）聴取者が多すぎる情報を速すぎる速度で受け取ることにより，どのように過負荷がかかるかを理解するには，スタイン，ウィングフィールドとプーン（Stine, Wingfield, & Poon, 1986）による研究を参考にすることができる。この研究では，若齢ならびに高齢の参加者が同じ数（16 個～18 個）の単語が含まれているが，それらが含む命題や主題の数が変化する（4, 6, 8, もしくは 10 命題）ような文章を聴取し再生する。音声は 3 段階の話速で呈示される。通常の早い速度 200wpm，次に 300wpm と 400wpm の 2 種類の非常に速い話速に時間圧縮したものである。この方法によりスタインらは，単に 1 分間に何語もしくは 1 秒間に何音節という観点からではなく，単位時間内に伝達された命題の数という観点で話速を測定することができた。入力速度を測定するこの方法は，音声の命題（情報）密度の増加，話速の増加，もしくはこの両者のいずれにより，どのようにして音声処理の負荷が増大するかを示している。

　図 10-4 はウィングフィールドとスタイン（1992）の研究から引用したものであるが，読み上げ文の内容に対する参加者の再生率を示し，命題／秒として表現された音声入力速度の関数としてプロットされている。横軸に示された数値は，したがって文章に含まれた命題数ならびにそれらの文の呈示速度の複合的な産物である。図 10-4 における最上段の曲線は，大学生群（「若齢群」）の命題再生率と音声呈示速度に対する最適線形関数を示している。また図 10-4 は，教育レベルと語い得点の高い健康な 2 つの高齢群のデータも示している。最下段の曲線は，学校教育年数と標準語いテストの得点が若齢群と一致（マッチング）している高齢群のデータを示す（「一致高齢群」）。若齢群とこの一致高齢群を比較することにより，話速にかかわらず若齢群より高齢群の再生成績が悪いことがはっきりとわかる。しかしながら，呈示速度が遅い場合（たとえば，0.78 命題／秒）は速い場合（たとえば，3.91 命題／秒）に比べて違いが小さくなることもみてとれる。これはすなわち，一致高齢群の再生曲線は，若齢群の再生曲線よりも傾きが急だということである。このことは，分散分析を行うと，年齢と話速の主効果がみられることに加えて，これらの 2 つの群に対し，有意な年齢×話速の交互作用があることからも支持される。

　特筆しておかねばならないのは，図 10-4 で中央の破線で示されている 2 番目の高齢群である。この群は，最初の高齢群と同じ年齢帯である。しかし，若齢群

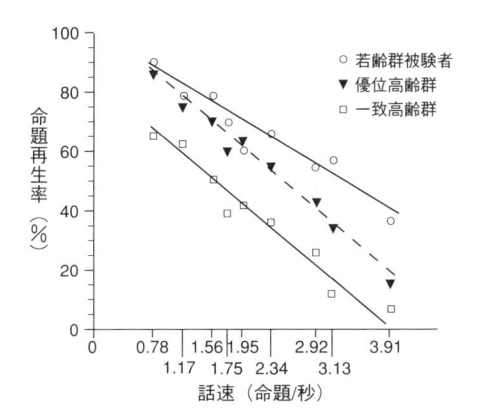

●図 10-4　命題／秒として測定された音声入力速度の関数としての命題再生率の平均値。データは，教育年数と語い得点を一致させた若齢群と高齢群に対して示す（上下の実線）。中間の線（破線）は，教育年数と語い得点において若齢群と一致高齢群よりも優れている高齢群に対する成績を示す（West & Sinnot, 1992 Figure 7.1 より許可を得て転載）。

や一致高齢群を上回り，言語得点と教育レベルが非常に高い点で異なっている。この群は図 10-4 では「優位高齢群」と表示されている。この群の成績曲線が若齢群のものに近くなっているという事実は興味深い。しかし，教育レベルと言語能力が特に高い高齢者では，再生成績における年齢差が小さくなる傾向があるという一般的な知見（Hultsch & Dixon, 1990）からすると驚くべきものではない。確かに，最も話速が遅い 0.78 命題／秒（200wpm で 4 命題の文を聴き取る速度）では，年齢差は実質的には観察されなかった。これらのデータは，語い得点の高い高齢者は得点の低い高齢者に比較して，年齢を重ねても，記憶成績の低下が小さいという見解とよく一致している。

　2 つの高齢群間で，全体的な成績レベルにこのような違いがあるにもかかわらず，入力速度の増加にともなう再生成績において，まったく同じ低下率を示している。すなわち，教育や言語能力は全体の再生成績レベルに影響するかもしれないが（成績曲線の y 切片によって測定される），処理速度には影響しない（傾きによって測定される）。このデータは，多すぎる量を，速すぎる速度で呈示されたときにこうむる認知的な過負荷に対して，年齢変数が鋭敏に影響を受けやすいことを実証するよい例を示している。たしかに後の再生のために，録音された文章の話速を調整してよい場合，高齢者は若齢者よりも話速を遅く調整し，音声材料の内容の複雑さに対する感受性は両方の群で同じである（Wingfield & Ducharme, 1999）。

4. 話速を遅くすることは役に立つのか？

　もし高齢者の理解が早口音声に対して特に悪影響を受けやすいのなら，音声入力を遅くすることは役に立つのかどうかと尋ねなければならない。この質問に対する回答は「はい」であるが，これは遅くするやり方が理にかなった方法でなされた場合においてのみである。たとえば，シュミットとマクロスキー（Schmitt & McCrosky, 1981）は，音声信号をサンプリングし直して，すべての音声要素の長さ——単語，音節や無音区間——を同じ比率で一様に増加させることによって話速を遅くした。この実験の結果は，話速の効果について，正負が入り交じったものであった。音声の速度を遅くすることは高齢者の理解に役立った（Schmitt & McCrosky, 1981）が，音声をあまりに遅くすることは理解を悪化させる危険があるように思われた（Schmitt, 1983）。

　結果がこのように明らかに入り交じっている理由は，どのようにして音声を遅く呈示するかが，どの程度音声を遅く呈示するかと同じくらい重要だからである。筆者らが最近実施した，音声をオリジナルの話速 165wpm から非常に早口の話速 300wpm へ時間圧縮した研究からデータを引用してこのポイントを示したい。この作業は音声をデジタル化し，全体の音韻パターンを乱さずに音声が元の再生時間の 55% になるようにするために，音声と無音区間において均一に，音声信号の気づかれないような小さなセグメントをくり返し除去した。参加者の課題は，単に音声の一節を聴取し，音声が終わったら，その一節からできるだけ多くの情報を再生することであった。

　この研究の目的は，たとえば主要な節の後や文と文の間のような自然言語の構成に相当する部分に無音区間が挿入されると，時間圧縮した音声を使った参加者の成績は改善されるかどうかを決定することである。若齢者を対象とした研究は，確かにそうなることを示している（たとえば，Overmann, 1971）。しかしながら，この研究では2つの特に興味深い点があった。第一は，高齢者が若齢者と同じ手法で時間修復（time restoration）から利得を得るのかを決定すること，そして第二は時間修復される場所の効果を測定することであった。

　この実験から得られたデータの一部は図 10-5 に示されている。左図は若齢者（大学生）群の結果，右側の図には高齢者群の結果を示す。高齢者は在宅で生活し，語い得点と教育レベルが若齢者と同等もしくは優れている。各図の一番左の棒グラフは，165wpm のオリジナル録音速度で呈示された音声に対する成績と比較して，300wpm で呈示された読み上げ音声から参加者が再生することができた命題数の低下率を示している。高齢者は若齢者に比べてかなり大きな割合で低下し

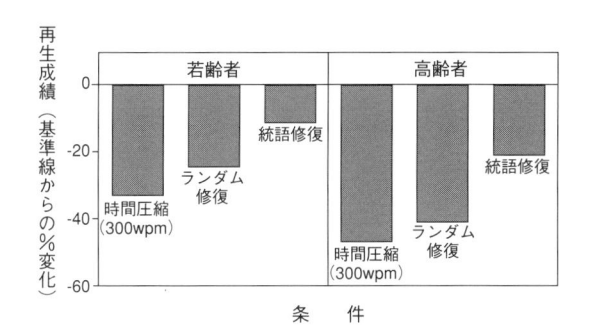

●図 10-5　圧縮していない 165wpm のオリジナル速度と比較して，時間圧縮した音声を 300wpm で聴取した場合に対する再生成績の低下率，ならびに処理時間がランダムな点あるいは若齢者（左図）と高齢者（右図）に対する音声メッセージ内の統語的に顕著な点で修復された場合の再生成績の低下率（Wingfield, Tun, Koh, & Rosen, 1999 を許可を得て改変）。

ていることがわかる。これは，すでに引用された加齢や話速の効果に関連した先行研究から予測される知見である（たとえば，Gordon-Salant & Fitzgibbons, 1993; Konkle et al., 1977; Wingfield et al., 1985）。

本研究では，時間修復に対し 2 つの方式を採用した。1 つは**統語修復**（syntactic restoration）であり，300wpm の音声の節や文の終末部分に無音区間を挿入する音声編集コンピュータプログラムを使うことによって有効な処理時間が修復される。修復される合計時間は，165wpm のオリジナル音声と 300wpm の時間圧縮音声の再生時間差によって表現される処理時間の喪失に等しい。もう 1 つの修復方式，**ランダム修復**（random restoration）は，統語修復条件とまったく同じ持続時間の休止時間が導入される。ただし，休止時間は言語的内容に関してランダムに挿入される。

図 10-5 に結果を示す。統語境界（統語修復）における修復時間は，言語的内容に関連したランダムな点で同じ長さの修復時間をとったものと比較して，どちらの年齢群でも基準となる通常の話速により近い成績をもたらすことがわかる。しかしながら，統語点での時間修復は，高齢者と比較すると若齢者のほうが基準により近いこともまた観察される。追試が行われ，そのなかで統語点における休止時間の長さは喪失時間の 125％修復に等しい持続時間まで増加されたときには，実際，若齢者は非圧縮音声に対していくらか基準レベル以上の成績を示した。他方，高齢者は基準に近い成績をあげたが，基準点まで完全には回復しなかった。

これらのデータをさらに完全に解説したものはウィングフィールド，タン，コーとローゼン（Wingfield, Tun, Koh, & Rosen, 1999）によるもので，ここでは，早口の話し言葉に対する理解と再生において，加齢にともなう速度低下のもたらす

劇的な結果を例示するデータについての議論が加えられている。これらのデータは，有効な付加的処理時間を与えることが若齢者ならびに高齢者両方の再生を改善することが可能であるが，この改善が最も効果的なのは，その処理時間が，連続する音声に対し自然な処理点であると推測される主要な言語的境界において利用できる場合であることを示している（Ferreira & Anes, 1994）。すなわち，話速を遅くすることは，若齢者にも高齢者にも同様の利点があるが，どこで処理時間が供給されるかはどの程度の時間が供給されるかと同じくらい重要である。

　より高次のレベルの速度低下に関するわれわれの強調は，知覚処理の低次のレベルにおいて時間圧縮された音声の知覚に悪影響を与えるような聴覚的処理における複雑な年齢差を過小に評価するものではないことに注意するべきだ（Schneider et al., 1994 を参照）。聴取者がどんなに多くの処理時間を利用できたとしても，このような加齢にともなう変化は回復に限界があるだろう。これがこの話題の否定的な側面である。肯定的な側面として，加齢は知覚的，ボトムアップ的処理ならびにエピソード的再生に損失をもたらすが，言語の規則性や構造に関する知識などは正常な加齢においてはよく保存され，この知識は若齢者と同様に高齢者によって効果的に用いられることがあげられる。

5. 結　論

　本章の目的は健常な高齢者による発話言語理解に関連のある近年の研究をまとめることであった。このなかで，加齢にともなう低下について知られているいくつかの領域を扱ってきた。これらは，聴力，作動記憶の容量，そして音声入力の処理される速さの低下を含んでいる。これらのデータは，成人の加齢ならびに発話言語理解に関連する 5 つの重要な原理を浮かび上がらせている。

1. 成人の加齢は，話し言葉に対する感覚処理に特に影響を及ぼすような聴力の低下にしばしばともなわれる。しかし，神経病理学的なケースを除いて，言語学的な知識は高齢期においてよく保持されている。このような喪失と保持の領域の組み合わせは，水準が低下したボトムアップ信号を補うために，言語学的文脈から引き出されるトップダウン情報を高齢者が自然に使用するように導く。このようなボトムアップ・トップダウン相互作用は，困難な聴取条件下の若齢者による自然な言語処理においても特徴としてみられる。
2. 意味が明瞭でない文をもう一度読み直すために印刷されたページを引き返すことができる読書と異なり，話し言葉の知覚ではそのような「読み直し」は記憶内で行われなければならない。この原理に一致して，記憶に大きな負

荷がかかるような構造をもつ音声理解において，高齢者は若齢者に比較して大きな困難をともなう。これらは非常に長い文章，その文を理解するためには文章内のずっと前に出現した指示対象を記憶する必要のある文章，そして特に高度な命題密度もしくは複雑な統語をもつ文章を含んでいる。

3. 正常な韻律（イントネーション，タイミング，強勢）の存在は，言語構造や疑問もしくは叙述の意味的焦点のすばやい検出を補助することによって高齢聴取者を助けることが示されてきた。しかしながら，保護者ぶった「エルダースピーク」に話しぶりを変化させるような大げさな韻律を避けることが重要である。

4. 定期的な間隔で休止時間をとることによって，高齢者に早口の音声入力を処理する付加的な時間を提供することは，そのような処理時間の挿入がない早口の音声聴取に比べて再生成績を顕著に増加させる。しかしながら音声メッセージ内で休止時間をとる場所は，休止時間の長さと同様に重要である。休止時間は文章や節のような自然な処理単位に続いてとることが最も効果的である。

5. われわれは成人の加齢における感覚や認知の変化に関して何らかの一般性を形成できるが，これらに関する個人差は広範囲にわたっている。たとえば，多くの高齢者は音声に対する聴力をよく保持し，作動記憶に関するテストで比較的よい能力を示す。このように，これまで概略された原理は，ある個人に対しては他の人に比べて，より重要な意味をもつであろう。しかし，程度には違いがあったとしても，これらの一般的な原理は自然言語を理解し，それを再生するための高齢者ならびに若齢者の能力にひろく適用できる。

11章 エイジングとメッセージの生成・理解

スーザン・ケンパー，カレン・ケンテス（Susan Kemper, Karen Kemtes）

　メッセージの生成はメッセージの形式化からはじまり，音韻生成の最終段階に先立つ談話計画，語い選定，そして統語的符号化などの段階を含む。メッセージの理解は聴覚的もしくは視覚的に呈示されたテキストからはじまり，アイデアや命題としてそのテキストの表象の復元で終わる。注意欠落の反映しているエラーや処理限界，そして実行の問題は，生成もしくは理解のどの段階においても生じうる。認知処理の一般的な速度低下（Salthouse, 1992），もしくは作動記憶容量の減少（Light, 1991），あるいは抑制過程の崩壊（Hasher & Zacks, 1988）から生じる標準的な加齢過程は，生成や理解の問題を悪化させているかもしれない。

　本章では，メッセージの生成と理解に正常な加齢がどのように影響するかについて現在わかっていることを検証し，また高齢者に対して語られたメッセージに加齢がどのように影響するかに関して検証する。加齢に関する研究ならびにメッセージ生成は，一般的な生成過程の研究のように生成過程の実験的操作に内在する困難さのせいで，メッセージの理解と記憶の研究に立ち後れていることを最初に言及しておかねばならない。本章は，統語的かつ語い的な符号化ならびに処理における加齢の影響について近年概説されている（Kemper, 1992; Kemper & Hummert, 1997）ことから，談話生成ならびに理解に焦点を当てる。また，アルツハイマー病が高齢者のメッセージ生成と理解にどのような影響を与えるかについて知られていることも概説されている。本章はこの分野における研究により浮かび上がってきたジレンマを紹介して締めくくる。

1. 高齢者によるメッセージ生成の変化

　談話は，会話の開始や終了，話題の維持や変更，物語から個人的な関係性の確

立や修正，個人やグループのアイデンティティの伝達，承諾の獲得と回避，そして礼儀正しくし，面目を保ち，もしくは人の気分を害するという広範囲に及ぶさまざまなコミュニケーションスキルを含んでいる。今までのところ，高齢者の談話スキルを検証する研究はほとんどない。

談話スキル (discourse skills) は加齢に従って増加するというある根拠が存在する。高齢者は，きっかけとなるできごとや動機づけの状況を描写することから始まって，主人公の目的や行動の詳述する展開，そして主人公の努力の結果を要約する結末というような階層構造的な複雑なエピソードを含む精緻的な物語構造を作り上げる。高齢者の物語には，その当時の意義を評価するような評価的結末がしばしばつけ加えられる (Kemper, 1990; Kemper & Anagnopoulos, 1997; Kemper, Rash, Kynette, & Norman, 1990; Pratt, Boyes, Robins, & Manchester, 1989; Pratt & Robins, 1991)。高齢者によって語られる会話の物語は，若齢者によって語られる物語よりも肯定的な評価を受け，聴取者に好まれ，そして記憶されやすい (Kemper et al., 1990; Pratt & Robins, 1991; Pratt et al., 1989)。

他の談話スキルは加齢の影響を受けやすいようである。高齢者はしばしば指示コミュニケーション課題に困難をともなう。そのような指示コミュニケーション課題 (referential communication tasks) の1つにおいて，ハペット，チャントレインとネフ (Hupet, Chantraine, & Nef, 1993) は若齢者と高齢者の2人一組が抽象的な線画に対して互いに受容できる名前をどのようにして決定するかを追跡した。高齢者が課題の反復から利益を受けることは若齢者に比べて少なかった。若齢者は以前に使った記述に対して新しい情報をつけ加えたのだが，高齢者は全体的に新しい名前をつけようとする傾向があった。この課題にともなう高齢者の問題は，試行を行う間に古い名前を忘れてしまうこと，もしくは新しい記述を含む無関連の考えや連想を抑制することができないということに起因しているかもしれない。

一連の研究において，ケンパーとその共同研究者ら (Kemper, Othick, Gerhing, Gubarchuk, & Billington, 1998; Kemper, Othick, Warren, Gubarchuk, & Gerhing, 1996; Kemper, Vandeputte, Rice, Cheung, & Gubarchuk, 1995b) は，若齢・若齢，高齢・高齢，そして若齢・高齢の2人一組を地図の方向を教授する指示コミュニケーション課題において比較した。若齢者は同年齢の仲間に対して語りかける場合と比較して，高齢者に語りかけるときには簡略化した音声スタイルを自発的に取り入れたのに対して，高齢者の場合は，コードを切り替えているようには見えなかった。これは，以下のような多くの要因が原因であろう。(a) 高齢者は，若齢者からコードの切り替えを導き出すのと同じ状況手がかりに対して敏感ではないだろう，(b) 同時に複雑な課題を実行する場合，高齢者は文法的な複雑さや意味的内容を変化させることができないだろう，(c) 高齢話者は意思伝達の問題を経験している他

の高齢者や成人とのコミュニケーションで多量に練習している結果として，仲間に対する音声を「最適化している」のだろう。それゆえに，若齢者に話しかける場合，最適ではない音声スタイルへと変化させることは，適切な方略ではないのだろう。(d) 簡略化した音声スタイルの形式が保護者ぶった話し方 (patronizing talk) (Ryan, Hummert, & Boich, 1995)，もしくは第二のベビートーク (secondary baby talk) (Caporael, 1981) に類似しているので，高齢者は仲間に話しかけるときにはこの音声スタイルへ変化しようとしないだろう。

若齢者と高齢者の談話は他の面でも異なっている。たとえば，高齢者の2人組は，若齢者の談話には不足している意味と個人的価値における共有された感覚に到達するために過去の話を現在の話と混同して一緒にする (Boden & Bielby, 1986)。加えて，高齢者との会話はしばしば死別，健康障害，身体の不自由さ，そして多種多様な個人ならびに家族の問題に関する「痛ましい自己開示（painful self-disclosures）」が目立つ (Coupland, Coupland, & Giles, 1991)。痛ましい自己開示はコミュニケーションを行う人に対していくつかの異なる目的に役立つかもしれない (Coupland, Coupland, & Grainger, 1991; Shaner, 1996)。たとえば，個人的な力や能力を過去の問題や限界と対比させることにより，面目を保ったり，個人的な喪失や困難を克服したりする。しかし痛ましい自己開示はまた，高齢者について非力で身体に障害があるというような否定的な年齢の固定観念を維持ならびに強化する (Shaner, 1996)。結果として，そういった自己開示は会話の相互作用を抑圧したり，世代間のコミュニケーションの質を制限しうる (Nussbaum, Hummert, Williams, & Harwood, 1996)。

世代間のコミュニケーションはまた，高齢者の音声の他の属性によって制限されるかもしれない。ジャイルズとウィリアムズ (Giles & Williams, 1994) は，若齢者と高齢者との交流で，「聞いていない」，「反対する」もしくは「過度に自己防御する」というスタイルを取り入れている高齢者によって若齢者は自身が見下されているようにしばしば感じていることを観察してきた。高齢パートナー側の年齢開示 (Coupland, Coupland, & Grainger, 1991 によっても指摘されている) は，痛ましい自己開示のように，高齢と若齢のパートナーの間でその違いを強調することによって満足のいかない世代間の相互作用を導くかもしれない。しかしながら，コリンズとグールド (Colins & Gould, 1994) は，若齢者ならびに高齢者の女性は否定的で親密な生活上のできごとの開示に関して同じ基準に従うことに注目し，そして世代間のコミュニケーションは，過去についての否定的な物語を含む会話を高齢者が支配するという固定概念に従わないことを示唆した。

加齢のせいであるとしばしば予測される最後の談話スタイルは，多弁もしくはくどく，冗長な，的はずれの音声である。しかしながら，近年の研究（Arbuckle

& Gold, 1993; Arbuckle, Gold, & Andres, 1986; Gold, Andres, Arbuckle, & Schwartzman, 1988; Gold & Arbuckle, 1992; Gold, Arbuckle, & Andres, 1994) は，多弁は高齢者の一般的な特徴ではなく，前頭葉の損傷に関連した知能低下に起因する多弁の極端な形であることを示している（これらの問題に関する概説として，Arbuckle & Gold, 1993 参照）。前頭葉の損傷は抑制過程を妨害し，他の課題における保持行動につながる。多弁は競合する反応を抑制する能力の欠損を含むと特徴づけられる。それゆえに，加齢に関連した前頭葉機能の欠損により高齢者の間で多弁が増長するのだろう。過去の話，痛ましい自己開示，そして年齢開示と同様に，多弁が社会的相互作用を妨害し，個人間の接触や社会的支援の障壁となるだろう。しかしながら，高齢者の他の談話行動とは異なり，多弁は正常な加齢と病理学的な加齢の境目にあるメッセージ生成過程の変化を反映しているようである。

2. 高齢者によるメッセージ理解の変化

　談話理解は，聴覚もしくは視覚刺激の解読からメッセージの統語的，意味的，そして談話的表象の構成にいたるまで，いくつかのステップを含んでいる。本節では，高齢者の談話理解研究における最近の論文をいくつか概説する。それらの研究は，聴覚ベースの談話（auditory based discourse）とテキストベースの談話（text-based discourse）に関する問題について別々に焦点を当てる傾向がある。

●● 聴覚ベースの談話

　スタインとウィングフィールド（Stine & Wingfield, 1990）は，高齢者の言語処理には明らかなパラドックスがあると指摘した。高齢者は意味的記号化のような努力を要する処理には困難を感じ，多くの認知的課題における処理速度が低下するが，正常な高齢者は日常的な談話理解において比較的困難を感じない。ウィングフィールドとその共同研究者らは，音声の意味的，統語的，そして韻律的構造が高齢者の談話理解にどのように影響するかという実証的研究に焦点を当ててきた。たとえば，スタイン，ウィングフィールドとプーン（Stine, Wingfield, & Poon, 1986）は，テキストの命題密度の増加と呈示速度の増加が，高齢者による聴覚的に呈示されたテキスト再生を妨害するかどうかを検証した。スタインら（Stine et al., 1986）は，高齢者の再生成績は速度の速いテキスト呈示に対して低いが，命題密度の高いテキストによって有意に影響を受けないことを見いだした。関連のある研究では，ウィングフィールドとスタイン（1986）が，高齢者は若齢者と同様に，聴覚ベースの散文を統語境界で分割することを発見し，そして呈示

速度の増加にともなって再生成績が低下しなかったことを検出した。スタインとウィングフィールド（1988）は，高齢者には若齢者に比べて，高命題密度の音声の再生において，量的な年齢差は最小限であるが，著しい質的な差があることを見いだした。

テレビのニュース放送のような日常的な情報に対する高齢者の理解力は，よく保持される。スタイン，ウィングフィールドとマイヤース（Stine, Wingfield, & Myers, 1990）は，聴覚フォーマット，テキストとして書き起こしたものを補助としてつけた聴覚フォーマット，もしくは本来の視聴覚録画で呈示されたテレビのニュース放送からの情報に対する若齢者と高齢者の再生を検証した。書き起こしや視覚的呈示は若齢者が情報を再生するのを助けたが，高齢者の役には立たなかった。

近年の2つの研究は，両研究ともに，高齢者の作動記憶限界がテキスト処理に影響するかどうかに関する研究であり興味深い。チュリフ，スウィニー，プレイサー，ウィングフィールドとブラウネル（Zurif, Swinney, Prather, Wingfield, & Brownell, 1995）は，若齢者と高齢者の異様相間のプライミング課題（priming task）を使い，目的格の関係代名詞ならびに主格の関係代名詞の文のオンライン処理を検証した。目的格の関係代名詞の文では，目的語が従属節の目的語の位置から「移動」して，「ギャップ（gap）素性」もしくは痕跡を残す（たとえば，"The tailor hemmed the cloak$_i$ that the actor from the studio needed (t_i) for the performance." 仕立て屋はスタジオからきた俳優が演技のために必要な外套を縫いました）。主格の関係代名詞の文では，ギャップ素性は主節の目的語によって示されている（たとえば，"The gymnast loved the professor$_i$ from the Northwestern city who (t_i) complained about the bad coffee." 体操選手は，おいしくないコーヒーについて苦情を言った北西部の都市出身のその教授を愛していました）。彼らの分析の焦点は，文を処理している間にギャップ素性において先行詞の再活性化が起こるかどうかを決定することにあった。チュリフらは，主格の関係代名詞の文に対しては高齢者がプライミング効果を受けることを実証したが，目的格の関係代名詞の文に対してはそうではないことを見いだした（実験1）。実験2で目的格の関係代名詞の文において単語を7個もしくは8個から5個にしてギャップ素性と先行詞間の距離を小さくした結果，チュリフらはギャップ素性の位置において顕著なプライミング効果を見いだした。彼らは，先行詞とギャップ素性の間の距離が短い場合には，高齢者は先行詞を再活性化させると結論づけた。チュリフらは若齢者と高齢者の直接比較を報告していないが，高齢者が文を即座に統語解析することは作動記憶限界によって影響されることをこの結果が示していると解釈した。

この解釈は，作動記憶とオンラインの統語的処理における若齢者と高齢者の

間の関係を検証したケンテスとケンパー（Kemtes & Kemper, 1997）の研究によって厳密に調べられた。彼らは，若齢者と高齢者の一時的あいまい文（"Several angry workers warned about low wages..."）のオンライン理解を評価するために1語1語読み上げるパラダイムを用いた。その文は，主要な動詞（MV: main verb）解釈（"Several angry workers warned about low wages during the holiday season." 怒った労働者の何人かは休暇シーズン中に低い賃金に関して警告した），もしくは，短縮された関係詞節（RRC: reduced relative clause）解釈（"Several angry workers warned about low wages decided to file complaints." 低い賃金に関して警告された怒った労働者の何人かは告訴することを決定した）のどちらかによって決定された。ケンテスとケンパーはまた，各文が読み上げられた直後に理解を確認する質問を呈示することにより，成人の文のオフライン理解を評価した。第一の知見は，高齢者のオンライン読み上げには若齢者よりも時間がかかるが，統語の複雑さは高齢者の文のオンライン理解を有意に悪化させなかったというものだった。したがって，高齢者の作動記憶限界が複雑な統語構文を処理する能力に影響するという証拠はなかった。これとは対照的に，高齢者のオフライン質問理解は，統語的なあいまい性操作によって影響を受けた。そしてその統語的にあいまいな文に対する質問理解は若齢者と比べて，確実に悪い状態にあった。

加齢にともなう作動記憶限界が即時処理やオンライン処理に影響するかは，現在活発な議論の主題である。カプランとウォータース（Caplan & Waters, 1999）は，意味情報と統語情報の即時処理は自動的であり，作動記憶限界の影響をあまり受けないが，理解後の処理はそうではないと主張した。通常の談話条件下では，高齢者の言語遂行は必ずみられるような低下を示さない。談話構造が複雑で非常に高速で呈示される場合，そして質問に回答する，模倣する，そして再生するというような課題で評価する場合，高齢者の理解は信用できないのである。

●● テキストベースの談話

高齢者のテキストと散文処理に関する研究は，命題内容や統語的複雑さ，もしくは散文が物語体か説明体かというようなテキストレベルの特徴が高齢者のテキスト理解に非常に影響することをおもに示してきた。たとえば，ツェリンスキー，ライトとギレウスキー（Zelinski, Light, & Gilewski, 1984）は，高齢者と若齢者は説明的テキストの質的に類似した特徴を再生するが，高齢者は若齢者に比べて再生する情報量が少ないことを見いだした。若齢者と高齢者の物語的ならびに説明的テキストの処理に関する研究において，タン（Tun, 1989）は，説明的テキストよりも物語的テキストのほうが再生成績はよいことを見いだした。さらには，若齢者はテキストの種類にかかわらず高齢者よりも多くのテキストを再生した。

散文の統語的ならびに意味的内容は高齢者のテキストの理解にも影響する。高命題密度テキストの全体的な再生は損なわれていなかったにもかかわらず、高齢者は若齢者に比較して主要な考えを再生することが少ない傾向があった（Stine & Wingfield, 1988）。ライトとキャップス（Light & Capps, 1986）は，高齢者は若齢者に比べて，テキスト処理の負荷が増大するにつれて代名詞の参照元を同定するのにより困難を感じることを見いだした。また研究者らは，テキストから推論を生み出す高齢者の能力の欠損も立証してきた（Cohen, 1979; Zacks, Hasher, Doren, Hamm, & Attig, 1987; 反証としてZelinski, 1988 を参照）。

加齢にともなうテキスト理解に関する近年の研究は，オンラインで発生する場合に処理に影響を及ぼすようなテキストレベルならびに読者レベルの変数に焦点が当てられてきた。ハートレー，ストヤック，ムシャニー，キク・アノンとリー（Hartley, Stojack, Mushaney, Kiku-Annon, & Lee, 1994）は，実験者のペースと被験者自身のペースで散文が呈示される課題における散文の再生を高齢者と若齢者で比較した。彼らは，処理に有効な時間が増加するにつれて若齢者に比べて高齢者の再生が悪くなることを見いだした。テキストレベルでは，若齢者と高齢者は単語レベルならびにより包括的な句レベルのテキスト特性に対して1語ずつの読み取り時間を同じように割り当てることをスタイン（Stine, 1990）は見いだした。若齢者は句，節，そして文の終末部分に対して余分に読み取り時間を割り当てたが，その一方で高齢者は節境界においてのみ休止時間を取った。スタイン，チューンとヘンダースン（Stine, Cheung, & Henderson, 1995）による関連のある研究は，特定の単語レベル，句レベル，文レベル，そして談話レベルのテキスト特性が高齢者の1語ずつの読み取り時間ならびに，高齢者が新しい概念の処理に読み取り時間を割り当てない傾向があるような物語的テキスト全体の系統立った再生に影響を及ぼすことを示してこの初期の研究を拡大した。スタイン・モロー，ラブレスとスーデルベルグ（Stine-Morrow, Loveless, & Soederberg, 1996）は，若齢者と高齢者のオンライン読み取り時間は両年齢群が複雑な統語，新しい概念，そしてより長い単語をともなうテキスト部分に対してより多くの読み取り時間を割り当てるという点で質的に類似していることを実証した。しかしながら，高齢者は，若齢者に比較して，新しい概念に対してはあまり読み取り時間を割り当てなかった。

3. アルツハイマー病に起因するメッセージ生成と理解における変化

コミュニケーションの問題はアルツハイマー病（Alzheimer's dementia）のよう

な進行性痴呆の最初の症状であることが多い。そしてコミュニケーションの問題は配偶者やその他の親族によって気づかれることが多い（Bayles & Tomoeda, 1991; Orange, 1991; Rau, 1991）。アルツハイマー病の初期の医学的な前兆は，非臨床的な加齢に関連した注意や記憶の欠陥，あるいは良性の老人性健忘症や非病理学的な年齢相応のもの忘れと区別するのは難しい（Huppert, 1994; Kral, 1962）。メッセージ生成に対する標準的な年齢に関連した変化と，標準的ではないもしくは病理学的な変化とを区別することは，アルツハイマー病やそれに関連した疾患の初期診断（つまり，できるかぎりの治療）にとって重要であろう。

　アルツハイマー病にともなって成人で観察されてきた談話に対する障害の多くは，重度の喚語の問題（word-finding problem）が原因かもしれない。ところが，他の問題は注意欠陥や認知的混乱が原因で起こるのかもしれない。「これ」や「それ」のような直示性用語の多用，特定の参照先の欠損や結びつきの欠損，あいまいな用語や「内容のない話」の多用，細部の欠損，反復や冗長性の増加，主題や焦点の紛らわしい変化などはすべてアルツハイマー病をともなう成人の音声特性として注目されてきた（Bayles, Boone, Tomoeda, Slauson, & Kaszniak, 1989; Bayles & Kaszniak, 1987; Garcia & Joanette, 1994; Hier, Hagenlocker, & Shindler, 1985; Hutchinson & Jensen, 1980; Nicholas, Obler, Albert, & Helm-Esterbrooks, 1985; Ripich & Terrell, 1988; Ripich, Terrell, & Spinelli, 1983; Ulatowska, Allard, & Donnell, 1988; Ulatowska & Chapman, 1991）。

　他の談話レベルのコミュニケーション問題もアルツハイマー病と関連づけられてきた。健康な高齢者は，個人的な物語や関連のある状況の情報や複雑さ，主人公の行動や解決を話すとき物語文法に従うのであるが，アルツハイマー病をともなう成人の自発的な物語は，会話を行っている相手に促されなければ（Kemper, Lyons, & Anagnopoulos, 1995a），状況の情報だけを特徴的に提供する（Ulatowska & Chapman, 1991; Ulatowska et al., 1988）。自発的な話者交代，話題の開始，話題の維持，話題の変更，会話の修復や，要求したり主張したり説明したり質問したりするような発話行為がアルツハイマー病によって損なわれるのと同様に（Bayles & Kaszniak, 1987），レストランで食事をする，映画に行く，結婚式を催すというような熟知したスクリプトや一時的で偶発的な一連の事象を使用する能力もまたアルツハイマー病によって損なわれる（Grafman, Thompson, Weingartner, Martinez, Lawlor, & Sunderland, 1991; Harrold, Anderson, Clancy, & Kempler, 1990）。

　メタ言語学的な能力のいくつかの側面は，アルツハイマー病をともなう人においても保持されるようである。ソウンダース（Saunders, 1996）はしばしば神経学的検査をうけている途中の患者によって，認知的な問題に対するメタ言語学的な気づきを反映しているユーモアが使われることを記述している。患者が医者の

検査用の質問に答えることができない場合に，自己非難的な言葉，記憶力の衰えの茶化し，そしてユーモアのある言葉が患者によってしばしば用いられる。自己認識やメタ言語学的なスキルの崩壊のせいで，アルツハイマー病をともなう成人の談話の問題が発生するかもしれない。たとえば，アルツハイマー病の進行は，説明要求，記憶問題への言及，そしてスキルや能力の自己評価の衰退によって特徴づけられるようなメタ言語学的なスキルの衰えによって示されるとハミルトン (Hamilton, 1994a, 1994b) は述べている。ハミルトンは4年半にわたって自身とアルツハイマー病を患う女性であるエルセとの一連の会話間にみられるコミュニケーションの崩壊を注意深く追跡することによって，コミュニケーションの悪化に対する4段階を明らかにすることを可能にした。

1. エルセは会話に積極的な参加者であったが，記憶力の衰えと同様に喚語の問題によって悩まされている人物であった。彼女は自分のコミュニケーション問題を自覚しており，それらを言い訳や婉曲表現，そして他のメタ言語学的なコメントを通じて処理しようとした。話者交代，冗談を言うことや音声の形式は保持された。
2. エルセは会話に積極的な参加者のままであったが，自分の記憶力の衰えならびに喚語の問題に対する自覚と反応が消失した。固執性と過度の反復が出現し始めた。
3. エルセの会話への参加が顕著に減少，固執性が多発し，そして形式的な言語（たとえば「既成の」会話的決まり文句）が優位となり，新語が頻繁に出現した。丁寧語の特徴，感謝の表現，そして冗談の決まり文句がエルセの会話から消失した。
4. エルセは消極的な参加者になった。語い的言語は消失し，限られた非言語的反応レパートリーに置き換えられた（たとえば，uh-huh, mhn, mm-Hm, mmm, hmm?）。エルセは反復や説明を要求し，会話中に話者が交代し，そして周囲の興味ある物を指し示すために，このレパートリーにたよることが可能であった。

他の人たちが指摘してきたように，アルツハイマー病の最終段階はしばしば無言症 (mutism)，不適切な非言語的発声，そして頻繁に他者への応答に失敗することにより特徴づけられる。

4. 高齢者に対するメッセージ生成における変化

　ときに「エルダースピーク（elderspeak）」とよばれる特別な音声言語使用域は，高齢者とコミュニケーションを行うための調節として説明されている。エルダースピークは，実際の伝達に関する必要性と同様に高齢者の否定的な固定観念によって誘発されるのかもしれない。すなわちエルダースピークは，認知に障害がある，もしくは障害があると思われる人に対するのと同様に，健常な高齢者に対しても使われるのである（Caporael, 1981; Caporael & Culbertson, 1986; Caporael, Lukaszewski, & Culbertson, 1983; Kemper, 1994; Ryan, Bourhis, & Knops, 1991; Ryan, Giles, Bartolucci, & Henwood, 1986）。エルダースピークは，強調されたピッチとイントネーションをもつ簡易化された音声使用域，簡易化された文法，限られた語い，そしてゆっくりとした発話速度を含むと特徴づけられてきた。ほとんどの場合は老人ホームや他の医療施設に関連していることが多いのであるが（Ashburn & Gordon, 1981; Gibb & O'Brien, 1990; Gubrium, 1975; Lanceley, 1985; Ryan, Hummert, & Boich, 1995），老人ホームに入っている痴呆のある高齢者，もしくは痴呆のない高齢者に対するのと同様に（Kemper, 1994），工芸教室，法律セミナー，そして会食などのように高齢者を含む広範囲の場面において生じる頑強な現象のように思える。速度が遅い音声，おおげさな韻律，そして簡易化された統語と語いというようなエルダースピークの特徴の多くは，年少の子ども，外国人そして家で飼っているペットに向けられた言葉のような他の音声使用域の特徴と類似している（Warren & McCloskey, 1997）。エルダースピークは，高齢者とのコミュニケーションを強化したり促進したりするという理由でこれらの特別な特徴をもつと考えられる。

　ケンパーとその共同研究者ら（Kemper et al., 1995b; Kemper et al., 1996）は，この主張の検証を開始した。指示コミュニケーション課題中に高齢聴取者に話しかける場合，若齢者は簡易化された音声使用域を自発的に採用したことを示してきた。これらの研究に用いられた指示コミュニケーション課題は，話者によって与えられた指示に従って，地図上に描かれたルートを再生するように聴取者に要求するものだった。若齢者・若齢者，高齢者・高齢者，そして若齢者・高齢者の2人一組は，交互に話者と聴取者になった。高齢者は若齢聴取者に話しかけようが高齢聴取者に話しかけようが，音声スタイルにほとんど変化を示さなかった。しかしながら，若齢者は，高齢聴取者に指示を与えるとき，簡易化された音声スタイルを採用した。これはつまり，簡易化されたスタイルが単語，発話，指示，そして聴取者の進行状況に基づく地図上の場所の確認に関してより多くの情報を提

供しただけでなく，この情報を個別に「ひとまとめ」にしたのである。若齢者はより頻繁に休止時間をとり，より短い文を用い，複雑な統語構造はあまり使わず，そして命題密度を減少させることにより個別の発話の情報内容を減らした。これらの音声の調整は高齢聴取者に役立つらしく，彼らは高齢話者とペアを組んだときよりも，より正確に地図を再生できた。

　若齢者によるエルダースピークの使用は，指示コミュニケーション課題中の高齢者パートナーの行動によって示されたように，高齢者の伝達能力についての信念もしくはパートナーである高齢者の実際の伝達に関する問題によって誘発されたのかもしれない。高齢聴取者は，話者が指示をくり返す，説明を要求する，そして課題に関して混乱や困難を表現するために，話者を頻繁に中断させた。こうした中断が若齢者に音声を簡易化させる合図となっているのかもしれない。この可能性を調査するために，ケンパーら（Kemper et al., 1996）は1点の主要な変更を加えて追試実験を再度行った。この実験で聴取者は，説明を求めたり混乱を表現したりするために話者を中断するのを禁じられた。2つ目の実験では，指示コミュニケーション課題中に高齢聴取者に話しかけているとき，若齢者は再び自発的に簡易化された音声使用域を使用した。この音声使用域は他のエルダースピークの形式に類似しており，それは発話速度，文の長さ，複雑な統語構造の使用，そして命題密度の減少，ならびに単語，発話，指示，そして反復の増加によって特徴づけられた。2つ目の実験における若齢者によるエルダースピークの使用は，課題中に高齢聴取者の実際の行動によって引き出されたものではなかった。なぜなら聴取者は話者を中断することを禁じられていたからであった。というよりも，若齢話者は自分の音声を修正するために，高齢者の意思伝達問題に関する一連の固定観念を利用していた。

　ケンパーらの論文（Kemper et al., 1995b, 1996）のどちらにおいても，若齢者によるエルダースピークの使用は指示コミュニケーション課題における高齢者の遂行を改善した。つまり高齢者は，他の高齢者とペアを組んだときよりも若齢話者とペアを組んだときのほうがより正確に行動した。若齢話者が文の長さ，文法的複雑さ，そして命題密度を減少させたり，単語，発話，指示，反復，そして場所確認を増加させたりしたことは，高齢聴取者によるエラー得点の低下に関連した。作動記憶限界は，指示コミュニケーション課題における高齢者の遂行を悪くするようにみえるし，また若齢者がより多くの情報を提供し，より短くて簡単な発話としてひとまとめにしたために，若齢者の音声調節が作動記憶の要求を縮小させたようだ（Kemper, 1992; Kemper et al., 1994）。

　これらの研究において，若齢者によるエルダースピークの使用には代償がないわけでなかったことに言及しておくことは重要である。若齢パートナーとペアを

組んだ場合に高齢者が指示コミュニケーション課題においてよりよく行動したにもかかわらず，高齢者はより多くの表出と受容のコミュニケーション問題を報告した。高齢者が自己報告した若齢パートナーとのコミュニケーション問題は，短い文，発話速度の遅さ，高いピッチ，幅広いピッチ範囲，そして話者の反復の多さに関係していた。これらの文体論的要因は，伝達に関して問題があるという高齢者の自己知覚を誘発したようであり，その結果として表出と受容に関する問題の自己報告を増加させているようであった。高齢者による表出と受容に関する問題の自己報告は，若齢者の文法的複雑さや他の意味的内容そして反復には関係がなかった。

　エルダースピークはまた，練習や課題の熟知性によって修正される。ケンパーらの論文（Kemper et al., 1998）では，若齢者に高齢パートナーとの同様の指示コミュニケーション課題においてさらなる練習時間を課したところ，若齢者は自分の音声に，文をさらに短くする，文の断片の生成をさらに増やす，そして非常に遅い発話速度へと変えることを含む，さらなる簡略化を取り入れた。この「簡素化した」エルダースピークの形式は，高齢パートナーへの伝達に必要であると評価した結果から生じたようだった。他の若齢者とパートナーを組んだ場合，さらなる練習は若齢者により短くより断片的な音声に変化させるよう導いたが，音声は非常に簡潔なままで，反復が多く，そして非常に発話速度が速かった。

　これらの研究におけるエルダースピークの使用は，確かに高齢者の遂行を向上させたが，エルダースピークを用いる若齢者とペアを組んだ場合，高齢者は表出と受容に関するコミュニケーション問題をより多く経験したと報告した。エルダースピークの使用は，コミュニケーションに問題があると高齢者の自己知覚を誘発するようであり，高齢者による表出と受容に関する問題の自己報告を増加させた（Kemper et al., 1995b, 1996）。さらなる練習により生まれたエルダースピークの簡素化版は，自発的で練習のない形式よりも高齢者の意思伝達能力の自己評価に悪影響をもたらした（Kemper et al., 1998）。これらの知見は，ライアンら（Ryan et al., 1986, p.6）による「加齢の伝達的苦境（communicative predicament of aging）」モデルをさらに支持するのに役立っている。この場合「加齢の伝達的苦境」とは，エルダースピークが高齢者による意思伝達能力の自己評定の低下を導くことであるが，指示コミュニケーション課題における高齢者の遂行を改善することでもある。

5. 結　論

　組織的な研究を通じてのみ，どのようにして，どのエルダースピークあるいは他の談話修正が高齢者，特にアルツハイマー病を患う高齢者の役に立つか，そしてどの高齢者に苦痛を与えるかを示すことができるだろう。そのようなエルダースピークの修正の不適切な使用は，高齢者とのコミュニケーションを損なうかもしれないという危険がある。ハーウッド，ジャイルズとライアン（Harwood, Giles, & Ryan, 1995）は，他の加齢に基づく行動修正と同様にエルダースピークの使用は，「年老いた」アイデンティティの促進，および高齢者の否定的な固定観念の強化，そして高齢者の自尊心を低下させてしまうと主張した。これに続くライアンら（1986）の論文では，エルダースピークが高齢者の社会的孤立や認知的衰退の一因となり，なおいっそうの音声の簡易化を誘発するような下方スパイラルが結果的に生じうることをさらに主張した。上述したように，ライアンら（1986）はこれを「加齢の伝達的苦境」とよんだ。苦境とはエルダースピークが知覚されていて実際に存在する伝達に関する欠陥の否定的なスパイラルへと導いていくということであるが，高齢者に対する適切な音声調節の失敗は社会的孤立や認知的衰退を導くかもしれない。台本を使い，相互作用を用いたシミュレーション研究と同様に，他の観察的研究は，エルダースピークはその受信者に対する軽蔑の感覚をもたらしたり，会話的な相互作用を制限したり，認知的に障害をもっていると暗示したりすると言及している（Edwards & Noller, 1993; Gubrium, 1975; Ryan, Hamilton, & Kwong See, 1994; Ryan, MacLean, & Orange, 1994; Ryan et al., 1991）。オコーナーとリグビー（O'Conner & Rigby, 1996）は，ライアンら（Ryan et al., 1991）に引き続いて，高齢者，特に老人ホームに入っている高齢者は，エルダースピークにより従順になり，結果として状況的要求に適応するということを示唆した。

　エルダースピークの使用に関する心理社会的な結果は，高齢者とのよりよいコミュニケーションというその肯定的な利点によって相殺されると仮定される。この仮定に対する実験的裏づけはないのだが，ケアをする人やサービスを行う人は共通に，エルダースピークを使うことは高齢者，特に認知症をともなう高齢者の理解を助けると述べて正当化している。「加齢の伝達的苦境」を避ける1つの方法は，適切な音声修正を採用することであろう。これはすなわち，高齢者の認知的低下に関する固定の仮定に基づくよりも，その人の会話パートナーが現実に伝達における必要性に基づいて，エルダースピークの使用と形式を調節することである（Orange, Ryan, Meredith, & MacLean, 1995; Ryan, Meredith, MacLean, & Orange,

1995)。現在利用可能なエルダースピークの記述的かつ観察的研究は，高齢者が現実に伝達に必要としていることに応じて，若齢者が自分の音声を合わせられるかどうか，もしくは合わせようとしているかどうかを評価していない。ケンパーとその共同研究者らによって行われた研究（1995b, 1996）は，課題のさらなる練習の結果として，実際の行動の合図や高齢者の遂行に基づくよりも，高齢者が伝達に必要としていることに関する固定の仮定に基づいて若齢者が自分の音声を簡易化することを示した。高齢者の否定的な自己評価を引き起こすものから，実際に高齢者の遂行に役立つようなエルダースピークのそれらのパラメータを抜き出すことが必要であろう。

IV

応用

12章
認知のエイジングと日常生活

デニス・C・パーク，アンジェラ・ホール・グッチェス
(Denise C. Park, Angela Hall Gutchess)

　すでに出てきた本書のたくさんの章で言及されたように，さまざまな精神過程は加齢にともなって低下することは明らかである。1章では，パーク（Park）は，処理速度，作動記憶，そして抑制過程の低下は，おそらく成人期後期のより劣った記憶機能を説明する基礎的なメカニズムであろうと主張する。これら認知的資源は年齢とともに低下し，認知課題遂行の理解に決定的に重要であることを示す実験室の豊富な結果にもかかわらず，驚くことに，日常生活における機能に対するそれらの重要性については，ほとんど知られていない。しかしながら，理論駆動型の応用研究への関心は，強くなってきている（Park, 1992）。本章では，日常生活を送るための，正常な，加齢にともなう認知的な欠陥の意味を検討する。その際，現実世界での加齢の問題を理解するために，基本的な認知過程の年齢変化についてわかっていることを利用してきたこれまでの研究を用いる。

　加齢にともなって生じる処理速度や作動記憶の衰退の全体像から，高齢者が日常生活のいろいろなことがらを処理すること，もしくは，仕事においてよい遂行レベルを維持することについてかなり困難があるということを予測できるであろう。しかしながら，高齢者が日常生活の多数の領域でうまく機能しているし，また実験室においてかなり多く記録されている認知の衰退は，日常場面の行動において，予測されるほどにはマイナスの影響を与えていないというたくさんの証拠がある。この理由は複雑で完全には理解されていないが，本章での討論の中心となるであろう。

　処理資源がかなり低減するにもかかわらず，日常環境において認知的要求が高い行動を維持することに重要な役割を果たすと考えられる加齢認知システムの重要な2つの側面が特定されつつある。第一に，知識は生涯にわたって維持される，もしくは年齢とともに成長し続けさえするというかなりの証拠がある（Park，本

書の1章参照)。このように,高齢者の生活を通して学習されてきたことの多くは維持される。この維持された学習によって,高齢者は,課題解決や日常生活に必要なことに取り組む際に役に立つような膨大な知識基盤にアクセスすることができる。これによって,認知機能の基本的メカニズムの衰退は,緩和されたり補償されたりする。第二に,日常生活における複雑な認知課題の遂行を維持するのに重要な要素は,頻度が高く熟知した行動は自動化される,つまり,遂行するために,認知的資源や努力をほとんど必要としない,という事実である。ジャコビー (Jacoby, 1991) は,自動的認知過程を制御する熟知性の影響から,努力的で資源ベースの記憶要素を分離させるような,過程分離手続きを発展させた。自動的過程は意識もしくは努力なしで生じ,熟知性,熟練,もしくは処理される刺激の固有の特性に依存する認知過程である。ジャコビー,ジェンニングスとハイ (Jacoby, Jennings, & Hay, 1996) は,努力的な記憶要素は加齢とともに衰退するが,熟知性ベースで自動的な要素は年齢的変化がないことを証明した。この発見は,熟知性と自動化が有意に課題遂行に貢献するような高熟知状況においては,高齢者は比較的衰えないだろうということを示唆する。しかしながら,制御された処理や心的努力が要求される状況では,処理資源における加齢にともなう衰退は非常に重要な問題であり,高齢者は行動の衰退を顕示するだろう。

　日常の状況では,表面的には認知的な要求がされているようにみえるけれども,それらは努力的処理よりも自動的処理に基づいていることが多い。たとえば,ボストンのような大都市の郊外に住んでいて,ボストン交響楽団の定期演奏会に20年間ずっと通い続けている高齢の女性を考えよう。彼女は日曜の午後にコンサートを観るために,ボストンへと運転して行くことに躊躇しない。自動的過程と獲得された知識は,ルート選択と行路の発見に大きな役割を果たす。彼女は実際に,ほとんど考えなくてもどのようにコンサート会場に行くべきかわかっているし,高熟知性のせいで,入り組んだ交差点を容易に通り抜ける。目的地に到着し,車を駐車し,コンサートホールまでの道を見つけるために,制御された処理は彼女に対してほとんど要求されない。これと,ある週末に同じボストン郊外へ,日曜の午後がとても忙しい友人に会うために飛行機でやってきた他の高齢の女性とを比べてみよう。彼女もまたコンサートに行きたがっている。彼女にとって,ボストンの道路を通ってコンサート会場まで運転するという課題は,かなりの処理資源の遂行を必要とし,また非常に熟知性要素が少ない。加齢にともなう認知的機能の衰退は,この2番目の状況におけるコンサート会場への運転という日常的行動には重要な役割を果たすだろうが,1番目の状況では重要ではないだろう。ボストン市外からの客がコンサート会場まで運転することには,方向を記憶にとどめておくという点で,高い作動記憶負荷がかかっている。すばやい処理もまた,

高速道路の降り口の選択をすばやく決定することや，動いている車の往来のなかで，どのように環状交差路を通り抜けるか決定することにおいて重要であろう。過去に獲得された知識や熟知性は，この運転に対してあまり役に立たないだろう。ボストンでの運転の処理要求は彼女らの認知的資源のレベルを超えているという正しいように思われる認識に基づけば，2番目に記述したような運転を試みる高齢者はほとんどいないだろう（同様に，たくさんのより若齢者でもおじけづいてしまうだろう）。

本章の残りでは，高齢者にとって重要な日常行動の3つの領域に関する認知のエイジングの影響を考えよう。健康行動，運転能力，そして職場での機能に関する認知のエイジングの影響を評価しよう。それぞれのケースで，認知的機能の衰退はいかに高齢者が所有する経験や知識によって補われているかについて検討しよう。

1. 健　　康

健康行動と認知のエイジングの領域はあまり検討されていない。高齢者はしばしば複雑な健康判断をしなくてはならず，またかなり多くの高次認知過程を必要とする複雑な薬や治療による養生法に従わなくてはならない。最も重症な患者のみを入院させ，できるだけ早く退院させる傾向が増してきているので，高齢者はかなりの訓練と熟達が必要な複雑な医療器具を自宅で使用するように求められる傾向にある（Bogner, 1999）。衰退しつつある認知的資源は，おそらく，高齢患者の医療器具の使用，薬の服用，病気を制御するために必要な処置を行うための能力に重要な役割を果たしているだろう（Park, 1999）。同時に，高齢者が病気や健康判断にかなりの経験があり，また，特に長期にわたる慢性の疾患についての熟達度と知識が，彼らの医学的状況についての情報の処理や管理における認知的資源の衰退の影響を緩和するだろう，ということを認めることもまた重要であろう。

おそらく，高齢患者の医療行動の理解についての最も基礎的な問題は，彼らがどれぐらいの量の情報を理解し，この情報を呈示するための最適な方法は何であるかを決定することだ。われわれの研究室におけるかなりの証拠は，高齢者にとって理解することが難しいということを示唆している。モレル，パークとプーン（Morrell, Park, & Poon, 1989, 1990）は，処方箋のラベルの系列を呈示されたとき，正確な薬品摂取の計画を立て，記憶することが高齢者にとっては若齢者よりも難しい，という証拠を示した。他の研究では，われわれは，1990年の患者による自己決定法によって義務づけられているように，医師への指示の文書を元気なう

ちに前もって作成しておく「アドバンス・ディレクティブ（advanced directives）」や末期状態になった際には延命治療をすることなく尊厳死を希望する旨などを表明した文書「リヴィングウィル（living wills）」について，病院が患者に対して示さなくてはならない情報を，どれぐらい高齢者が効率的に理解するかを検討した。パーク，イートン，ラーセンとパーマー（Park, Eaton, Larson, & Palmer, 1994）は，病院責任者の報告によると，法律を履行するにあたり最も大きな問題は，呈示されたことがらの理解において患者が示す明らかな困難さであるということを見いだした。後の研究では，ザッハー，パーク，イートンとラーセン（Zwahr, Park, Eaton, & Larson, 1997）は，中年層の成人と高齢者に対して，「リヴィングウィル」や「アドバンス・ディレクティブ」を説明し，それらを完成させるためにどうやって取りかかるかを示す，実際の病院で使用されている3種の資料を呈示した。この実験から，彼らは，中年層の成人が高齢者以上に理解することができ，理解力についての最もよい説明変数は，作動記憶機能と言語能力であることに注目した。使用された資料のタイプは，単純な絵による法律の表記から，数ページにも及ぶ複雑な文書にまで及んでいた。しかしながら，患者がどれだけ情報を獲得するかに関して，情報の形式と複雑性は，年齢にかかわらず，影響を及ぼさなかった。一般に，この文献は健常高齢者が若齢者よりも医学的情報の理解と記憶に，より問題を抱えるという証拠があることを示唆する。高齢者がもし熟知している医学的状況に関してよく精緻化された知識構造をもつなら，若齢者よりも優位性を示すかもしれないので，熟知している医学的状況についての新しい情報を獲得するときに，同様の衰退がみられるかどうかを研究することは興味深いことであろう。

　認知のエイジングと関連した，1つの決定的に重要な医学的問題は，健常高齢者がかなりの量の理解力，記憶，判断を必要とするような重要な医学的意思決定を行うのに，不利な立場におかれるかどうかということである（認知的に衰退した高齢者の意思決定能力に関する情報については，Marson & Harrell, 1999参照）。一般に，参考になるわずかな文献では，健常高齢者の限られた認知容量は，意思決定のために使用される過程に確実に影響を及ぼすことが示唆される。しかしながら，文献はまた，医学的状況についてなされる判断のタイプは，高齢者と若齢者で違いがないということを示している。マイヤー，ルッソとタルボット（Meyer, Russo, & Talbot, 1995）とザッハー，パークとシェフリン（Zwahr, Park, & Shifren, 1999）は両者とも，医学的な筋書きを呈示されたとき，高齢女性による意思決定に，認知的要因が影響するという証拠を報告した。マイヤーら（1995）は，高齢と若齢の女性が，呈示された情報に基づいて乳ガン治療について意思決定をしなければならないとき，彼女らはどういう治療を選択すべきかについてよく似た意思決定をした，ということを見いだした（たとえば，乳房切除術，乳腺腫瘍切除

術)。しかしながら，高齢女性は若齢女性よりも，意思決定をすばやくし，意思決定のための情報をあまり要求せず，そして，意思決定に関する完全な合理的説明は乏しかった。この結果は，高齢者が自身の情報処理容量の限界を認め，それゆえ，少ない情報を検討しようとする，という考えと一致している。若齢者よりも高齢者のほうがすばやく意思決定をするという傾向は，情報を捜し求めることがほとんど役に立たないとわかったときは過去に蓄えた医学的知識に頼ろうとする (Park, 1999) のと同様に，認知的資源の限界と直面したときに，医師の助言に頼ろうとすることと関連しているかもしれない (Cassileth, Zupkis, Sutton-Smith, & March, 1980)。

ザッハーら (1999) は，更年期障害の症状に対してエストロゲン補充療法に対する賛成と反対に関する長い資料を読んだ女性が下す意思決定の質について研究したときに，同様の結果を報告した。その資料を読んだあと参加者は，更年期障害の症状にエストロゲン補充療法を採用するべきかどうかについて判断を下すように言われた。高齢女性は若齢女性と比べて，意思決定に関する基盤として，治療の選択に関して若齢女性よりも少ない選択肢しか理解せず，選択肢間を比較することもあまりせず，洗練された推論をあまり示さなかった。パス解析により，認知変数が，意思決定過程で理解された選択肢の数と，比較された選択肢の数の両方において，加齢にともなう変化を予測する，ということが示された。医学的な事象や診断に関する成人の意思決定過程の詳しい討論はイェーツとパタラノ (Yates & Patalano, 1999) やザッハー (1999) に含まれている。

このようにわれわれは，制御された努力を要する過程の衰退が医学的な意思決定に与える影響について広く考えてきた。先に述べたように，高齢者は医学的治療の熟練した需要家であり，健康に関する行動のいくつかの側面についてはとてもよく慣れているので，自動的，つまり，それを完成するための努力や意識をほとんど必要としないだろうことを認めることが重要であろう。制御された自動的な識別が特に重要になる 1 つの分野は，投薬厳守の分野である (Park, 1999; Park et al., 1999)。投薬厳守は，多くの高齢者が行うように，特に個人が 4 つかそれ以上の複雑な投薬の処方を取り入れているとき，重要な認知的要素をともなった行動である。複雑な処方を正しく厳守するために，高齢者は，それぞれの投薬の指示を理解しなくてはならず，毎日のプランのなかにその指示を統合させるために作動記憶を用い，またプランが何か憶えておくために長期記憶を用い，そして，最終的に，その薬を飲むことを憶えておくために展望的記憶を行使しなくてはならない (Park, 1992; Park & Jones, 1996; Park & Kidder, 1996)。パーク，モレル，フリースクとキンカイド (Park, Morrell, Frieske, & Kinkaid, 1992) は，超高齢者が 60 歳〜77 歳の成人と比較して投薬厳守に欠如を示し，これらの欠如は，薬

を飲むことに関連した作動記憶の負担を除去するために作成された投薬整理用品やカルテを超高齢者に与えることによって改善されるという証拠を示した。投薬厳守は，薬物使用の正確なデータが得られるように，超小型電子監視装置によって記録された。この作業の驚くべき一面は，60歳～77歳の成人は，認知機能において加齢にともなうかなりの衰退の経験をしているにもかかわらず，薬を飲む行動においてまったく間違わなかったということである。また，高齢者が多数の投薬の間違いを犯さないという発見は，モレル，パーク，キッダーとマーティン（Morrell, Park, Kidder, & Martin, 1997）によっても報告されている。その研究からは，高血圧の35歳～75歳の成人のサンプルにおいて，65歳～75歳の高齢者は他の年齢グループよりも間違いが少ないということが見いだされた。

最近の研究においても，パークら（1999）は同様の結果を報告した。60歳～75歳のリューマチ関節炎の成人は，どんな年齢群に比べても，最も投薬間違いが少なかった。高齢者の45%は全員4つかそれ以上の投薬を行っているが，1か月間にわたって投薬の間違いはまったくなかった。中年層の成人は明らかに認知的機能は優れているという堅固な証拠にもかかわらず，最も多くの間違いを犯した。認知的機能だけでなく，社会的情緒的状況や文脈的変数を測定しうる個人差測度を使用した結果，生活様式が忙しくて非常に活動的であるとの自己報告が，投薬間違いをうまく説明するということが明らかになった。このような生活様式はめったに高齢者の特徴とはならない。さらに，高齢者は何年も薬を飲み続けていることが多いので，投薬厳守行動が彼らにとって日常的で熟知性が高い。このように，明らかに高い水準の認知機能の投入が投薬厳守に必要であるように思われるが，高度に熟練した自動的行動によって相殺された。なぜなら，そこでは，日常的な環境が薬を飲むための手がかりとして役立つからである。対照的に，文脈が頻繁に変化するような常習性の少ない生活をしている若齢者は，薬を飲むための自動的な手がかりとなる，高齢者と同じような環境的な刺激がなかった。その結果として，このグループはより多くの間違いを犯した。この結果のパターンから学べる1つの教訓は，薬を飲むことを覚えているといった，高い認知および資源駆動型であるような課題でさえ，現実世界の日常的環境において，人が予測するものとは大変違ったように作用しているかもしれないということである。

2. 運　　転

高齢者にとってたいへん重要な日常行動の1つは，自動車運転の能力である。なぜなら自動車運転能力は，現代社会において自立して生活するための能力維持

に重要な役割を果たすためである。高齢者は若齢者よりも少ない距離しか運転せず，全体として，あまり事故には巻き込まれないが，数値が運転距離ごとの事故件数を基にしたものであれば，高齢者は最大危険カテゴリーに入る。運転に関する文献では，事故の割合が加齢にともなって増加する一因は，高齢者の認知機能の衰退であると推測されることが多い（Arthur, Barrett, & Alexander, 1991; Staplin, Breton, Haimo, Farber, & Byrnes, 1986）。しかしながら，認知のエイジングと運転エラーを直接結びつけた研究はほとんどない。運転は課題の認知的要求が数秒単位で変化しうるダイナミックで文脈的な行動であるので，運転と認知機能の関連性を理解することは挑戦的な課題である。

運転はほとんどの高齢者にとって，熟練し，非常に練習された行動なので，観察された処理速度や作動記憶機能の衰退が，必ず彼らの貧弱な運転記録の論拠となるというように結論づける際には，注意をはらわねばならないことを認識することもまた重要である。運転は，ある状況下においては，たくさんの努力的，自動的過程の要素を備えている。多くの人は，日頃運転して仕事に行くときのように，よく知っているルートを運転する際のランドマークや状況についての記憶がないと報告している。たぶん，よく練習された課題では，ほとんど認知容量は必要とされないからである。しかしながら，困難な交通状況下では，会話をやめ，ラジオを消し，子どもに静かにするように求めるというようなことをわれわれは運転手として経験している。これは，制御された（努力的で，資源を要求する）処理状況への変化を表わす。アッカーマン（Ackerman, 1986, 1987）は，高い認知能力得点によって測定されるような認知資源は自動的課題には重要ではないが，コントロールされた努力的課題についての遂行を強く予測する，ということを示す有意義なデータをわれわれに提供している。われわれは加齢とともに認知能力得点が下がることを知っているので，アッカーマンのデータによると，高齢者が大量の制御された処理を必要とする運転状況においては不完全になる傾向があるということが示唆される。この推測を支持するために，ホランドとラビット（Holland & Rabbitt, 1992）は，ムーア，セッジリーとサベイ（Moore, Sedgely, & Sabey, 1982）の研究を引用した。そこでは，高齢のドライバーが複雑な交差点において不釣り合いな数の事故に遭遇していること，つまりは，事故率の認知的解釈と一致する結果を示していた。この認知的仮説に一致して，ラーナー，モリソンとラッテ（Lerner, Morrison, & Ratte, 1990）は，高齢者は州間高速道路では1台での事故を引き起こしやすいが，それ以外では，他のドライバーよりも，多重車両衝突に巻き込まれがちであると報告した。州間高速道路上でのすばやい反応が求められるということは，結果として高齢のドライバーにとって認知的要求の高い状況を生み出すのかもしれない。

おそらく最も重要な運転の認知的要素には，注意，処理速度，作動記憶容量が含まれる。注意に関して，ボールと共同研究者たち（Ball, Beard, Roenker, Miller, & Griggs, 1988）は，高齢者の有効視野が限られていること，つまり，周辺視野の情報やターゲットに注意をほとんど向けられないということを説得的に証明した。一連の研究で，彼らは，より制限された有効視野をもった高齢者が，より衝突に巻き込まれる傾向にあることを証明した。実際，衝突に巻き込まれやすいかどうかを最も有力に予測するのは，有効視野測定における成績であった。心的状態（マティス器質性心的状態症候テスト［MOMSS: Mattis Organic Mental Status Syndrome Examination］によって測定されるような）と有効視野の大きさという2つの要因がともに，事故分散の20％と交差点事故の分散の29％を説明する。最近の研究報告では，初めの調査に続く3年以上にわたり，有効視野が少なくとも40％減少した高齢者のドライバー（サンプルの56.9％で発見された）は，2.2倍以上衝突に巻き込まれている傾向にあると示された（Owsley et al., 1998）。

有効視野は事故に巻き込まれることをうまく予告すると報告されているが，それは，どの構成要素が運転能力に影響するかを決定づけるためのさらなる調査が必要な多面的な構成概念といえる。有効視野は3つの異なる構成要素によって決定される。それらは，分割的注意能力の衰退，妨害刺激を無視するための能力の衰退（たとえば，選択的注意），処理速度の低下（Ball, Roenker, & Bruni, 1990）である。有効視野に対するこれら3つの各メカニズムの関連を検証すると，分割的注意の衰退は衝突における2.3倍の増加と関連しているが，一方，処理速度の低下と選択的注意の衰退は，衝突に巻き込まれることに関連はなかった（Owsley et al., 1998）。それぞれ3つの構成要素の事故リスクとの関連は，有効視野の増加が可能な実験室での訓練技法を用いた現在の研究によってさらに明らかにされるだろう（Ball et al., 1988; Roenker, Cissel, & Ball, 1997）。非常な応用的関心をひきつける可能性があることとして，誰もが予測するように有効視野を大きくすることが事故確率を低減させるかどうか決定するために現在試行が続けられている。

選択的注意（同時に呈示された2つのターゲットのうちの1つだけに注意を向けるよう被験者に要求する）のみの測度が事故率と関連しているという証拠もある（Kahneman, Ben-Ishai, & Lotan, 1973）。ミハルとバレット（Mihal & Barrett, 1976）は，若齢と高齢ドライバーについて，聴覚における選択的注意と事故データとの関連性を検討した。その結果，高齢ドライバーにおいて2つの関連性は強いと報告された。ランネイとプリング（Ranney & Pulling, 1990）は，運転コースにおいて，35歳から83歳の成人の運転行動を研究し，高齢者の運転遂行と認知的遂行はより低い水準にあると報告したが，測定値間に直接の関連は発見できなかった。彼らは，高齢のドライバーは，決定速度，ルートの選択，すき間の通り方，

自動車コントロール，指示の理解において，より多くの運転エラーをおこしたが，それにもかかわらず，緊急状況下での反応においては若齢のドライバーと同様の能力で遂行した，ということに注目した。いくつかの状況下では，年齢，注意変数，運転機能が関連しているようであるが，注意変数が重要であるような厳密な状況は，明記されていないままであると結論づけるのが公明正大だろう。

運転行動と加齢にともなう処理速度の低下の関連性もまた検討されている。ミハルとバレット（1976）は，運転シミュレーターにおいては，単純および選択反応時間は事故との関連はなかったが，複雑反応時間は，すべての被験者群に関して中程度の，高齢者に関しては強い相関（.52）がみられるということを発見した。しかしながら，ランネイとプリング（1989）は，単純反応時間あるいは知覚速度と運転遂行の間に関連を見いださなかった。最後にオルソンとシーバック（Olson & Sivak, 1986）は，データを集めるために，実験用自動車を実際に運転するという事態を用いた。そして，道路内のある対象物に気づきブレーキをかけることを必要とするとき，若齢者と高齢者が同等の知覚・反応時間を示すことを発見した。つまり，高齢者における処理速度の低下と運転機能の関連は，懐疑的に思われ，さらなる追試が必要である。

運転に対する作動記憶と加齢との関連性は，注意分割課題を用いて研究されている。作動記憶とは，ある特定時点で，情報を操作し，検索し，貯蔵するために利用しうる認知的資源の量をいう（Baddeley, 1986や本書の1章参照）。

作動記憶機能における加齢にともなう衰退のために（Park et al., 1996），高齢者は，運転時に要求されがちな多重の操作を遂行するために利用可能な資源が乏しいように思われる。しかしながら，高齢者が2つの課題を一度に行うとき（分割的注意状況），非常に不利になるかどうかについてかなりの議論がなされている。ハートリー（Hartley, 1992）は，高齢者が行ったすべての注意分割研究についてメタ分析を行った。彼は，いかなる単純な結論もおそらく間違っているが，「二重課題研究の結果の最も妥当と思われる解釈は，若齢者と高齢者が，状況を通して注意を配分する能力に違いはないということだ」（p.32）と述べた。

運転の文脈での加齢と二重課題遂行について特別な関心がもたれているので，実際にこのトピックに関するたくさんの研究がある。ポンズ，ブルーワーとファンウォルフェラー（Ponds, Brouwer, & van Wolffelaar, 1988）は，ドットを数える課題を遂行する間の自動車の操縦能力を検討した。彼らは，操縦へ分割した注意のコストは若齢者よりも高齢者のほうがより大きいことを報告した。後の研究において彼らは，自動車操縦とドットを数える課題に加えて，第三の課題，つまり参加者が周辺視野で起こる事象を監視するように求められるような課題を取り入れた。彼らは，自動車操縦と周辺視課題を典型的な運転とみなし，ドット数唱課

題を車内のナビゲーターシステムによって必要とされる注意と同じようなものとみなした。運転操縦課題に，周辺視とドット数唱課題の両方がつけ加えられたとき，高齢者は若齢者と比較して最も不利な立場におかれた。クルック，ウェストとララビー（Crook, West, & Larrabee, 1993）は，運転シミュレーション研究を行った。そこでは，コンピュータモニターに映し出された交通状況のなかで，コンピュータのキーがアクセルとブレーキペダルの役割を果たした。第二課題は，参加者が憶えておくよう求められた天気や交通情報についてであった。クルックら（1993）は，二重課題状況においてかかるコストは，高齢者は持ち上げ時間（キーから指を離す）においてより大きく，移動時間（他のキーへ指を動かす）では大きくなかった。これらの研究は高齢者に対する運転シミュレーション状況での分割的注意の不均衡なコストを示唆するが，多量の多重課題が要求される運転状況で，高齢者がある特有の危険にさらされるかどうかを決定するためには，より現実的な状況が必要である。

3. 仕　　事

　現代社会における仕事の本質は変化しつつある。かつては，労働者は，加齢のせいで関節炎や心臓病やその他の身体的な病気が起こり，身体的に仕事をやり抜くことができなくなって，退職することが多かった。現在では，その様相は一変している。高齢者は一昔前よりも健康であり，現在の仕事は，体力よりも情報処理や情報管理をする能力により依存している。労働力の高齢化と，成人期後期にも労働力として残存したいという欲求のために，職場での遂行に対する認知機能の加齢にともなう変化の影響を理解することが，いくぶん急務となってきている。社会や労働力年齢が高齢化するにつれて，この問題の重要性は高まりつつあるが，このトピックに関する情報は驚くほど少ない。

　このことは，認知能力と仕事遂行の間に文書により裏づけられた関係があるだけに，特に不思議である。低次レベルの仕事でさえ，認知機能と仕事に関する評価の間には正の相関がある（Hunter & Hunter, 1984; Schmidt, Hunter, & Outerbridge, 1986）。高齢者の認知能力の衰退は，低い能力の労働者はより低い遂行をするという発見と結びついて，加齢と仕事遂行との間に負の関連を予測することを期待するだろう，ということを示唆する。しかしながら，メタ分析からは，そのような関連性は一貫して発見されていない（Rhodes, 1983; Waldman & Avolio, 1986）。一般的には，加齢と仕事遂行の間に関連はないということを示唆する証拠が優位である。

パーク（1994）は，この関連性を説明しうる4つの可能性があるという仮説を立てた。第一の可能性は，高齢者は高い経験を積んでおり，維持機能によって特徴づけられている仕事をもっていることである。つまり，マーフィー（Murphy, 1989）によって言及されるように，高齢者はたくさんの新しいスキルを学習しなくてはならないような資源要求型の移行局面に出くわすことはほとんどない。その結果，年齢による認知の不利益は仕事の遂行にそれほど重要な影響を与えない。この仮説は，ある意味，自動化仮説である。なぜなら，資源の衰退に直面しても維持機能が非常に効果的に働く理由の1つは，行動の成分の熟知性が高く，努力的で，統制を必要とする処理成分が少ないからである。ソルトハウス，ハンブリック，ルーカスとデル（Salthouse, Hambrick, Lukas, & Dell, 1996）は，統合的な労働時間管理状況の研究において，同様の結論に達した。彼らは，高齢者は職場で，少なくとも仕事を始めるときは若齢労働者ほど効率はよくないかもしれないということを示唆した。歴史的にみて，人の全生涯を通して同じ仕事を持続する傾向があるので，高齢労働者にとっての移行時の困難性が覆い隠されてきたのかもしれない。仕事についている期間中に，会社だけでなく，専門さえも変えるという最近の傾向により，高齢労働者においては，より大きな仕事遂行の欠如があることが明らかになるかもしれない。

　第二の可能性は，経験は職場において使用される認知能力の衰退を守るということである。ソルトハウスと共同研究者である，バブコック，ミッチェル，スコヴロネックとパルモン（Salthouse, Babcock, Mitchell, Skovronek, & Palmon, 1990）による高齢建築家，ソルトハウス（1984）による高齢タイピストの詳細な研究は，要素的な行動（建築家においては空間的視覚化，タイピストにおいてはキーを打つ反応の時間間隔といった）の衰退が加齢とともに生じることを明確に示している。参加者がいくつかの同時的課題間において，時間を管理することを要求されるような実験室での訓練課題では，大きな年齢差が2時間の遂行間隔の間ずっと維持された（Salthouse et al., 1996）。このように，訓練が仕事行動に関連した基礎的な認知メカニズムの衰退を防ぐという証拠はほとんどない。

　第三の可能性は，仕事についての複雑な知識構造は年齢とともに増大し，基礎的な認知能力の衰退を補うということである。多数の研究は，さまざまな専門職の高齢労働者が，仕事の諸側面に関する領域固有の知識を若齢労働者と同程度あるいはそれ以上に多くもっていることを示している（Baltes & Smith, 1990; Stumpf & Rabinowitz, 1981; Taylor, 1975），それゆえ，この仮説にもある程度正当性はある。

　最後に，年齢と仕事遂行の関連性がないだろうという第四の理由は，高齢者が徐々に衰退する認知を補うために，環境的サポートの使用を増加させるというこ

とにある (Park, 1994)。高齢者は高い認知的資源が要求される地位から離れる一方で，若齢同僚に相談したり，広範囲にわたって共同で仕事をしたり，知識と判断が必要とされる地位に引きつけられたりするという証拠がある（たとえば，若い大学教員の典型である助手科学者の地位と比較して，大学の学長のような地位は，概して高齢者用であり，より高度な判断力が求められるが，あまり強力な処理資源は必要とされない。よく類似したことは，法曹界や企業社会でも存在する）。

仕事に関する暗黙知は手続き的知識の一種であり，仕事と関連した日常の問題を解決するのに役立つ。しかし，ふつう，仕事の訓練において，明示的に言語化されない。仕事の暗黙知は，年齢を重ねても比較的維持され，仕事成功の決定要因となるかもしれない，という証拠がある。コロニア・ウィルナー (Colonia-Willner, 1998) による 200 名の銀行管理者についての最近の研究では，暗黙知（管理者用暗黙知表による測定 [TKIM: Tacit Knowledge Inventory for Managers]）は，計量心理学的推論能力（レーヴンのマトリックス検査 (Raven's Progressive Matrices と差異適性テストの言語推論サブテスト [DAT: Verbal Reasoning Subtest of the Differential Aptitude Test]) よりも加齢にともなう衰退が少なかったということが見いだされた。年齢，レーヴン成績と DAT 成績は，仕事成績評価，給料および管理期間（直接的，間接的の両方で管理された従業員の総数）によって評価される管理的スキルを予測できなかった。しかしながら，他者とかかわる際に，暗黙の，仕事と関連した知識は，管理的スキルに大いに関連しているように思われた。暗黙知は比較的年齢にかかわらず維持され，熟達者は未熟者よりもさらにその知識を所有しているように思われるので，おそらく暗黙知は年齢と仕事遂行における予測された低下の関係を緩和するといえる。

認知機能における基本的な衰退は，過酷な要求をする仕事をするにあたって，決定的な障害であるように思われるが，加齢，仕事，認知に関するデータからは，高齢労働者の環境的サポート，精緻化された知識構造，暗黙知，経験が，熟知した日常の環境においては補償的メカニズムとして役立っているかもしれない，という事実が示される。

最後に，高齢労働力と関連した重要な問題は，高齢労働者が新しい技術を学習したり使用する能力と意欲がどれぐらいあるかということである。職場では速い速度で技術が変化することを考慮すれば，これはとても重要な問題となってきている。高齢労働者はより否定的にみられ，そして進歩の可能性がより少ないとされ (Rosen & Jerdee, 1976)，仕事の訓練を継続するために選ばれることが少ない，という証拠がある (Fossum, Arvey, Paradise, & Robbins, 1986; Lee & Clemons, 1985)。

高齢労働者がコンピュータで操作する課題をよりゆっくりと行うことおよびその遂行の差の基になっているのは認知能力であることを示唆する証拠がある

(Czaja & Sharit, 1998; Czaja, Sharit, Nair, & Rubert, 1998)。他の研究では，高齢者は若齢者よりもコンピュータスキルを獲得するのが遅いということが示されている (Elias, Elias, Robbins, & Gage, 1987; Kelley & Charness, 1995; Zandri & Charness, 1989)。さらにコンピュータ課題の習得能力に関する加齢にともなう差は，速度と作動記憶 (Echt, Morrell, & Park, 1998; Morrell, Park, Mayhorn, & Kelley, 2000)，そしてたぶん空間能力 (Kelley & Charness, 1995) の程度によって制御されるという証拠もある。これらの研究は一貫して，重要な技術的な職場のスキルに関して若齢者の学習が優位で遂行がよいということを証明しているが，研究はまた，高齢者が高い正確さをもって学習し，遂行しているということも示している。連続的でゆるやかな認知の衰退は，成人期初期から始まっていることは明らかであるので（本書の1章参照），年をとるにつれて，労働者は技術と仕事の要求変化に遅れないことが重要である。継続して徐々にスキルを更新している中年層の労働者は，職場の新しい機能を学習するための適応にそれほどの努力を必要としないだろう。しかしながら，おそらくコンピュータを使用したことがなく，新しい仕事要求として突然新規のたくさんの機能を同時に学習するよう要求された高齢労働者は，新規の仕事の機能としてソフトウエアの最新版のみを学習すればよい中年層労働者よりも，ずっと不利な立場に置かれるだろう。データによれば，中年層と高齢労働者の訓練へ投資をしていないということが，これらの分野の労働力をひどく不利にしているだろうということが示唆されている。

4. 要　　約

　認知機能の基本的なメカニズムの加齢にともなう変化について理解が深まったその結果，日常の環境における高齢者の機能に関する変化の意味の理解もすすんだ。加齢にともなって生じる処理速度や作動記憶の衰退は，日常の行動における遂行の低下をもたらすが，その低下は人が予期するよりも顕著ではないし，あるいはまったく明確でないかもしれない。高齢者は熟練した行動をするとき，また熟知した環境にいる場合には，うまく行動できるということを示す証拠は豊富にある。日常の行動における認知能力の欠如の影響は，高齢者が未知の環境で彼らにとって新奇な課題を遂行しなくてはならないときに最も顕著に現われる。

13章

認知，エイジングと自己報告

ノバート・シュワルツ，ベアベル・クナイパー
(Norbert Schwarz, Bärbel Knäuper)

　個人の行動や意見についての加齢にともなう差に関してわれわれが知っている多数の事項は，高齢や若齢の反応者から得られた自己報告に基づいている。残念ながら自己報告は誤りやすいデータ資源であり，質問の言い回しや質問形式，もしくは質問の順番などのわずかな変化が，研究参加者の回答に深刻に影響するかもしれないということに，調査者はずっと前から気づいている（概説として，Schuman & Presser, 1981; Schwarz, 1999a; Sudman, Bradburn, & Schwarz, 1996; Tourangeau & Rasinski, 1988 参照）。事態をさらに複雑にしていることには，最近の研究では，高齢と若齢の反応者が，研究手法の特徴によって異なる影響を受けるかもしれないということを示唆している（概説として，Schwarz, Park, Knäuper, & Sudman, 1999 参照）。それゆえに，自己報告における加齢にともなう差が，(a) 反応者の実際の態度や行動における加齢にともなう差，もしくは (b) 文脈効果がある場合の加齢にともなう差，をどの程度反映しているかについて述べることは難しい場合が多い。現在，この可能性は方法論的研究の分野ではあまり注意をはらわれておらず，代わりに観察されたどんな年齢差も，発達的変化もしくはコーホート効果を反映しているかどうかを決定できる方法に注目してきた（Baltes, Reese, & Nesselroade, 1977 参照）。しかしながら，もし高齢と若齢の反応者が研究手法によって異なった影響を受けるならば，われわれが得ている自己報告は，発達的変化もしくはコーホートの違いについて間違った結論を生み出しているかもしれない。それゆえ第一に，反応の過程における加齢にともなう差を理解することが重要である，ということを示している。この目的に向かっての最初のステップとして，本章では，読者に自己報告の基となっている認知と伝達の過程を紹介し，また認知と伝達機能の加齢にともなう変化がどのようにこれらの過程に影響しているかに焦点をあてる。

1. 反応者の課題

　認知的見地からすると，調査環境において出された質問に反応者が答えるためには，いくつかの課題を解決しなければならない。まず，反応者は質問の意味を理解するために質問を解釈する必要がある。もし質問が意見を問われるようなものであれば，彼らは記憶から事前に形成された意見を検索するか，もしくは，その時点で意見を「計算」するかもしれない。調査者は典型的に前者を望むが，後者のほうがよりなされる傾向にある。反応者が事前に記憶のなかにアクセスできる判断を形成していた場合でも，この事前の判断は，たずねられた質問の特殊性にあわなければ，新しい判断を計算させるだろう。そうするためには，評定すべきターゲットの心的表象を形成するために，記憶から関連のある情報を検索する必要がある。反応者はほとんどの場合，評定されたターゲットに対して，一定の基準を検索もしくは設定する必要もあるだろう。いったん「個人的な」判断が彼らの心のなかに形成されたなら，反応者は調査者に伝達しなくてはならない。そのためには，質問の一部として与えられた反応選択肢にうまく合わせるように判断を形式化する必要があるだろう。さらに，反応者は，社会的な望ましさや状況の適切さを考慮して，判断を伝える前に，彼らの反応を編集することを望むかもしれない。

　同様の考え方は行動についての質問に回答する際にも適用される。この場合も，反応者はまず，質問が何に関連しているかということを理解し，また，どの行動を報告しなくてはならないかを理解する必要がある。次に，記憶からこの行動に関連した実例を再生もしくは再構築しなければならない。もし参照すべき時期が限定されて質問されるならば，再生された実例がこの参照時期内に生じたか否かも決定しなければならない。同様に，反応者は，もし質問が「ふだんの」行動に関してのものならば，再生された，もしくは再構築された実例が適切な表象であるかどうか，もしくは，ふだんの行動から逸脱したものかどうか決定しなくてはならない。もし行動の特殊な実例を再生もしくは再構築できないなら，もしくはこの努力を行うのに十分な動機づけがないならば，反応者は，評価を計算するために課題に関連した一般的知識か，もしくは他の目立つ情報に頼るかもしれない。最終的に反応者は調査者に自身の評定を伝えなくてはならない。反応者は与えられた反応尺度に評定を当てはめる必要があるかもしれないし，社会的に望ましいかどうかを気にしてそれを編集する傾向にあるかもしれない。

　したがって，質問を解釈し，意見や関連する行動の表象を一般化し，反応を形成し，そして回答を編集することは，反応者が調査質問に接することで始ま

り，明示的に報告することで終了するという過程の主要な心理的構成要素である（Strack & Martin, 1987; Tourangeau, 1984）。これらの課題を連続的な順番で呈示することは有益であるけれども，以下に示すとおり，反応者は必ずしもこの順番に従っているとはかぎらないだろう。次に，これらの各ステップの詳細について述べる。

●● 質問理解

　質問理解段階における主要な問題は，質問に対する反応者の理解が，調査者が心のなかに思い描いているものと一致しているか否かということである。つまり，反応者が質問のターゲットとみなした態度の対象や行動が，調査者が意図したターゲットであるのかどうか？　反応者の理解は，問題の同じ側面と同じ評定次元であるのかどうか？　心理学的観点からみて，質問理解は2つの絡み合った過程の操作を反映している。

　1つ目は，発話言語の意味理解に関するものである。文章の文字通りの意味理解は，単語の同定や，意味記憶からの語い情報の再生，文脈によって制約を受ける発話言語の意味の構築が含まれる。当然のことながら，方法論の教科書は，調査者に対して，単純な質問を記述し，未知もしくはあいまいな用語は避けることを促している（たとえば，Sudman & Bradburn, 1983）。しかしながら，質問に回答するためには語の理解だけでは不十分である。たとえば，「今日何をしましたか？」とたずねられたとき，反応者は語の意味を理解しようとする。しかし，反応者は，調査者が興味をもっている活動がどんな種類かを決定する必要がある。たとえば，シャワーを浴びたか浴びなかったかを報告すべきか？　それゆえ，適切な回答を可能にするように質問を理解することは，質問の文字上の意味の理解を必要とするだけではなく，質問の実用的な意味を決定する質問者の意図についての推論をも必要とする。

　質問の実用的な意味を推論するために，反応者は文脈情報に頼る。この文脈情報には，調査者によって呈示された先行する質問の文脈と，反応選択肢の特徴が含まれている。グリース（Grice, 1975）の会話の論理のなかで述べられているように，この情報の使用は，日常生活における会話の行為を制御する暗黙的な仮説に基づいている。これらの暗黙的な仮説は，特にそうでないと示されなければ，話者の寄与すべてが進行中の会話の目標と関連しているということを必然的にともなう。調査状況において，調査者のなすべきことは，反応者に関連した情報源を質問に付与しながら，質問紙の外見上の形式的特徴を整えるのと同様に，先行する質問の内容をも吟味することである（調査状況における会話の過程の包括的な概説として，Clark & Schober, 1992; Hilton, 1995; Schwarz, 1994, 1996; Strack,

1994 参照)。

◇◇質問紙の形式的特徴

自由回答 対 限定回答質問形式　反応者が自由回答形式で「あなたは今日何をしましたか？」とたずねられたとしよう。意味のある回答をするために，反応者は，調査者がどういう活動に興味をもつかを決定しなくてはならない。情報を与えようとして，反応者は，調査者が明らかに気づいている行動（たとえば，「私は調査インタビューをうけた」），もしくは，あたりまえだとみなす行動（たとえば，「シャワーを浴びた」）を省く傾向にある。もし反応者がインタビューを受けたことやシャワーを浴びたことを含めた行動のリストを与えられたならば，ほとんどの反応者は，それらを認めるだろう。しかしながら，同様に，このようなリストをあげることは，反応者が，リスト以外の反応を報告するという可能性を減少させることになるだろう（概説として，Schuman & Presser, 1981; Schwarz & Hippler, 1991 参照)。これら両方の質問形式は，調査者が興味をもっている活動を明示することによって，現在示されている例において，反応選択肢が質問の意図する意味を明らかにでき，そして，反応者に他のやり方では考えつかないような活動に気づかせるかもしれないという効果をもたらす。この例はかなりはっきりしているように思えるのだが，より微細な影響に関してはしばしば見落とされる。

頻度尺度　最近，何回ぐらい「実にいらいらした」と感じたか，とたずねられた反応者を想像してみよう。この質問に答えるために，彼らは再び，調査者が言う，「実にいらいらした」の意味は何かを決定しなくてはならない。この用語は，重要ないらだちを意味するのか，それとも重要でないいらだちを意味するのか？質問の意図された意味を同定するために，反応者は調査者によって与えられた反応選択肢を考慮するかもしれない。もし反応選択肢が低頻度のカテゴリーを表わしているのなら（たとえば，1年に1回以下から1か月に1回以上という範囲)，反応者は，調査者が心のなかで比較的まれに起こる事象を想定しており，また，質問は，よりよく起こりがちで重要でないいらだちを意味するはずがないと結論づけるだろう。この仮説に一致して，シュワルツ，ストラック，ミューラーとチャッゼン（Schwarz, Strack, Müller, & Chassein, 1988）が観察したことによると，高頻度尺度でいらいらする経験の頻度を報告しなければならない反応者は，重要でないいらだちを意味する質問であると思ったのに対して，低頻度尺度で報告しなくてはならない反応者は，重要ないらだちを意味する質問であると思った。このように，反応者は与えられた反応選択肢の頻度によって，異なる経験を質問のターゲットであるとみなした（Winkielman, Knäuper, & Schwarz, 1998 参照)。

評定尺度の数値　同様に，シュワルツとヒップラー（Schwarz & Hippler, 1995a,

また，Schwarz, Knäuper, Hippler, Noelle-Neumann, & Clark, 1991 参照）は，反応者が，尺度の言語上の両端の点の意味を解釈するために評定尺度の一部として与えられた特別な数値を使用するかもしれない，ということを観察した。この研究では，ドイツの成人が，11点評定尺度に従って，政治家を評定するよういわれた。その尺度は，0点もしくは−5点（この政治家はよいと思わない）から始まって，11点もしくは+5点（この政治家はとてもよいと思う）までの範囲であった。この質問に回答するために，反応者は，「この政治家はとてもよいと思わない」の意味を決定しなくてはならない。これは単に肯定的な意見の欠落を示すのか，否定的な意見の存在を示すのか？ そして，反応者はラベルが，数値が−5のときは否定的な意見の存在（「私は彼について批判的な意見をもっている」）に合致すると推測し，一方，数値が0のときは肯定的な意見の欠落（「私は彼について特別に好意的な意見はない」）に合致すると推測して，評定尺度の数値を思い描く。これら言語的尺度の異なる解釈は，明らかに異なる評定基準に反映されている。−5点から+5点の中間点以下の評定は反応者の29.3％のみが報告し，0から10点の中間点以下の評定は反応者の40.2％が報告した。明らかに，高支持率の関心を寄せる政治家は，前者の評定を使うほうがよいだろう。

加齢にともなう差 総合的にみて，上記の知見は，質問の意味を解釈する際に，反応者は反応選択肢を使用するということを立証する。そうするとき，反応者は，すべてのことが進行中の会話の目標と関連しているという暗黙的な仮説を使用し続ける。調査状況において，調査者の行うことのなかには，たとえば評定尺度として与えられた数値のような，質問紙の外見上の形式的特徴を整えることも含まれる。したがって，同じ言葉で書かれた質問でも，付随する反応選択肢によっては，異なる意味になるかもしれない（さらなる討論は，Schwarz, 1996 参照）。

これらの過程は，認知的機能における加齢にともなう変化によって影響を受ける傾向にあるのだろうか？ 一方，われわれは，会話の行為の基礎をなす暗黙的な仮説を高齢の反応者は共有するということ，それゆえ，高齢の反応者は，若齢の反応者とほとんど同じやり方で質問紙の形式的特徴を思い描く傾向があるということを間違いなく事実だと認めることができる。他方，質問の意味を一義化するためにこれらの特徴を使用するには，反応者が質問のなかで表現された文章を付随する反応選択肢に結びつけることが必要である。そして，それを行うには，かなりの認知的資源が必要とされるかもしれない。認知的資源の加齢にともなう衰退があるとすれば（本書の1章参照），高齢反応者は，質問の言い回しと反応選択肢の結合を反映する解釈にたどり着かない傾向にあるかもしれない。

いくつかの予備データ（Schwarz, Park, Knäuper, Davidson, & Smith, 1998）は，後者の可能性を支持している。シュワルツとヒップラー（1995a）の，数値の評

定尺度に関する追試実験のなかで，若齢と高齢の反応者は，1996年アメリカ大統領選挙における共和党候補者ボブドール（Bob Dole）の評定をするよういわれた。先行研究結果と一致して，若齢反応者は，ボブドールを，言語ラベル「この政治家はとてもよいと思わない」の尺度の数値が0よりもむしろ−5のときに，より肯定的に評定した。しかしながら，年齢が70歳かそれ以上の反応者は，数値のタイプと無関連に同じ評定を行った。これは，高齢反応者が言語ラベルの意味を解釈する際に，数値を思い描かなかったということを示唆する。それは，おそらく，彼らの制限された認知的資源では，彼らに質問の言い回しと数値とを関連づけることをできなかったためであろう。この解釈を支持することになるが，われわれは，反応者のリーディングスパン，つまり認知的資源の測度の関数として数値の影響が変化するということを観察した。予測されたとおり，認知的資源の多い反応者は文章と数値とを関連づけており，一方，認知的資源の少ない反応者はそうではなかった。

◇◇**先行する質問**　反応者が質問の意図された意味を解釈することは，質問が呈示される文脈によってより影響を受ける。当然のことながら，この影響は，あいまいな質問によって反応者は意図された意味の推測をするために文脈情報に頼らざるをえないので，質問の言い回しがよりあいまいなとき，さらに顕著になる（たとえば，Strack, Schwarz, & Wänke, 1991 参照）。しかしながら，あとに続く質問を解釈するときに，先行する質問の文脈の使用には，先行質問がまだ記憶に残っているということが必要である。質問順序実験における二次的分析（Knäuper, 1998）については，態度質問の項（p.222）で概観されるが，それは，高齢反応者には当てはまらないことが多いだろうということを示している。それゆえ，高齢反応者は，若齢反応者よりも先行質問をほとんど思い描かない傾向を示すかもしれない。その結果，われわれが評定尺度の数値に関して上記で観察したのと同様に（Schwarz et al., 1998），あとに続く質問の解釈が異なってくる。これは，先に出された質問を反応者がくり返すことができないような，対面式，もしくは電話でのインタビューの際に，特に現われる傾向であろう。対照的に，このような年齢差は，反応者があいまいな質問に遭遇するときに先行する質問に故意に戻れるような，自記式質問紙においてはほとんどみられないかもしれない（Schwarz & Hippler, 1995b）。したがって，文脈依存質問の解釈における加齢にともなう差の出現は，ある程度，データ収集の方法に依存しているだろう（自記式質問紙と対面式や電話インタビューとの比較に関して，Schwarz, Strack, Hippler, & Bishop, 1991 参照）。

◇◇「知らない」と答えること　一般的に,「知らない」という回答が設けられていないときにそれを自発的に答えるよりも,反応選択肢の一部として設けられているとき,反応者は「知らない」とより多く答える傾向がある（概説として,Schwarz & Hippler, 1991 参照）。この質問形式効果は高齢反応者にもみられるが,調査者は高齢反応者が若年反応者よりも,一般的により多く「知らない」と回答する傾向があるということをくり返し観察している（たとえば,Colsher & Wallace, 1989; Gergen & Back, 1966; Rodgers & Herzog, 1987）。これは,高齢者の反応があいまいな質問への回答に到達するとき,彼らを助ける文脈情報をほとんど思い描かない傾向にあるということをいくぶん反映しているだろう。さらに,高齢反応者は「知らない」ということがより合理的であると発見するかもしれない。そして,それゆえに,この反応をより自発的に使用する傾向にあるだけでなく,文脈情報を思い描く際に,多くの努力を費やそうとしないかもしれない。当然のことながら,高齢反応者は,意味的,統語的,もしくは,両方の要素をもっても複雑な質問に対して特に「知らない」と答える傾向がある（Knäuper, Belli, Hill, & Hertzog, 1997）。最終的に,高齢者が推論や行動に対してより「注意深い」という仮説は,彼らが意見を述べる前に,確信性についてより高い閾値を用いているかもしれないということを示唆している。高齢者の反応行動に対するこれらの要因の相対的な寄与は,実証的分析が待たれる。

◇◇要　約　先の例が示すように,質問理解は本来,発話言語の文字通りの意味を理解するという問題ではない。むしろ,質問理解には,質問の実用的な意味を決定するために,話者の意図についての広範囲にわたる推論が含まれる。これらの推論を行うために,反応者は反応選択肢と同様に,先行する質問の特性に頼る。利用可能な証拠は限られているが,高齢反応者が若年反応者よりもほとんど文脈情報を使用しない傾向があるので,質問解釈の際に組織的な加齢にともなう差を生み出している。つまり,各年齢群間の回答の比較には不確実性がともなうと考えられる。

●●判断を再生すること,もしくは計算すること

いったん,調査者が関心をもっているものが何かを決定すれば,反応者は記憶から関連情報を再生する必要がある。いくつかのケースにおいて,反応者は,以前に形成された回答となりうるような適切な判断に直接アクセスするだろう。しかしながら,ほとんどのケースでは,彼らは記憶内に貯蔵された適切な回答を容易に見つけることはできないだろうし,すぐに判断を計算する必要があるだろう。このような行為に必要とされる過程は,いくぶん,行動質問と態度質問で違いが

あり，以下の各節で検討しよう。

●● 反応を形成すること

　反応者は判断を形成した後，一般的には彼ら自身の言葉で報告できない。むしろ，彼らは調査者によって与えられた反応選択肢の1つを使用することによって，判断を報告すると思われる。このためには，与えられた選択肢と同一線上で反応を形成することが必要とされる。したがって，調査者がどんな反応選択肢を選ぶかが得られる結果に強く影響を及ぼすかもしれない（概説として，Schwarz & Hippler, 1991 参照）。第一に，反応者は，すでに質問理解に関する項でも討論したように，自由回答反応形式においてそれを自発的に使用するよりも，限定回答反応形式において呈示された反応選択肢をより使用する傾向にある。第二に，呈示される選択肢の順番は，反応者の反応選択肢の使用に影響する（Knäuper, 印刷中）。これについては，下記の態度質問の討論において検討しよう。

　最後に，評定された刺激が含まれる文脈は，反応者の評定尺度の使用に影響を及ぼす（たとえば，Ostrom & Upshaw, 1968; Parducci, 1983）。特に，反応者は，評定尺度の両端の点を決めるために，最も極端な刺激を使用する。結果として，あまり極端でない刺激の文脈内で呈示されるよりも，より極端な文脈において呈示される場合のほうが，与えられた刺激は，あまり極端ではないものとして評定されるであろう。パルダッチのモデル（Parducci's model）によると，この刺激の範囲の影響力は，「範囲効果」とよばれた。加えて，評定されるべき刺激の総数が十分に多いならば，反応者は評定尺度のすべてのカテゴリーをほぼ同程度に使用しようと試みる。したがって，与えられた特別な評定は，呈示された刺激の度数分布に依存し，この効果は，「頻度効果」といわれている。

　現在，反応形成における加齢にともなう差に関連したデータは，反応順序効果の出現に限られている。しかしながら，評定尺度の使用における文脈刺激の影響はまた，年齢に依存しているらしい。特に，高齢反応者は，呈示された多数の刺激の経過と，彼らがそれぞれに割り当てた評定の経過をたどることができない傾向があるだろう。もしそうなら，頻度効果が高齢反応者に対して弱められるのと同様に，範囲効果も弱められると予想されるだろう。つまり，調査者が尺度使用の差を，実際に報告された意見における差として誤って解釈してしまう可能性を示している。加えて，いくつかの報告は，超高齢反応者（80歳かそれ以上）が反応尺度のカテゴリー間をほとんど区別していないことを示唆しており，したがって，彼らの評定を行う能力は減退している（Knäuper & Seibt, 1999）。

●● 反応を編集すること

最終的に，反応者は，反応を伝達する前に，社会的な望ましさや自己呈示をふまえて，反応を編集しようとするかもしれない。デマイオ（DeMaio, 1984）は，このトピックに関する調査文献を概説した。当然のことながら，自己呈示への関心の影響は，自記式の質問紙よりも対面のインタビュー形式においてより高いという報告がなされている。しかしながら，社会的な望ましさの影響は，潜在的に脅迫的な質問に限られており，概して，影響はあまり大きくないということを強調することは重要である。

◇◇**加齢にともなう差**　　高齢反応者が社会的要求尺度において高い得点を取るという観察は，社会的に望まれている反応が年齢とともに増加することを示唆する（たとえば，Gove & Geerken, 1977; Lewinsohn, Rohde, Seeley, & Fischer, 1993）。もしそうなら，このことは，方法論と重要なかかわりを有するであろう。特に，得られた実際の反応における差は，ある程度使用されたデータ収集についての特有の技法に依存しているかもしれないといわれている。つまり，高齢反応者は，対面式のインタビューにおいてはより社会的に受け入れられる回答をするかもしれないが，この違いは，データ収集が匿名による場合は消えてしまうかもしれない。後者の知見では，調査研究者は，反応者の報告の秘密事項を守る技法，自己呈示についての関心を減らす技法，もしくは両方を保障するために計画された多数の異なる技法を発達させている。これらの手続きは，適切な質問の言い回しと差出人がわからないように封印した封筒を用いることから始まり，個人と回答とを結びつけずに望ましくない行動の頻度評定することができる複雑な無作為反応手続きまでの範囲に及ぶ。サッドマンとブラッドバーン（Sudman & Bradburn, 1983）は，威嚇的な質問に関する章のなかで，さまざまな手続きを概説し，そして，それらをどうやって使用するかに関する詳細なアドバイスを与えた。しかしながら，どの程度このような手続きの使用が，得られる報告の年齢差に作用するかは，残された問題である。

●● 要　　約

本節では，反応者は質問に回答するために何をしなくてはならないかを概説した。簡単に説明すると，反応者の課題は，一連の順番によって呈示された。この順序はもっともらしいが，いったん反応選択肢が異なる意味を示唆すると，反応者は当然異なるステップの間を元に戻ったり先に進んだりして，最初の質問解釈を修正するかもしれない。しかしながらどんな場合でも，反応者は質問の意図された意味を決定し，記憶から関連情報を再生し，判断を形成し，そして，与えら

れた反応選択肢に当てはめるために判断を構成しなくてはならない。さらに，反応者は伝達する前に，個人的な判断を編集しようとするかもしれない。次に，行動の報告と態度質問に関係する特有の考え方をみてみよう。

2. 行動に関する質問に回答すること

　反応者の行動に関する多数の質問は，ある決まった期間内に，何回ぐらいあるものを買うか，何回医者に診てもらうか，何日仕事がなかったか，といった頻度に関する質問である。これらの質問をたずねる調査者は，理想的にいえば，反応者に関心のある行動を同定させ，参照期間を調べさせ，ターゲット行動と一致するすべての実例を検索させ，行動のすべての頻度を決定する実例を数えさせようとするだろう。しかしながら，これは，反応者がほとんどたどろうとしないルートである。

　事実，まれで非常に重要な行動を除いて，反応者は記憶内に貯蔵された行動の多数の個々の実例を詳細に表象しない傾向にある。むしろ，関連した行動とよく似たさまざまな実例の詳細は混ざり合って1つの包括的な表象となる (Linton, 1982; Neisser, 1986)。このように，多数の個々のエピソードは，他の類似した実例からの干渉のせいで，区別がつかなくなるか，もと通りにならなくなる (Baddeley & Hitch, 1977; Wagenaar, 1986)。それゆえ，「特定の時間指標もしくは場所指標を欠いた」知識のような表象の発生を促進する (Strube, 1987, p.89)。1回きりの失業は何回も起こる失業よりもより正確に再生される (Mathiowetz, 1986) という発見は，この現象が，ごくありふれた重要でない行動に当てはまるだけではなく，個人の生活に大いに影響を及ぼすくり返された経験にも当てはまるということを示唆する。したがって，「思い出して数える」モデルは，人が頻繁に起こる行動や経験についての質問にどのように回答するのかをとらえていない。むしろ，回答は，いくつかの断片的な再生と，頻度評定を計算するための推論ルールの適用に基づいている傾向にある (さらなる概説として, Bradburn, Rips, & Shevell, 1987; Schwarz, 1990; Sudman et al., 1996, 研究例として, Schwarz & Sudman, 1994 参照)。

●● **評定方略**
　最も重要な評定方略には，再生にかかわる問題の下位レベルへの分解，主観的な安定と変化の理論への依存，そして，反応選択肢によって与えられた情報の使用が含まれる。

◇◇**分解方略**　多数の再生課題は，再生に関する問題がいくつかの下位課題へ分解されたとき，より簡単になる（たとえば，Blair & Burton, 1987）。たとえば，過去3か月間に何回ぐらい外食したかを評定するために，反応者はだいたい週末ごとに外食すること，明らかに先週ではなくて今週の水曜日にレストランで夕食をとったということを決定するだろう。このように，週末ごとに月4度外食し，他の機会に2回外食したとして，「過去3か月間に18回の外食」という結果になると推測するかもしれない。このタイプの評定は，反応者の推論ルールが適切で，また，通常の行動に対する例外がまれならば，正確になる傾向にある。

しかしながら，これらの恵まれた状況が欠落したときは，分解方略は，過大に評定するという結果になる傾向にある。これは，人々はふつう，低頻度事象の発生を過大に評定し，高頻度事象の発生を過小に評定するということを反映している（Fiedler & Armbruster, 1994 参照）。結果として，一般的で，それゆえ頻繁なカテゴリー（たとえば，「外食する」）の評定を求めることは，過小評定を引き出しがちである。一方，限られていて，それゆえまれなカテゴリー（たとえば，「メキシカンレストランで食べる」）は，過大評定を引き出す傾向にある。分解はふつう，結果として高い評定を生むという観察は，それゆえに，よりよい再生を必ずしも反映しない（Belli, Schwarz, & Singer, 印刷中参照）。分解方略の使用がどれぐらい年齢に影響されるかは，現在のところは知られていない。

◇◇**主観的理論**　特に重要な推論方略は，安定と変化の主観的理論に基づいている（概説として，Ross, 1989 参照）。回想的質問に回答する際に，反応者は基準として最近の行動や態度を頻繁に使用し，過去の行動や態度が現在の行動や態度と似ていたか，もしくはそれと異なっているかどうか評定するために，自身の暗黙理論をよび出す。たとえば，人の政治的信念が生涯を通してより保守的になると仮定すれば，高齢者は，自分が今よりも10代の若者のときのほうが，より自由主義的な政治的態度をもっていたと推測するかもしれない（Markus, 1986）。暗黙理論が正確である限り，以前の態度や行動の結果を示す報告は正しい。

多数の分野において，個人はかなり高度の安定性を想定する。それは，時間を通して起こっている変化の程度の過小評定につながる。したがって，収入（Withey, 1954）や，タバコ，マリファナ，アルコールの摂取（Collins, Graham, Hansen, & Johnson, 1985）の回想的評定は，インタビュー時の収入や摂取の常習性によって多大な影響を受けることが発見された。一方，反応者は変化を信じる理由があるとき，たとえ何も起きなくても，変化を検出するだろう。たとえば，スタディスキルズ（study skills, 学習するための基本的技術）訓練への参加者は，訓練が実際の遂行にまったく影響を及ぼさなかったにもかかわらず，訓練前のスキルは訓

練後よりもとても未熟であると推測した（Ross, 1989 参照）。

この討論が示すように，生涯を通した変化に関する回想的報告は，反応者の主観的理論に決定的に依存しているだろう。現在，われわれはこれらの主観的理論について比較的知っていることが少ないし，また，生涯を通してこれらの理論それ自身が，どのように変化するのかも知らない。これは，今後の研究に有望な道を与える。そしてそれは，回想的報告の理解を大いに進展させるだろう。

◇◇**反応選択肢**　反応者が評定を行うときに使用する特に重要な情報源は，質問紙それ自身によって与えられる。多数の調査では，反応者は，表13-1に示された反応選択肢のリストから適切な選択肢に印をつけることによって，行動を報告するよう求められる。選ばれた選択肢は反応者の行動を調査者に知らせると思われるが，与えられた反応選択肢のセットは，単なる「測定装置」以上のものであるかもしれないということが見落とされる傾向にある。むしろそれは，われわれが質問理解の項ですでにみてきたように，反応者のために情報の資源を構成するかもしれない（概説として，Schwarz, 1996; Schwarz & Hippler, 1991 参照）。

特に反応者は，与えられた反応選択肢の範囲が，調査者の現実世界での行動の分布についての知識や予測を反映していると仮定する。したがって，尺度の中間区域における価値は，「平均」もしくは「ふつう」の行動の頻度を反映しており，一方，尺度の一番端は分布の極端値を反映していると仮定する。この仮説によれば，反応者は，彼ら自身の行動の頻度を評定するとき，参照の枠組みとして，反応選択肢の範囲を使用することができる。

この方略は，表13-1に示されたように，低頻度反応選択肢よりも高頻度反応選択肢を示す尺度に従って高く評定するという結果を生む。この研究（Schwarz, Hippler, Deutsch, & Strack, 1985）では，尺度が低頻度反応選択肢として呈示されたとき，ドイツ人反応者のサンプルの16.2％のみが，1日に2時間半以上テレビを見ると報告した。一方，尺度が，高頻度反応選択肢として呈示されたときは，

●表13-1　反応選択肢の関数として報告された1日のテレビを見る時間
（Schwarz et al., 1985 より抜粋し改変）。

低頻度選択肢		高頻度選択肢	
30分以内	7.4%	2時間半まで	62.5%
30分以上1時間以内	17.7%	2時間半以上3時間以内	23.4%
1時間以上1時間半以内	26.5%	3時間以上3時間半以内	7.8%
1時間半以上2時間以内	14.7%	3時間半以上4時間以内	4.7%
2時間以上2時間半以内	17.7%	4時間以上4時間半以内	1.6%
2時間半以上	16.2%	4時間半以上	0.0%

注：人数＝132人

37.5%が先と同様の報告をした。同様の結果は，広範囲にわたる異なる行動に関しても得られている（概説として，Schwarz, 1990, 1996参照）。

加齢にともなう差　当然のことながら，行動が記憶内でうまく表象されないほど，反応選択肢の影響はより大きい。したがって，反応者は評定方略に頼らざるをえない（Menon, Raghubir, & Schwarz, 1995）。これは，概して反応選択肢の影響が若齢反応者よりも高齢反応者に対してより顕著であるということを示唆する。得られているデータは，制限を加えることによって，この予測を支持する。表13-2で示されたように，シュワルツ，パークとクナイパー（Schwarz, 1999bによって報告されている）は，高齢反応者が誕生日プレゼントを買うというような，日常的な事象の頻度を報告するよう求められたとき，反応尺度の頻度範囲によって，より影響を受けることを観察した。他方，高齢反応者は，身体的症状の頻度に関係した質問のときは，若齢反応者よりも，影響を受けにくかった。あわせて考えると，これらの結果は，すべての年齢の反応者が，評定を形成する必要がある場合，反応選択肢に依存するということを示唆する。しかし，評定を形成する必要性は，それぞれの行動にどれぐらい注意をはらっているかに依存し，そしてそれは，年齢に依存している。

重要なことには，これらの報告から，実際の行動での年齢にともなう差に関する異なる結論が，使用される尺度形式の違いによって再び導き出されるだろう。

●表13-2　内容と反応者の年齢の関数としての行動に関する報告における反応選択肢の影響（Shwarz et al., 1999bより抜粋し改変）。

	頻度尺度		
	低	高	差
ありふれた行動			
赤身の肉を食べる			
若齢	24	43	19
高齢	19	63	44
誕生日プレゼントを購入する			
若齢	42	49	7
高齢	46	61	15
身体的徴候			
頭痛			
若齢	37	56	19
高齢	11	10	1
胸やけ			
若齢	14	33	19
高齢	24	31	7

注：若齢反応者は29歳～40歳，高齢反応者は60歳～90歳である。数値は，1か月に10回以上赤身の肉を食べる，1年に5回以上誕生日プレゼントを買う，1か月に2回以上頭痛や胸やけが起こると答えた反応者の割合である。

たとえば，われわれは，赤身の肉の消費（健康と関連したダイエット行動）や誕生日プレゼントの購入（社会的統合の指針）が，低頻度尺度が使用されたときはより少ないが，高頻度尺度が使用されたときはより多い，という結論に達するだろう。反応選択肢の組織的影響とそれらの影響への加齢にともなう差を取り除くために，「あなたは1日に何時間テレビを見ますか？ 1日につき＿＿時間」というような自由回答反応形式を使用して頻度質問を求めることは賢明である。このような自由回答反応形式は「数時間」のような回答を避けるために，適切な測定単位（たとえば，「1日に何時間」）を明示する必要があることに注意しよう。自由回答反応形式の状況下で得られた報告は，間違いがないとはいえないが，それらは少なくとも手法によって組織的なバイアスを受けない（討論として，Schwarz, 1990 参照）。

●●要　約

本節でみてきた研究結果は，回想的行動の報告が関連したエピソードの適切な再生に基づくことはまれであるということを強調する。むしろ，得られた報告は，ほとんど理論駆動である。反応者は調査状況下で，行動の断片的再生から始めようとしたり，また，正当な評定にたどり着くためにさまざまな推論ルールを適用する傾向にある。さらに，もし，量的な反応選択肢が与えられるならば，反応者は参照の枠組みとしてそれらを使用する傾向にあり，結果として組織的なバイアスが生じる。調査者は再生を楽にするために多数の方略を発達させてきたが（Sudman et al., 1996, Schwarz & Sudman, 1994 によって記述されている），行動がまれで反応者にとってはとても重要でない限り，最善の場合は正当な評定が望めるということを心に留めておくことは重要なことである。

3. 態度質問に回答すること

回想的行動の報告と同様に，反応者の態度質問に対する回答は，とても文脈に依存している。反応者の課題に関する討論でもみたように，質問の解釈や判断を形成する際に頼る情報は，質問に特有な言い回しや，先行する質問の内容によって強く影響を受けるだろう（研究例と概説として，Schuman & Presser, 1981; Schwarz & Sudman, 1992; Tourangeau & Rasinski, 1988 参照）。サッドマンら（Sudman et al., 1996, 3－6 章）は心理的理論化の観点から，文脈効果の異なる資源についての詳細な討論を提供した。ここで，2つの重要な問題に注目する。すなわち，質問順序効果と反応順序効果に関してである。

●● 質問順序効果

　多数の心理学の実験が記録してきたように，個人は，判断をするのに関連すると思われるすべての情報を検索するわけではなく，満足のいく主観的確信性のある判断を形成するために十分な情報が心に浮かぶとすぐに探索過程を打ち切る（概説として，Bodenhausen & Wyer, 1987; Higgins, 1996; Schwarz, 1995 参照）。したがって，個人の判断には，判断するときに記憶において最もアクセスしやすい情報の影響が強く反映されている。これはふつう最も新規に使用された情報である（たとえば，先行する質問に回答するときの目的）。しかしながら，短期記憶の加齢にともなう衰退がある場合（本書の1章参照），先行する質問によってもたらされた情報は，高齢反応者の記憶からよりすばやく消えてしまうかもしれない。したがって，質問順序効果が加齢にともなって衰退すると予想されるだろう。クナイパー（Knäuper, 1998）によって報告された二次的分析は，この予測を確かめた。

　例として，シューマンとプレッサー（Schuman & Presser, 1981）によって報告された実験を考えてみよう。これら調査者は，反応者に「妊娠中の女性が，もし結婚していて，子どもをこれ以上望んでいなければ，合法的な人工中絶を当然受けることができると思いますか？」とたずねた。この一般的な質問に対する回答は，「もし，赤ちゃんに重大な欠陥がある可能性が高いならば，妊娠中の女性が，合法的な人工中絶を当然受けることができると思いますか？」というより特殊な質問が先にされるか否かに影響された。一般的な質問の前にこの特殊な質問がなされたとき，サンプル全体としては一般の質問の場合には，人工中絶を支持する回答が有意に減少した。これはおそらく，「赤ちゃんの重大な欠陥」と比較して「子どもをこれ以上望まない」という理由が，人工中絶に対してより正当な理由ではないように思われることを反映している。しかしながら，図13-1に示されるように，年齢ごとの順序効果における成績差は，若齢反応者にのみみられるということを示した。

　特に，55歳以下は，特殊な質問が一般的な質問より先にたずねられたときよりも，まず初めに一般的質問がたずねられたとき，合法的中絶をより有意に支持すると報告した。結果として，19.5％の差が生じた。この質問順序効果は，図13-1にみられるように，加齢とともに減少し，60歳を過ぎると，もはやほとんどみられなくなる。これらのデータに基づけば，高齢者が最初に一般的な質問をなされたとき，合法的な人工中絶をほとんど支持しないが，特殊な質問が一般的な質問よりも先になされたとき，人工中絶に対する態度はまったく年齢に関連はない，と結論づけられよう。このように，質問理解段階での文脈情報の使用の年齢依存性としてみてきたように，質問順序効果の年齢依存性から異なる多数の結論を引き出すことができるだろう。

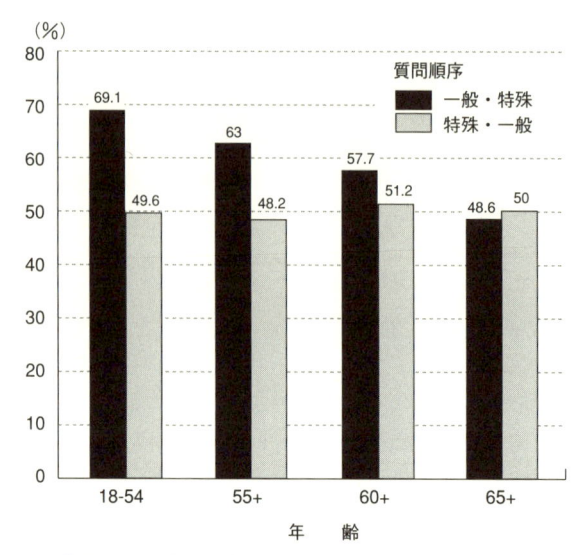

●図 13-1　年齢と質問順序別の中絶を支持する割合

●● 反応順序効果

　ここまでのところ，報告された結果の大半が，文脈効果は加齢とともに衰退するということを示している。ここで報告された結果だけを考えると，それらは理論的にあいまいである。一方では，高齢反応者の制限された資源は，われわれが示唆しているように，文脈情報に頼る能力を徐々に衰退させているということを示すかもしれない。他方，高齢反応者の態度が，若齢反応者の態度よりも，より結晶化されていて，それゆえ，シアーズ（Sears, 1987）が示唆しているように，文脈の影響をほとんど受けないということを反映しているのかもしれない。

　反応順序効果の分析は，この理論的問題に関係する。特に，いくつかの本質的に異なる反応選択肢を呈示する質問への回答には，反応者が（a）質問と反応選択肢を心に保持し，（b）各反応選択肢の意味を評定し，そして（c）最もふさわしいと思う選択肢を選ぶ，ということが必要である（基礎的な過程のより詳細な討論として，Schwarz, Hippler, & Noelle-Neumann, 1992; Sudman et al., 1996, 本書の6章参照）。この一連の課題は，特に電話でのインタビューのように，反応選択肢が反応者に対して読まれるとき，高負荷の作動記憶が要求される。したがって，自己報告における認知的資源の年齢差による説明から，高齢反応者は，若齢反応者よりも，反応選択肢が呈示される順序によって影響を受けやすい，と予測できる。対照的に，高齢反応者の態度がより結晶化されているという仮定は，高齢反

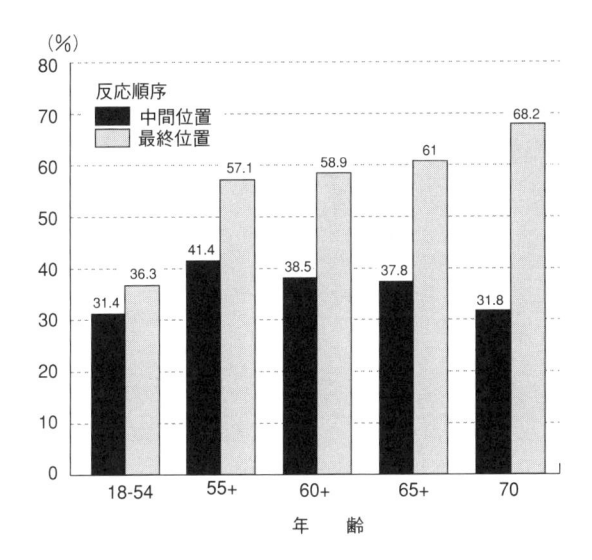

●図 13-2 年齢と反応順序別の「より難しく」を支持する割合

応者が若齢反応者よりも反応順序効果をほとんど示さないということを予測させるだろう。

　得られたデータは，認知的資源予測を強く支持する（概説とメタ分析については，Knäuper, in press）。たとえば，シューマンとプレッサー（1981）は，電話インタビューで，反応者に，「この国で，もっと簡単に離婚できるのが望ましいのか？ 難しくすべきか？ あるいは現状のままでよいか？」とたずねた。状況に応じて「より難しくすべきだ」が反応者に対して 2 番目か最後の選択肢として読まれた。総じて，反応者は，「より難しくすべきだ」が最後に呈示された場合，この反応選択肢を選ぶ傾向がいくぶんあった。これは新近性効果とよばれる。しかしながら，クナイパー（Knäuper, 1998, in press）によって報告された二次的分析は，劇的な年齢差を示した。図 13-2 に示されるように，新近性効果の大きさは反応者の年齢に従って大きくなった。その範囲は，54 歳かそれ以下ではわずか 5％であるところから，70 歳かそれ以上では，36.3％という大きな値になった。反応選択肢が呈示されたときの順番によって，離婚に関する年齢と態度の関連性についての異なる重要な結論が引き出されるだろうことに再び注意する必要がある。離婚に対する態度は，ある順序状況の下では加齢にともなってより保守的になるように思えるが，別の順序状況下では，確かな年齢差は得られていない。

●● 要　約

　要するに，概説された結果は，質問順序効果が加齢とともに減少し，その一方で，反応順序効果が加齢とともに増加する傾向にあることを示唆する。これら両効果の源は，認知資源の加齢にともなう衰退である。その認知資源の衰退によって，高齢反応者は短期記憶において多量の関連情報を保持することがより難しくなる。結果として，態度に関する自己報告は，文脈に依存するだけでなく，文脈効果そのものの大きさが年齢によって変わる。そしてそれは，年齢群間の比較が不確実であるということを示している。

4. 結　論

　概説された例が示すように，質問の言い回しと質問形式と質問順序のわずかな差は，心理学実験室内と同様に，見本標本調査で得られた結果に強く影響を与えるだろう。過去10年間にわたり，調査者は，行動や態度についての自己報告における文脈効果の出現の根底にある認知と伝達の過程を理解することをかなり進めてきた（わかりやすい概説として，Sudman et al., 1996 参照）。しかしながら，この進歩にもかかわらず，質問に回答する過程における認知と伝達の機能の加齢にともなう変化の影響はほとんど知られていないし，この分野において加齢にともなう効果が，どのように個人の教育的学識と関連した要因によって影響されるかは理解されていない。しかしながら，少しわかっていることは，かなりのことがらに対する原因である。当然のことながら，認知資源，記憶，文章理解，発話処理，そして伝達の加齢にともなう差は，質問に回答する過程の要素に大きな影響力をもちうる。結果として，高齢と若齢反応者間で，異なる文脈効果を生む。概観した調査例は，年齢に敏感な文脈効果から，高齢と若齢反応者が，ある質問形式もしくはある質問順序状況下では，態度や行動が異なると結論づけられるということを示している。しかし，われわれは，他の質問形式や他の質問順序状況下では，年齢差は存在しないと結論づけたい。もし重要な結果としての年齢に敏感な方法論的効果の解釈の間違いを避けたければ，われわれは，反応者が報告を形成する際に，調査手法の特徴と相互に作用する認知と伝達機能が，加齢にともないどのように変化するかを理解しなくてはならない。この争点の多い問題を探求することは，未来の学際的な研究に挑戦する道筋を与える。そしてそれは，生涯を通した人の認知と意思伝達の理論的理解を発展させ，社会的調査の方法論を進歩させると約束するものである。

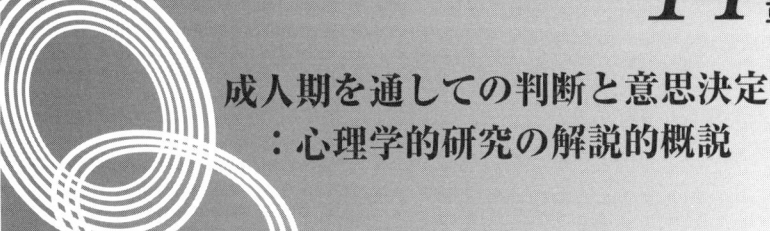

14章 成人期を通しての判断と意思決定：心理学的研究の解説的概説

アラン・G・サンフェイ，リード・ヘイスティ（Alan G. Sanfey, Reid Hastie）

　判断と意思決定をするための能力は基本的な高次認知能力である。それらは，祖先の環境や日常生活において，生存に必要な重要な能力のリストのトップにしばしばあげられる。現代世界においてさえ，生活の質や寿命は，ダイエット，健康管理，交通手段，生活状況についての意思決定に直接左右される。

　近年，意思決定に関する多数の理論的で実践的な研究が発展してきた。そして，このトピックは今や，心理学の分野に含まれる重要な一分野である。しかし，意思決定過程は，加齢に関する研究のなかでは見過ごされてきた。このことは，意外なことである。なぜなら意思決定過程を研究するためのいくつかの標準的でよく理解された客観的に妥当な研究パラダイムがあるからである。明らかに，われわれが必要とする意思決定と判断のタイプは，生涯を通して変化する。20歳の人が直面する意思決定は，70歳がしなくてはならない意思決定と異なることは明白である。たとえば，医学的，金銭的な問題についての意思決定は，歳をとるにつれて頻度や重要度が増す傾向にある。しかし，基本的な意思決定過程はどのようなものか？　われわれは歳をとっても同じやり方で意思決定や判断をするだろうか？　もしくは歳をとるにつれて，意思決定のやり方には本質的な違いがあるのだろうか？　この質問はいまだにこの領域の研究不足のせいで，十分には答えが出されていない。本章の目的は，加齢と意思決定のトピックを取り扱ったわずかな研究を概観することである。

　生涯を通した判断と意思決定に関するこれまでの研究は驚くほど少ないが，基礎過程に関する加齢の影響についての経験的知識からなるたくさんの基盤がある。基礎過程とは，われわれが概観する課題における，高水準の認知能力の要素である。たとえば生涯にわたる，頻度評定，再認（前に経験された個人と事象との同一性）や，再生記憶に関する有益な文献がある。高次の認知能力に対する加齢の影響を説明するために最近5つの仮説がよく取り上げられる。それらは，

感覚と知的システムの両方の衰退を生じさせる脳機能の総合的な変化 (Baltes & Lindenberger, 1997)，貯蔵容量 (もしくは貯蔵過程) の減衰 (Parkinson, Lindholm, & Inman, 1982)，作動記憶内の課題に無関連な干渉する情報の活性化と処理を抑制するための能力の衰退 (Stoltzfus, Hasher, & Zacks, 1996)，目標と認知的もしくは行動的遂行に関する複雑な計画を結びつける能力の衰退 (Craik, 1994; Kirchner, 1958)，また，作動記憶内の情報の活性化の減速 (Cerella, 1990; Salthouse, 1996; 参照として，Morris, Gick, & Craik, 1988)，の5つである。これらの仮説に基づくならば，加齢によって影響を受ける意思決定過程の程度を推測することが可能である。

　金銭管理のための金融機関を選ぶことや，ガンの成長を制止するための手術を受けようと決定することは，明らかに「意思決定」とみなされるための基準に当てはまる。しかし,よりはっきりしない意思決定の例に関してはどうであろうか？われわれが毎朝仕事に出かけること，これは意思決定として数えられるか？　結局，われわれは毎日毎日，いくつもの異なることをしていただろうけれども，おそらく仕事へ行こうか行くまいかというような意識的な意思決定はまったくしていなかった。この概説でわれわれは，じっくり考えて意思決定をする課題での認知過程に焦点をあてる。「判断や意思決定」の分野において，このカテゴリーに入る3つの主要な課題のタイプがある。これらの課題の1つ目は判断と評定で，これにはいくつかの資源からの情報をたった1つの評定か判断に統合することが含まれる。たとえばわれわれは，いろいろな病気や障害の苦しさの判断を推測するために，自身の症状を概観するだろう。もしくは，実際の不動産市場において売却希望価格の見積もりをするために，資産についてのいくつかの側面を研究するかもしれない。2つ目の課題は，健康管理計画や車のような多重の属性をもつ「商品」間で選択するという課題である。そこでは，いくつかのオプションや商品の特徴を検討したり，どれを購入したり契約したりするか，という選択をする。3つ目の課題は，医学的治療選択の選好のようなリスクをともなう意思決定に関係する。ここでの「リスク」という言葉は，意思決定に付随する結果が不確実であるという事実を表わす専門的な意味で使用される。必ずしもそうではないが，リスクには通常，少なくとも結果のいくつかが否定的であり，個人の資本，健康，幸福を「現状」よりも低下させるというさらなる意味も含んでいる。

　これらの課題こそが，生涯を通して研究される方法の記述に関して，この概説において，検討されるであろう。われわれは次のことに注意すべきだ。熟達と判断のトピックに向けられた研究はかなりなされているけれども，加齢と熟達そのものを同じとみなさない。それゆえ，これらの研究の概説をしない。熟達者は初心者よりもほぼ確実に年上であるけれども，実際の加齢効果を隠す多数の紛らわ

しい要因がある。加齢に関連した先行研究の概説とともに，先に述べた3つの課題それぞれの詳細を述べることから討論を始める。また，今後の研究の方向性を示し，加齢と3つの基礎的な意思決定課題との関連性を明確化したい。

1. 基本的な判断と意思決定課題

●● 判断と評定

多数の日常の判断課題は，大きさや量や条件を評定するための情報の項目から推論することが含まれる（よい全体像の入門書として，Fischhoff, 1988）。われわれは，毎日これらの多量の量的な判断を行っている。たとえば，食費がいくらかかるか？　会議がいつ終わるか？　明日の気温は何度ぐらいか？　パーティーに何人ぐらい来るだろうか？　そして，多数の重要な判断も，量的であり莫大である。ローンの利率はどれぐらいであろうか？　その病人はどれぐらい生きるだろうか？　何人ぐらいの市民が新しい郊外へ引っ越すだろうか？　もし仕事を変わるか退職したら1か月の収入はどうなるのか？　隣国の暴力犯罪件数は増え続けるであろうか？

◇◇ **研究方法**　このタイプのほとんどの判断研究は，多数の要因や手がかりによって結果が示されるような状況に視点がおかれている。典型的に，各手がかりは何らかの次元上の値をもっており，目的に照らして考えると値の高いものと低いものがある。たとえば，学校での成績の予測において，高いテスト得点は低い得点よりもよい。判断者の課題は，ふつう，これらの手がかりに基づいた結果の評定を行うか，もしくは値の予測を行うことである。たとえば，判断者は，これまでの研究経験や，卒業試験得点（GRE: Graduate Record Examination）や推薦書の内容などといった手がかりに基づいて，大学院への多数の応募者を評価しようとするかもしれない。もしくは，医学的判断課題において，参加者は，それぞれの患者によって示されるさまざまな症状についての情報，たとえば，血圧レベルや頭痛の有無や胃酸のレベルに基づいて，特定の医学的状況の深刻さを予測するよう求められるかもしれない（図14-1の例示参照）。あらゆる想像できる限りの刺激形式（レントゲン写真から対面式インタビューまで）が研究で採用されてきたが（Cooksey, 1996），ふつう，手がかり情報は判断者のために数的に表現される。

多重手がかり判断過程の分析に対して最も有名なアプローチは，レンズモデル（lens model）で，それは，ブルンスウィック（Brunswik, 1952）と彼の学生ハモンド（Hammond, 1955）によって推進された。そこでは，食費がかかるかどうか，

230　Ⅳ　応　用

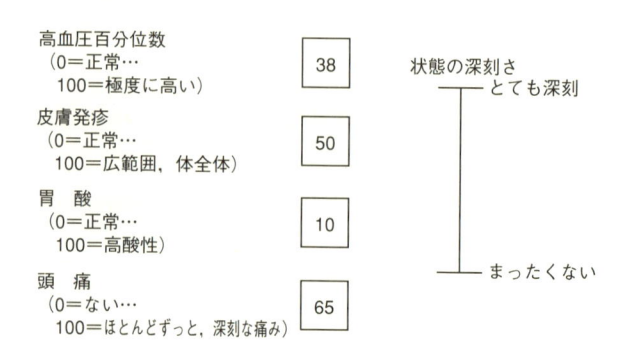

```
高血圧百分位数
 (0＝正常…              ┌──┐
  100＝極度に高い)      │38│          状態の深刻さ
                       └──┘          ┬ とても深刻
皮膚発疹                                │
 (0＝正常…              ┌──┐          │
  100＝広範囲, 体全体)  │50│          │
                       └──┘          │
胃　酸                                  │
 (0＝正常…              ┌──┐          │
  100＝高酸性)          │10│          │
                       └──┘          ┴ まったくない
頭　痛
 (0＝ない…              ┌──┐
  100＝ほとんどずっと, 深刻な痛み)│65│
                       └──┘
```

●図 14-1　医学的診断判断課題呈示画面の例

　もしくは，合格した大学院生がいかによい成績を修めるかというような評定されるべき環境変数が，一組の手がかり値に基づいて判断者によって推測される。手がかり値と判断者の評定との関連がそうであるように，現実世界に対するこれらの手がかりの予測的な重要性（どれくらい実際に食費がかかっているか，どれぐらいよい成績を実際学生は修めているか）は，数的な係数によって表わすことができる。

　この方法に基づく実験において，被験者は上記で述べたようないくつかの判断を下すだろう。そしてその後，重回帰分析の統計的処理を通して，被験者の判断の方針は，「捕えられうる」。これは，判断を手がかり値に回帰することにより行われ，そして各被験者に対して，判断「手がかり重みづけプロフィール（cue weight profile）」を作成する。この，方針捕捉アプローチ（policy capturing approach）の最も有効な結果の1つは，被験者の判断習性を代数学の方程式によって要約的に記述することである。

　この方針捕捉アプローチの中核は，被験者の判断の正確さを定量化するという考え方にある。特に，医学的判断や財政予測のような，判断ができるだけ正確になされることが非常に重要であるような場合において，このアプローチは判断過程の適切な側面である。既知の判断されるべき目標値があるとき，典型的な正確さの測度とは，問題となっている変数についての判断者の評定値と，実際に観察・測定された値との間で算出される相関関係である。上記に示した医学的判断課題についていうならば，正確さは，判断者によって与えられた評価と，さまざまな患者の実際の状況とを比較することによって評価されるであろう。明らかに正確さには，どの手がかりを使用するか，そしてどの程度それらに頼るかを知ることの技巧が含まれる。判断のための実験の設定は，多数の理にかなった明確な実例

を供給するけれども,その状況下では,たいていの場合は,人の判断方略を「うまく合わせる」ための,あるフィードバック要素が働いている。しかしながら,自然な状況はそれほど生やさしくなく,不完全な情報や,予測と実際のできごとの時間的なずれや,煩雑な手がかり・規準関連（cue-criterion relationships）を与えるということを気に留めなくてはならない。

　これら判断課題におけるもう1つの重要な側面は,判断者の行動の一貫性であり,それは,評価や予測において,一貫したパターンにいかによく従うか,という意味を含む。一貫性のある判断者は,それぞれの評定において同じ手がかりを同程度使用する。われわれの医学的実例をもう一度みてみよう。もし,患者の状況の深刻さの評価をしようとする際に,判断者が血圧レベルのみに最も信頼性をおき,皮膚発疹の有無に注意をはらわないならば,そしてすべての判断を通してこのようにしたならば,われわれはこの判断者を一貫性があるとみなすだろう。

　この判断プロフィールは,判断のために呈示された各手がかりに対する手がかり影響重みづけ（cue impact weights）のリストである。標準化されたベータ重みづけ値は,被験者の判断に対して,各手がかりの相対的な寄与に対する測度を供給する。そして,これらの重みづけ値を別々に比較することによって,判断に関しての各手がかりの重要性について推測することが可能になる（Stewart, 1988）。これは,判断者が評定をしようとするときに,判断に使用されるすべての,もしくはいくつかの手がかりをどの程度使用したかに関する有効な情報を産出する。さらに,統制された実験状況では,手がかりは,順関数的あるいは逆関数的な予測ができるように,結果と線形あるいは非線形関係になるように,また規準を予測する際に,他の手がかりと相互に作用するように,構築されたり選択されたりする。これは,人々が感知する手がかりのタイプやパターンの分析を可能にする。手がかり影響重みづけプロフィールは,要約されて,さまざまな判断方略の指数を産出する。その指数とは,たとえば,判断者が感知する手がかりの数の複雑さや,非線形もしくは相対的位置の関係がどの程度手がかり利用過程を特徴づけるのかといった,判断方針の数学的特性の複雑さのようなものである。手がかり影響プロフィールと手がかりから判断されるべき規準（判断自体ではなく）を予測する回帰方程式との間の類似性指標としての「一致」率を計算することも可能である（Castellan, 1992）。これは（注意が必要であるが）,どの程度環境の一般的な構造（規準と手がかりの関係）が,判断者の心に影響するか（手がかりと判断の関係）についての測度として解釈できる。

　レンズモデルは,多重手がかり学習や判断実験課題と相まって,特に加齢研究と関連したヒトの判断者に関する2つの一般的特徴を検討するのに用いられる。第一に,レンズモデルの枠組みは,判断を下すための学習過程を検討するのに用

いられる。ほとんどの研究では，被験者は一連の事例が呈示され，各事例に関して判断をし，それから各事例について「正解」という形でフィードバックを受ける。われわれの知っていることは，学習は積極的な仮説検証過程をともなう（Brehmer, 1980; Klayman & Ha, 1989）。明らかに，行動を要約するどんな統計量も，フィードバックからの学習の試行ブロックごとに算出でき，学習の過程（正確性，一貫性，そして判断方針の変化）は，多数の試行を通してその跡をたどることができる。

加齢研究において特別に興味がもたれるもう1つの長期的適応過程は，世界の性質についての信念の修正を要求するような環境の変化に対する人々の反応に関するものである。レンズモデルの枠組みからは，判断方針に影響する規準・手がかり間の関係での変化の影響を検討するためのふさわしい手続きが得られる。それゆえたとえば，実験者は，先には妥当であった手がかりを，今は無効にするために，もしくは，以前は無効な手がかりを規準予測のできるものにするために，規準・手がかり間の関係を操作することができる。そして，判断方針における手がかりの重みづけの変化に反映されているこの変化に対して判断者の適応を観察する。認知過程の加齢に関する多数の仮説は，高齢者が若齢者よりも学習速度がより遅く，判断方針の修正がより遅いという予測を導く。

◇◇**先行研究**　　生涯を通してどのように人が課題を遂行するかという観点から，シャセイン，マラットとスチュアート（Chasseigne, Mullet, & Stewart, 1997）は，関連した研究を行った。シャセインらは，多重手がかり確率学習の研究を行い，そこでは，3つの年齢グループ（20歳～30歳，65歳～75歳，76歳～90歳）の参加者は，数にして約150の評定を行った。各試行において，参加者は水温計装置の代わりをすると教えられた3つの手がかりをみた（高さの等しい縦棒を呈示された）。そして参加者に課せられた課題は，装置から水温（規準）を評定することを学習することであった。実験者は，フィードバック（「正しい」答え）を呈示するかしないか，手がかり・規準の関連性を明示的に示すか示さないか，もしくは，判断を下す経験から帰納的に学ばなければならないか，そうでないか，また，各手がかりと，予測される規準温度との間の確率論的関連性の形成があるかないかを変化させた。データは，上記で示した重回帰「方針捕捉」方程式を使用して分析がなされた。高齢と若齢参加者は，手がかり・規準関連性が単純（線形，直接的）であるときは，正確さについては同等の水準であった。しかし，高齢参加者は重要手がかり・規準関連性を理解するのが難しい（間接的）とき，相当正確さに欠けていた。さらに，最高齢の参加者（76歳～90歳）は，関連性を形成するために明示的な教示が与えられたときでさえ，間接的な手がかり・規準関連性を利用することはなかった。

衰退する作動記憶処理は，しばしば高齢者が若齢者よりも課題遂行がより劣ることの理由として引用されるが，この場合，直接的と間接的状況では，同じ作動記憶負荷がかかる。それゆえ，筆者らはそれらの結果を，高齢者の認知における柔軟性の漸次的な衰退であると解釈している。若齢群は，手がかり・規準関連性の異なるタイプ（直接と間接）に適応するという意味で，高い柔軟性をもっているが，中間層群（65歳～75歳）は，関連性の内容をはっきりと教示されたときは，この関連性を利用することができたが，間接的な関連性に関していえば柔軟性が欠如した。最高齢群は，最も柔軟性が制限され，判断の修正に対して教示された情報を使用することができなかった。さまざまな研究者の間で，「認知的柔軟性」の概念の意味づけは異なるけれども，上記の結果は，人が年齢を重ねるにつれて，柔軟に，自己主導型で物事を考える能力が衰退するということを示唆する。

　関連した研究において，ムッターとプリスキー（Mutter & Pliske, 1994）は，共変関係の判断をするときの年齢差を検討した。それは，1つの変数の値が，どの程度他の変数の値を予測するかを評定する，というものであった。明らかに，シャセインら（1997）の研究からもわかるように，相関関係を推測する能力は，フィードバックから判断を下すことを学習する能力において中心的役割を果たす。たとえば，天気予報士にとって，雲のかかり具合と雨量との間の共変は，降水量の判断の1つの基本である。先行研究（たとえば，Chapman & Chapman, 1967）は，人がしばしば2つの相関関係のない変数間の関連性を「観察」するとき起こる，「擬似相関」を感知することを検証している。通常の解釈は，変数間の先行する関連性によって，「データ」の本来の意味が隠されてしまうということである。たとえば臨床家や素人は，たとえ，症状と精神病理学的状態の間に客観的な関連性がないときでも，性格に関する素人理論に基づいて予測される，症状と心的病状の間の関連性を「見る」傾向にある。

　ムッターとプリスキー（1994）は，被験者に一連の事例を呈示した。それぞれの事例は，精神病患者の特徴を示しており，被験者に，その患者のロールシャッハ・カードに対する解釈についての説明がなされた。それから被験者は，患者のロールシャッハ・カードと精神病の特徴との間に何らかの関連性があるかを判断するようにいわれた。このような研究において典型的であるように，被験者は一般的に，見たデータに基づく統計学上の根拠をもたないが，直感的な関連性と一致しているような「擬似相関」を報告した（Alloy & Tabachnik, 1984 参照）。うまく出された発見よりもさらに興味深いことは，高齢者（62歳～76歳）は，若齢者（18歳～24歳）とまったく同じ程度に擬似相関の影響を受けていた。しかしながら，上記に示した認知的柔軟性仮説の概観に沿って考えると，直感的な関連性に矛盾する情報が呈示されたときは，若齢者は高齢者よりも直感的な先入観に偏ること

が少ないことが示された。

　シャセインらやムッターとプリスキーによる研究によれば，判断や評定課題には加齢にともなう影響があり，また両者の研究は，加齢にともない認知の柔軟性が衰退するという立場からの解釈が可能である。しかしながら，認知の柔軟性は，最善の説明として唯一選び出されるものではない。イェーツとパタラノ（Yates & Patalano, 1999）は，規範的（ベイズ的）推論過程（normative (Bayesian) reasoning process）の立場からの説明と，心理学的な結びつきの強さに基づく説明を含めて，この結果の解釈にいくつかの選択肢を与えた。

　ある特別な種類の判断，つまりは，不確かさ，自信，確率についての評定や表現は，判断研究者にとても注目がはらわれてきた。なぜなら，これは確実に，形式的な意思決定理論における確率測定の中心的役割を果たすからである（Dawes, 1998）。しかし，われわれは，判断に関する日常会話のなかでは，これらの概念を，「と思う」，「おそらく……だろう」，「らしい」と言っている。われわれの確率の本質に関する概念は，幼児期の発達の間に劇的に変化する，というたくさんの証拠がある（たとえば，Byrnes, 1998; Piaget & Inhelder, 1975）。それにもかかわらず，成人期を通しての確率判断や推論の変化について扱った研究はほとんどない。しかしながら，頻度の評定や影響は，多数の確率判断の基になっている傾向にある。その判断においては，相対的頻度という考えが関係している。生涯を通した一連の有益な頻度評定研究がある。この研究からの結論は，頻度評定は基礎的なスキルであり，それはおそらく進化過程で厳格に決定づけられ，基本的な認知的能力として（類似性，再認・同定，そしておそらく，因果関係を判断する能力とともに）われわれの脳に組み込まれているということである。ハッシャーとザックス（Hasher & Zacks, 1984）は，4歳もしくは5歳を過ぎれば，頻度に対する敏感さは生涯を通してかなり不変的である，と結論づけた（Attig & Hasher, 1980; Kausler & Puckett, 1980）。

◇◇**討　論**　今日まで，成人期を通しての判断過程を記述する発見で，解釈すべきものは少ししかない。新しい判断習慣を学習するとき，そして，より複雑な関連性を学習するとき（たとえば，非線形的な関連性を学習するのが遅い）に，高齢者は若齢者よりも少し柔軟性が欠如しているかもしれない。これらの最初の発見からは，特に生涯を通じて，変化した手がかり・規準関連性に気づく能力，また，新たな関連性を学習することによって変化に適応する能力を検討することが特に興味を引くだろう，ということが示唆される（たとえば，Knowlton, Squire, & Gluck, 1994 は，記憶喪失の患者の判断における柔軟性を検討するために，同様の「予測ルール変化」課題を使用した）。われわれは，作動記憶と関連

した他の現象が観察されていないということに驚く。たとえば，もし，生涯を通じて，作動記憶容量や処理スピードが減少するという結論を出している研究結果から一般化できるならば，われわれは，高齢者が若齢者よりも，より単純な判断方針（たとえば，より少ない手がかりに頼る）を示すと予測するだろう。同様に，もし判断における解決すべき「問題」に，関連しているが不適切な（誤解を招くような）情報を無視するというような部分を含む判断課題が研究されるならば，そして，もし作動記憶抑制欠陥の仮説が認知のエイジングの正しい描写であるならば，高齢判断者は，若齢判断者よりも，より貧弱に遂行すると予測されるだろう。しかし，現在のところ，これら興味深い可能性は，今後の実験的研究にゆだねられている。

●● 選 択

　判断や意思決定分野の研究者によって研究されている第二の有名な課題は，人々が多重属性選択肢のセットの中から選択するときのやり方に関してである（Slovic, 1990 は優れた入門書）。この課題は，「確実状況下での選択（choice under certainty）」とよばれることもある。なぜなら，客観的な選択セットは固定され，選択肢を選択することの決定は，その選択肢の受け入れが後に続くと考えられるからである。しかし依然として，選ばれた選択肢の経験にどれぐらい満足するかについては，たくさんの主観的不確実性を残したままであるだろう。たとえば，価格，信頼性，安全性，燃費，評判の高さなどに関連した多数の属性が異なるような多くの選択肢がある場合，どの車を買うかをどうやって決めるのか？　人々は 1 つの特別に重要な属性を選び，そしてその属性に関するすべての選択肢を分析するのか？　もしくは，順番に各選択肢のすべての属性を点検し，意思決定をするためにすべての情報を使用するのか？　もしくは，少なくとも直感的にはありうるように思えるが，これらの方略を混ぜあって使用するのか？

　先の項で概観した判断と評定課題とは異なり，選択課題においては，特定の選択の正確さを確認するための方法がほとんどない，ということに注意すべきだ。ある人にとって理想的な車は，友人にとってはよくないかもしれないし，またその逆もしれない。さらに，人々は，将来最も楽しいだろう成果を今日の時点で予測するという場合，もしくは，将来経験する喜びと苦しみの程度を評価する場合，完全とはいい難いだろう（Kahneman & Diener, 1999 参照）。それゆえ，多数の選択行動の多くの側面を測定したり記述したりすることができるが，正確さは，われわれが通常語れるような要因ではない。ペイン，ベットマンとジョンソン（Payne, Bettman, & Johnson, 1988）は，金銭上の賭けの選択について研究し，最も高い期待値をともなった賭けが「正しい」選択であるという仮説に基づく「相

対的正確さ」の測定方法を構築した。

◇◇**研究方法**　これまでにこのタイプの選択行動を調査するために使用されてきた実験室での課題は、選択盤手続き（choice board procedure）である（もしくは、その自動化されたフォームにおいて、ペイン、ベットマンとジョンソンによって言及されたマウスラボ過程・追跡システム（MouseLab process-tracing system）、例として、図14-2参照）。これらの課題において、参加者は、多数の利用可能な選択肢が呈示され、最も好んで選択する選択肢を1つだけを選ぶようにいわれた。選択肢は、たとえば、たくさんの保険証券のなかでどれを選ぶか、どのアパートを借りるか、どの賭けをするか、大学のどの授業をとるか、ということからなっている。各選択肢は、たくさんの属性によって記述される。たとえば、アパートの場合ならば、さまざまな選択肢は賃貸料、場所、広さなどという観点から記述されるだろう。

　これらの選択の通常の呈示方法は、属性ごとに選択肢のマトリックス形状で表わされており（「列」；たとえば、保険証券、賃貸アパート、賭け、登録する大学の授業。「行」；たとえば、保険に対する費用や入院補填、アパートに対する賃貸料・場所・広さ、賭けに関する確率と支払い、大学の授業に対する成績分布曲線と教授者の魅力）、この呈示形式は、しばしば、よく知られた消費者報告雑誌論文で使用される。選択者の課題は単純である。すなわち、どの選択肢を選ぶべきかを個人の好みに基づいて決定するのである。しかしながら各セルの情報は隠れているので、選択者は、保険Bの費用を知るためには、そのセルの覆いを外して情報を読まなくてはならない。選択者が行列のセルの覆いをはずす際に、情報探索パターンが実験者によって記録される。このデータは一貫性と不確実性を

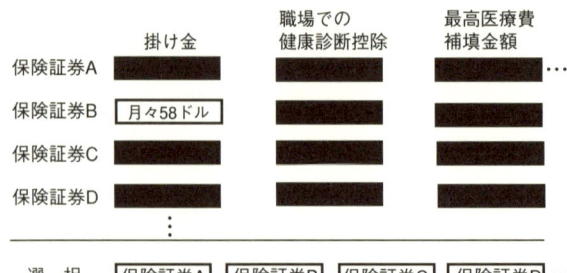

●図14-2　マウスラボ情報探索画面例
　　実験参加者はこの画面が呈示され、医療保険証券を選択する（Hartley, 1989, 老人医療保険証券間の選択研究においてこれと同じような画面を用いた）。

直接的に測定することと，情報獲得の量および連続性およびタイミングに基づいた選択方略を間接的に測定することを可能にする（選択方略と効率性の典型的な分析の例としては，Payne et al., 1988 参照）。

　この種の実験は，人々がこのタイプの選択課題を行う方法を明確にしてきた。回答が得られる興味深い質問は，選択者が，主として選択肢に基づく方略か，もしくは属性に基づく方略のどちらに適応するか，連続的に探索するか，非連続的に探索するか，そして，どれぐらい，またどんな情報のタイプを使用するか，ということが含まれる。一般に参加者は，今まで発見されてきた約 8 つの選択方略のうちの 1 つあるいは，それ以上を使用するかという探索パターンの違いに従って分類される。8 つの選択方略とは，重みづけ加算ルール，重みづけ差ルール，等価な重みづけ，満足化，辞書編纂型ルール，EBA（elimination by aspects）モデル，確証的次元の多数性，悪い特徴の頻度，そして，何らかの加算的な結合方略（討論として，Payne et al., 1993 参照）である。これらの方略は広く研究されており，その方略の最適化，効率化，そして，うまくいきそうな条件と，失敗しそうな条件の両方はうまく立証されている。

　情報探索過程は，相補的方略と非相補的方略の 2 つのカテゴリーに分割される。認知的負荷の観点からみて，相補的方略は典型的にさらなる処理が必要である。これらの方略は，各選択肢に対して，情報が加算されるか，重みづけられるか，平均化されるというルールを利用する。相補的方略のよい例は，重みづけ加算モデルである。この特別なルールを用いれば，選択者は，彼らが知覚した重要性に従ってさまざまな属性を重みづけ，それから，属性を通してこれら重みづけられた値を合計する（これは，本質的に上記で示したレンズモデル分析を使用した判断に関する直線回帰モデルによって得られたものと同様の過程である）。一番高い包括的な値をもった選択肢は，その後に選択される。

　たとえば，もしたくさんの健康保険証券から選ぶという課題であったなら，この方略に従う選択者は，まず選択属性（たとえば，月々の掛け金，職場での健康診断控除，医療費補填）を見るだろう。それから，相対的な個人的重要性に従って選択属性に重みを割り当てるだろう。その後各選択肢に対して，合計値は，各属性の値に重みを掛け合わせて計算される（たとえば，月々の掛け金 = 58 ドル，職場での健康診断控除 = 15 ドル，しかし，これらの値は，心理的に有意味な数的基準に基づいて修正される）。各選択肢に関してこれら重みづけられた値を合計することによって，どの選択肢が最も高い満足度を産出すると思われるかを決定することは比較的簡単である。これらのアプローチは相補的であり，平均化や重みづけを通して，ある属性の低い（魅力的でない）値が，他の属性の高い（魅力的な）値によって相補されるだろう。だから，高価な保険でも，その補填が非

常に相補的であるので，最も魅力的であるかもしれない。一方，非相補的方略は，選択肢が一部だけ検討された後で検討対象から除外されるので，通常，不十分な探索に基づいて処理負荷を節約し，最終的な選択をする傾向にある。たとえば，EBA などの非相補的方略において単一の属性に付随する値が低いと，しばしば後の検討からその選択肢は削除されるであろう。保険選択課題では，1 か月の掛け金を 50 ドル以上支払いたくないとか，もしくは，入院補填のとき，10,000 ドルより少ない保険は考慮しないという区切りを設定するだろう。それゆえ，これらの基準外の属性値をもついかなる選択肢もすばやく除外されるであろう。

消費者選択で観察された典型的なパターンは（たとえば，どのアパートを借りるか，どのテレビを購入するか），満足化あるいは EBA のような選択セットが 2 つか 3 つのみの選択肢になるまで続く粗略な非相補属性に基づく方略を示す，最初の識別過程である。ダマシオ（Damasio, 1994）は，予備的な識別段階は，適切な意思決定において不可欠なものであり，またその初期の感情的な反応に基づく削除過程は，効果的な選択の基礎となるかもしれないとさえも主張している。最適ではないが，この最初の過程は，第 2 段階に行く前に明らかにふさわしくない選択肢を削除し，そして選択セットを数的にまた認知的により管理しやすいレベルまで減らすという選択者の傾向を反映している。この点からすると，選択セットが小さいときは，より徹底した相補的で選択を基礎とする方略が一般的にとられる。加算重みづけ方略の 1 つは，この種の最適化方略とよべるよい一例である（Onken, Hastie, & Revelle, 1985）。方略と一貫性の測度はまた，認知的負荷および，リスク嫌悪・リスク指向の略式指標に関連しているだろう。

◇◇**先行研究**　これらの選択課題のタイプは大学生や成人について，広範囲にわたって研究がなされてきているが，年齢と関連した選択方略に視点をあてている研究はやはりほとんどない。ジョンソン（Johnson, 1990）は，参加者の 2 つの年齢群（大学生：平均年齢 19 歳 対 退職者：平均年齢 66 歳）に，6 つの車選択セットを呈示し，自身が使用する車を購入するために選択するように求めた。車についての情報は，先述したような情報盤によって呈示された。そのおかげで選択者がそれぞれの車を表わしている 9 つの属性（たとえば，値段，安全性記録，操作）に関する情報を検討するときに，実験者が選択者の探索方針を記録できた。両群ともに，だいたい同じ時間をかけて意思決定がなされたが，大学生は退職者と比較して，より多くの情報を通して探索し，相補的選択方略を使用する傾向にあった。ジョンソン（1993）は，今度は最も借りたいアパートを選ぶように被験者に求めて，基本的な実験に対して組織的な追試を行った。この研究でも，選択過程において，声に出して考える場合と，声に出さないそれとを比較し，声に出

さない条件下ではよりゆっくりであったが，それ以外は声に出して考える条件とは差がなかったことが発見された。

　高齢者が選択する前に概観する情報がより少ないという発見は，高齢者の作動記憶容量と柔軟性が若齢者と比較して衰退するという多くの指摘と一致する（Park et al., 1996）。筆者が示唆したように，領域内での経験や動機づけのような要因が，選択方略に影響を及ぼすということは大いにありうるが，高齢者は方略の作動記憶負荷を最小にするために取り入れる傾向があった，と考えられる。そのような方略から，高齢者がより少ない情報に目を向け，個々の情報に時間をかけ，そして，平均化や重みづけにあまり従事しなかったことがわかる。もちろん，この認知的負荷の少ない方略に頼ることは，必ずしも意思決定が貧弱であるということを意味しているのではない。われわれが指摘してきたように，判断課題における正確さは，評価することが難しく，おそらく車購入選択における高齢者のより多い経験は，少ない情報でも十分に選択できる可能性があるだろう。

◇◇**討　論**　選択課題における高齢者の遂行に関する1つの主要な仮説は，作動記憶能力が年齢にともなって衰退するという仮定に基づいている。このように，高齢者は，「認知負荷」要求を下げている選択方略を取る傾向にあろう。ジョンソン（1990）の発見は，この仮説と確かに一致しているが，生涯を通しての選択方略の詳細のさらなる研究が必要である。特に成人期を通して人々の遂行に関する選択時間制限を設ける影響を検討することは有益であろう。1つの悲観的な可能性としては，ある条件下において高齢者は，処理容量と柔軟性の両方が欠如しており，要求されている選択方略を実行しているがうまくやれないということである。

●● リスクをともなう意思決定

　最後にあげる実験室での有名な判断と意思決定課題は，リスクをともなう意思決定に関係する。リスクをともなう意思決定は，2つかそれ以上のセットから1つの行為の経路を選択することを意味する。そしてそこでは，意思決定しだいではどんな客観的な結果が生じるであろうかということに関する不確実性がある（通常，数的確率として表わされる。古典的な定義によれば，確率がわかっている意思決定のみについて，「リスクをともなう意思決定（resky decision）」とよばれる）。これらの意思決定課題では，意思決定者は，個人の価値と結果の評価についての不確実性の下で判断を統合させ，また，意思決定者の目的に最も到達しそうな行為の経路を選択する必要がある（行動上の意思決定に関する研究と理論の概説として，Dawes, 1998 参照）。多数の重要で困難な意思決定はこのカテゴ

リーに入る。たとえば，予測できない株式市場に金を投資するかどうか，もしくは，代わりに，国債のような，ほとんど「リスク」のない選択に金を投資するかについての意思決定，あるいは，どんな選択肢を選んでも結果は不確実であるときに，深刻な病気や障害についてどの治療法を選ぶかについての意思決定，もしくは，結婚や子育てについての一連の社会的意思決定である。実験室実験における典型的なリスクをともなう意思決定が考えられるような状況では，商業カジノにみられるように，運試しのゲーム（ルーレット，ブラックジャック，クラップ）に金をかけることが含まれる。

　単純な選択におけるように，正確さのある標準として期待値を用いることができるが，正確さの測定は，リスクをともなう意思決定問題においては困難である。しかしながら，カジノ形式の賭けの文脈においてさえ，たとえ比較的期待値が低くても高い結果が得られる賭けを選択することは，合理的なことであろう。あなたがものすごく必要とする何か（たとえば，家路へのバスチケット）を購入するために，最低500ドルは必要である状況を考えてみよう。その場合あなたは，願望を実現するのに他の選択肢がないので，低い期待値の賭けをするだろう。もしくは，所持金すべてが100ドルなのであなたは100ドル以上失えないという，逆の状況を考えてみよう。ふたたび，あなたは大損失に備えて比較的低い期待値で，低い損失の賭けをすることを選択するだろう。経済理論は効用理論のような合理的なモデルの形式で基準を供給してきた。そのモデルは，何が「標準」もしくは最適な意思決定となるかについて定義しようとする（通常，期待値が賭けをくり返すなかで最大化されるという仮定のもとで）。しかしながら，これらのモデルの妥当性について判断と意思決定の分野において多数の論争がなされている（これらの合理性に関する問題についてのさらなる概説として，Dawes, 1998 参照）。

◇◇**研究方法**　　実験室でのリスクをともなう古典的な意思決定課題では，研究参加者がさまざまなタイプの金銭の賭けを行う機会を与えられるという状況が含まれる。典型的な賭けは2つの選択肢からなるだろう。それらは，「確実なもの」の選択とリスクのあるものとの間の選択である。たとえば，被験者は確実な50ドルか，コインの表が出れば100ドル，裏が出れば何ももらえないという機会のどちらかを選ぶようにいわれる（図14-3参照）。この例の両方の選択肢は同じ正の期待値（50ドル）があるが，大多数の大学生被験者は，この例において安全な選択肢，つまり確実な50ドルを選んだ。この結果から，人々は利得に関係しているところではリスク嫌悪型であるといえる。しかしながら，対照的に，もし同じ賭けが参加者に呈示されるが，損失として代わりの枠組みを与えられたなら（確実に50ドル失うか，何も失わないか，もしくは100ドル失うという機会），人々

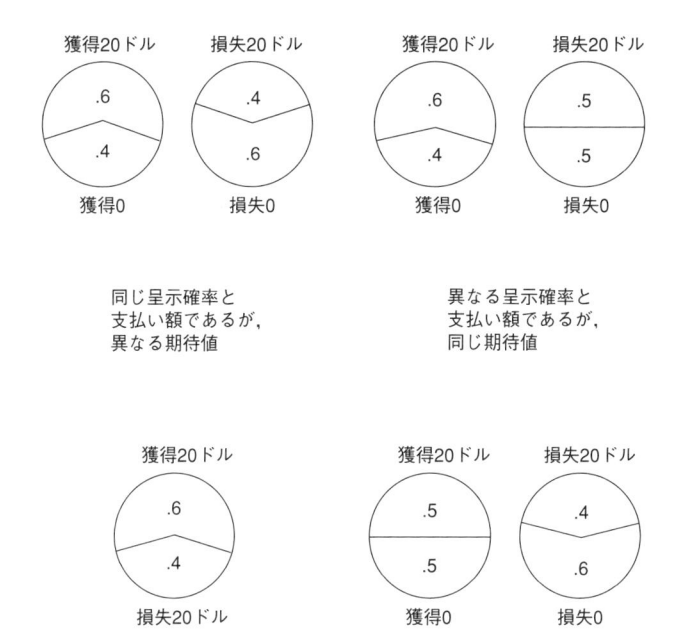

●図14-3 幸運の回転盤として呈示された複式賭けの例
右の縦列の複式の賭けと単式の賭けは，期待値は同じ（期待値＝4ドル）だが，分散は異なる。分散（複式の賭け）＝192ドルであるのに対して，分散（単式の賭け）＝384ドル。

はふつうリスクをともなう選択肢を選ぶ。これは，損失に対してはリスク指向を示す。

　正の期待値をともなう賭けへの選好を引き出すもう1つの方法は，被験者に賭けを行うための機会を売るために，どれぐらいの金を受け取る必要があるのか，（もしくは，逆に，賭けを行うための機会にいくら払うか）ということをたずねるというものである。負の賭けと同様に，被験者は特定の賭けを行うのを避けるために払う最高金額はどれぐらいかたずねられる。実験のなかで，被験者は通常，利得と損失の大きさと確率の両方が変化する多数の賭けを呈示される。これらの賭けの間の選好に基づき，被験者のリスク傾向は確立されうる。古典的な主観的期待効用理論はよくいわれているように限界があるが，被験者の結果は，ふつう，最も適合する主観的確率と効用関数によって表わされる。典型的な主観的確率もしくは「意思決定重みづけ」関数（客観的確率を主観的尺度値に関係づける）の変数は，低確率事象の確率を過大評価する（もしくはありそうにない結果を過重する）傾向があり，高確率事象を過小評価する傾向があることを示すとして解釈

されうる（たとえば，プロスペクト理論の典型的な S 字型意思決定重みづけ関数，Gnozalez & Wu, 1999; Tversky & Fox, 1995; Tversky & Kahneman, 1992）。しかし，他のパターンが観察され，個人の安全・リスクへの適応の違い，もしくは，結果や意思決定関連情報に対する感受性の違いを反映しているとして解釈されるだろう（Weber, 1994）。同様に，（非）期待効用理論のほとんどは，結果の客観値と主観値を関係づける関数を評定したり解釈したりする方法を提供する（しばしば効用とよばれる）。共通の発見は，正の利得結果に関する曲線は凸型で，それは獲得された純益量が増加するにつれて，利得の衝撃が減少する傾向を示している（最初に利得された 10 ドルは劇的な変化のように「感じ」，1,000 ドルから 1,010 ドルの利得は，非常に小さい変化と「感じる」）。同様に，損失に関しては凹型関数に適合し，それはまた損失の量が主観的に衝撃が減少することを示す（最初の 10 ドル損失は，1,000 ドルの損失の後の 10 ドルの損失よりも，より強く「打撃」を与える）。関数の全体にわたる傾斜は，感受性の測度も供給する。たとえば，損失はふつう，利得よりも急勾配のカーブを描き，それは，損失が同量の利得での「よい感じ」よりも，より大きい痛手をこうむることを示している（損失 100 ドルという負の経験は，利得 100 ドルという正の経験よりもより強烈である）。他の理論的枠組みは，個人の意思決定習慣の加算的な変数に基づいた測度を供給する。たとえば，安全・ポテンシャル／要求理論（security-potential / aspiration theory）には，決定の重みづけと効用関数の測度と，リスク選択肢の選択時に特別な意味をもった結果を示すような「要求水準」の評定が含まれる（そして，不確かな選択肢の個人的な値は，部分的に，判断者の要求水準，もしくは状況的目標に満足させる可能性によって決定づけられる。Lopes & Oden, 1999）。

◇◇**先行研究**　ドロー，カトナとマンガー（Dror, Katona, & Mungur, 1998）は，2 つの年齢群に（若齢群：平均年齢 19 歳 対 高齢群：平均年齢 74 歳），ブラックジャックのようなカードゲームをすることを求めた。参加者は自身の持ち札と相手の持ち札を見せられ，それから他のカードを取るか取らないかを判断した（できるだけ持ち札を 21 点に近づけるが，21 点を超えないように形成しようとした）。報酬の支払いはなく，参加者はどんな判断結果も告げられなかった。ゲームをするときに速度，質，リスクを取る程度において年齢差はみられなかった（呈示された結果を検討したところ，高齢者にはすべてのリスクレベルにおいて明らかでほぼ有意なより遅い反応のパターンがみられたが）。

　ハーシーとウイルソン（Hershey & Wilson, 1997）は，若齢群（平均年齢 19 歳）と高齢群（平均年齢 71 歳）の 2 つの年齢群で，年金への投資判断について研究を行った。参加者は，雇用者が行っている年金基金にどれぐらいの金を分配する

かについての判断を含む，6つの問題を解いた。若齢群は投資訓練コースからより利益を得たように思われたが（効果は信頼性があるとは報告されなかったが），分配判断の質は2つの群で，確かな差はなかった。すべての参加者はある程度自分の判断を過信したようだが，訓練を受けなかった若齢参加者は明らかに自分の判断を過信していた。

グリーン，フライとマイヤーソン（Green, Fry, & Myerson, 1994）は，3つの年齢群，つまり6年生（平均年齢12歳），大学生（平均年齢20歳），高齢者（平均年齢68歳）において，遅延時間による金銭報酬の割引の研究を行った。3群ともに，遅延報酬と価値が等しいと判断される即時報酬量が遅延の関数として減少するような，遅延時間による割引を示した。割引率は6年生が一番高く，最高齢参加者が一番低かった。これは，加齢とともに自己制御が増進し，衝動性が減衰するとして解釈できるだろう（Mischel, Shoda, & Rodriguez, 1989）。

カーリー，イレイカーとイェーツ（Curley, Eraker, & Yates, 1984）は，被験者にシナリオを見せた。そのシナリオは，被験者自身が一度に2ブロック以上歩くことが困難である医学的な病気にかかっていると想像するというものであった。被験者は，病気に関する治療は受けられるがリスクをともなうといわれた。治療は以前と同様に再び歩くことができることを意味するという可能性があったが，同時に治療は，治療をしない状態よりもさらに悪くなるという可能性もあった。治療が成功する確率は実験者によって操作された。被験者の課題は，治療を受けるか受けないかを決めることであった。選ばれた選択肢に明白な年齢にともなう差はみられなかった。高齢者ではどうしたらよいか医者に判断を委ねる傾向がより強い（45%対20%）という興味深い結果がみられた。

マイヤー，ルッソとタルボット（Meyer, Russo, & Talbot, 1995）は，同様の研究を行った。その研究では，現実的に展開する乳ガンに関する健康についてのシナリオが婦人に呈示された。18歳から88歳までの婦人は，若齢（18歳～39歳），中間年齢（40歳～64歳），高齢（65歳～88歳）の3つのグループに振り分けられ，そして，婦人の胸にしこりが発見されたときから始まる文字で書かれたシナリオを呈示された。それから彼女らは，追加情報を受け取り，診断テストと治療法に関する一連の判断を行った。高齢婦人は若齢婦人ほどあまり情報を吟味せず，またより早く判断したが，最終的な判断は3つの年齢群を通して変わらなかった。

より安全な不確実選択肢を好むのに対してリスクを好むというリスク態度における年齢差の評定には多大な努力がはらわれている。リスク行動と年齢への関心は，青年期が日常の行動において一番高いリスク行動の時期であるという統計学上支持された共通のステレオタイプからきているのかもしれない（たとえば，交通事故に遭ったり，性病がうつる高確率）。この単純ではない関連性に関する1

つの説明は，青年群は他の年齢群と比較して，リスクに対して比較的耐性が強いと思っているということである．しかしながら，日常の（たとえば，自動車，薬物やアルコールの乱用，医療，事故）に関するリスク認知についてたずねた質問紙調査研究では，「青年期リスク耐性仮説」を一貫して支持することができなかった（Quadrel, Fischhoff, & Davis, 1993 は，ほとんどの反応者は個人的耐性を過大評価したが，この傾向は青年でより大きいというわけではなかった．一方，Glik, Kronenfeld, Jackson, & Zhang, 1999 は，若齢男性が交通事故に関してより高いリスクにさらされていると彼ら自身が非現実的にも感じていなかったことを発見した）．また青年は，危険な行為と結びついた，刺激的で新奇な経験を好む傾向が生物学上あるかもしれないという示唆がある．刺激的なことを求める習慣の測定において青年の得点は高齢もしくは若齢の被験者よりも高い（Zuckerman, Eysenck, & Eysenck, 1978）が，これは青年は単に異なる活動に価値を置き，彼らのリスク指向行動が性的，肉体的，犯罪的あるいは他の結果に関する高い値を置いていることの副産物である可能性がある．

オークン（Okun, 1976; Botwinick, 1969; Calhoun & Hutchison, 1981）は，仮説状況下でのリスク負担におけるいくつかの質問紙研究を概説した（ほとんどWallach & Kogan, 1961 の選択ジレンマ質問紙（Choice Dilemmas Questionnaire）を使用）．ブルーンとパヘル（Vroom & Pahl, 1971）は，代表的な研究を供給し，そのなかで1,484 名の管理者に対して選択ジレンマ質問紙を行い，そして，高齢反応者は若齢反応者よりも，より保守的でリスクを回避するという有意な関連性を観察した．

オークンと同僚はまた，さまざまな困難さのレベルでの問題解決におけるヒトの選好について，いくつか研究を行った（Atkinson, 1957 参照）．そこでは，選ばれた困難さのレベルは，知的課題を失敗するリスクを進んで取りたいという意思として解釈される（たとえば，Okun & Siegler, 1976; Okun, Stock, & Ceurvorst, 1980）．これらの結果は単に，用心深さやリスク嫌悪の証拠と同じぐらい容易に，反応に対する嫌悪感の増加として解釈されるだろう（Salthouse, 1982, 特にpp.83-102 参照）．さらに，この課題の簡易版の抱える問題は，成功と失敗に付随する内在的と外在的誘因は明らかではないということである．この課題の原版では，ふつうほとんど起こりそうにない（より困難な）結果と結びついたより多くの報酬がある．期待値を統制（報酬×成功確率＝一定）しようとした２つの研究では，高齢参加者（60 歳代と 70 歳代）は，若齢参加者（10 歳代と 20 歳代）よりもそれほど難しくない課題を選択した（Okun & DiVesta, 1976; Okun & Siegler, 1976）．しかし，より難しい問題の期待値がより高くなるように問題を通して期待値を変えたとき，年齢差は観察されなかった（Okun & Elias, 1977）．ホリデー

(Holliday, 1988) は，リスクに関する重要な年齢の影響に意味のある結果を見いだすず，高齢者は若齢者と同様に，確実と不確実選択肢を同じ割合で選択していた，ということを発見した。

おそらく，加齢の影響を検討するために使用されている最も難しい意思決定課題には，架空の国の4人編成の国際安全会議の役割を果たしてもらうよう管理人に求めることが含まれていた（Streufert, Pogash, Piasecki, & Post, 1990）。そのシミュレーション実験では，参加者に国に関する背景となる事項を勉強することと，数か月間に起こる事象を実際には数時間に圧縮し，国を管理することが要求された。3つの年齢群が集められた。若齢群（28歳～35歳），中間年齢群（45歳～55歳），高齢群（65歳～75歳）であった。シミュレーション実験課題では，各群に対して，いくつかの複雑な管理や統治や外交問題が示された。各群は政治的，経済的行為についての判断をし，それからダイナミックなやり方でこれらの行為の結果に対して反応した。高齢群は若齢群と比較して，考慮する情報量は少なく，判断量も少なく，また，入ってくる情報に対する反応も少なかった。しかし，予期されないよい機会や，よくない緊急事態に対しては，高齢群は若齢群と同じぐらい効率よく反応した。

◇◇**討　論**　高齢者は若齢者と比較して，判断に関連した情報を探索したり考慮したりすることが少なく，また，判断に時間がかかる傾向があるように思われる。また高齢者は若齢者よりも低利得率のときは，時間的に離れた金銭報酬の割引をするように思われる。これは，高齢者は若齢者と比較して，おそらく意思決定習慣が衝動的でないことを示すと思われる。成人，つまり青年期以降の生涯を通して，リスクに対する態度もしくは実際のリスク負担習慣には一貫した変化はないことをわれわれは認めるだろう（Botwinick, 1984, 10章も参照）。

2. 結　論

明らかに，判断や意思決定能力や習慣の変化に対してわれわれに教えてくれる行動研究の結果はあまりない。高齢者は，若齢の判断者ほど判断に関連した情報を考慮しないけれども，学習や判断や選択方略を修正するときに柔軟性に乏しく，また認知能力があまり要求されない方略を好み，より判断が遅く，またより用心深いということが，少ない研究から示唆される。しかしながら，加齢にともなう変化を検討するために簡単に応用されうる首尾よく確立された研究パラダイムがいくつかあるということは，よいニュースである。そして，認知のエイジングに

おける主要な仮説は，判断，選択，意思決定課題の遂行についての多数の予測（おそらくは，これらの仮説のうちのどれが妥当かを判断できるものではないが）を支持する。

引用文献

1章

Baddeley, A. D. (1986). *Working memory.* Oxford, England: Clarendon Press.

Baltes, P. B., & Lindenberger, U. (1997). Emergence of powerful connection between sensory and cognitive functions across the adult life span: A new window to the study of cognitive aging? *Psychology and Aging, 12*, 12-21.

Baltes, P. B., & Smith, J. (1997). A systemic-wholistic view of psychological functioning in very old age: Introduction to a collection of articles form the Berlin Aging Study. *Psychology and Aging, 12*, 395-409.

Baltes, P. B., & Staudinger, U. (1993). The search for a psychology of wisdom. *Current Directions in Psychological Science, 2*, 75-80.

Birren, J. E. (1965). Age changes in speed of behavior: Its central nature and physiological correlates. In A. T. Welford & J. E. Birren (Eds.), *Behavior, aging, and the nervous system,* (pp. 191-216). Springfield, IL: Charles C Thomas.

Burke, D. M. (1997). Language, aging, and inhibitory deficits: Evaluation of a theory. *Journal of Gerontology: Psychological Science, 6*, 52B, 254-264.

Cherry, K. E., & Park, D. C. (1993). Individual difference and contextual variables influence spatial memory in younger and older adults. *Psychology and Aging, 8*, 517-526.

Cherry, K. E., & Park, D. C., Frieske, D. A., & Smith, A. D. (1996). Verbal and pictorial elaborations enhance memory in young and older adults. *Aging, Neuropsychology, and Cognition, 3*, 15-29.

Craik, F. I. M., & Byrd, M. (1982). Aging and cognitive deficits: The role of attentional resources. In F. I. M. Craik & S. Trehub (Eds.), *Aging and cognitive processes,* (pp. 191-211). New York: Plenum Press.

Craik, F. I. M., & Jennings, J. M. (1992). Human memory. In F. I. M. Craik & T. A. Salthouse, (Eds.), *The handbook of aging and cognition,* (pp. 51-110). Hillsdale, NJ: Erlbaum.

Earles, J. L., Connor, L. T., Frieske, D. A., Park, D. C., Smith, A. D., & Zwahr, M. (1997). Age differences in inhibition: Possible causes and consequences. *Aging, Neuropsychology, and Cognition, 4*, 45-57.

Hasher, L., Stoltzfus, E. R., Zacks, R. T., & Rypma, B. (1991). Age and inhibition. *Journal of Experimental Psychology: Leaning, Memory, and Cognition, 17*, 163-169.

Hasher, L., & Zacks, R. T. (1979). Automatic and effortful processes in memory. *Journal of Experimental Psychology: General, 108*, 356-388.

Hasher, L., & Zacks, R. T. (1988). Working memory, comprehension, and aging: A review and a new view. In G. H. Bower (Ed.), *The psychology of learning and motivation*, (Vol. 22, pp. 193-225). San Diego, CA: Academic Press.

Hummert, M. L., Garstka, T. A., Shaner, J. L., & Strahm, S. (1994). Stereotypes of the elderly held by young, middle-aged, and elderly adults. *Journal of Gerontology: Psychological Sciences, 49*, P240-P249.

Hunter, S., Park, D. C., & Schwarz, N. (1998). *Mental control and aging: Don't, uh, say uh.* Paper presented at the Cognitive Aging Meeting, Atlanta, GA.

Jacoby, L. L. (1991). A process dissociation framework: Separating automatic from intentional uses of memory. *Journal of Memory and Language, 30*, 513-541.

Light, L. L. (1991). Memory and aging: Four hypothesis in search of data. *Annual Review of Psychology, 42*, 333-376.

Lindenberger, U., & Baltes, P. B. (1994). Sensory functioning and intelligence in old age: A strong connection. *Psychology and Aging, 9*, 339-355.

Lindenberger, U., & Baltes, P. B.(1997). Intellectual functioning in old and very old age: Cross-sectional results from the Berlin Aging Study. *Psychology and Aging, 12*, 410-432.

McDowd, J. M. (1997). Inhibition in attention and aging. *Journal of Gerontology: Psychological Sciences, 52B*, 265-273.

Park, D. C. (1997). Psychological issues related to competence: Cognitive aging and instrumental activities of daily living. In W. Schaie & S. Willis (Eds.), *Social structures and aging*, (pp. 66-82). Mahwah, New Jersey: Erlbaum.

Park, D. C. (1999). Aging and the controlled and automatic processing of medical information and medical intentions. In D. C. Park, R. W. Morell, & K. Shifren (Eds.), *Processing of medical information in aging patients: Cognitive and human factors perspectives*. Mahwah, NJ: Erlbaum.

Park, D. C., Puglisi, J. T., & Smith, A. D. (1986). Memory for pictures: Does an age-related decline exist? *Psychology and Aging, 1*, 11-17.

Park, D. C., & Shaw, R. J. (1992). Effect of environmental support on implicit and explicit memory in younger and older adults. *Psychology and Aging, 7*, 632-642.

Park, D. C., Smith, A. D., & Cavanaugh, J. C. (1990). The metamemories of memory researchers. *Memory and Cognition, 18*, 321-327.

Park, D. C., Smith, A. D., Lautenschlager, G., Earles, J., Frieske, D., Zwahr, M., & Gaines, C. (1996). Mediators of long-term memory performance across the life span. *Psychology and Aging, 11*, 621-637.

Park, D. C., Smith, A. D., Morrell, R. W., Puglisi, J. T., & Dudley, W. N. (1990). Effects of contextual integration on recall of pictures by older adults. *Journal of Gerontology: Psychological Sciences, 45*, 52-57.

Salthouse, T. A. (1991). *Theoretical perspectives on cognitive aging*. Hillsdale, NJ: Erlbaum.

Salthouse, T. A. (1996).The processing-speed theory of adult age differences in cognition. *Psychological Review, 103*, 403-428.

Zacks, R., & Hasher, L. (1997). Cognitive gerontology and attentional inhibition: A reply to Burke and McDowd. *Journal of Gerontology: Psychological Sciences, 52*, 274-283.

2章

Ahlsen, E. (1991). Body communication as compensation for speech in a Wernicke's aphasic: A longitudinal study. *Journal of Communication Disorders, 24*, 1-12.

Bäckman, L., & Dixon, R. A. (1992). Psychological compensation: A theoretical framework. *Psychological Bulletin, 112*, 259-283.

Baltes, P. B. (1987). Theoretical propositions of life-span developmental psychology: On the dynamics between growth and decline. *Developmental Psychology, 23*, 611-626.

Baltes, P. B. (1997). On the incomplete architecture of human ontogeny: Selection, optimization, and compensation as foundation of developmental theory. *American Psychologist, 52*, 366-380.

Baltes, P. B., & Baltes, M. M. (Eds.). (1990). *Successful aging: Perspectives from the behavioral sciences*. New York: Cambridge University Press.

Baltes, P. B., & Smith, J. (1990).Toward a psychology of wisdom and its ontogenesis. In R. J. Sternberg (Eds.), *Wisdom: Its nature, origins and development* (pp. 87-120). Cambridge, England: Cambridge University Press.

Baltes, P. B., & Staudinger, U. M. (1993). The search for a psychology of wisdom. *Current Directions in Psychological Science, 2*, 75-80.

Berg, C. A., & Sternberg, R. J. (1992). Adults' conceptions of intelligence across the adult lifespan. *Psychology and Aging, 7*, 221-231.

Bosman, E. A. (1993). Age-related differences in the motoric aspects of transcreiption typing skill. *Psychology and Aging, 8*, 87-102.

Brandtstädter, J., & Greve, W. (1994). The aging self: Stabilizing and protective processes. *Developmental Review, 14*, 52-80.

Brandtstädter, J., & Wentura, D. (1995). Adjustment to shifting possibility frontiers in later life: Complementary adaptive modes. In R. A. Dixon & L. Bäckman (Eds.), *Compensating for psychological deficits and declines: Managing losses and promoting gains* (pp. 83-106). Mahwah, NJ: Erlbaum.

Buckner, R. L., Corbetta, M., Schatz, J., Raichle, M. E., & Petersen, S. E. (1996). Preserved speech abilities and compensation following prefrontal damage. *Proceedings of the National Academy of Sciences, 93*, 1249-1253.

Cerella, J. (1990). Aging and information processing rate. In J. E. Birren & K. W. Schaie (Eds.), *Handbook of the psychology of aging* (pp. 201-221). San Diego, CA: Academic Press.

Charness, N., & Bosman, E. A. (1995). Compensation through environmental modification. In R. A. Dixon, & L. Backman (Eds.), *Compensating for psychological deficits and declines: Managing losses and promoting gains* (pp. 147-168). Mahwah, NJ: Erlbaum.

Commons, M. L., Sinnott, J. D., Richards, F. A., & Armon, C. (Eds.). (1989). *Adult development: Comparisons and applications of developmental models*. New York: Praeger.

Craik, F. I. M., & Jennings, J. M. (1992). Human memory. In F. I. M. Craik & T. A. Salthouse (Eds.), *The handbook of aging and cognition* (pp. 51-110). Hillsdale, NJ: Erlbaum.

Dixon, R. A. (1995). Promoting competence through compensation. In L. Bond, S. Cutler, & A. Grams (Eds.), *Promoting successful and productive aging* (pp. 220-238). Newbury, CA: Sage.

Dixon, R. A. (1996). Collaborative memory and aging. In D. J. Herrmann, C. McEvoy, C. Hertzog, P. Hertel, & M. K. Johnson (Eds.), *Basic and applied memory: Theory in context* (pp. 359-383). Mahwah, NJ: Erlbaum.

Dixon, R. A., & Bäckman, L. (1995). Concepts of compensation: Integrated, differentiated and Janus-faced. In R. A. Dixon & L. Bäckman (Eds.), *Compensating for psychological deficits and declines: Managing losses and promoting gains* (pp. 3-19). Mahwah, NJ: Erlbaum.

Dixon, R. A., & Bäckman, L. (1999). Principles of compensation in cognitive neurorehabilitation. In D. T. Stuss, G. Winocur, & I. H. Robertson (Eds.), *Cognitive neurorehabilitation: A comprehensive approach* (pp. 59-72). Cambridge, England: Cambridge University Press.

Dixon, R. A., & Gould, O. N. (1998). Younger and older adults collaborating on retelling everyday stories. *Applied Developmental Science, 2*, 160-171.

Dixon, R. A., & Hertzog, C. (1996). Theoretical issues in cognition and aging. In F. Blanchard Fields & T. M. Hess (Eds.), *Perspectives on cognitive change in adulthood and aging* (pp. 25-65). New York: McGraw-Hill.

Dixon, R. A., Kramer, D. A., & Baltes, P. B. (1985). Intelligence: A life-span developmental perspective. In B. B. Wolman (Ed.), *Handbook of intelligence: Theories, measurements, and applications* (pp. 301-350). New York: Wiley.

Dixon, R. A., Larner, R. M., & Hultsch, D. F. (1991). The concept of development in the study of individual and social change. In P. van Geert & L. P. Mos (Eds.), *Annals of theoretical psychology* (pp. 279-323). New York: Plenum.

Ericsson, K. A., & Charness, N. (1994). Expert performance: Its structure and acquisition. *American Psychologist, 49*, 725-747.

Gould, O. N., Kurzman, D., & Dixon, R. A. (1994). Communication during prose recall conversations by young and old dyads. *Discourse Processes, 17*, 149-165.

Gould, O. N., Trevithick, L., & Dixon, R. A. (1991). Adult age differences in elaborations produced

during prose recall. *Psychology and Aging, 6*, 93-99.
Harris, D. B. (Ed.). (1957). *The concept of development*. Minneapolis: University of Minnesota Press.
Heckhausen, J., Dixon, R. A., & Baltes, P. B. (1989). Gains and losses in development throughout adulthood as perceived by different adult age groups. *Developmental Psychology, 25*, 109-121.
Heckhausen, J., & Krueger, J. (1993). Developmental expectations for the self and most other people: Age grading in three functions of social comparison. *Developmental Psychology, 29*, 539-548.
Hummert, M. L., Garstka, T. A., Shaner, J. L., & Strahm, S. (1994). Stereotypes of the elderly held by young, middle-aged, and elderly adults. *Journal of Gerontology: Psychological Sciences, 49*, 240-249.
Jones, H. E., & Conrad, H. S. (1933). The growth and decline of intelligence: A study of a homogeneous group between the ages of ten and sixty. *Genetic Psychology Monographs, 13*, 229-298.
Kramer, D. A., & Woodruff, D. S. (1986). Relativistic and dialectical thought in three adult age-groups. *Human Development, 29*, 280-290.
Lerner, R. M. (1984). *On the nature of human plasticity*. New York: Cambridge University Press.
Light, L. L. (1991). Memory and aging: Four hypotheses in search of data. *Annual Review of Psychology. 42*, 333-376.
Medina, J. J. (1996). *The clock of ages: Why we age, how we age, winding back the clock*. Cambridge, England: Cambridge University Press.
Perlmutter, M. (Ed.). (1990). *Late life potential*. Washington, DC: Gerontological Society of America.
Perry, W. I. (1968). *Forms of intellectual and ethical development in the college years*. New York: Holt, Rinehart, & Winston.
Pressey, S. L. (1919). Are the present psychological scales reliable for adults? *Journal of Abnormal Psychology, 14*, 314-324.
Salthouse, T. A. (1984). Effects of age and skill in typing. *Journal of Experimental Psychology: General, 113*, 345-371.
Salthouse, T. A. (1987). Age, experience, and compensation. In C. Scholloer & K. W. Schaie (Eds.), *Cognitive functioning and social structure over the life course* (pp. 142-157). Norwood, NJ: Ablex.
Salthouse, T. A. (1990). Cognitive competence and expertise in aging. In J. E. Birren & K. W. Schaie (Eds.), *Handbook of the psychology of aging* (pp. 310-319). San Diego, CA: Academic Press.
Salthouse, T. A. (1991). *Theoretical perspectives on cognitive aging*. Hillsdale, NJ: Erlbaum.
Salthouse, T. A. (1995). Refining the concept of psychological compensation. In R. A. Dixon & L. Backman (Eds.), *Compensating for psychological deficits and declines: Managing losses and promoting gains* (pp. 21-34). Mahway, NJ: Erlbaum.
Sanford, E. C. (1902). Mental growth and decay. *American Journal of Psychology, 13*, 426-449.
Schaie, K. W. (1990). Intellectula development in adulthood. In J. E. Birren & K. W. Sachaie (Eds.), *Handbook of the psychology of aging* (pp. 291-309). San Diego, CA: Academic Press.
Schaie, K. W. (1994). The course of adult intellectual development. *American Psychologist, 49*, 304-313.
Schaie, K. W. (1996). *Intellectual development in adulthood: The Seattle Longitudinal Study*. New York: Cambridge University Press.
Schieber, F., & Baldwin, C. L. (1996). Vision, audition, and aging research. In F. Blancard-Fields & T. M. Hess (Eds.), *Perspectives on cognitive change in adulthood and aging* (pp. 122-162). New York: McGraw-Hill.
Sinnott, J. (1996). The developmental approach: Postformal thought as adaptive intelligence. In F. Blanchard-Fields & T. M. Hess (Eds.), *Perspectives on cognitive change in adulthood and aging* (pp. 358-383). New York: McGraw-Hill.
Skinner, B. F. (1983). Intellectual self-management in old age. *American Psychologist, 38*, 239-244.

Sternberg, R. J. (Ed.). (1990). *Wisdom: Its nature, origin and development.* Cambridge, England: Cambridge University Press.
Uttal, D. H., & Perlmutter, M. (1989). Toward a broader conceptualization of development: The role of gains and losses across the lifespan. *Developmental Review, 9*, 101-132.
Wilson, B. A. (1995). Memory rehabilitation: Compensating for memor problems. In R. A. Dixon & L. Bäckman (Eds.), *Compensating for psychological deficits and declines: Managing losses and promoting gains* (pp. 171-190). Mahwah, NJ: Erlbaum.
Wilson, B. A., & Watson, P. C. (1996). A practical framework for understanding compensatory behaviour in people with organic memory impairment. *Memory, 4*, 465-486.
Wohlwill, J. F. (1973). *The study of behavioral development.* New York: Academic Press.
Zacks, R. T., & Hasher, L. (1994). Directed ignoring: Inhibitory regulation of working memory. In D. Dagenbach, & T. H. Carr (Eds.), *Inhibitory processes in attention, memory, and language* (pp. 241-264). San Diego, CA: Academic Press.

● 3章

Baltes, P. B. (1987). Theorectical propositions of life-span developmental psychology: On the dynamics between growth and decline. *Developmental Psychology, 23*, 611-626.
Cattell, R. B. (1972). *Abilities: Their structure, growth, and action.* Boston: Houghton-Mifflin.
Foster, J. C., & Taylor, G. A. (1920). The applicability of mental tests to persons over fifty years of age. *Journal of Applied Psychology, 4*, 39-58.
Hebb, D. O. (1942). The effect of early and late brain injury upon test scores, and the nature of normal adult intelligence. *Proceedings of the American Philosophical Society, 85*, 275-292.
Jones, H. E., & Conrad, H. S. (1933). The growth and decline of intelligence: A study of a homogeneous group between the ages of ten and sixty. *Genetic Psychology Monographs, 13*, 223-295.
Salthouse, T. A. (1993). Speed and knowledge as determinants of adult age differences in verbal tasks. *Journal of Gerontology: Psychological Sciences, 48*, 29-36.
Salthouse, T. A. (1994). How many causes are there of aging-related decrements in cognitive functioning? *Developmental Review, 14*, 413-437.
Salthouse, T. A. (1995). Refining the concept of psychological compensation. In R. A. Dixon & L. Bäckman (Eds.), *Psychological compensation: Managing losses and promoting gains* (pp. 21-34). Hillsdale, NJ: Erlbaum.
Salthouse, T. A. (1996). Constraints on theories of cognitive aging. *Psychonomic Bulletin & Review, 3*, 287-299.
Salthouse, T. A., Hancock, H. E., Meinz, E. J., & Hambrick, D. Z. (1996). Interrelations of age, visual acuity, and cognitive functioning. *Journal of Gerontology: Psychological Sciences, 51B*, 317-330.
Schaie, K. W. (1996). *Intellectual development in adulthood: The Seattle Longitudinal Study.* New York: Cambridge University Press.
Verhaeghen, P., & Salthouse, T. A. (1997). Meta-analyses of age-cognition relations in adulthood: Estimates of linear and non-linear age effects and structural models. *Psychological Bulletin, 122*, 231-249.
Welford, A. T. (1958). *Ageing and human skill.* London: Oxford University Press.
Woodcock, R. W., & Johnson, M. B. (1990). *Woodcock-Johnson Psycho-Educational Test Battery-Revised.* Allen, TX: DLM. (Original work published 1989.)

4章

Ball, K., Beard, B., Roenker, D., Miller, R., & Griggs, D. (1988). Age and visual search: Expanding the useful field of view. *Journal of the Optical Society of America, 5*, 2210-2219.

Ball, K., & Owsley, C. (1991). Identifying correlates of accident involvement for the older driver. *Human Factors, 33*, 583-595.

Baron, A., & Mattila, W. R. (1989). Response slowing of older adults: Effects of time-limit contingencies on single- and dual-task performances. *Psychology and Aging, 4*, 66-72.

Cherry, C. (1953). Some experiments on the recognition of speech with one and two ears. *Journal of the Acoustical Society of America, 25*, 975-979.

Clancy, S. M., & Hoyer, W. J. (1994). Age and skill in visual search. *Developmental Psychology, 30*, 545-552.

Crossley, M., & Hiscock, M. (1992). Age-related differences in concurrent-task performance of normal adults: Evidence for a decline in processing resources. *Psychology and Aging, 7*, 499-506.

Dulaney, C. L., & Rogers, W. A. (1994). Mechanisms underlying reduction in Stroop interference with practice for young and old adults. *Journal of Experimental Psychology: Learning, Memory, and Cognition, 20*, 470-484.

Fisk, A. D., & Rogers, W. A. (1991). Toward an understanding of age-related memory and visual search effects. *Journal of Experimental Psychology: General, 120*, 131-149.

Fisk, A. D., & Schneider, W. (1983). Category and word search: Generalizing search principles to complex processing. *Journal of Experimental Psychology: Learning, Memory, and Cognition, 9*, 177-195.

Giambra, L. M. (1993). Sustained attention in older adults: Performance and processes. In J. Cerella, J. Rybash, W. Hoyer, M. L. Commons (Eds.), *Adult information processing: Limits on loss* (pp. 259-272). San Diego, CA: Academic Press.

Hartley, A. A. (1992). Attention. In F. I. M. Craik and T. A. Salthouse (Eds.), *The Handbook of Aging and Cognition* (pp. 3-49). Hillsdale, NJ: Erlbaum.

Hasher, L., Stoltzfus, E. R., Zacks, R. T., & Rypma, B. (1991). Age and inhibition. *Journal of Experimental Psychology: Learning, Memory and Cognition, 17*, 163-169.

Hasher, L., & Zacks, R. T. (1988). Working memory, comprehension, and aging: A review and a new view. In G. H. Bower (Ed.), *The psychology of learning and motivation* (Vol. 22, pp. 193-225), San Diego, CA: Academic Press.

James, W. (1950). *The principles of psychology* (Vol. I). New York: Dover. (Original work published 1890.)

Kramer, A. F., Humphrey, D. G., Larish, J. F., Logan, G. D., & Strayer, D. L. (1994). Aging and inhibition: Beyond a unitary view of inhibitory processing in attention. *Psychology and Aging, 9*, 491-512.

LaBerge, D., & Samuels, S. J. (1974). Toward a theory of automatic information processing in reading. *Cognitive Psychology, 6*, 293-323.

Light, L. L. (1992). The organization of memory in old age. In F. I. M. Craik and T. A. Salthouse (Eds.), *The Handbook of Aging and Cognition* (pp. 111-165).Hillsdale, NJ: Erlbaum.

Mackworth, N. H. (1948). The breakdown of vigilance during prolonged visual search. *Quarterly Journal of Experimental Psychology, 1*, 5-61.

MacLeod, C. M. (1991). Half a century of research on the Stroop effect: An integrative review. *Psychological Bulletin, 109*, 163-203.

Madden, D. J. (1982). Age differences and similarities in the improvement of controlled search. *Experimental Aging Research, 8*, 91-98.

Madden, D. J. (1983). Aging and distraction by highly familiar stimuli during visual search.

Developmental Psychology, 19, 499-505.

Madden, D. J. (1986). Adult age differences in the attentional capacity demands of visual search. *Cognitive Development, 1*, 335-363.

Madden, D. L., & Plude, D. J. (1993). Selective preservation of selective attention. In J. Cerella, J. Rybash, W. Hoyer, & M. L. Commons (Eds.), *Adult information processing: Limits on loss* (pp. 273-300). San Diego, CA: Academic Press.

May, C. P., Kane, M. J., & Hasher, L. (1995). Determinants of negative priming. *Psychological Bulletin, 118*, 35-54.

McDowd, J. M. (1986). The effects of age and extended practice on divided attention performance. *Journal of Gerontology, 41*, 764-769.

McDowd, J. M., & Craik, F. I. M. (1988). Effects of aging and task difficulty on divided attention performance. *Journal of Experimental Psychology: Human Perception and Performance, 14*, 267-280.

Nebes, R. D., & Brady, C. B. (1989). Focused and divided attention in Alzheimer's disease. *Cortex, 25*, 305-315.

Parasuraman, R. (1984). Sustained attention in detection and discrimination. In R. Parasuraman & D. R. Davies (Eds.), *Varieties of attention* (pp. 243-271). San Diego, CA: Academic Press.

Parasuraman, R., & Davies, D. R. (1984). *Varieties of attention.* San Diego, CA: Academic Press.

Parasuraman, R., & Giambra, L. M. (1991). Skill development in vigilance: Effects of event rate and age. *Psychology and Aging, 6*, 155-159.

Parasuraman, R., & Nestor, P. G. (1991). Attention and driving skills in aging and Alzheimer's disease. *Human Factors, 33*, 539-557.

Plude, D. L., & Doussard-Roosevelt, J. A. (1989). Aging, selective attention, and feature integration. *Psychology and Aging, 4*, 98-105.

Ponds, R. W. H. M., Brouwer, W. H., & van Wolffelaar, P. C. (1988). Age differences in divided attention in a simulated driving task. *Journal of Gerontology, 43*, 151-156.

Posner, M. I., & Petersen, S. E. (1990). The attention system of the human brain. *Annual Review of Neuroscience, 13*, 25-42.

Procter, R. W., & Van Zandt, T. (1994). *Human factors in simple and complex systems.* Boston: Allyn & Bacon.

Rogers, W. A., Bertus, E. L., & Gilbert, D. K. (1994). A dual-task assessment of age differences in automatic process development. *Psychology and Aging, 9*, 398-413.

Rogers, W. A., & Fisk, A. D. (1991). Age-related differences in the maintenance and modification of automatic processes: Arithmetic Stroop interference. *Human Factors, 33*, 45-56.

Salthouse, T. A., Rogan, J. D., & Prill, K. A. (1984). Division of attention: Age differences on a visually presented memory task. *Memory and Cognition, 12*, 613-620.

Schneider, W., Dumais, S. T., & Shiffrin, R. M. (1984). Automatic and control processing and attention. In R. Parasuraman & D. R. Davies (Eds.), *Varieties of attention* (pp. 1-27). San Diego, CA: Academic Press.

Schneider, W., & Shiffrin, R. M. (1977). Controlled and automatic human information processing: I. Detection, search and attention. *Psychological Review, 84*, 1-66.

Somberg, B., & Salthouse, T. A. (1982). Divided attention abilities in young and old adults. *Journal of Experimental Psychology: Human Perception and Performance, 8*, 651-665.

Wickens, C. D., Braune, R., & Stokes, A. (1987). Age differences in the speed and capacity of information processing: 1. A dual-task approach. *Psychology and Aging, 2*, 70-78.

Wright, L. L., & Elias, J. W. (1979). Age differences in the effects of perceptual noise. *Journal of Gerontology, 34*, 704-708.

● 5章

Atkinson, R. C., & Shiffrin, R. M. (1968). Human memory: A proposed system and its control processes. In K. W. Spence & J. T. Spence (Eds.), *The psychology of learning and motivation* (Vol. 2, pp. 89-195). New York: Academic Press.

Baddeley, A. D., & Hitch, G. J. (1974). Working memory. In G. H. Bower (Ed.), *The psychology of learning and motivation* (Vol. 8, pp. 47-90). New York: Academic Press.

Baddeley, A. D., & Warrington, E. K. (1970). Amnesia and the distinction between long- and short-term memory. *Journal of Verbal Learning and Verbal Behavior, 9*, 176-189.

Bartlett, F. C. (1932). *Remembering: A study in experimental and social psychology*. Cambridge, England: Cambridge University Press. (宇津木保・辻正三（訳）1983 想起の心理学 誠信書房)

Bransford, J. D., Franks, J. J., Morris, C. D., & Stein, B. S. (1979). Some general constraints on learning and memory research. In L. S. Cermak & F. I. M. Craik (Eds.), *Levels of processing in human memory* (pp. 331-354). Hillsdale, NJ: Erlbaum.

Burke, D. M., MacKay, D. G., Worthley, J. S., & Wade, E. (1991). On the tip of the tongue: What causes word finding failures in young and older adults? *Journal of Memory and Language, 30*, 542-579.

Cermak, L. A. (1984). The episodic/semantic distinction in amnesia. In N. Butters & L. R. Squire (Eds.), *The neuropsychology of memory* (pp. 55-62). New York: Guilford Press.

Chalfonte, B. L., & Johnson, M. K. (1995). Feature memory and binding in young and older adults. *Memory and Cognition, 24*, 403-416.

Cherry, K. E., & Park, D. C. (1993). Individual difference and contextual variables influence spatial memory in younger and older adults. *Psychology and Aging, 8*, 517-526.

Cohen, G., & Faulkner, D. (1986). Memory for proper names: Age differences in retrieval. *British Journal of Developmental Psychology, 4*, 187-197.

Craik, F. I. M. (1977). Age differences in human memory. In J. E. Birren & K. W. Schaie (Eds.), *Handbook of the psychology of aging* (pp. 384-420). New York: Van Nostrand Reinhold.

Craik, F. I. M., & Byrd, M. (1982). Aging and cognitive deficits: The role of attentional resources. In F. I. M. Craik & S. Trehub (Eds.), *Aging and cognitive processes* (pp. 191-211). New York: Plenum Press.

Craik, F. I. M., Byrd, M., & Swanson, J. M. (1987). Patterns of memory loss in three elderly samples. *Psychology and Aging, 2*, 79-86.

Craik, F. I. M., & Jennings, J. M. (1992). Human memory. In F. I. M. Craik & T. A. Salthouse (Eds.), *The handbook of aging and cognition* (pp. 51-110). Hillsdale, NJ: Erlbaum.

Craik, F. I. M., Morris, L. W., Morris. R. G., & Loewen, E. R. (1990). Relations between source amnesia and frontal lobe functioning in older adults. *Psychology and Aging, 5*, 148-151.

Craik, F. I. M.. Morris, R. G., & Gick, M. L. (1990). Adult age differences in working memory. In G. Vallar & T. Shallice (Eds.). *Neuropsychological impairments of short-term memory* (pp. 247-267). Cambridge, England: Cambridge University Press.

Craik, F. I. M., & Rabinowitz, J. C. (1984). Age differences in the acquisition and use of verbal information: A tutorial review. In H. Bouma & D. E. Bouwhuis (Eds.), *Attention and performance* (Vol. 10, pp. 471-499). Hillsdale, NJ: Erlbaum

Daneman, M., & Carpenter, P. A. (1980). Individual differences in working memory and reading. *Journal of Verbal Learning and Verbal Behavior, 19*, 450-466.

Delbecq-Derouesne, J., & Beauvois, M. F. (1989). Memory processes and aging: A defect of automatic rather than controlled processes? *Archives of Gerontology and Geriatrics, 1* (Suppl. l), 121-150.

Dixon, R. A., & Bäckman, L. (1995). *Compensating for psychological deficits and declines:*

Managing losses and promotion gains. Mahwah. NJ: Erlbaum.
Dobbs, A. R., & Rule, B. G. (1989). Adult age differences in working memory. *Psychology and Aging, 4*, 500-503.
Dywan, J., & Jacoby, L. L. (1990). Effects of aging on source monitoring: Differences in susceptibility to false fame. *Psychology and Aging, 5*, 379-387.
Evans, G. W., Brennan, P. L., Skorpovich, M. A., & Held, D. (1984). Cognitive mapping and elderly adults: Verbal and location memory for urban landmarks. *Journal of Gerontology, 39*, 452-457.
Gick, M. L., Craik, F. I. M., & Morris, R. G. (1988). Task complexity and age differences in working memory. *Memory and Cognition, 16*, 353-361.
Gilmore, G. C., Thomas, C. W., Klitz, T., Persanyi, M. W., & Tomsak, R. (1996). Contrast enhancement eliminates letter identification speed deficits in Alzheimer's disease. *Journals of Clinical Geropsychology, 2*, 307-320.
Hasher, L., Goldstein, D., & Toppino, T. (1977). Frequency and the conference of referential validity. *Journal of Verbal Learning and Verbal Behavior, 16*, 107-112
Hasher, L., & Zacks, R. T. (1988). Working memory, comprehension, and aging: A review and a new view. In G. H. Bower (Ed.). *The psychology of learning and motivation* (Vol. 2, pp. 193-225). San Diego, CA: Academic Press.
Howard, D. V. (1988). The priming of semantic and episodic memories. In L. L. Light & D. M. Burke (Eds.), *Language, memory, and aging* (pp. 77-100). New York: Cambridge University Press.
Inman, V. W., & Parkinson, S. R. (1983). Differences in Brown-Peterson recall as a function of age and retention interval. *Journal of Gerontology, 38*, 58-64.
Jacoby, L. L. (1991). A process dissociation framework: Separating automatic from intentional uses of memory. *Journal of Memory and Language, 30*, 513-541.
Jacoby, L. L., & Witherspoon, D. (1982). Remembering without awareness. *Canadian Journal of Psychology, 36*, 300-324.
Jennings, J. M., & Jacoby, L. L. (1997). An opposition procedure for detecting agerelated deficits in recollection: Telling effects of repetition. *Psychology and Aging, 12*, 352-361.
Johnson, M. K., & Chalfonte, B. L. (1994). Binding complex memories: The role of reactivation and the hippocampus. In D. L. Schacter & E. Tulving (Eds.), *Memory systems 1994* (pp. 311-350). Cambridge, MA: MIT Press.
Koriat, A., Ben-Zur, H., & Sheffer, D. (1988). Telling the same story twice: Output monitoring and age. *Journal of Memory and Language, 27*, 23-39.
Laver, G. D., & Burke, D. M. (1993). Why do semantic priming effects increase in old age? A meta-analysis. *Psychology and Aging, 8*, 34-43.
Law, S., Hawkins, S. A., & Craik, F. I. M. (1998). Repetition-induced belief in the elderly: Rehabilitating age-related memory deficits. *Journal of Consumer Research, 25*, 91-107 .
Light, L. L. (1991). Memory and aging: Four hypotheses in search of data. *Annual Review of Psychology, 42*, 333-376.
Light, L. L. (1992). The organization of memory in old age. In F. I. M. Craik & T. A. Salthouse (Eds.), *The handbook of aging and cognition* (pp. 111-165). Hillsdale, NJ: Erlbaum.
Light, L. L., & Burke, D. M. (1988). Patterns of language and memory in old age. In L. L. Light & D. M. Burke (Eds.), *Language, memory, and aging* (pp. 244-271). New York: Cambridge University Press.
Light, L. L., & LaVoie, D. (1993). Direct and indirect measures of memory in old age. In P. Graf & M. E. J. Masson (Eds.), *Implicit memory: New directions in cognition, development, and neuropsychology* (pp. 207-230). Hillsdale, NJ: Erlbaum.
Light, L. L., & Singh, A. (1987). Implicit and explicit memory in young and older adults. *Journal of Experimental Psychology: Learning, Memory, and Cognition, 13*, 531-541.
Lindenberger, U., & Baltes, P. B. (1994). Sensory functioning and intelligence in old age: A strong

connection. *Psychology and Aging, 9,* 339-355.
Maylor, E. A. (1990). Age and prospective memory. *Quarterly Journal of Experimental Psychology, 42A,* 471-493.
McIntyre, J. S., & Craik, F. I. M. (1987). Age differences in memory for item and source information. *Canadian Journal of Psychology, 41,* 175-192.
McKoon, G., Ratcliff, R., & Dell, G. S. (1986). A critical evaluation of the semantic-episodic distinction. *Journal of Experimental Psychology: Learning, Memory, and Cognition, 12,* 295-306.
Milner, B., Corkin, S., & Teuber, H. L. (1968). Further analysis of the hippocampal amnesic syndrome: 14 year follow-up study of H.M. *Neuropsychologia, 6,* 215-234.
Murdock, B. B. (1967). Recent developments in short-term memory. *British Journal of Psychology, 58,* 421-433.
Murphy, D. R., Craik F. I. M., Li, K. Z. H., & Schneider, B. A. (2000). Comparing the effects of aging and background noise on short-term memory performances. *Psychology and Aging, 15,* 323-334.
Park, D. C., Cherry, K. E., Smith, A. D., & Lafronza, V. N. (1990). Effects of distinctive context on memory for objects and their locations in young and elderly adults. *Psychology and Aging, 5,* 250-255.
Park, D. C., & Shaw, R. J. (1992). Effect of environmental support on implicit and explicit memory in younger and older adults. *Psychology and Aging, 7,* 632-642.
Parkinson, S. R., Lindholm, J. M., & Inman, V. W. (1982). An analysis of age differences in immediate recall. *Journal of Gerontology, 37,* 425-431.
Pichora-Fuller, K., Schneider, B. A., & Daneman, M. (1995). How young and old adults listen to and remember speech in noise. *Journal of Acoustical Society of America, 97,* 593-608.
Rubin, D. C. (1982). On the retention function for autobiographical memory. *Journal of Verbal Learning and Verbal Behavior, 21,* 21-38
Rubin, D. C., Wetzler, S. E., & Nebes, R. D. (1986). Autobiographical memory across the lifespan. In D. C. Rubin (Ed.). *Autobiographical memory* (pp. 202-221). Cambridge, England: Cambridge University Press.
Salthouse, T. A. (1982). *Adult cognition: An experimental psychology of human aging.* New York: Springer-Verlag.
Salthouse, T. A. (1991). *Theoretical perspectives on cognitive aging.* Hillsdale. NJ: Erlbaum.
Salthouse, T. A. (1993). Speed mediation of adult age differences in cognition. *Developmental Psychology, 29,* 722-738.
Salthouse, T. A., Mitchell, D. R., Skovronek, E., & Babcock, R. L. (1989). Effects of adult age and working memory on reasoning and spatial abilities. *Journal of Experimental Psychology: Learning, Memory, and Cognition, 15,* 507-516
Schacter, D. L., Harbluk, J. L., & McLachlan, D. (1984). Retrieval without recollection: An experimental analysis of source amnesia. *Journal of Verbal Learning and Verbal Behavior, 23,* 593-611.
Schacter, D. L., Koutstaal, W. E., & Norman, K. A. (1997). False memories and aging. *Trends in Cognitive Sciences, 1,* 229-236
Schacter, D. L., & Tulving, E. (1994). What are the memory systems of 1994? In D. L. Schacter & E. Tulving (Eds.), *Memory systems 1994* (pp. 1-38). Cambridge, MA: MIT Press.
Schneider, B. A., & Pichora-Fuller, M. K. (1999). Implications of perceptual deterioration for cognitive aging research. In F. I. M. Craik & T. A. Salthouse (Eds.), *The handbook of aging and cognition* (2nd Ed.). Mahwah, NJ: Erlbaum
Shaw, R. J., & Craik, F. I. M. (1989). Age differences in predictions and perfolmance on a cued recall task. *Psychology and Aging, 4,* 131-135

Spencer, W. D., & Raz, N. (1995). Differential effects of aging on memory for content and context: A meta-analysis. *Psychology and Aging, 10,* 527-539

Spinks, R., Gilmore, G., & Thomas, C. (1996, April). *Age simulation of a sensory deficit does impair cognitive test performance.* Poster session presented at the Cognitive Aging Conference, Atlanta, GA.

Squire, L. R. (1989). On the course of forgetting in very long-term memory. *Journal of Experimental Psychology: Learning, Memory, and Cognition, 15,* 241-245

Tulving, E. (1983). Elements of episodic memory. New York: Oxford University Press. （太田信夫（訳）　1985　タルヴィングの記憶理論：エピソード記憶の要素　教育出版）

Tulving, E., Hayman, C. A. G., & Macdonald, C. A. (1991). Long-lasting perceptual priming and semantic learning in amnesia: A case experiment. *Journal of Experimental Psychology: Learning, Memory, and Cognition, 17,* 595-617

Tulving, E., & Schacter, D. L. (1990). Priming and human memory systems. *Science, 247,* 301-306.

Uttl, B., & Graf, P. (1993). Episodic spatial memory in adulthood. *Psychology and Aging, 8,* 257-273.

Warrington, E. K., & Sanders, H. I. (1971). The fate of old memories. *Journal of Experimental Psychology, 23,* 432-442

Waugh, N. C., & Norman, D. A. (1965). Primary memory. *Psychological Review, 72,* 89-104.

Wickens, C. D. (1984). Processing resources in attention. In R. Parasuraman & D. R. Davies (Eds.), *Varieties of Attention* (pp. 63-102). Orlando, FL: Academic Press.

Wingfield, A., Alexander, A. H., & Cavigelli, S. (1994). Does memory constrain utilization of top-down information in spoken word recognition? Evidence from normal aging. *Language and Speech, 37,* 221-235.

Wingfield, A., Stine, E. A., Lahar, C. J., & Aberdeen, J. S. (1988). Does the capacity of working memory change with age? *Experimental Aging Research, 14,* 103-107.

Zacks, R. T., & Hasher, L. (1988). Capacity theory and the processing of inferences. In L. L. Light & D. M. Burke (Eds.). *Language, memory, and aging* (pp. 154-170). New York: Cambridge University Press.

Zacks, R. T., Hasher, L., & Li, K. Z. H. (1999). Human memory. In F. I. M. Craik & T. A. Salthouse (Eds.), *The handbook of aging and cognition* (2nd Ed.). Mahwah, NJ: Erlbaum.

Zajonc, R. B. (1968). Attitudinal effects of mere exposure. *Journal of Personality and Social Psychology, 9,* 1-27.

Zelinski, E. M., & Light, L. L. (1988). Young and older adults use of context in spatial memory. *Psychology and Aging, 3,* 99-101.

● 6章

Albert, M. S., & Kaplan, E. (1979). Organic implications of neuropsychological deficits in the elderly. In L. W. Poon, J. L. Fozard, L. S. Cermak, D. Ehrenberg, & L. W. Thompson (Eds.), *New directions in memory and aging: Proceedings of the George Talland Memorial Conference* (pp. 406-432). Hillsdale, NJ: Erlbaum.

Banich, M. T. (1998). The missing link: The role of interhemispheric interaction in attentional processing. *Brain and Cognition, 36,* 128-157.

Botwinick, J. (1977). Intellectual abilities. In J. E. Birren, & K. W. Schaie (Eds.), *Handbook of the psychology of aging* (pp. 580-605). New York: Van Nostrand Reinhold.

Cabeza, R., Anderson, N. D., Mangels, J. A, Nyberg, 1., & Houle, S. (2000). Age-related differences in neural activity during item and temporal-order memory retrieval: A positron emission tomography study. *Journal of Cognitive Neuroscience,* 12, 197-206.

Cabeza, R., Grady, C. L., Nyberg, L., McIntosh, A. R., Tulving, E., Kapur, S., Jennings, J. M.,

Houle, S., & Craik, F. I. M. (1997a). Age-related differences in neural activity during memory encoding and retrieval: A positron emission tomography study. *Journal of Neuroscience, 17* (1), 391-400.
Cabeza, R., McIntosh, A. R., Tulving, E., Nyberg, L., & Grady, C. L. (1997b). Age-related differences in effective neural connectivity during encoding and recall. *NeuroReport, 8,* 3479-3483.
Chao, L. L., & Knight, R. T. (1997a). Age-related prefrontal alterations during auditory memory. *Neurobiology of Aging, 18,* 87-95.
Chao, L. L., & Knight, R. T. (1997b). Prefrontal deficits in attention and inhibitory control with aging. *Cerebral Cortex, 7,* 63-69.
Cherry, B. J., & Hellige, J. B. (1999). Hemispheric asymmetries in vigilance and cerebral arousal mechanisms in younger and older adults. *Neuropsychology, 13,* 111-120.
Cherry, B. J., Hellige, J. B., & McDowd, J. M. (1995). Age differences and similarities in patterns of cerebral hemispheric asymmetry. *Psychology and Aging, 10,* 191-203.
Craik, F. I. M., & Jennings, J. M. (1992). Human memory. In F. I. M. Craik & T. A. Salthouse (Eds.), *Handbook of Aging and Cognition* (pp. 51-109). Hillsdale, NJ: Erlbaum.
Craik, F. I. M., Morris, L. W., Morris, R. G., & Loewen, E. R. (1990). Relations between source amnesia and frontal lobe functioning in older adults. *Psychology and Aging, 5,* 148-151.
Damasio, H. (1995). *Human brain anatomy in computerized images.* New York: Oxford University Press.
Degl'Innocenti, A., & Backman, L. (1996). Aging and source memory: Influences of intention to remember and associations with frontal lobe tests. *Aging, Neuropsychology, and Cognition, 3,* 307-319.
D'Esposito, M., Zarahn, E., Aguirre, G., & Rypma, B. (1999). The effect of normal aging on the coupling of neural activity to the bold hemodynamic response. *Neuroimage, 10,* 6-14.
Driesen, N. R., & Raz, N. (1995). The influence of sex, age, and handedness on corpus callosum morphology: A meta-analysis. *Psychobiology, 23,* 240-247.
Fabiani, M., & Friedman, D. (1997). Dissociations between memory for temporal order and recognition memory in aging. *Neuropsychologia, 35,* 129-141.
Faust, M. E., & Balota, D. A. (1997). Inhibition of return and visuospatial attention in healthy older adults and individuals with dementia of the Alzheimer's type. *Neuropsychology, 11,* 13-29.
Fuster, J. M. (1989). *The prefrontal cortex* (2nd ed.). New York: Raven Press.
Gerhardstein, P., Peterson, M. A., & Rapcsak, S. Z. (1998). Age-related hemispheric asymmetry in object discrimination. *Journal of Clinical and Experimental Neuropsychology, 30,* 174-185.
Goldman-Rakic, P. S. (1992, September). Working memory and the mind. *Scientific American, 267,* 110-117.
Golomb, J., Kluger, A., de Leon, M. L., Ferrs, S. H., Convit, A., Mittelman, M. S., Cohen, L., Rusinek, H., De Santi, S., & George, A. E. (1994). Hippocampal formation size in normal human aging: A correlate of delayed secondary memory performance. *Learning and Memory, 1,* 45-54.
Grady, C. L., McIntosh, A. R., Bookstein, F., Horwitz, B., Rapoport, S. I., & Haxby, J. V. (1998). Age-related changes in regional cerebral blood flow during working memory for faces. *Neuroimage, 8,* 409-425.
Grady, C. L., McIntosh, A. R., Horwitz, B., Maisog, J. Ma, Ungerleider, L. G., Mentis, M. L., Pietrini, P., Schapiro, M. B., & Haxby, J. V. (1995). Age-related reductions in human recognition memory due to impaired encoding. *Science, 269,* 218-221.
Hartley, A. A., (1992). Attention. In F. I. M. Craik & T. A Salthouse (Eds.), *The Handbook of Aging and Cognition* (pp. 3-50). Hillsdale, NJ: Lawrence Erlbaum Associates.
Haug, H., & Eggers, R. (1991). Morphometry of the human cortex cerebri acorpus striatum during aging. *Neurobiology of Aging, 12,* 336-338.
Hoptman, M. J., Davidson, R. J., Gudmundsson, A., Schreiber, R. T., & Ershler, W. B. (1996). Age

differences in visual evoked potential estimates of inter-hemispheric transfer. *Neuropsychology, 10*, 263-271.

Hoyer, W. J., & Rybash, J. M. (1992). Age and visual field differences in computing visual-spatial relations. *Psychology and Aging, 7*, 339-342.

Ivry, R. B., & Robertson, L. C. (1998). *The two sides of perception.* Cambridge, MA: MIT Press.

Janowsky, J. S., Shimamura, A. P., & Squire, L. R. (1989). Source memory impairment in patients with frontal lobe lesions. *Neuropsychologia, 27*, 1043-1056.

Jeeves, M. A., & Moes, P. (1996). Interhemispheric transfer time differences related to aging and gender. *Neuropsychologia, 34*, 627-636.

Jonides, J., Marshuetz, C., Smith, E., Koeppe, R., Hartley, A., & Reuter-Lorenz, P. A. (不明). Changes in inhibitory processing with age revealed by brain activation. *Journal of Cognitive Neuroscience.*

Kaplan, E., Fein, D., Morris, R., & Delis, D. (1991). *WAIS-R as a neuropsychological instrument.* San Antonio, TX: The Psychological Corporation.

Kapur, S., Craik, F. I. M., Tulving, E., Wilson, A. A., Houle, S., & Brown, G. M. (1994). Neuroanatomical correlates of encoding in episodic memory: Levels of processing effect. *Proceedings of the National Academy of Sciences, USA, 91*, 2008-2011.

Kosslyn, S. M., Koenig, O., Barrett, A., Cave, C. B., Tang, J., & Gabrieli, J. D. E. (1989). Evidence for two types of spatial representations: Hemispheric specialization for categorical and coordinate relations. *Journal of Experimental Psychology: Human Perception and Performance, 15*, 723-735.

LaVoie, D., & Light, L. L. (1994). Adult age differences in repetition priming: a meta-analysis. *Psychology and Aging, 9*, 539-553.

Lawrence, B., Myerson, J., & Hale, S. (1998). Differential decline of verbal and visuospatial processing speed across the adult life span. *Aging, Neuropsychology, and Cognition, 5*, 129-146.

Light, L. L., & LaVoie, D. (1993). Direct and indirect measures of memory in old age. In P. Graf & F. E. J. Masson (Eds.), *Implicit memory: New directions in cognition, development, and neuropsychology* (pp. 207-230). Hillsdale, NJ: Erlbaum.

Luria, A. R. (1966). *Higher cortical functions in man.* New York: Basic Books.

Madden, D. J., Turkington, T. G., Provenzale, J. M., Denny, L. L., Hawk, T. C., Gottlob, L. R, & Coleman, R. E. (1999). Adult age differences in the functional neuroanatomy of verbal recognition memory. *Human Brain Mapping, 7*, 115-135.

McAndrews, M. P., & Milner, B. (1991). The frontal cortex and memory for temporal order. *Neuropsychologia, 29*, 601-618.

McDowd, J. M., & Filion, D. L. (1992). Aging, selective attention and inhibitory processes: A psychophysiological approach. *Psychology and Aging, 7*, 65-71.

Milner, B., Corsi, P., & Leonard, G. (1991). Frontal-lobe contribution to recency judgments. *Neuropsychologia, 29*, 601-618.

Morrison, J. H., & Hof, P. R. (1997, October 17). Life and death of neurons in the aging brain. *Science, 278*, 412-419.

Moscovitch, M., & Winocur, G. (1995). Frontal lobes, memory, and aging. Structure and functions of the frontal lobes. *Annals of the New York Academy of Sciences, 769*, 115-150.

Nebes, R. D. (1990). Hemispheric specialization in the aged brain. In C. Trevarthen (Ed.), *Brain circuits and function of the mind: Essays in honor of R. W. Sperry* (pp. 364-370). New York: Cambridge University Press.

Nebes, R. D., Madden, D. L., & Berg, W. D. (1983). The effect of age on hemispheric asymmetry in visual and auditory identification. *Experimental Aging Research, 9,* 87-91.

Nielsen-Bohlman, L., & Knight, R. T. (1995). Prefrontal alterations during memory processing in aging. *Cerebral Cortex, 5*, 541-549.

Parkin, A. J., & Walter, B. M. (1991). Aging, short-term memory, and frontal dysfunction. *Psychobiology, 19,* 175-179.
Parkin, A. J., Walter, B. M., & Hunkin, N. M. (1995). Relationships between normal aging, frontal lobe function, and memory for temporal and spatial information. *Neuropsychology, 9,* 304-312.
Prull, M. W., Gabrieli, J. D. E., & Bunge, S. A. (2000). Memory and aging: A cognitive neuroscience perspective. In F. I. M. Craik & T. A. Salthouse (Eds.), *Handbook of aging and cognition* (2nd ed. pp.91-153). Mahwah, NJ: Erlbaum.
Raz, N. (2000). Aging of the brain and its impact on cognitive performance: Integration of structural and functional findings. In F. I. M. Craik & T. A. Salthouse (Eds.), *Handbook of aging and cognition* (2nd ed. pp.1-90). Mahwah, NJ: Erlbaum.
Raz, N., Gunning-Dixon, F. M., Head, D., Dupuis, J. H., & Acker, J. D. (1998). Neuroanatomical correlates of cognition aging: Evidence from structural magnetic resonance imaging. *Neuropsychology, 12,* 95-114.
Reuter-Lorenz, P. A., Jonides, J., Smith, E., Marshuetz, C., Miller, A., Hartley, A., & Koeppe, R. (不明). Age differences in frontallateralization of working memory. *Journal of Cognitive Neuroscience.*
Reuter-Lorenz, P. A., & Miller, A. (1998). The cognitive neuroscience of human laterality: Lessons from the bisected brain. *Current Directions in Psychological Science, 7,* 15-20.
Reuter-Lorenz, P. A., & Stanczak, L. (不明). Aging and the corpus callosum. *Developmental Neuropsychology.*
Reuter-Lorenz, P. A., Stanczak, L., & Miller, A. (1999). Neural recruitment and cognitive aging: Two hemispheres are better than one, especially as you age. *Psychological Science, 10,* 491-500.
Ross, M. H., Yurgelun-Todd, D. A., Renshaw, P. F., Maas, L. C., Mendelson, J. H., Mello, N. K., Cohen, B. M., & Levin, J. M. (1997). Age-related reduction in functional MRI response to photic stimulation. *Neurology, 48,* 173-176.
Rybash, J. M. (1996). Implicit memory and aging: A cognitive neuropsychological perspective. *Developmental Neuropsychology, 12,* 127-179.
Salthouse, T. A. (1992). Mechanisms of age-cognition relations in adulthood. Hillsdale, NJ: Erlbaum.
Salthouse, T. A. (1995). Differential age-related influences on memory for verbal symbolic information and visual-spatial information? *Journal of Gerontology, 50B,* 193-201.
Schacter, D. L., Kaszniak, A. W., Kihlstrom, J. F., & Valdiserri, M. (1991). The relation between source memory and aging. *Psychology and Aging, 6,* 559-568.
Schacter, D. L., Savage, C. R., Alpert, N. M., Rauch, S. L., & Albert, M. S. (1996). The role of hippocampus and frontal cortex in age-related changes in memory. A PET study. *NeuroReport, 7,* 1165-1169.
Schaie, K. W., & Schaie, J. P. (1977). Clinical assessment and aging. In J. E. Birren & K. W. Schaie (Eds.), Handbook of the psychology of aging (pp.692-723). New York: Van Nostrand Reinhold.
Scoville, W. B., & Milner, B. (1957). Loss of recent memory after bilateral hippocampal lesions. *Journal of Neurology, Neurosurgery, and Psychiatry, 20,* 11-21.
Shimamura, A. P., Janowsky, J. S., & Squire, L. R. (1990). Memory for the temporal order of events in patients with frontal lobe lesions and amnesic patients. *Neuropsychologia, 28,* 803-813.
Simic, G., Kostovic, I., Winbald, B., & Bagdanovitch, N. (1997). Volume and number of neurons of the human hippocampal formation in normal aging and Alzheimer's disease. *Journal of Comparative Neurology, 379,* 482-494.
Smith, E. E., & Jonides, J. (1999, March 12). Storage and executive processes in the frontal lobes, *Science, 283,* 1657-1661.
Smith, E. E., Jonides, J., & Koeppe, R. A. (1996). Dissociating verbal and spatial working memory using PET. *Cerebral Cortex, 6,* 11-20.
Spencer, W. D., & Raz, N. (1994). Memory for facts, source, and context: Can frontal lobe dysfunction

explain age-related differences? *Psychology and Aging, 9*, 149-159.
Spencer, W. D., & Raz, N. (1995). Differential effects of aging on memory for content and context: A meta-analysis. *Psychology and Aging, 10*, 527-539.
Thompson, P., Narr, K., Blanton, R., & Toga, A. (不 明). Mapping structural alterations of the corpus callosum during brain development and degeneration. In E. Zaidel, M. Iacoboni, & A. Pascual-Leone (Eds.), *The role of the corpus callosum in sensory-motor integration: Anatomy, physiology and behavior.* Cambridge, MA: MIT Press.
Trott, C. T., Friedman, D., Ritter, W., & Fabiani, M. (1997). Item and source memory: Differential age effects revealed by event-related potentials. *NeuroReport, 8*, 3373-3378.
Tubi, N., & Calev, A. (1989). Verbal and visuospatial recall by younger and older subjects: Use of matched tasks [Brief reports]. *Psychology and Aging, 4*, 493-495.
Tulving, E., Kapur, S., Craik, F. I. M., Moscovitch, M., & Houle, S. (1994). Hemispheric encoding/retrieval asymmetry in episodic memory: Positron emission tomography findings. *Proceedings of the National Academy of Sciences, USA, 91*, 2012-2015.
Wechsler, D. (1981). *Manual for the Wechsler Adult Intelligence Scale-Revised.* New York: The Psychological Corporation.
West, R. L. (1996). An application of prefrontal cortex function theory to cognitive aging. *Psychological Bulletin, 120*, 272-292.
Woodruff-Pak, D. S. (1997). *The neuropsychology of aging.* Malden, MA: Blackwell.

● 7章

Alba, J. W., & Hutchinson, J. W. (1987). Dimensions of consumer expertise. *Journal of Consumer Research, 13*, 411-454.
Anderson, J. R. (1987). Skill acquisition: Compilation of weak-method problem solutions. *Psychological Review, 94*, 192-210.
Anschutz, L., Camp, C. J., Markley, R. P., & Kramer, J. J. (1985). Maintenance and generalization of mnemonics for grocery shopping by older adults. *Experimental Aging Research, 11*, 157-160.
Anschutz, L., Camp, C. J., Markley, R. P., & Kramer, J. J. (1987). Remembering mnemonics: A three-year follow-up on the effects of mnemonic training in elderly adults. *Experimental Aging Research, 13*, 141-143
Baldi, R. A., & Berry, J. M. (1996). *Memory self-efficacy and memory performance in older adults: Anchoring and choice effects.* Unpublished manuscript. University of Richmond, Richmond, VA.
Bandura, A. (1986). *Social foundations of thought and action: A social cognitive theory.* Englewood Cliffs. NJ: Prentice-Hall.
Bandura, A. (1989). Regnlation of cognitive processes through perceived self-efficacy. *Developmental Psychology, 25*, 729-735.
Bargh, J. A. (1989). Conditional automaticity: Varieties of automatic influence in social perception and cognition. In J.S.Uleman & J.A.Bargh (Eds.), *Unintended thought: Causes and consequencies for judgement, emotion, and behavior.* New York: Guilford press.
Bargh, J.A. (1994) The four horsemen of automaticity: Awareness, intention, efficiency, and control in social cogntion. In R.S.Wyer, Jr., & T.K.Srull (Eds.), *Handbook of social cognition* (2nd ed.Vol. 1, pp. 1-40). Hillsdale, NJ: Erlbaum.
Barsalou, L. W. (1987). The instability of graded structure: Implication for the nature of concepts. In U. Neisser (Ed.), *Concepts and conceptual development: Ecological and intellectualfactors in categorization* (pp. 101-140) Cambridge England: Cambridge University Press.
Berry, J. M. (1999). Memory self-efficacy in its social cognitive context. In F.Blanchard-Fields & T.

M. Hess (Eds.). *Social cognition and aging* (pp. 69-96). San Diego. CA: Academic press.

Berry, J. M. (in press) 原書に記載なし

Berry, J. M., & West, R. L. (1993). Cognitive self-efficacy in relation to personal mastery and goal setting across the life span. *International Journal of Behavioral Development, 16,* 351-379.

Berry, J. M., West, R. L., & Dennehey, D. M. (1989). Reliability and validity of the Memory Self-Efficacy Questionnaire. *Developmental Psychology, 25,* 701-713.

Brewer, M. B. (1988). A dual process model of impression formation. In T. K. Srull & R. S. Wyer (Eds.), Advances in social cognition (Vol. 1, pp. 1-32). Hillsdale, NJ: Erlbaum.

Cavanaugh, J. C. (1987). Age differences in adults' self reports of memory ability. *International Journal of Aging and Human Development, 24,* 271-277.

Cavanaugh, J. C. (1989). The importance of awareness in memory aging. In L. W. Poon, D. C. Rubin, & B. Wilson (Eds.), *Everyday cognition in adulthood and late life* (pp. 416-436). New York: Cambridge University Press.

Cavanaugh, J. C. (1996). Memory self-efficacy as a key to understanding memory change. In F. Blanchard-Fields & T. M. Hess (Eds.), *Perspectives on cognitive changes in adulthood and aging* (pp. 488-507). New York: McGraw Hill.

Cavanaugh, J. C., & Borkowski, J. G. (1980). Searching for metamemory-memory connections: A developmental study. *Developmental Psychology, 16,* 441-453.

Cavanaugh, J. C., Feldman, J. M., & Hertzog, C. (1998). Memory beliefs as social cognition: A reconceptualization of what memory questionnaires assess. *Review of General Psychology, 2,* 48-65.

Cavanaugh, J. C., Grady, J., & Perlmutter, M. (1983). Forgetting and use of memory aids in 20- and 70-year-olds' everyday life. *International Journal of Aging and Human Development, 17,* 113-122.

Cavanaugh, J. C., & Green, E. E. (1990). I believe, therefore I can: Self-efficacy beliefs in memory aging. In E. A. Lovelace (Ed.), *Aging and cognition: Mental processes, self awareness, and interventions* (pp. 189-230). Amsterdam: North-Holland.

Cavanaugh, J. C., Kramer, D. A., Sinnott, J. D., Camp, C. J., & Markley, R. J. (1985). On missing links and such: Interfaces between cognitive research and everyday problem solving. *Human Development, 28,* 146-168.

Cavanaugh, J. C., & Morton, K. R. (1988). Older adults' attributions about everyday memory. In M. M. Gruneberg & P. Morris, (Eds.), *Practical aspects of memory: Current research and Issues* (Vol. 1, pp. 209-214). Chichester, England: Wiley.

Cavanaugh, J. C., & Morton, K. R. (1989). Contextualism, naturalistic inquiry, and the need for new science: A rethinking of everyday memory aging and childhood sexual abuse. In D. A. Kramer & M. Bopp (Eds.), *Transformation in clinical and developmental psychology* (pp. 89-114). New York: Springer-Verlag.

Cavanaugh, J. C., Morton, K. R., & Tilse, C. S. (1989). A self-evaluation framework for understanding everyday memory aging. In J. D. Sinnott (Ed.), *Everyday problem solving: Theory and application* (pp. 266-284). New York: Praeger.

Cavanaugh, J. C., & Perlmutter, M. (1982). Metamemory: A critical examination. *Child Development, 53,* 11-28.

Dixon, R. A., & Hultsch, D. F. (1983). Structure and development of metamemory in adulthood. *Journal of Gerontology, 38,* 682-688.

Dixon, R. A., Hultsch, D. F., & Hertzog, C. (1988). The Metamemory in Adulthood (MIA) questionnaire. *Psychopharmacology Bulletin, 24,* 671-688.

Dweck, C. S., & Leggett, E. L. (1988). A social-cognitive approach to motivation and personality. *Psychological Review, 95,* 256-273.

Fazio, R. H., Sanbonmatsu, D. M., Powell, M. C., & Kardes, F. R. (1986). On the automatic activation

of attitudes. *Journal of Personality and Social Psychology, 50*, 229-238.
Feldman, J. M., & Lindell, M. K. (1989). On rationality. In I. Horowitz (Ed.), *Organization and decision theory* (pp. 83-164). Amsterdam: Kluwer-Nijhoff.
Feldman, J. M., & Lynch, J. G., Jr. (1988). Self-generated validity and other effects of measurement on belief, attitude, intention, and behavior. *Journal of Applied Psychology, 73*, 421-435.
Fischoff, B., Slovic, P., & Lichtenstein, S. (1980). Knowing what you want: Measuring labile values. In T. Wallsten (Ed.), *Cognitive processes in choice and decision behavior* (pp. 117-142). Hillsdale, NJ: Erlbaum.
Fiske, S. T., & Pavelchak, M. (1986). Category-based versus piecemeal-based affecttive responses: Developments in schema-triggered affect. In R. M. Sorrentino & E. T. Higgins (Eds.). *Handbook of motivation and cognition* (pp. 167-203). New York: Guilford Press.
Flavell, J. H. (1971). First discussant's comments: What is memory development the development of? *Human Development, 14*, 272-278.
Gilewski, M. J., & Zelinski, E. M. (1986). Questionnaire assessment of memory complaints. In L. W. Poon (Ed.), *Handbook for clinical memory assessment of older adults* (pp. 93-107). Washington. DC: American Psychological Association.
Gilewski, M. J., & Zelinski, E. M. (1988). Memory Functioning Questionnaire. (MFQ). *Psychopharmacology Bulletin, 24*, 665-670.
Herrmann, D. J., & Neisser, U. (1978). An inventory of everyday memory experiences. In M. M. Gruneberg, P. E. Morris, & R. N. Sykes (Eds.), *Practical aspects of memory* (pp. 35-51). New York: Academic Press.
Hertzog, C., & Dixon, R. A. (1994). Metacognitive development in adulthood and old age. In J. Metcalfe & A. P. Shimamura (Eds.), *Metacognition: Knowing about knowing* (pp. 227-251). Cambridge. MA: MIT Press.
Hertzog, C., Dixon, R. A., & Hultsch, D. F. (1990). Metamemory in adulthood Differentiating knowledge, belief, and behavior. In T. M. Hess (Ed.), *Aging and cognition: Knowledge organization and utilization* (pp. 161-212) Amsterdam. North-Holland.
Hertzog, C., Hultsch, D. F., & Dixon, R. A. (1989). Evidence for the convergent validity of two selfreport metamemory questionnaires. *Developmental Psychology, 25*, 687-700.
Hertzog, C., Lineweaver, T. T., & McGuire, C. L. (1999). Beliefs about memory and aging. In F. Blanchard-Fields & T. M. Hess (Eds.), *Social cognition and aging* (pp. 43-68). San Diego, CA: Academic Press.
Kelly, G. A. (1955). *The psychology of personal constructs*. New York: Norton.
Kihlstrom, J. F., & Klein, S. B. (1994). The self as a knowledge structure. In R. S. Wyer, Jr. & T. K. Srull (Eds.), *Handbook of social cognition* (2nd ed., Vol.1, pp.153-208). Hillsdale. NJ: Erlbaum.
Koriat, A. (1994). Memory's knowledge of its own knowledge: The accessibility account of the feeling of knowing. In J. Metcalfe & A. P. Shimamura (Eds.) *Metacognition, Knowing about knowing* (pp. 115-135). Cambridge, MA: MIT Press.
Levy, B., & Langer, E. (1994) Aging free from negative stereotypes: Successful memory in China and among the American deaf. *Journal of Personality and Social Psychology, 66*, 989-997.
Lineweaver, T. T., & Hertzog, C. (1998). Adults' efficacy and control beliefs regarding memory and aging: Separating general from personal beliefs. *Aging, Neuropsychology, and Cognition, 5*. 264-296.
Lovelace, E. A. (1990). Aging and metacognitions concerning memory function In E. A. Lovelace (Ed.), *Aging and cognition: Mental processes, self-awareness, and interventions* (pp. I57-188). Amsterdam: North-Holland.
Markus, H. (1977). Self-schemata and processing information about the self. *Journal of Personality and Social Psychology, 35*, 63-78.

Markus, H., & Wurf, E. (1987). The dynamic self-concept: A social-psychological perspective. *Annual Review of Psychology, 38,* 299-337.

McDonald-Miszczak, L., Hertzog, C., & Hultsch, D. F. (1995). Stability and accuracy of metamemory in adulthood and aging: A longitudinal analysis. *Psychology and Aging, 10,* 553-564.

McFarland, C., Ross, M., & Giltrow, M. (1992). Biased recollections in older adults: The role of implicit theories of aging. *Journal of Personality and Social Psychology, 62,* 837-850.

Metcalfe, J., & Shimamura, A. P. (Eds.), (1994). *Metacognition: Knowing about knowing.* Cambridge, MA: MIT Press.

Nelson, T. O., & Narens, L. (1990). Metamemory: A theoretical framework and new findings. In G. Bower (Eds.), *The psychology of learning and motivation* (Vol. 26, pp. 125-141). New York: Academic Press.

Nelson, T. O., & Narens, L. (1994). Why investigate metacognition? In J. Metcalfe & A. P. Shimamura (Eds.), *Metacognition: Knowing about knowing* (pp. 1-25). Cambridge, MA: MIT Press.

Nisbett, R. E., & Wilson, T. D. (1977). Telling more than we can know: Verbal reports on mental processes. *Psychological Review, 84,* 231-259.

Rabinowitz, J. C. (1989). Age deficits in recall under optimal study conditions. *Psychology and Aging, 4,* 378-380.

Ross, M. (1989). Relation of implicit theories to the construction of personal histories. *Psychological Review, 96,* 341-357.

Ryan, E. B. (1992). Beliefs about memory changes across the adult lifespan. *Journal of Gerontology: Psychological Sciences, 47,* 41-46.

Ryan, E. B., & Kwong See, S. (1993). Age based beliefs about memory changes for self and others across adulthood. *Journal of Gerontology: Psychological Sciences, 48,* 199-201.

Schneider, W., & Pressley, M. (1989). *Memory development between 2 and 20.* New York: Springer-Verlag.

Schwarz, N. (1996, September). *Metacognition.* Presented at the National Institute on Aging Workshop on Social Cognition and Aging, Washington, DC.

Schwarz, N., & Knäuper, B. (2000). Cognition, aging, and self-reports. In D.Park & N.Schwartz (Eds.) Cognitive aging: A primer. Sussex: Psychology Press.

Seeman, T., McAvay, G., Merrill, S., Albert, M., & Rodin, J. (1996). Self-efficacy beliefs and change in cognitive performance: MacArthur studies of successful aging. *Psychology and Aging, 11,* 538-551.

West, R. L., & Berry, J. M. (1994). Age declines in memory self-efficacy: General or limited to particular tasks and measures? In J. D. Sinnott (Ed.), *Handbook of adult lifespan learning* (pp. 426-445). New York: Greenwood.

West, R. L., Dennehy-Basile, D., & Norris, M. (1996). Memory self-evaluation: The effects of age and experience. *Aging and Cognition, 3,* 67-83.

Wyer, R. S., Jr., & Srull, T. K. (1986). Human cognition in its social context. *Psychological Review, 93,* 322-359.

8章

Anderson, J. R., & Schooler, L. J. (1991). Reflections of the environment in memory. *Psychological Science, 2,* 396-408.

Bahrick, H. P. (1983). The cognitive map of a city: Fifty years of learning and memory. In G. H. Bower (Ed.), *The psychology of learning and motivation* (Vol.17, pp.125-163). New York: Academic Press.

Bahrick, H. P. (1984). Semantic memory content in permastore: Fifty years of memory for Spanish

learned in school. *Journal of Experimental Psychology: General, 113*, 1-27.
Bahrick, H. P., Bahrick, P. O., & Wittlinger, R. P. (1975). Fifty years of memory for names and faces: A cross-sectional approach. *Journal of Experimental Psychology: General, 104*, 54-75.
Belli, R. F., Schuman, H., & Jackson, B. (1997). Autobiographical misremembering: John Dean is not alone. *Applied Cognitive Psychology, 11*, 187-209.
Benson, K. A., Jarvi, S. D., Arai, Y., Thielbar, P. R. S., Frye, K. J., & McDonald, B. L. G. (1992). Socio-historical context and autobiographical memories: Variations in the reminiscence phenomenon. In M. A. Conway, D. C. Rubin, H. Spinnler, & W. Wagenaar (Eds.), *Theoretical perspectives on autobiographical memory* (pp. 313-322). Utrecht, the Netherlands: Kluwer.
Brewer, W. F. (1996). What is recollective memory? In D. C. Rubin (Ed.), *Remembering our past: Studies in autobiographical memory* (pp. 19-66). Cambridge, England: Cambridge University Press.
Brown, N. R., Shevell, S. K., & Rips, L. J. (l986). Public memories and their personal context. In D. C. Rubin (Ed.), *Autobiographical memory* (pp.137-158). Cambridge, England: Cambridge University Press.
Butler, R. N. (1964). The life review: An interpretation of reminiscence in the aged. In R. Kastenbaum (Ed.), *New thoughts on old age* (pp.265-280). New York: Springer-Verlag.
Butters, N., & Cermak, L. S. (1986). A case study of forgetting of autobiographical knowledge: Implications for the study of retrograde amnesia. In D. C. Rubin (Ed.), *Autobiographical memory* (pp. 253-272). Cambridge, England: Cambridge University Press.
Cohen, G., & Faulkner, D. (1988). Life span changes in autobiographical memory. In M. M. Gruenberg, P. E. Morris, & R. N. Sykes (Eds.), *Practical aspects of memory: Current research and issues: Vol.1. Memory in everyday life* (pp. 277-282). New York: Wiley.
Conway, M. A. (1990). *Autobiographical memory: An introduction.* Milton Keynes, England: Open University Press.
Conway, M. A., & Rubin, D. C. (1993). The structure of autobiographical memory. In A. E. Collins, S. E. Gathercole, M. A. Conway, & P. E. Morris (Eds.), *Theories of memory* (pp. 103-137). Hove, England: Erlbaum.
Conway, M. A., Rubin, D. C., Spinnler, H., & Wagenaar, W. A. (Eds.), (1992). *Theoretical perspectives on autobiographical memory* (pp. 495-499). Dordrecht, The Netherlands: Kluwer.
Costa, P., & Kastenbaum, R. (1967). Some aspects of memories and ambitions in centenarians. *Journal of Genetic Psychology, 110*, 3-16.
Crovitz, H. F. (1970). *Galton's walk: Methods for the analysis of thinking, intelligence, and creativity.* New York: Harper & Row.
Crovitz, H. F., & Harvey, M. T. (1979). Early childhood amnesia: A quantitative study with implications for the study of retrograde amnesia after brain injury. *Cortex, 15*, 331-335.
Crovitz, H. F., Harvey, M. T., & McKee, D. C. (1980). Selecting retrieval cues for early-childhood amnesia: Implications for the study of shrinking retrograde amnesia. *Cortex, 16*, 305-310.
Crovitz, H. F., & Schiffman, H. (1974). Frequency of episodic memories as a function of their age. *Bulletin of the Psychonomic Society, 4*, 517-518.
Fitzgerald, J. M. (1988). Vivid memories and the reminiscence phenomenon: The role of a self narrative. *Human Development, 31*, 261-273.
Fitzgerald, J. M. (1996). Intersecting meanings of reminiscence in adult development and aging. In D. C. Rubin (Ed.), *Remembering our past: Studies in autobiographical memory* (pp. 360-383). Cambridge, England: Cambridge University Press.
Fitzgerald, J. M., & Lawrence, R. (1984). Autobiographical memory across the life span. *Journal of Gerontology, 39*, 692-699.
Franklin, H. C., & Holding, D. H. (1977). Personal memories at different ages. *Journal of Experimental Psychology, 29*, 527-532.

Friedman, W. J. (1993). Memory for the time of past events. *Psychological Bulletin, 113,* 44-66.
Fromholt, P., Larsen, P., & Larsen, S. F. (1995). Effects of late-onset depression and recovery on autobiographical memory. *Journal of Gerontology: Psychological Sciences, 50,* 74-81.
Fromholt, P., & Larsen, S. F. (1991). Autobiographical memory in normal aging and primary degenerative dementia (dementia of the Alzheimer type). *Journal of Gerontology: Psychological Sciences, 46,* 85-91.
Fromholt, P., & Larsen, S. F. (1992) . Autobiographical memory and life-history narratives in aging and dementia (Alzheimer type). In M. A. Conway, D. C. Rubin, H. Spinnler, & W. Wagenaar (Eds.), *Theoretical perspectives on autobiographical memory* (pp. 413-426). Utrecht, The Netherlands: Kluwer.
Galton, F. (1879). Psychometric experiments. *Brain, 2,* 149-162.
Giambra, L. M., & Arenberg, D. (1993). Adult age differences in forgetting sentences. *Psychology and Aging, 8,* 451-462.
Hartley, A. A. (1992). Attention. In F. I. M. Craik & T. A. Salthouse (Eds.) *The handbook of aging and cognition* (pp. 3-50). Hillsdale NJ: Erlbaum.
Haug, H., & Eggers, R. (1991). Morphometry of the human cortex cerebri and corpus striatum during aging. *Neurobiology of Aging, 12,* 336-338.
Havighurst, R. J., & Glasser, R. (1972). An exploratory study of reminiscence. *Journal of Gerontology, 27,* 245-253.
Herz, R. S., & Cupchik, G. C. (1992). An experimental characterization of odor-evoked memories in humans. *Chemical Senses, 17,* 519-528.
Howes, J. L., & Katz, A. N. (1992). Remote memory: Recalling autobiographical and public events across the lifespan. *Canadian Journal of Psychology, 46,* 92-116.
Hulicka, I. M., & Weiss, R. L. (1965). Age differences in retention as a function of learning. *Journal of Consulting Psychology, 29,* 125-129.
Huttenlocher, J., Hedges, L., & Prohaska, V. (1988). Hierarchical organization in ordered domains: Estimating the dates of events. *Psychological Review, 95,* 471-484.
Hyland, D. T., & Ackerman, A. M. (1988). Reminiscence and autobiographical memory in the study of the personal past. *Journal of Gerontology: Psychological Sciences, 43,* 35-39.
Jansari, A., & Parkin, A. J. (1996). Things that go bump in your life: Explaining the reminiscence bump in autobiographical memory. *Psychology and Aging, 11,* 85-91.
Jobe, J. B., Tourangeau, R., & Smith, A. F. (1993). Contributions of survey research to the understanding of memory. *Applied Cognitive Psychology, 7,* 567-584.
Kemp, S., & Burt, C. D. B. (1998). The force of events: Cross-modality matching the recency of events. *Memory, 6,* 297-306.
Larsen, S. F., Thompson, C. P., & Hansen, T. (1996). Time in autobiographical memory. In D. C. Rubin (Ed.), *Remembering our past: Studies in autobiographical memory* (pp. 129-156). Cambridge, England: Cambridge University Press.
Mackavey, W. R., Malley, J. E., & Stewart, A. J. (1991). Remembering autobiographically consequential experiences: Content analysis of psychologists' accounts of their lives. *Psychology and Aging, 6,* 50-59.
Madden, D. J., Turkington, T. G., Provenzale, J. M., Denny, L. L., Hawk, T. C., Gottlob, L. R., & Coleman, R. E. (1999). Adult age differences in the functional neuroanatomy of verbal recognition memory. *Human Brain Mapping, 7,* 115-135.
Neisser, U. (1982). Snapshots or benchmarks? In U. Neisser (Ed.), *Memory observed: Remembering in natural contexts* (pp. 43-48). San Francisco: Freeman.
Neisser, U., & Fivush, R. (1994). *The remembering self; Construction and accuracy of life narrative.* Cambridge, England: Cambridge University Press.
Prull, M. W., Gabrielli, J. D. E., & Bunge, S. A. (2000). Memory and aging: A cognitive neuroscience

perspective. F. I. M. Craik & T. A. Salthouse (Eds.), *Handbook of aging and cognition-II*. Mahwah, NJ: Erlbaum.

Rabbitt, P., & Winthorpe, C. (1988). What do old people remember? The Galton paradigm reconsidered. In M. M. Gruenberg, P. E. Morris, & R. N. Sykes (Eds.), *Practical aspects of memory: Current research and issues: Vol. 1. Memory in everyday life* (pp. 301-307). New York: Wiley.

Ribot, T. (1882). *Diseases of memory: An essay in the positive psychology* (W. H. Smith, Trans.). New York: Appleton.

Robinson, J. A. (1976). Sampling autobiographical memory. *Cognitive Psychology, 8*, 578-595.

Robinson, J. A. (1996). Perspective, meaning, and remembering. In D. C. Rubin (Ed.), *Remembering our past: Studies in autobiographical memory* (pp. 199-217). Cambridge, England: Cambridge University Press.

Romaniuk, M. (1981). Reminiscence and the second half of life. *Experimental Aging Research, 7*, 315-336.

Rubin, D. C. (1982). On the retention function for autobiographical memory. *Journal of Verbal Learning and Verbal Behavior, 21*, 21-38.

Rubin, D. C. (Ed.). (1986). *Autobiographical memory*. Cambridge, England: Cambridge University Press.

Rubin, D. C. (Ed.). (1996). *Remembering our past: Studies in autobiographical memory*. Cambridge, England: Cambridge University Press.

Rubin, D. C. (1998). Beginnings of a theory of autobiographical remembering. In C. P. Thompson, D. J. Herrmann, D. Bruce, J. D. Reed, D. G. Payne, & M. P. Toglia (Eds.), *Autobiographical memory: Theoretical and applied perspectives* (pp. 47-67). Mahwah, NJ: Erlbaum.

Rubin, D. C., & Baddeley, A. D. (1989). Telescoping is not time compression: A model of dating autobiographical events. *Memory and Cognition, 17*, 653-661.

Rubin, D. C., Groth, L., & Goldsmith, D. (1984). Olfactory cuing of autobiographical memory. *American Journal of Psychology, 97*, 493-507.

Rubin, D. C., Rahhal, T. A., & Poon, L. W. (1998). Things learned in early adulthood are remembered best. *Memory and Cognition, 26*, 3-19.

Rubin, D. C., & Schulkind, M. D. (1997a). Properties of word cues for autobiographical memory. *Psychological Reports, 81*, 47-50.

Rubin, D. C., & Schulkind, M. D. (1997b). The distribution of autobiographical memories across the lifespan. *Memory and Cognition, 25*, 859-866.

Rubin, D. C., & Schulkind, M. D. (1997c). The distribution of important and word-cued autobiographical memories in 20-, 35-, and 70-year-old adults. *Psychology and Aging, 12*, 524-535.

Rubin, D. C., & Wenzel, A. E. (1996). One hundred years of forgetting: A quantitative description of retention. *Psychological Review, 103*, 734-760.

Rubin, D. C., Wetzler, S. E., & Nebes, R. D. (1986). Autobiographical memory across the adult lifespan. In D. C. Rubin (Ed.), *Autobiographical Memory* (pp. 202-221). Cambridge, England: Cambridge University Press.

Schacter, D. L. (1996). *Searching for memory: The brain, the mind, and the past*. New York: Basic Books.

Schrauf, R. W., & Rubin, D. C. (1998). Bilingual autobiographical memory in older adult immigrants: A test of cognitive explanations of the reminiscence bump and the linguistic encoding of memories. *Journal of Memory and Language, 39*, 437-457.

Schuman, H., Akiyama, H., & Knäuper, B. (1997). *Collective memories of Germans and Japanese about the past half century*. Unpublished manuscript.

Schuman, H., Belli, R. F., & Bischoping, K. (1997). The generational basis of historical knowledge.

In J. W. Pennebaker, D. Paez, & Rime (Eds.), *Collective memory of political events: Social psychological perspectives* (pp. 47-77). Hillsdale, NJ: Erlbaum.

Schuman, H., & Rieger, C. (1992). Collective memory and collective memories. In M. A. Conway, D. C. Rubin, H. Spinnler, & W. A. Wagenaar (Eds.), *Theoretical perspectives on autobiographical memory* (pp. 323-336). Dordrecht, The Netherlands: Kluwer.

Schuman, H., Rieger, C., & Gaidys, V. (1994). Collective memories in the United States and Lithuania. In N. Schwartz & S. Sudman (Eds.), *Autobiographical memory and the validity of retrospective reports* (pp. 313-333). New York: Springer-Verlag.

Schuman, H., & Scott, J. (1989). Generations and collective memories. *American Sociological Review, 54*, 359-381.

Schwarz, N., & Sudman, S. (1994). *Autobiographical memory and the validity of retrospective reports.* New York: Springer-Verlag.

Shimamura, A. P., Janowsky, J. S., & Squire, L. R. (1990). Memory for temporal order of events in patients with frontal lobe lesions and amnesic patient. *Neuropsychologia, 28*, 803-813.

Squire, L. R., Chace, P. M., & Slater, P. C. (1975). Assessment of memory for remote events. *Psychological Reports, 37*, 223-234.

Thompson, C. P., Skowronski, J. J., Larsen, S. F., & Betz, A. (1996). *Autobiographical memory: Remembering what and remembering when.* Mahwah NJ: Erlbaum.

Tulving, E. (1972). Episodic and semantic memory. In E. Tulving & W. Donaldson (Eds.), *Organization of memory* (pp. 382-403). New York: Academic Press.

Tulving, E. (1983). *Elements of episodic memory.* Oxford, England: Oxford University Press.

Waldfogel, S. (1948). The frequency and affective character of childhood memories. *Psychological Monographs: General and Applied, 62*(4, Whole No. 291).

Webster, J. D., & Cappeliez, P. (1993). Reminiscence and autobiographical memory: Complementary contexts for cognitive aging research. *Developmental Review, 13*, 54-91.

Wickelgren, W. A. (1975). Age and storage dynamics in continuous recognition memory. *Developmental Psychology, 11*, 165-169.

Winograd, E., & Neisser, U. (Eds.) (1992). *Affect and accuracy in recall: Studies of "flashbulb" memories.* New York: Cambridge University Press.

Wixted, J. T., & Ebbesen, E. B. (1991). On the form of forgetting. *Psychological Science, 2*, 409-415.

Zola-Morgan, S., Cohen, N. J., & Squire, L. R. (1983). Recall of remote episodic memory in amnesia. *Neuropsychologia, 21*, 487-500.

9章

Adan, A. (1991). Influence of morningness-eveningness preference in the relationship between body temperature and performance: A diurnal study. *Personality and Individual Differences, 12*, 1159-1169.

Adan, A., & Almirall, H. (1990). Adaptation and standardization of a Spanish version of the morningness eveningness questionnaire: Individual differences. *Personality and Individual Differences, 11*, 1123-1130.

Alba, J. W., & Hasher, L. (1983). Is memory schematic? *Psychological Bulletin, 93*, 203-231.

Allport, A. (1989). Visual attention. In M. I. Posner (Ed.), *Foundations of cognitive science* (pp. 631-682). Cambridge, MA: MIT Press.

Anderson, M., Petros, T. V., Beckwith, B. E., Mitchell, W. W., & Fritz, S. (1991). Individual differences in the effect of time of day on long-term memory access. *American Journal of Psychology, 104*, 241-255.

Bodenhausen, G. V. (1990). Stereotypes and judgmental heuristics: Evidence of circadian variations in

discrimination. *Psychological Science, 1,* 319-322.
Buela-Casal, G., Caballo, V. E., & Cueto, E. (1990). Differences between morning and evening types in performance. *Personality and Individual Differences, 11,* 447-450.
Colquhoun, W. P. (1971). Circadian variations in mental efficiency. In W. P. Colquhoun (Ed.), *Biological rhythms and human performance* (pp. 39-107). London: Academic Press.
Cowan, N. (1988). Evolving conceptions of memory storage, selective attention, and their mutual constraints within the human information processing system. *Psychological Bulletin, 104,*163-191.
Cowan, N. (1993). Activation, attention, and short-term memory. *Memory and Cognition, 21,* 162-167.
Educational Testing Service. (1976). *Kit of factor-referenced tests.* Princeton, NJ.
Folkard, S., Knauth, P., Monk, T. H., & Rutenfranz, J. (1976). The effect of memory load on the circadian variation in performance efficiency under rapidly rotating shift system. *Ergonomics, 10,* 479-488.
Folkard, S., Weaver, R., & Wildgruber, C. (1983). Multi-oscillatory control of circadian rhythms in human performance. *Nature, 305,* 223-226.
Hartman, M., & Hasher, L. (1991). Aging and suppression: Memory for previously relevant information. *Psychology and Aging, 6,* 587-594.
Hasher, L., & Zacks, R. T. (1988) Working memory, comprehension, and aging: A review and new view. In G. H. Bower (Ed.), *The psychology of learning and motivation* (Vol. 22, pp. 193-225). New York: Academic Press.
Hasher, L., Zacks, R. T., & May, C. P. (1999). Inhibitory control, circadian arousal, and age. In D. Gopher & A. Koriat (Eds.), *Attention and performance: Vol. 17. Cognitive regulation of performance: Interaction of theory and application.* Cambridge, MA: MIT Press.
Horne, J., Brass, C., & Pettitt, S. (1980). Circadian performance differences between morning and evening types. *Ergonomics, 23,* 29-36.
Horne, J., & Ostberg, O. (1976). A self-assessment questionnaire to determine morningness-eveningness in human circadian rhythms. *International Journal of Chronobiology, 4,* 97-110.
Horne, J., & Ostberg, O. (1977). Individual differences in human circadian rhythms. *Biological Psychology, 5,* 179-190.
Hrushesky, W. (1989). Circadian chronotherapy: From animal experiments to human cancer chemotherapy. In B. Lemmer (Ed.), *Chronopharmacology: Cellular and biochemical interactions* (pp. 439-473). New York: Marcel Dekker.
Hrushesky, W. (1994, July/August). Timing is everything. *The Sciences, 34,* 32-37.
Intons-Peterson, M. J., Rocchi, P., West, T., McLellan, K., & Hackney, A. (1998). Aging, optimal testing times, and negative priming. *Journal of Experimental Psychology: Learning, Memory, and Cognition, 24,* 362-376.
Ishihara, K., Miyake, S., Miyasita, A., & Miyata, Y. (1991). Morningness-eveningness preference and sleep habits in Japanese office workers of different ages. *Chronobiologia, 18,* 9-16.
Kerkhof, G. A. (1984). A Dutch-language questionnaire for the selection of morning and evening type individuals. *Nederlands Tijdschrift voor de Psychologie, 39,* 281-294.
Kerkhof, G. A. (1985). Inter-individual differences in the human circadian system: A review. *Biological Psychology, 20,* 83-112.
Kerkhof, G. A., van der Geest, W., Korving, H. J., & Rietveld, W. J. (1981). Diurnal differences between morning-type and evening-type subjects in some indices of central and autonomous nervous activity. In A Reinberg, N. Vieux, & P. Andlauer (Eds.), *Night and shift work: Biological and social aspects* (pp. 457-464). Oxford, England: Pergamon Press.
Leirer, V. O., Tanke, E. D., & Morrow, D. G. (1994). Time of day and naturalistic prospective memory. *Experimental Aging Research, 20,* 127-134.
Logan, G. D. (1983). On the ability to inhibit simple thoughts and actions: I. Stop signal studies of

decision and memory. *Journal of Experimental Psychology: Learning, Memory, and Cognition, 9*, 585-606.
Logan, G. D. (1985). On the ability to inhibit simple thoughts and actions: II. Stop signal studies of repetition priming. *Journal of Experimental Psychology: Learning, Memory, and Cognition, 11*, 675-691.
Logan, G. D. (1994). On the ability to inhibit thought and action: A users' guide to the stop signal paradigm. In D. Dagenbach & T. Carr (Eds.), *Inhibitory mechanisms in attention, memory, and language* (pp. 189-239). New York: Academic Press.
May, C. P. (1999). Synchrony effects in cognition: The costs and a benefit. *Psychological Bulletin and Review, 6*, 142-147.
May, C. P., & Hasher, L. (1998). Synchrony effects in inhibitory control over thought and action. *Journal of Experimental Psychology: Human Perception and Performance, 24*, 363-379.
May, C. P., Hasher, L., & Bhatt, A. (1994, April). *Time of day affects susceptibility to misinformation in younger and older adults.* Poster session presented at the Cognitive Aging Conference, Atlanta, GA.
May, C. P., Hasher, L., & Kane, M. J. (不明). The role of interference in memory span measures. *Memory and Cognition.*
May, C. P., Hasher, L., & Stoltzfus, E. R. (1993). Optimal time of day and the magnitude of age differences in memory. *Psychological Science, 4*, 326-330.
Mecacci, L., & Zani, A. (1983). Morningness-eveningness preferences and sleep waking diary data of morning and evening types in student and workers samples. *Ergonomics, 26*, 1147-1153.
Mecacci, L., Zani, A., Rocchetti, G., & Lucioli, R. (1986). The relationships between morningness-eveningness, aging, and personality. *Personality and Individual Differences, 7*, 911-913.
Mednick, S. A (1962). The associative basis of the creative process. *Psychological Review, 69*, 220-232.
Monk, T. B. (1986). Advantages and disadvantages of rapidly rotating shift schedules: A circadian viewpoint. *Human Factors, 28*, 553-557.
Moore-Ede, M., & McIntosh, J. (1993, October 1). Alert at the switch. *Technology Review, 96*, 52-65.
Navon, D. (1989). The importance of being visible: On the role of attention in a mind viewed as an anarchic intelligence system: 1. Basic tenets. *European Journal of Cognitive Psychology, 1*, 191-213.
Petros, T. V., Beckwith, B. E., & Anderson, M. (1990). Individual differences in the effects of time of day and passage difficulty on prose memory in adults. *British Journal of Psychology, 81*, 63-72.
Petty, R. E., & Cacioppo, J. T. (1986). *Communication and persuasion: Central and peripheral routes to persuasion.* New York: Springer-Verlag.
Petty, R. E., Wells, G. L., & Brock, T. L. (1976). Distraction can enhance or reduce yielding to propaganda: Thought disruption versus effort justification. *Journal of Personality and Social Psychology, 34*, 874-884.
Rahhal, T. A., Abendroth, L. J., & Hasher, L. (1996, April). *Can older adults resist persuasion? The effects of distraction and time of day on attitude change.* Poster session presented at the Cognitive Aging Conference, Atlanta, GA.
Skinner, N. F. (1985). University grades and time of day of instruction. *Bulletin of the Psychonomic Society, 23*, 67.
Smith, C. S., Reilly, C., & Midkiff, K. (1989). Evaluation of the circadian rhythm questionnaires with suggestions for an improved measure of morningness. *Journal of Applied Psychology, 74*, 728-738.
Smith, S. M., & Blankenship, S. E. (1991). Incubation and the persistence of fixation in problem solving. *American Journal of Psychology, 104*, 61-87.
Smolensky, M., & D'Alonzo, G. (1993). Medical chronobiology: Concepts and applications. *American

Review of Respiratory Disease, 147, S2-S19.

Vitiello, M. V., Smallwood, R. G., Avery, D. H., & Pascualy, R. A. (1986). Circadian temperature rhythms in young adult and aged men. *Neurobiology of Aging, 7,* 97-100.

Webb, W. B., & Bonnet, M. H. (1978). The sleep of "morning" and "evening" types. *Biological Psychology, 7,* 29-35.

Wilson, G. D. (1990). Personality, time of day, and arousal. *Personality and Individual Differences, 11,*153-168.

Yoon, C. (1997). Age differences in consumers' processing strategies: An investigation of moderating influences. *Journal of Consumer Research, 24,* 329-342.

Yoon, C., & Lee, M. (1998, April). *Age differences in processing of pictorial and verbal information across time of day.* Poster session presented at Cognitive Aging Conference, Atlanta, GA.

● 10章

Baddeley, A. D. (1986). *Working memory.* Oxford, England: Oxford University Press.

Baddeley, A. D. (1998). The central executive: A concept and some misconceptions. *Journal of the International Neuropsychological Society, 4,* 523-526.

Baltes, P. B., & Lindenberger, U. (1997). Emergence of a powerful connection between sensory and cognitive functions across the adult life span: A new window to the study of cognitive aging? *Psychology and Aging, 12,* 12-21.

Bransford, J. D., & Franks, J. J. (1971). The abstraction of linguistic ideas. *Cognitive Psychology, 2,* 331-350.

Carpenter, P. A., Miyaki, A., & Just, M. A. (1994). Working memory constraints incomprehension: Evidence from individual differences, aphasia, and aging. In M. Gernsbacher (Ed.), *Handbook of psycholinguistics* (pp. 1075-1122). San Diego, CA: Academic Press.

Cavanaugh, J. P. (1972). Relation between the immediate memory span and the memory search rate. *Psychological Review, 79,* 525-530.

Cohen, G., & Faulkner, D. (1986). Does "elderspeak" work? The effect of intonation and stress on comprehension and recall of spoken discourse in old age. *Language and Communication, 6,* 91-98.

Craik, F. I. M., & Jennings, J. M. (1992). Human memory. In F. I. M. Craik & T. A. Salthouse (Eds.), *The handbook of aging and cognition* (pp. 51-110). Hillsdale, NJ: Erlbaum.

Daneman, M., & Carpenter, P. A. (1980). Individual differences in working memory and reading. *Journal of Verbal Learning and Verbal Behavior, 19,* 450-466.

Daneman, M., & Merikle, P. M. (1996). Working memory and language comprehension: A meta-analysis. *Psychonomic Bulletin and Review, 3,* 422-433.

Ferreira, F., & Anes, M.D. (1994). Why study spoken language processing? In M. Gernsbacher (Ed.), *Handbook of psycholinguistics* (pp. 35-56). San Diego, CA: Academic Press.

Gernsbacher, M. A. (Ed.). (1994). *Handbook of psycholinguistics.* San Diego, CA: Academic Press.

Goodglass, H., & Wingfield, A. (1998). The changing relationship between anatomic and cognitive explanation in the neuropsychology of language. *Journal of Psycholinguistic Research, 27,* 147-165.

Gordon-Salant, S., & Fitzgibbons, P. J. (1993). Temporal factors and speech recognition performance in young and elderly listeners. *Journal of Speech and Hearing Research, 36,* 1276-1285.

Grosjean, F. (1985). The recognition of words after their acoustic offset: Evidence and implications. *Perception and Psychophysics, 38,* 299-310.

Hartley, J. (1993). Aging and prose memory: Tests of the resource-deficit hypothesis. *Psychology and Aging, 8,* 538-551.

Hultsch, D. F., & Dixon, R. A. (1990). Learning and memory in aging. In J. E. Birren & K. W. Scheme (Eds.), *Handbook of the psychology of aging* (3rd ed., pp. 258-274). New York: Academic Press.

Just, M. A., & Carpenter, P. A. (1992). A capacity theory of comprehension: Individual differences in working memory. *Psychological Review, 99*, 122-149.

Kempler, D., & Zelinski, E. M. (1994). Language in dementia and normal aging. In F. A. Huppert, C. Brayne, & D. W. O'Connor (Eds,), *Dementia and normal aging* (pp. 331-365). New York: Cambridge University Press.

Kjelgaard, M. M., Titone, D., & Wingfield, A. (1999). The influence of prosodic structure on the interpretation of temporary syntactic ambiguity by young and elderly listeners. *Experimental Aging Research, 25*, 187-207.

Konkle, D. F., Beasley, D. S., & Bess, F. H. (1977). Intelligibility of time-altered speech in relation to chronological aging. *Journal of Speech and Hearing Research, 20*, 108-115.

Light, L. L. (1991). Memory and aging: Four hypotheses in search of data. *Annual Review of Psychology, 42*, 333-376.

Light, L. L., & Capps, J. L. (1986). Comprehension of pronouns in young and older adults. *Developmental Psychology, 22*, 580-585.

Lindblom, B., Brownlee, S., Davis, B., & Moon, S. J. (1992). Speech transforms. *Speech Communication, 11*, 357-368.

Marslen-Wilson, W. D. (1987). Functional parallelism in spoken word recognition. *Cognition, 25*, 71-102.

Meier, R. P. (1991). Language acquisition by deaf children. *American Scientist, 79*, 60-70.

Morrell, C. H., Gordon-Salant, S., Pearson, J. D., Brant, L. J., & Fozard, J. L. (1996).Age- and gender-specific reference ranges for hearing level and longitudinal changes in hearing level. *Journal of the Acoustical Society of America, 100*, 1949-1967.

Norman, S., Kemper, S., Kynette, D., Cheung, H., & Anagnopoulos, C. (1991). Syntactic complexity and adults' running memory span. *Journal of Gerontology: Psychological Sciences, 46*, 346-351.

Overmann, R. A. (1971). Processing time as a variable in the comprehension of time-compressed speech. In E. Foulke (Ed.), *Proceedings of the Second Louis ville Conference on Rate and/or Frequency-Controlled Speech* (pp. 103-118). Louisville, KY: University of Louisville.

Pichora-Fuller, M. K., Schneider, B. A., & Daneman, M. (1995). How young and old adults listen to and remember speech in noise. *Journal of the Acoustical Society of America, 97*, 593-607.

Pollack, I., & Pickett, J. M. (1963). The intelligibility of excerpts from conversation. *Language and Speech, 6*, 165-171.

Ryan, E. B., Hummert, M. L., & Boich, L. H. (1995). Communication predicaments of aging: Patronizing behavior toward older adults. *Journal of Language and Social Psychology, 14*, 144-166.

Salthouse, T. A. (1991). *Theoretical perspectives on cognitive aging.* Hillsdale, NJ: Erlbaum.

Salthouse, T. A. (1994). The aging of working memory. *Neuropsychology, 8*, 535-543.

Schmitt, J. F. (1983). The effects of time compression and time expansion on passage comprehension by elderly listeners. *Journal of Speech and Hearing Research, 26*, 373-377.

Schmitt, J. F., & McCrosky, R. L. (1981). Sentence comprehension in elderly listeners: The factor of rate. *Journal of Gerontology, 36*, 441-445.

Schneider, B. A., Pichora-Fuller, M. K., Kowalchuk, D., & Lamb, M. (1994). Gap detection and the precedence effect in young and old adults. *Journal of the Acoustical Society of America, 95*, 980-991.

Sticht, T. G., & Gray, B. B. (1969). The intelligibility of time compressed speech as a function of age and hearing loss. *Journal of Speech and Hearing Research, 12*, 443-448.

Stine, E. A. L., & Wingfield, A. (1990). How much do working memory deficits contribute to age differences in discourse memory? *European Journal of Cognitive Psychology, 2*, 289-304.

Stine, E. A. L., Wingfield, A., & Poon, L. W. (1986). How much and how fast:Rapid processing of spoken language in later adulthood. *Psychology and Aging, 1*, 303-311.

Tun, P. A. (1998). Fast noisy speech: Age differences in processing rapid speech with background noise. *Psychology and Aging, 13,* 424-434.

U.S. Congress, Office of Technology Assessment. (1986, May). *Hearing impairment and elderly people-A background paper* (Publication No. OTA-BP-BA-30). Washington, DC: U.S. Government Printing Office.

van Dijk, T. A., & Kintsch, W. (1983). *Strategies of discourse comprehension.* New York: Academic Press.

Waters, G. S., & Caplan, D. (1996). The capacity theory of sentence comprehension: Critique of Just and Carpenter (1992). *Psychological Review, 103*, 761-772.

West, R. L., & Sinnott, J. D. (Eds). (1992). *Everyday memory and aging: Current research and methodology.* New York: Springer-Verlag.

Wingfield, A., Aberdeen, J. S., & Stine, E. A. L. (1991). Word onset gating and linguistic context in spoken word recognition by young and elderly adults. *Journal of Gerontology: Psychological Sciences, 46*, 127-129.

Wingfield, A., Alexander, A. H., & Cavigelli, S. (1994). Does memory constrain utilization of top-down information in spoken word recognition? Evidence from normal aging. *Language and Speech, 37*, 221-235.

Wingfield, A., & Ducharme, J. L. (1999). Effects of age and passage difficulty on listening-rate preferences for time-altered speech. *Journal of Gerontology: Psychological Sciences, 546*, 199-202.

Wingfield, A., Lahar, C. J., & Stine, E. A. L. (1989). Age and decision strategies in running memory for speech. *Journal of Gerontology: Psychological Sciences, 44*, 106-113.

Wingfield, A., Poon, L. W., Lombardi, L., & Lowe, D. (1985). Speed of processing in normal aging: Effects of speech rate, linguistic structure, and processing time. *Journal of Gerontology, 40*, 579-585.

Wingfield, A., & Stine, E. A. L. (1992). Age differences in perceptual processing and memory for spoken language. In R. L. West & J. D. Sinnott (Eds.). *Every day memory and aging: Current research and methodology* (pp. 101-123). New York: Springer-Verlag.

Wingfield, A., Stine, E. A. L., Lahar, C. J., & Aberdeen, J. S. (1988). Does the capacity of working memory change with age? *Experimental Aging Research, 14,* 103-107.

Wingfield, A., Tun, P. A., Koh, C. K., & Rosen, M. J. (1999). Regaining lost time: Adult aging and the effect of time restoration on recall of time-compressed speech. *Psychology and Aging, 24*, 122-132.

Wingfield, A., Waters, G. S., & Tun, P. A. (1998). Does working memory work in language comprehension?: Evidence from behavioral neuroscience. In N. Raz(Ed.), *The other side of the error term: Aging and development as model systems in cognitive neuroscience* (pp. 319-343). Amsterdam: Elsevier.

Wingfield, A., Wayland, S. C., & Stine, E. A. L. (1992). Adult age differences in the use of prosody for syntactic parsing and recall of spoken sentences. *Journal of Gerontology: Psychological Sciences, 47,* 350-356.

Zurif, E. B., Swinney, D., Prather, P., Wingfield, A., & Brownell, H. (1995). The allocation of memory resources during sentence comprehension: Evidence from the elderly. *Journal of Psycholinguistic Research, 24*, 165-182.

11章

Arbuckle, T., & Gold, D. P. (1993). Aging, inhibition, and verbosity. *Journal of Gerontology: Psychological Sciences, 48*, 225-232.

Arbuckle, T. Y., Gold, D., & Andres, D. (1986). Cognitive functioning of older people in relation to social and personality variables. *Psychology and Aging, 1*, 55-62.

Ashburn, G., & Gordon, A. (1981). Features of a simplified register in speech to elderly conversationalists. *International Journal of Psycholinguistics, 7*, 31-43.

Bayles, K., Boone, D. R., Tomoeda, C., Slauson, T., & Kaszniak, A. W. (1989). Differentiating Alzheimer's patients from the normal elderly and stroke patients with aphasia. *Journal of Speech and Hearing Disorders, 54*, 74-87.

Bayles, K. A., & Kaszniak, A. W. (1987). *Communication and cognition in normal aging and dementia.* Boston: College-Hill.

Bayles, K. A., & Tomoeda, C. K. (1991). Caregiver report of prevalence and appearance order of linguistic symptoms in Alzheimer's patients. *The Gerontologist, 31*, 210-216.

Boden, D., & Bielby, D. D. (1986). The way it was: Topical organization in elderly conversation. *Language and Communication, 6*, 73-89.

Caplan, D., & Waters, G. (1999). Verbal working memory and sentence comprehension. *Behavioral and Brain Sciences.*

Caporael, L. (1981). The paralanguage of care giving: Baby talk to the institutionalized aged. *Journal of Personality and Social Psychology, 40*, 876-884.

Caporael, L. R., & Culbertson, G. H. (1986). Verbal response modes of baby talk and other speech at institutions for the aged. *Language and Communication, 6*, 99-112.

Caporael, L. R., Lukaszewski, M. P., & Culbertson, G. H. (1983). Secondary babytalk: Judgments of institutionalized elderly and their caregivers. *Journal of Personality and Social Psychology, 44*, 746-754.

Cohen, G. (1979). Language comprehension in old age. *Cognitive Psychology, 11*, 412-429.

Collins, C. L., & Gould, O. N. (1994). Getting to know you: How own age and other's age relate to self-disclosure. *International Journal of Aging and Human Development, 39*, 55-66.

Coupland, J., Coupland, N., & Giles, H. (1991). My life in your hands: Processes of intergenerational self-disclosure. In N. Coupland, J. Coupland, & H. Giles (Eds.), *Language, society, and the elderly* (pp. 75-108). Oxford, England: Basil Blackwell.

Coupland, J., Coupland, N., & Grainger, K. (1991). Intergenerational discourse: Contextual versions of ageing and elderliness. *Aging and Society, 2*, 189-208.

Edwards, H., & Noller, P. (1993). Perceptions of over accommodations used by nurses in communication with the elderly. *Journal of Language and Social Psychology, 1*, 207-223.

Garcia, L. J., & Joanette, Y. (1994). Conversational topic-shifting analysis in dementia. In R. L. Bloom, L. K. Obler, S. de Santi, & J. S. Ehrlich (Eds.), *Discourse analysis and applications: Studies of adult clinical populations* (pp.161-184). Hillsdale, NJ: Erlbaum Associates.

Gibb, H., & O'Brien, B. (1990). Jokes and reassurances are not enough: Ways in which nurses related through conversation with elderly clients. *Journal of Advanced Nursing, 15*, 1389-1401.

Giles, H., & Williams, A. (1994). Patronizing the young: Forms and evaluations. *International Journal of Aging and Human Development, 39*, 33-54.

Gold, D., Andres, D., Arbuckle, T., & Schwartzman, A. (1988). Measurement and correlates of verbosity in elderly people. *Journal of Gerontology: Psychological Sciences, 43*, 27-33.

Gold, D. P., & Arbuckle, T. Y. (1992). Interactions between personality and cognition and their implications for theories of aging. In E. A. Lovelace (Ed.), *Aging and cognition: Mental processes, self-awareness, and interventions* (pp. 351-377). Amsterdam: North-Holland.

Gold, D. P., Arbuckle, T. Y., & Andres, D. (1994). Verbosity in older adults. In M. L. Hummert, J.

M. Wiemann, & J. F. Nussbaum (Eds.), *Interpersonal communication in older adulthood: Interdisciplinary theory and research* (pp. 107-129). Thousand Oaks, CA: Sage.

Grafman, J., Thompson, K., Weingartner, H., Martinez, R., Lawlor, B. A., & Sunderland, T. (1991). Script generation as an indicator of knowledge representation in patients with Alzheimer's disease. *Brain and Language, 40*, 344-358.

Gubrium, J. F. (1975). *Living and dying at Murray Manor*. New York: St. Martin's Press.

Hamilton, H. (1994a). *Conversations with an Alzheimer's patient*. Cambridge, England: Cambridge University Press.

Hamilton, H. (1994b). Requests for clarification as evidence of pragmatic comprehension difficulty: The case of Alzheimer's disease. In R. L. Bloom, L. K. Obler, S. de Santi, & J. S. Ehrlich (Eds.), *Discourse analysis and applications: Studies in adult clinical populations* (pp. 185-200). Hillsdale, NJ: Erlbaum Associates.

Harrold, R. M., Anderson, E. S., Clancy, P., & Kempler, D. (1990). Script knowledge deficits in Alzheimer's disease. *Journal of Clinical and Experimental Neuropsychology, 12,* 397.

Hartley, J. T., Stojack, C. C., Mushaney, T. J., Kiku-Annon, T. A., & Lee, M. (1994). Reading speed and prose memory in older and younger adults. *Psychology and Aging, 9*, 216-223.

Harwood, J., Giles, H., & Ryan, E. B. (1995). Aging, communication, and intergroup theory: Social identity and intergenerational communication. In J. Nussbaum & J. Coupland (Eds.), *Handbook of communication and aging* (pp.133-159). Hillsdale, NJ: Erlbaum Associates.

Hasher, L., & Zacks, R. T. (1988). Working memory, comprehension, and aging: A review and a new view. In G. H. Bower (Ed.), *The psychology of learning and motivation* (Vol. 22, pp. 193-226). New York: Academic Press.

Hier, D. B., Hagenlocker, D., & Shindler, A. G. (1985). Language disintegration in dementia: Effects of etiology and severity. *Brain and Language, 25*, 117-133.

Hupet, M., Chantraine, Y., & Nef, F. (1993). References in conversation between young and old normal adults. *Psychology and Aging, 8,* 339-346.

Huppert, F. A. (1994). Memory function in dementia and normal aging-dimension or dichotomy? In F. A. Huppert, C. Byrne, & D. W. O'Connor (Eds.), *Dementia and normal aging* (pp. 291-330). Cambridge: Cambridge University Press.

Hutchinson, J. M., & Jensen, M. (1980). A pragmatic evaluation of discourse communication in normal elderly and senile elderly in a nursing home. In L. K. Obler & M. L. Albert (Eds.), *Language and communication in the elderly* (pp. 59-73). Lexington, KY: D.C. Heath.

Kemper, S. (1990). Adults' diaries: Changes made to written narratives across the life-span. *Discourse Processes, 13,* 207-223.

Kemper, S. (1992). Language and aging. In F. I. M. Craik & T. A. Salthouse (Eds.), *Handbook of aging and cognition* (pp. 213-270). Hillsdale, NJ: Lawrence Erlbaum.

Kemper, S. (1994). "Elderspeak": Speech accommodations to older adults. *Aging and Cognition, 1,* 17-28.

Kemper, S., & Anagnopoulos, C. (1997). Linguistic creativity in older adults. In C. Adams-Price (Eds.), *Creativity and aging: Theoretical and empirical perspectives* (pp. 289-310). New York: Springer.

Kemper, S., Anagnopoulos, C., Lyons, K., & Heberlein, W. (1994). Speech accommodations to dementia. *Journal of Gerontology: Psychological Sciences, 49,* 223-230.

Kemper, S., & Hummert, M. L. (1997). New directions in research on aging and message production. In J. O. Greene (Ed.), *Message production: Advances in communication theory* (pp. 127-150). Mahwah, NJ: Erlbaum.

Kemper, S., Lyons, K., & Anagnopoulos, C. (1995a). Joint story-telling by Alzheimer's patients and their spouses. *Discourse Processes, 20,* 205-217.

Kemper, S., Othick, M., Gerhing, H., Gubarchuk, J., & Billington, C. (1998). Practicing speech

accommodations to older adults. *Applied Psycholinguistics, 19*, 175-192.
Kemper, S., Othick, M., Warren, J., Gubarchuk, J., & Gerhing, H. (1996). Facilitating older adults' performance on a referential communication task through speech accommodations. Aging, *Neuropsychology, and Cognition, 3*, 37-55.
Kemper, S., Rash, S. R., Kynette, D., & Norman, S. (1990). Telling stories: The structure of adults' narratives. *European Journal of Cognitive Psychology, 2*, 205-228.
Kemper, S., Vandeputte, D., Rice, K., Cheung, H., & Gubarchuk, J. (1995b). Speech adjustments to aging during a referential communication task. *Journal of Language and Social Psychology, 14*, 40-59.
Kemtes, K. A., & Kemper, S. (1997). Younger and older adults on-line processing of syntactic ambiguities. *Psychology and Aging, 12*, 362-371.
Kral, V. A. (1962). Senescent forgetfulness: Benign and malignant. T*he Canadian Medical Association Journal, 86*, 257-260.
Lamar, M. A. C., Obler, L. K., Knoefel, J. E., & Albert, M. L. (1994). Communication patterns in end-stage Alzheimer's disease: Pragmatic analyses. In R. L. Bloom, L. K. Ubler, S. de Santi, & J. S. Ehrlich (Eds.), *Discourse analysis and applications: Studies in adult clinical populations* (pp. 216-236). Hillsdale, NJ: Erlbaum Associates.
Lanceley, A. (1985). Use of controlling language in the rehabilitation of the elderly. *Journal of Advanced Nursing, 10*, 125-135.
Light, L. L. (1991). Memory and aging: Four hypotheses in search of date. *Annual Review of Psychology, 42*, 333-376.
Light, L., & Capps, J. L. (1986). Comprehension of pronouns in younger and older adults. *Developmental Psychology, 22*, 580-585.
Nicholas, M., Obler, L. K., Albert, M. L., & Helm-Esterbrooks, N. (1985). Empty speech in Alzheimer's disease and fluent aphasia. *Journal of Speech and Hearing Research, 28,* 405-410.
Nussbaum, J. F., Hummert, M. L., Williams, A., & Harwood, J. (1996). Communication and older adults. In B. R. Burleson (Ed.), *Communication yearbook 19* (pp. 1-47). Newbury Park, CA: Sage.
O'Conner, B. P., & Rigby, H. (1996). Perceptions of baby talk, requency of receiving baby talk, and self-esteem among community and nursing home residents. *Psychology and Aging, 11*, 147-154.
Orange, J. B. (1991). Perspectives of family members regarding communication changes. In R. Lubinski (Ed.), *Dementia and communication* (pp. 168-187). Philadelphia, PA: Decker.
Orange, J. B., Ryan, E. B., Meredith, S. D., & MacLean, M. J. (1995). Application of the communication enhancement model for long-term care residents with Alzheimer's disease. *Topics in Language Disorders, 15*, 20-35.
Pratt, M. W., Boyes, C., Robins, S., & Manchester, J. (1989). Telling tales: Aging, working memory, and the narrative cohesion of storytellers. *Developmental Psychology, 25,* 628-635.
Pratt, M. W., & Robins, S. L. (1991). That's the way it was: Age differences in the structure and quality of adults' personal narratives. *Discourse Processes, 14*, 73-85.
Rau, M. T. (1991). Impact on families. In R. Lubinski (Ed.), *Dementia and Communication* (pp. 152-167). Philadelphia, PA: Decker.
Ripich, D. N., & Terrell, B. Y. (1988). Patterns of discourse cohesion and coherence in Alzheimer's disease. *Journal of Speech and Hearing Disorders, 53*, 8-15.
Ripich, D. N., Terrell, B. Y., & Spinelli, F. (1983). Discourse cohesion in senile dementia of the Alzheimer type. In R. H. Brookshire (Ed.), *Clinical Aphasiology Conference proceedings* (pp. 316-321). Minneapolis, MN: BRK.
Ryan, E. B., Bourhis, R. Y., & Knops, U. (1991). Evaluative perceptions of patronizing speech addressed to elders. *Psychology and Aging, 6,* 442-450.

Ryan, E. B., Giles, H., Bartolucci, G., & Henwood, K. (1986). Psycholinguistic and social psychological components of communication by and with the elderly. *Language and Communication, 6,* 1-24.
Ryan, E. B., Hamilton, J. M., & Kwong See, S. (1994). Younger and older adult listeners' evaluations of baby talk addressed to institutionalized elders. *International Journal of Aging and Human Development, 39,* 21-32.
Ryan, E. B., Hummert, M. L., & Boich, L. H. (1995). Communication predicaments of aging: Patronizing behavior toward older adults. *Journal of Language and Social Psychology, 14,* 144-166.
Ryan, E. B., MacLean, M., & Orange, J. B. (1994). Inappropriate accommodation in communication to elders: Inferences about nonverbal correlates. *International Journal of Aging and Human Development, 39,* 273-291.
Ryan, E. B., Meredith, S. D., MacLean, M. J., & Orange, J. B. (1995). Changing the way we talk with elders: Promotion health using the communication enhancement model. *International Journal of Aging and Human Development, 41,* 89-107.
Salthouse, T. A. (1992). *Mechanisms of aging-cognition relations in adulthood.* Hillsdale, NJ: Erlbaum.
Saunders, P. A. (1996). Humor and laughter as communication strategies between dementia patients and their clinicians. Presented at the annual meeting of the Gerontological Society of America, Washington, D.C.
Shaner, J. L. (1996). *Painful self-disclosures of older adults: Judgments of perceived motivations and discloser characteristics.* Unpublished doctoral dissertation, University of Kansas, Lawrence.
Stine, E. A. L. (1990). On-line processing of written text by younger and older adults. *Psychology and Aging, 5,* 68-78.
Stine, E. A. L., Cheung, H., & Henderson, D. (1995). Adult age differences in the on-line processing of new concepts in discourse. *Aging and Cognition, 2,* 1-18.
Stine, E. A. L., & Wingfield, A. (1988). Memorability functions as an indicator of qualitative age differences in text recall. *Psychology and Aging, 3,* 179-183.
Stine, E. A. L., & Wingfield, A. (1990). The assessment of qualitative age differences in discourse processing. In T. M. Hess (Ed.), *Aging and cognition: Knowledge organization and utilization* (pp. 33-91). Amsterdam: Elsevier.
Stine, E. L., Wingfield, A., & Myers, S. D. (1990). Age differences in processing information from television news: The effects of bisensory augmentation. *Journal of Gerontology, 45,* 1-8.
Stine, E. A. L., Wingfield, A., & Poon, L. W. (1986). How much and how fast: Rapid processing of spoken language in later adulthood. *Psychology and Aging, 1,* 303-311.
Stine-Morrow, E. A. L., Loveless, M. K., & Soederberg, L. M. (1996). Resource allocation in on-line reading by younger and older adults. *Psychology and Aging, 11,* 475-486.
Tun, P. A. (1989). Age differences in processing expository and narrative text. *Journal of Gerontology: Psychological Sciences, 44,* 9-15.
Ulatowska, H. K., Allard, L., & Donnell, A. (1988). Discourse performance in subjects with dementia of the Alzheimer type. In H. Whitaker (Ed.), *Neuropsychological studies of nonfocal brain damage* (pp. 108-131). New York: Springer-Verlag.
Ulatowska, H. K., & Chapman, S. B. (1991). Discourse studies. In R. Lubinski (Ed.), *Dementia and communication* (pp. 115-132). Philadelphia: Decker.
Warren, A., & McCloskey, L. A. (1997). Language in social contexts. In J. Berko Gleason (Ed.), *The development of language* (4th ed., pp. 210-258). Boston: Allyn & Bacon.
Wingfield, A., & Stine, E. L. (1986). Organizational strategies in immediate recall of rapid speech by young and elderly adults. *Experimental Aging Research, 12,* 79-83.
Zacks, R. T., Hasher, L., Doren, B., Hamm, F., & Attig, M. S. (1987). Encoding and memory of

explicit and implicit information. *Journal of Gerontology, 42,* 418-422.
Zelinski, E. (1988). Integrating information from discourse: Do older adults show deficits? In L. Light & D. M. Burke (Eds.), *Language, memory, and aging* (pp. 133-160). New York: Cambridge University Press.
Zelinski, E. M., Light, L. L., & Gilewski, M. J. (1984). Adult age differences in memory for prose: The question of sensitivity to passage structure. *Developmental Psychology, 20,* 1181-1192.
Zurif, E., Swinney, D., Prather, P., Wingfield, A., & Brownell, H. (1995). The allocation of memory resources during sentence comprehension: Evidence from the elderly. *Journal of Psycholinguistic Research, 24,* 165-182.

12章

Ackerman, P. L. (1986). Individual differences in information processing: An investigation of intellectual abilities and task perfomance during practice. *Intelligence, 10,* 101-139.
Ackerman, P. L. (1987). Individual differences in skill leaning: An integration of psychonomic and information processing perspectives. *Psychological Bulletin, 102,* 3-27.
Arthur, W., Jr., Barrett, G. V., & Alexander, R. A. (1991). Prediction of vehicular accdent involvement: A meta-analysis. *Human Performance, 4,* 89-105.
Baddeley, A. D. (1986). *Working memory.* Oxford, England: Clarendon Press.
Ball, K. K.,Beard, B. L., Roenker, D. L., Miller, R. L., & Griggs, D. S. (1988). Age and visual search: Expanding the useful field of view. *Journal of the Optical Society of America A,* 2210-2219.
Ball, K.,Roenker, D. L., & Bruni, J. R. (1990). Developmental changes in attention and visual search throughout adulthood. In J. Enns (Ed.), *Advances in Psychology* (Vol. 69, pp. 489-508). Anstrdam: North-Holland-Elsevier Science.
Baltes, P. B., & Smith, J. (1990). The psychology of wisdom and its ontogenesis. In R. J. Sternberg (Ed.), *Wisdom: Its nature, origins, and development* (pp. 87-120). Cambridge, England: Cambridge University Press.
Bogner, M. S. (1999). How do I work this thing? Cognitive issues in home medical equipment use and maintenance. In D. C. Park, R. W. Morrell, & K. Shifren (Eds.), *Processing of medical information in aging patients: Cognitive and human factors perspectives* (pp. 223-232). Mahwah, NJ: Erlbaum.
Cassileth, B. R., Zupkis, R. V., Sutton-Smith, K., & March, V. (1980). Information and participation preferences among cancer patients. *Annals of Internal Medicine, 92,* 832-836.
Colonia-Willner, R. (1998). Practical intelligence at work: Relationship between aging and cognitive efficiency among managers in a bank environment. *Psychology and Aging, 13,* 45-57.
Crook, T. H., West, R. L., & Larrabee, G. J. (1993). The driving-reaction time test: Assessing age declines in dual-task performance. *Developmental Neuropsychology, 9,* 31-39.
Czaja, S. J., & Sharit, J. (1998). Ability-perfomance relationships as a function of age and task experience for a data entry task. *Journal of Experimental Psychology: Applied, 4,* 332-351.
Czaja, S. J., Sharit, J., Nair, S., & Rubert, M. (1998). Understanding sources of user variability in computer-based date entry performance. *Behaviour and Informatition Technology, 17,* 282-293.
Echt, K. V., Morrell, R. W., & Park, D. C. (1998). Effects of age and training formats on basic computer skill acquisition in older adults. *Educational Gerontology, 24,* 3-25.
Elias, P. K., Elias, M. F., Robbins, M. A., & Gage, P. (1987). Acquisition of word-processing skills by younger, middle-age, and older adults. *Psychology and Aging, 2,* 340-348.
Fossum, J. A., Arvey, R. D., Paradise, C. A., & Robbins, N. E. (1986). Modeling the skills obsolescence process: A psychological/economic integration. *Academy of Management Review, 11,* 362-374.

Hartley, A. A. (1992). Attention. In F. I. M. Craik & T. A. Salthouse (Eds.), *The handbook of again and cognition* (pp. 3-49). Hillsdale, NJ: Erlbaum.

Holland, C. A., & Rabbitt, P. M. A. (1992). People's awareness of their age-related sensory and cognitive deficits and the implications for road safety. *Applied Cognitive Psychology, 6,* 217-231.

Hunter, J. E., & Hunter, R. F. (1984). Validity and utility of alternative predictors of job performance. *Psychological Bulletin, 96,* 72-98.

Jacoby, L. L. (1991). A process dissociation framework: Separating automatic from intentional uses of memory. *Journal of Memory and Language, 30,* 513-541.

Jacoby, L. L., Jennings, J. M., & Hay, J. F. (1996). Dissociating automatic and consciously-controlled processes: Implications for diagnosis and rehabilitation of memory deficits. In D. J. Harmann, C. L. McEvoy, C. Hertzog, P. Hertel, & M. K. Johnson (Eds.), *Basic and applied memory research: Theory in context* (Vol. 1, pp. 161-193). Hillsdale, NJ: Erlbaum.

Kahneman, D., Ben-Ishai, R., & Lotan, M. (1973). Relation of a test of attention to road accidents. *Journal of Applied Psychology, 58,* 113-115.

Kelley, C. L., & Charness, N. (1995). Issues in training older adults to use computers. *Behavior and Information Technology, 14,* 107-120.

Lee, J. A., & Clemons, T. (1985). Factors affecting employment decisions about older workers. *Journal of Applied Psychology, 70,* 785-788.

Lerner, N. D., Morrison, M. L., & Ratte, D. J. (1990). *Older drivers' perceptions of problems in freeway use.* Silver Spring, MD: Comsis Corporation. (Available from AAA Foundation for Traffic Safety, 1440 New York Avenue NW, Suite 201, Washington, DC 20005.)

Marson, D., & Harrell, L. (1999). Neurocognitive change association with loss of capacity to consent to medical treatment in patients with Alzheimer's disease. In D. C. Park, R. W. Morrell, & K. Shifren (Eds.), *Processing of medical infomation in aging patients: Cognitive and human factors perspectives* (pp. 109-126). Mahwah, NJ: Erlbaum.

Meyer, B. J. F., Russo, C., & Talbot, A. (1995). Discourse comprehension and problem solving: Decisions about the treatment of breast cancer by women across the life span. *Psychology and Aging, 10,* 84-103.

Mihal, W. L., & Barrett, G. V. (1976). Individual differences in perceptual information processing and their relation to automobile accident involvement. *Journal of Applied Psychology, 61,* 229-233.

Moore, R. L., Sedgely, I. P., & Sabey, B. E. (1982). *Ages of car drivers involved in accidents, with special references to junctions* (RR Supplementary Rep. No.718). Transport and Road Research Laboratory Crowthorne, Berkshire UK.

Morrell, R. W., Park, D. C., Kidder, D., & Martin, M. (1997). Adherence to antihypertensive medications over the lifespan. *The Gerontologist, 37,* 609-619.

Morrell, R. W., Park, D. C., Mayhorn, C. B., & Kelley, C. L. (2000). The effects of age and instructions on teaching older adults how to use ELDERCOMM: An electronic bulletin board system. *Educational Gerontology, 26,* 221-235.

Morrell, R. W., Park, D. C., & Poon, L. W. (1989). Quality of instructions on prescription drug labels: Effects on memory and comprehension in young and old adults. *The Gerontologist, 29,* 345-354.

Morrell, R. W., Park, D. C., & Poon, L. W. (1990). Effects of labeling techniques on memory and comprehiension of prescription information in young and old adults. *Journals of Gerontology, 45,* 166-172.

Murphy, K. R. (1989). Is the relationship between cognitive ability and job performance stable over time? *Human Performance, 2,* 183-200.

Olson, P. L., & Sivak, M. (1986). Perception-response time to unexpected roadway hazards. *Human Factors, 28,* 91-96.

Owsley, C., Ball, K., McGwin, G., Jr., Sloane, M. E., Roenker, D. L., White, M. F., & Overley, E. T. (1998). Visual processing impairment and risk of motor vehicle crash among older adults. *Journal of the American Medical Association, 279*, 1083-1088.

Owsley, C., Ball, K., Sloane, M. E., Roenker, D. L., & Bruni, J. R. (1991). Visual/cognitive correlates of vehicle accidents in older drivers. *Psychology and Aging, 6*, 403-415.

Park, D. C. (1992). Applied cognitive aging research. In F. I. M. Craik & T. A. Salthouse (Eds.), *The handbook of cognition and aging* (pp. 449-493), Mahwah, NJ: Erlbaum.

Park, D. C. (1994). Aging, cognition, and work. *Human Performance, 7*, 181-205.

Park, D. C. (1999). Aging and the controlled and automatic processing of medical information and medical intentions. In D. C. Park, R. W. Morrell, & K. Shifren (Eds.), *Processing of medical information in aging patients: Cognitive and human factors perspectives* (pp. 3-22). Mahwah, NJ: Erlbaum.

Park, D. C., Eaton, T. A., Larson, E. J., & Palmer, H. T. (1994). Implementation and impact of the patient self-determination act. *Southern Medical Journal, 87*, 971- 977.

Park, D. C., Hertzog, C., Leventhal, H., Morrell, R. W., Leventhal, E., Birchmore, D., Martin, M., & Bennett, J. (1999). Medication adherence in rheumatoid arthritis patients: Older is wiser. *Journal of the American Geriatrics Society, 47*, 172-183.

Park, D. C., & Jones, T. R. (1996). Medication adherence and aging. In A. D. Fisk & W. A. Rogers (Eds.), *Handbook of human factors and the older adult* (pp. 257- 288). San Diego, CA: Academic Press.

Park, D. C., & Kidder, D. (1996). Prospective memory and medication adherence. In M. Brandimonte, G. Einstein, & M. McDaniel (Eds.), *Prospective memory: theory and applications* (pp. 369-390). Mahwah, NJ: Erlbaum.

Park, D. C., Morrell, R. W., Frieske, D., & Kincaid, D. (1992). Medication adherence behaviors in older adults: Effects of external cognitive supports. *Psychology and Aging, 7*, 252-256.

Park, D. C., Smith, A. D., Lautenschlager, G., Earles, J., Frieske, D., Zwahr, M., & Gaines, C. (1996). Mediators of long-term memory performance across the life span. *Psychology and Aging, 11*, 621-637.

Ponds, R. W. H. M., Brouwer, W. H., & van Wolffelaar, P. C. (1988). Age differences in divided attention in a simulated driving task. *Journal of Gerontology: Psychological Science, 43*, 151-156.

Ranney, T. A., & Pulling, N. H. (1989). Relation of individual differences in information- processing ability to driving performance. *Proceedings of the Human Factors Society 33rd Annual Meeting* (pp. 965-969). Santa Monica, CA: Human Factors Society.

Ranney, T. A., & Pulling, N. H. (1990). Performance difference on driving and laboratory tasks between drivers of different ages. *Transportation Research Record, 1281*, 3-10.

Rhodes, S. R. (1983). Age-related differences in work attitudes and behavior: A review and conceptual analysis. *Psychological Bulletin, 93*, 328-367.

Roenker, D. L., Cissel, G. M., & Ball, K. K. (1997). The effects of visual attention training on driving performance. *Investigative Ophthalmology & Visual Science, 38*, 871.

Rosen, B., & Jerdee, T. H. (1976). The nature of job-related age stereotypes. *Journal of Applied Psychology, 61*, 180-183.

Salthouse, T. A. (1984). Effects of age and skill in typing. *Journal of Experimental Psychology: General, 113*, 345-371.

Salthouse, T. A., Babcock, R. L., Mitchell, D. R., Skovronek, E., & Palmon, R. (1990). Age and experience effects in spatial visualization. *Developmental Psychology, 26*, 128-136.

Salthouse, T. A., Hambrick, D. Z., Lukas, K. E., & Dell, T. C. (1996). Determinants of adult age differences on synthetic work performance. *Journal of Experimental Psychology: Applied, 2*, 305-329.

Schmidt, F. L., Hunter, J. E., & Outerbridge, A. N. (1986). Impact of job experience and ability on job knowledge, work sample performance, and supervisory ratings of job performance. *Journal of Applied Psychology, 71*, 432-439.

Staplin, L. K., Breton, M. E., Haimo, S. F., Farber, E. I., & Byrnes, A. M. (1986). *Age-related diminished capabilities and driver performance*. Submitted by Ketron, Inc., Malvern, PA, to the Federal Highway Administration, McLean, VA.

Stumpf, S. A., & Rabinowitz, S. (1981). Career stage as a moderator of performance relationships with facets of job satisfaction and role perceptions. *Journal of Vocational Behavior, 18*, 202-218.

Taylor, R. N. (1975). Age and experience as determinants of managerial information processing and decision making performance. *Academy of Management Journal, 18*, 74-81.

Waldman, D. A., & Avolio, B. J. (1986). A meta-analysis of age differences in job performance. *Journal of Applied Psychology, 71*, 33-38.

Yates, J. F., & Patalano, A. L. (1999). Decision making and aging. In D. C. Park, R. W. Morrell, & K. Shifren (Eds.), *Processing of medical information in aging patients: Cognitive and human factors perspectives* (pp. 31-54). Mahwah, NJ: Erlbaum.

Zandri, E., & Charness, N. (1989). Training older and younger adults to use software. *Educational Gerontology, 15*, 615-631.

Zwahr, M. D. (1999). Cognitive processes and medical decisions. In D. C. Park, R. W. Morell, & K. Shifren (Eds.), *Processing of medical information in aging patients: Cognitive and human factors perspectives* (pp. 55-68). Mahwah, NJ: Erlbaum.

Zwahr, M. D., Park, D. C., Eaton, T. A., & Larson, E. J. (1997). Implementation of the patient self-determination act: A comparison of nursing homes to hospitals. *Journal of Applied Gerontology, 16*, 190-207.

Zwahr, M. D., Park, D. C., & Shifren, K. (1999). The role of age, cognitive abilities, and beliefs. *Psychology and Aging, 14*, 179-191.

● 13章

Baddeley, A. D., & Hitch, G. J. (1977). Recency reexamined. In S. Dornic (Ed.), *Attention and performance* (Vol. 6, pp. 647-667). Hillsdale, NJ: Erlbaum.

Baltes, P. B., Reese, H. W., & Nesselroade, J. R. (1977). *Life-span developmental psychology: Introduction to research methods*, Pacific Grove, CA: Brooks/Cole.

Belli, R., Schwarz, N., & Singer, E. (不明). Decomposition can harm the accuracy of retrospective behavioral reports. Applied Cognitive Psychology.

Blair, E., & Burton, S. (1987). Cognitive processes used by survey respondents to answer behavioral frequency questions. *Journal of Consumer Research, 14*, 280-288.

Bodenhausen, G. V., & Wyer, R. S. (1987). Social cognition and social reality: Information acquisition and use in the laboratory and the real world. In H. J. Hippler, N. Schwarz, & S. Sudman (Eds.), *Social information processing and survey methodology* (pp. 6-41). New York: Springer Verlag.

Botwinick, J. (1984). *Aging and behavior* (3rd ed.). New York: Springer.

Bradburn, N. M., Rips, L. J., & Shevell, S. K. (1987). Answering autobiographical questions: The impact of memory and inference on surveys. *Science, 236*, 157-161.

Clark, H. H., & Schober, M. F. (1992). Asking questions and influencing answers. In J. M. Tanur (Ed.), *Questions about questions* (pp. 15-48). New York: Sage.

Collins, L. M., Graham, J. W., Hansen, W. B., & Johnson, C.A. (1985). Agreement between retrospective accounts of substance use and earlier reported substance use. *Applide Psychological Measurement, 9*, 301-309.

Colsher, P. L., & Wallace, R. B. (1989). Data quality and age. *Journal of Gerontology: Psychological Sciences, 44,* 45-52.

DeMaio, T. J. (1984). Social desirability and survey measurement: A review. In C. F. Turner & E. Martin (Eds.), *Surveying subjective phenomena* (Vol.2, pp. 257-281). New York: Sage.

Fiedler, K., & Armbruster, T. (1994). Two halves may be more than one whole :Category-split effects on frequency illusions. *Journal of Personality and Social Psychology, 66,* 633-645.

Gergen, K. J., & Back, K. W. (1966). Communication in the interview and the disengaged respondent. *Public Opinion Quarterly, 30,* 385-398.

Gove, W. R., & Geerken, M. R. (1977). Response bias in surveys of mental health: An empirical investigation. *American Journal of Sociology, 82,* 1289-1317.

Grice, H. P. (1975). Logic and conversation. In P. Cole, & J. L. Morgan (Eds.), *Syntax and semantics: Vol. 3. Speech acts* (pp. 41-58). New York: Academic Press.

Higgins, E. T. (1996). Knowledge activation: Accessibility, applicability, and salience. In E. T. Higgins & A. Kruglanski (Eds.), *Social psychology: Handbook of basic principles* (pp. 133-168). New York: Guilford Press.

Hilton, D. J. (1995). The social context of reasoning: Conversational inference and rational judgment. *Psychological Bulletin, 118,* 248-271.

Knäuper, B. (1998). Age differences in question and response order effects. In N. Schwarz, D. Park, B. Knäuper, & S. Sudman (Eds.), *Cognition, aging, and selfreports* (pp. 341-363). Philadelphia, PA: Psychology Press.

Knäuper, B. (1999). The impact of age and education on response order effects in attitude measurement. *Public Opinion Quarterly, 63,* 347-370.

Knäuper, B. (in press) 原書に記載なし

Knäuper, B., Belli, R. F., Hill, D. H., & Herzog, A. R. (1997). Question difficulty and respondents' cognitive ability: The impact on data quality. *Journal of Official Statistics, 13,* 181-199.

Knäuper, B., & Seibt, B. (1999). *Rating scales: Limited discrimination between categories among the oldest old.* Unpublished manuscript, Free University of Berlin.

Lewinsohn, P. M., Rohde, P., Seeley, J. R., & Fischer, S. A. (1993). Age-cohort changes in the lifetime occurrence of depression and other mental disorders. *Journal of Abnormal Psychology, 102,* 110-120.

Linton, M. (1982). Transformations of memory in everyday life. In U. Neisser (Ed.), *Memory observed: Remembering in natural contexts* (pp. 77-91). San Francisco: Freeman. (富田達彦 (訳) 1988 観察された記憶:自然文脈での想起 誠信書房)

Markus, G. B. (1986). Stability and change in political attitudes: Observed, recalled, and explained. *Political Behavior, 8,* 21-44.

Mathiowetz, N. A. (1986, June). *Episodic recall and estimation: Applicability of cognitive theories to survey data.* Paper presented at the Social Science Research Council Seminar on Retrospective Data, New York.

Menon, G., Raghubir, P., & Schwarz, N. (1995). Behavioral frequency judgments: An accessibility-diagnosticity framework. *Journal of Consumer Research, 22,* 212-228.

Neisser, U. (1986). Nested structure in autobiographical memory. In D. C. Rubin (Ed.), *Autobiographical memory* (pp. 71-88). Cambridge, England: Cambridge University Press.

Ostrom, T. M., & Upshaw, H. S. (1968). Psychological perspective and attitude change. In A. C. Greenwald, T. C. Brock, & T. M. Ostrom (Eds.), *Psychological foundations of attitudes.* New York: Academic Press.

Parducci, A. (1983). Category ratings and the relational character of judgment. In H. G. Geissler, H. F. J. M. Bulfart, E. L. H. Leeuwenberg, & V. Sarris (Eds.), *Modern issues in perception* (pp. 262-282). Berlin: VEB Deutscher Verlag der Wissenschaften.

Rodgers, W. L., & Herzog, A. R. (1987). Interviewing older adults: The accuracy of factual

information. *Journal of Gerontology, 42*, 387-394.
Ross, M. (1989). The relation of implicit theories to the construction of personal histories. *Psychological Review, 96*, 341-357.
Schuman, H., & Presser, S. (1981). *Questions and answers in attitude surveys.* New York: Academic Press.
Schwarz, N. (1990). Assessing frequency reports of mundane behaviors: Contributions of cognitive psychology to questionnaire construction. In C. Hendrick & M. S. Clark (Eds.), *Review of personality and social psychology: Vol. 11. Research methods in personality and social psychology* (pp. 98-119). Beverly Hills, CA: Sage.
Schwarz, N. (1994). Judgment in a social context: Biases, shortcomings, and the logic of conversation. In M. Zanna (Ed.), *Advances in experimental social psychology* (Vol. 26). San Diego, CA: Academic Press.
Schwarz, N. (1995). Social cognition: Information accessibility and use in social judgment. In D. N. Osherson & E. E. Smith (Eds.), *Thinking: An invitation to cognitive science* (Vol. 3, 2nd ed., pp. 345-376). Cambridge, MA: MIT Press.
Schwarz, N. (1996). *Cognition and communication: Judgmental biases, research methods and the logic of conversation.* Hillsdale, NJ: Erlbaum.
Schwarz, N. (1999a). Self-reports: How the questions shape the answers. *American Psychologist, 54*, 93-105.
Schwarz, N. (1999b). Frequency reports of physical symptoms and health behaviors: How the questionnaire determines the results. In Park, D. C., Morrell, R. W., & Shifren, K. (Eds.), *Processing medical information in aging patients: Cognitive and human factors perspectives* (pp. 93-108). Mahwah, NJ: Erlbaum.
Schwarz, N., & Hippler, H. J. (1991). Response alternatives: The impact of their choice and ordering. In P. Biemer, R. Groves, N. Mathiowetz, & S. Sudman (Eds.), *Measurement error in surveys* (pp. 41-56). Chichester, England: Wiley.
Schwarz, N., & Hippler, H. J. (1995a). The numeric values of rating scales: A comparison of their impact in mail surveys and telephone interviews. *International Journal of Public Opinion Research, 7*, 72-74.
Schwarz, N., & Hippler, H. J. (1995b). Subsequent questions may influence answers to preceding questions in mail surveys. *Public Opinion Quarterly, 59*, 93-97.
Schwarz, N., & Hippler, H. J., Deutsch, B. & Strack, F. (1985). Response categories: Effects on behavioral reports and comparative judgments. *Public Opinion Quarterly, 49*, 388-395.
Schwarz, N., Hippler, H. J., Noelle-Neumann, E. (1992) 原書に記載なし
Schwarz, N., Knäuper, B., & Hippler, H. J., Noelle-Neumann, E., & Clark, F. (1991). Rating scales: Numeric values may change the meaning of scale labels. *Public Opinion Quarterly, 55*, 570-582.
Schwarz, N., Park, D. C., Knäuper, B., Davidson, N., & Smith, P. (1998, April). *Aging, cognition, and self-reports: Age-dependent context effects and misleading conclusions about age-differences in attitudes and behavior.* Cognitive Aging Conference, Atlanta, GA.
Schwarz, N., Park, D. C., Knäuper, B., & Sudman, S. (1999) 原書に記載なし
Schwarz, N., Strack, F., Hippler, H. J., & Bishop, G. (1991). The impact of administration mode on response effects in survey measurement. *Applied Cognitive Psychology, 5*, 193-212.
Schwarz, N., Strack, F., Müller, G., & Chassein, B. (1988). The range of response alternatives may determine the meaning of the question: Further evidence on informative functions of response alternatives. *Social Cognition, 6*, 107-117.
Schwarz, N., & Sudman, S. (Eds.). (1992). *Context effects in social and psychological research.* New York: Springer-Verlag.
Schwarz, N., & Sudman, S. (1994). *Autobiographical memory and the validity of retrospective*

reports. New York: Springer-Verlag.
Sears, D. O. (1987). Implications of the life-span approach for research on attitudes and social cognition. In R. P. Abeles(Ed.), *Life-span perspectives and social psychology* (pp. 17-60). Hillsdale, NJ: Erlbaum.
Strack, F. (1994). *Zur Psychologie der Standardisierten Befragung*. Heidelberg, Germany: Springer-Verlag.
Strack, F., & Martin, L. (1987). Thinking, judging, and communicating: A process account of context effects in attitude surveys. In H. J. Hippler, N. Schwarz, & S. Sudman (Eds.), *Social information processing and survey methodology* (pp.123-148). New York: Springer-Verlag.
Strack, F., Schwarz, N., & Wänke, M. (1991). Semantic and pragmatic aspects of context effects in social and psychological research. *Social Cognition, 9,* 111-125.
Strube, G. (1987). Answering survey questions: The role of memory. In H. J. Hippler, N. Schwarz, & S. Sudman (Eds.), *Social information processing and survey methodology* (pp. 86-101). New York: Springer-Verlag.
Sudman, S., & Bradburn, N. M. (1983). *Asking questions*. San Francisco: Jossey-Bass.
Sudman, S., Bradburn, N., & Schwarz, N. (1996). *Thinking about answers: The application of cognitive processes to survey methodology*. San Francisco, CA: Jossey-Bass.
Tourangeau, R. (1984). Cognitive science and survey methods: A cognitive perspective. In T. Jabine, M. Straf, J. Tanur, & R. Tourangeau (Eds.), *Cognitive aspects of survey methodology: Building a bridge between disciplines* (pp. 73-100). Washington, DC: National Academy Press.
Tourangeau, R., & Rasinski, K. A. (1988). Cognitive processes underlying context effects in attitude measurement. *Psychological Bulletin, 103,* 299-314.
Wagenaar, W. A. (1986). My memory: A study of autobiographical memory over six years. *Cognitive Psychology, 18,* 225-252.
Winkielman, P., Knäuper, B., & Schwarz, N. (1998). Looking back at anger: Reference periods change the interpretation of (emotion) frequency questions. *Journal of Personality and Social Psychology, 75,* 719-728.
Withey, S. B. (1954). Reliability of recall of income. *Public Opinion Quarterly, 18,* 31-34.

● 14章

Alloy, L. B., & Tabachnik, N. (1984). Assessment of covariation by humans and animals: The joint influence of prior expectation and current situational information. *Psychological Review, 91,* 112-149.
Atkinson, J. W. (1957). Motivational determinants of risk-taking behavior. *Psychological Review, 64,* 359-372.
Attig, M. S., & Hasher, L. (1980). The processing of frequency of occurrence information in adults. *Journal of Gerontology, 35,* 66-69.
Baltes, P. B., & Lindenberger, U. (1997). Emergence of a powerful connection between sensory and cognitive functions across the adult lifespan: A new window to the study of cognitive aging? *Psychology and Aging, 12,* 12-21.
Botwinick, J. (1969). Disinclination to venture response versus cautiousness in responding: Age differences. *Journal of Genetic Psychology, 115,* 55-62.
Botwinick, J. (1984). *Aging and behavior: A comprehensive integration of research findings* (3rd ed.). New York: Springer.
Brehmer, B. (1980). In one word: Not from experience. *Acta Psychologica, 45,* 223-241.
Brunswik, E. (1952). The conceptual framework of psychology. In *International encyclopedia of unified science* (Vol. 1, pp. 4-102). Chicago: University of Chicago Press. (船津孝行（訳）

1974　心の枠組み：その概念・歴史・方法　誠信書房）
Byrnes, J. P. (1998). *The nature and development of decision making: A self-fegulation model.* Mahwah, NJ: Erlbaum.
Calhoun, R. E., & Hutchison, S. L., Jr. (1981). Decision-making in old age: Cautiousness and rigidity. *International Journal of Aging and Human Development, 13,* 89-98.
Castellan, N. J. (1992). Relations between linear models: Implications for the lens model. *Organizational Behavior and Human Decision Processes, 51,* 364-381.
Cerella, J. (1990). Aging and information processing rates in the elderly. In J. E. Birren & K. W. Schaie (Eds.), *Handbook of the psychology of aging* (3rd ed., pp. 201-221). New York: Academic Press.
Chapman, L. J., & Chapman, J. P. (1967). Genesis of popular but erroneous psychodiagnostic observations. *Journal of Abnormal Psychology, 74,* 271-280.
Chasseigne, G., Mullet, E., & Stewart, T. R. (1997). Aging and multiple cue probability learning: The case of inverse relationships. *Acta Psychologica, 97,* 235-252.
Cooksey, R. W. (1996). *Judgment analysis: Theory, methods, and applications.* San Diego: Academic Press.
Craik, F. I. M. (1994). Memory changes in normal aging. *Current Directions in Psychological Science, 3,* 155-158.
Curley, S. P., Eraker, S. A., & Yates, J. F. (1984). An investigation of patients' reactions to therapeutic uncertainty. *Medical Decision Making, 4,* 501-511.
Damasio, A. R. (1994). *Descartes' error: Emotion, reason, and the human brain.* New York: Putnam.
（田中三彦（訳）2000　生存する脳：心と脳と身体の神秘　講談社）
Dawes, R. M. (1998). Behavioral decision making and judgment. In D. T. Gilbert, S. T. Fiske, & G. Lindzey (Eds.), *The handbook of social psychology* (4th ed., Vol.1, pp. 497-548). New York: McGraw-Hill.
Dror, I. E., Katona, M., & Mungur, K. (1998). Age differences in decision making: To take a risk or not? *Gerontology, 44,* 67-71.
Fischhoff, B. (1988). Judgment and decision making. In R. J. Sternberg & E. E. Smith (Eds.), *The psychology of human thought* (pp. 153-187). New York: Cambridge University Press.
Glik, D. C., Kronenfeld, J. J., Jackson, K., & Zhang, W. (1999). Comparison of traffic accident and chronic disease risk perceptions. *American Journal of Health Behavior, 23,* 198-209.
Gonzalez, R., & Wu, G. (1999). On the shape of the probability weighting function. *Cognitive Psychology, 38,* 129-166.
Green, L., Fry, A. F., & Myerson, J. (1994). Discounting of delayed rewards: A life-span comparison. *Psychology Science, 5,* 33-36.
Hammond, K. R. (1955). Probabilistic functioning and the clinical method. *Psychological Review, 62,* 255-262.
Hartley, A. A. (1989). The cognitive ecology of problem solving. In L. W. Poon, D. C. Rubin, & B. A. Wilson (Eds.), *Everyday cognition in adulthood and late life* (pp. 300-329). New York: Cambridge University Press.
Hasher, L., & Zacks, R. (1984). Automatic processing of fundamental information: The case of frequency of occurrence. *American Psychologist, 39,* 1372-1388.
Hershey, D. A., & Wilson, J. A. (1997). Age differences in performance awareness of a complex financial decision-making task. *Experimental Aging Research, 23,* 257-273.
Holliday, S. G. (1988). Risky-choice behavior: A life-span analysis. *International Journal of Aging and Human Development, 27,* 25-33.
Johnson, M. M. S. (1990). Age differences in decision making: A process methodology for examining strategic information processing. *Journal of Gerontology: Psychological Sciences, 45*(2), 75-78.

Johnson, M. M. S. (1993). Thinking about strategies during, before, and after making a decision. *Psychology and Aging, 8,* 231-241.
Kahneman, D., & Diener, E. (Eds.). (1999). *Well-being: The foundations of hedonic psychology.* New York: Russell Sage.
Kausler, D. H., & Puckett, J. M. (1980). Frequency judgments and correlated cognitive abilities in young and elderly adults. *Journal of Gerontology, 35,* 376-382.
Kirchner, W. K. (1958). Age differences in short-term retention of rapidly changing information. *Journal of Experimental Psychology, 55,* 352-358.
Klayman, J., & Ha, Y. -W. (1989). Hypothesis testing in rule discovery: Strategy, structure, and content. *Journal of Experimental Psychology: Learning, Memory, and Cognition, 15,* 596-604.
Knowlton, B. J., Squire, L. R., & Gluck, M. A. (1994). Probabilistic classification learning in amnesia. *Learning and Memory, 1,* 106-120.
Lopes, L. L., & Oden, G. C. (1999). The role of aspiration level in risky choice: A comparison of cumulative prospect theory and SP/A theory. *Journal of Mathematical Psychology, 43,* 286-313.
Meyer, B. J. F., Russo, C., & Talbot, A. (1995). Discourse comprehension and problem solving: Decisions about the treatment of breast cancer by women across the lifespan. *Psychology and Aging, 10,* 84-103.
Mischel, W., Shoda, Y., & Rodriguez, M. (1989, May). Delay of gratification in children. *Science, 244,* 933-938.
Morris, R. G., Gick, M. L., & Craik, F. I. M. (1988). Processing resources and age differences in working memory. *Memory and Cognition, 16,* 362-366.
Mutter, S. A., & Pliske, R. M. (1994). Aging and illusory correlation in judgments of co-occurrence. *Psychology and Aging, 9,* 53-63.
Okun, M. A. (1976). Adult age and cautiousness in decision. *Human Development, 19,* 220-233.
Okun, M. A., & DiVesta, F. J. (1976). Cautiousness in adulthood as a function of age and instructions. *Journal of Gerontology, 31,* 571-576.
Okun, M. A., & Elias, C. S. (1977). Cautiousness in adulthood as a function of age and payoff structure. *Journal of Gerontology, 32,* 451-455.
Okun, M. A., & Siegler, I. C. (1976). Relation between preference for immediate risk and adult age in men: A cross-cultural validation. *Developmental Psychology, 12,* 565-566.
Okun, M. A., Stock, W. A., & Ceurvorst, R. W. (1980). Risk taking through the adult lifespan. *Experimental Aging Research, 6,* 463-473.
Onken, J., Hastie, R., & Revelle, W. (1985). Individual differences in the use of simplification strategies in a complex decision making task. *Journal of Experimental Psychology: Human Perception and Performance, 11,* 14-27.
Park, D. C., Smith, A. D., Lautenschlager, G., Earles, J., Frieske, D., Zwahr, M., & Gaines, C. (1996). Mediators of long-term memory performance across the lifespan. *Psychology and Aging, 11,* 621-637.
Parkinson, S. R., Lindholm, J. M., & Inman, V. W. (1982). An analysis of age diffrernces in immediate recall. *Journal of Gerontology, 37,* 425-431.
Payne, J. W., Bettman, J. R., & Johnson, E. J. (1988). Adaptive strategy selection in decision making. *Journal of Experimental Psychology: Learning, Memory, and Cognition, 14,* 534-552.
Payne, J. W., Bettman, J. R., & Johnson, E. J. (1993). *The adaptive decision maker.* New York: Cambridge University Press.
Piaget, J., & Inhelder, B. (1975). *The origin of the idea of chance in children.* New York: Norton.
Pliske, R. M., & Mutter, S. A. (1996). Age differences in accuracy of confidence judgments. *Experimental Aging Research, 22,* 199-216.
Quadrel, M. J., Fischhoff, B., & Davis, W. (1993). Adolescent (in)vulnerability. *American*

Psychologist, 48, 102-116.

Salthouse, T. A. (1982). *Adult cognition: An experimental psychology of human aging*. New York: Springer-Verlag.

Salthouse, T. A. (1996). The processing-speed theory of adult age differences in cognition. *Psychological Review, 103*, 403-428.

Slovic, P. (1990). Choice. In D. N. Osherson & E. E. Smith (Eds.), *Thinking: An invitation to cognitive science* (Vol. 3, pp. 89-116). Cambridge, MA: MIT Press.

Stewart, T. R. (1988). Judgment analysis: Procedures. In B. Brehmer & C. R. B. Joyce (Eds.), *Human judgment: The SJT view* (pp. 41-74). Amsterdam: Elsevier.

Stoltzfus, E. R., Hasher, L., & Zacks, R. T. (1996). Working memory and aging: Current status of the inhibitory view. In J. T. E. Richardson, R. W. Engle, L. Hasher, R. H. Logie, E. R. Stoltzfus, & R. T. Zacks (Eds.), *Working memory and human cognition* (pp. 66-88). New York: Oxford University Press.

Streufert, S., Pogash, R., Piasecki, M., & Post, G. M. (1990). Age and management team performance. *Psychology and Aging, 5,* 551-559.

Tversky, A., & Fox, C. R. (1995). Weighing risk and uncertainty. *Psychological Review, 102,* 269-283.

Tversky, A., & Kahneman, D. (1992). Advances in prospect theory: Cumulative representation of uncertainty. *Journal of Risk and Uncertainty, 5*, 297-323.

Vroom, V. H., & Pahl, B. (1971). Relationship between age and risk taking among managers. *Journal of Applied Psychology, 55*, 399-405.

Wallach, M. A., & Kogan, N. (1961). Aspects of judgment and decision making: Interrelationships and changes with age. *Behavioral Science, 6*, 23-36.

Weber, E. U. (1994). From subjective probabilities to decision weights: The effects of asymmetric loss functions on the evaluation of uncertain outcomes and events. *Psychological Bulletin, 114*, 228-242.

Yates, J. F., & Patalano, A. L. (1999). Decision making and aging. In D. C. Park, R. W. Morrell, & K. Shifren (Eds.), *Processing of medical information in aging patients: Cognitive and human factors perspectives* (pp. 31-54). Mahwah, NJ: Erlbaum.

Zuckerman, M., Eysenck, S. B. G., & Eysenck, H. J. (1978). Sensation seeking in England and America: Cross-cultural, age, and sex comparisons. *Journal of Consulting and Clinical Psychology, 46*, 139-149.

事項索引

あ行

あいまい文 (ambiguous sentence)　184
朝型・夜型質問紙 (MEQ: Morningness-Eveningness Questionnaire)　140
アルツハイマー病 (Alzheimer's disease)　185
安全・ポテンシャル／要求理論 (security-potential/aspiration theory)　242
暗黙知 (tacit knowledge)　206
意識 (consciousness)　117
意思決定 (decision making)　228
意思決定重みづけ関数 (decision weight function)　241
一次記憶 (primary memory)　74, 79-81
一般的知識 (general knowledge)　134-137
意味記憶 (semantic memory)　74, 84-87, 96
ヴィジランス課題 (vigilance task)　60
ウィスコンシンカード分類課題 (WCST: Wisconsin Card Sorting Test)　99
ウェクスラー成人知能検査 (WAIS: Wechsler Adult Intelligence Scale)　92
ウッドコック・ジョンソン認知能力テスト (Woodcock-Johnson Cognitive Abilities Test)　43
運転 (driving)　200-204
永久貯蔵 (permastore)　135
エピソード記憶 (episodic memory)　74, 81-85, 96, 123
fMRI (functional magnetic resonance imaging)　90
エルダースピーク (elderspeak)　172, 177, 188-192
遠隔記憶 (remote memory)　85, 86, 96
遠隔連合テスト (RAT: Remote Associate Test)　144
音韻退行 (phonemic regression)　166
音声知覚 (speech perception)　159-177

か行

ガーデンパス文 (garden path sentence)　164
回帰分析 (regression analysis)　49
回想的記憶 (recollective memory)　121
海馬 (hippocampus)　90
獲得 (gain(s))　3, 23-40
過程 (process)　41, 42
過程分離手続き (process dissociation procedure)　196
感覚記憶 (sensory memory)　74
感覚機能 (sensory function)　17-20
環境の支援 (environmental support)　11, 13
喚語 (word-finding problem)　186
管理者用暗黙知テスト (TKIM: Tacit Knowledge Inventory for Managers)　206
記憶 (memory)　73-88
記憶自己効力感質問紙 (MSEQ: Memory Self-Efficacy Questionnaire)　112
記憶失敗質問紙 (MFQ: Memory Failure Questionnaire)　112
記憶探索 (memory search)　66
記憶の信念 (memory belief)　111
擬似相関 (illusory correlation)　233
疑似有名効果 (false fame effect)　88
帰属過程 (attribution process)　116
期待値 (expected value)　240, 244
既知感 (feeling of knowing)　109
規範的(ベイズ的)推論過程 (normative (Bayesian) reasoning process)　234
客観的確率 (objective probability)　241
ギャップ素性 (gap)　183
教育水準 (educational background)　20
教育歴 (amount of education)　49
協調的 (collaborative)　39
共通因子 (common factor)　46
巨視的スキル (molar skill)　38
空間記憶 (spatial memory)　85, 86
経験 (experience)　5
経験のタイプ (type of experience)　48
結晶性知能 (crystallized intelligence)　41, 82
健康 (health)　197-200
言語 IQ (verbal IQ)　92
言語理解 (language comprehension)　168-170
顕在記憶 (explicit memory)　8, 77, 96
限定回答質問形式 (closed question format)　212
語い的言語 (lexical language)　187
後頭葉 (occipital lobe)　89
効用関数 (utility function)　241, 242
効用理論 (utility theory)　240, 242
コーホート (cohort)　34
固執性 (perseveration)　187
個人的属性の再生 (personal attributes recall)　118

さ行

サーカディアン覚醒パターン (circadian rhythm pattern)　139-156
再生 (recall)　96
最適化方略 (optimal strategy)　238
差異適性テスト (DAT: Differential Aptitude Test)　206
再認 (recognition)　96
作動記憶 (working memory)　6, 14, 15, 79-81, 100, 143, 163, 164
作動記憶スパンテスト (working memory span test)　167
シアトル縦断研究 (Seattle Longitudinal Study)　34, 43
視覚探索 (visual search)　57
時間圧縮音声 (time-compressed speech)　171
資源消費型の検索 (resource-intensive retrieval)　6
自己 (self)　114
自己開示 (self-disclosure)　181
自己駆動型 (self-initiating)　8, 11
自己効力感 (self efficacy)　111, 112
仕事 (work)　204-207
自己報告 (self-report)　209-226
指示コミュニケーション課題 (referential communication tasks)　180
視床 (thalamus)　90
持続性頭頂部陰性電位 (sustained frontal negativity)　101
持続的注意 (sustained attention)　60, 61
質問順序効果 (question order effect)　223
自伝的記憶 (autobiographical memory)　121-137
自動性 (automaticity)　117
自動的過程 (automatic process)　8
自動的処理 (automatic processing)　64-68, 196
社会自伝的変数 (sociobiographical variable)　20
社会的できごと (social event)　134-137
社会的認知 (social cognition)　113-119
自由回答質問形式 (open question format)　212
主観的確率 (subjective probability)　241
主観的期待効用理論 (subjective expected utility theory)　241
主観的不確実性 (subjective uncertainty)　235
熟知感 (feeling of familiarity)　8
熟知性 (familiarity)　93, 196
熟練 (expert)　196
出典健忘 (source amnesia)　83
順向干渉 (proactive interference)　156
焦点的注意 (focused attention)　59, 60

処理速度 (speed of processing)　6, 14, 15
新近性効果 (recency effect)　80
診断可能性 (diagnositicity)　113
心的エネルギー (mental energy)　4
心的処理能力 (mental processing power)　4
遂行 (performance)　3
スキーマ (schema)　143
スキーマ性 (schematicity)　113-116
ステレオタイプ (stereotype)　3, 143
ストップ・シグナル課題 (stop signal task)　148
ストループ課題 (Stroop color-word task)　67, 100
成果 (product)　41, 47
制限時間メカニズム (limited time mechanism)　10
成人メタ記憶検査 (MIA: Metamemory in Adulthood Instrument)　112
精緻化 (elaboration)　13
精緻化見込みモデル (ELM: elaboration likelihood model)　154
接近可能性 (accessibility)　113
説得性 (persuasion)　153
宣言的記憶 (declarative memory)　96
宣言的知識 (declarative knowledge)　109
前向性健忘 (anterograde amnesia)　96
潜在記憶 (implicit memory)　8, 75, 77, 96
選択 (choice)　235-239
選択行動 (choice behavior)　235
選択ジレンマ質問紙 (Choice Dilemmas Questionnaire)　244
選択的注意 (selective attention)　57-59
選択盤手続き (choice board procedure)　236
前頭葉 (frontal lobes)　90, 100, 101
専門性 (expertise)　33
想起の手がかり (remainder)　127-133
喪失 (loss)　3, 23-40
相補的方略 (compensatory strategy)　237
側頭葉 (temporal lobe)　90, 96
素朴な知恵 (folk wisdom)　3
損失 (loss)　240-242

た行

第二のベビートーク (secondary baby talk)　181
多重手がかり確率学習 (multiple cue probability learning)　232
短期記憶 (short-term memory)　74, 79
短期貯蔵庫 (short-term store)　80
単純接触効果 (mere exposure effect)　88
談話 (discourse)　16
談話スキル (discourse skill)　180

事項索引　291

知恵 (wisdom)　32
遅延仮説 (slowing hypothesis)　10
遅延見本照合課題 (delayed matching-to-sample task)　101
知覚表象システム (PRS: perceptual representational system)　74, 77-79
知識 (knowledge)　5
注意 (attention)　55-71
注意資源 (attention resource)　56, 65, 81
注意の切り替え (switching attention)　62-64
聴覚ベースの談話 (auditory based discourse)　182-185
長期記憶 (long-term memory)　74
TOT(tip of the tongue)　111
手がかり影響重みづけ (cue impact weight)　231
手がかり重みづけプロフィール (cue weight profile)　230
テキストベースの談話 (text-based discourse)　182-185
手続き記憶 (procedural memory)　75-77
手続き的知識 (procedural knowledge)　96
同期効果 (synchrony effect)　142
統語修復 (syntactic restoration)　175
動作性IQ(performance IQ)　92
同時性メカニズム (simultaneity mechanism)　10
頭頂葉 (parietal lobes)　90
投薬厳守 (medication adherence)　199, 200
トップダウン (top-down)　162, 163, 176
トップダウン処理 (top-down processing)　160, 162
努力的検索 (effortful retrieval)　9
努力的処理 (effortful processing)　196

な行

内容記憶 (content memory)　97
二次記憶 (secondary memory)　74, 80
二重課題 (dual task)　203, 204
日常生活 (everyday life)　195-207
認知資源 (cognitive resource)　3, 4
認知スキル (cognitive skill)　32
脳梁 (corpus callosum)　94

は行

パス分析 (path analysis)　14
パス模式図 (path diagram)　45
発話言語理解 (comprehension of spoken language)　159-177
パルダッチのモデル (Parducci's model)　216

半球間相互作用 (interhemispheric interaction)　103, 104
判断と意思決定 (judgment and decision making)　227-246
反応者の課題 (respondents'task)　210-218
反応順序効果 (response order effect)　224, 225
反応選択肢 (response alternative)　220-222
バンプ (bump)　128, 130-133
PET　90
非相補的方略 (noncompensatory strategy)　237, 238
ヒューリスティックス (heuristics)　143, 152
評定尺度 (rating scale)　212, 213
評定方略 (estimation strategy)　218-222
頻度効果 (frequency effect)　216
頻度尺度 (frequency scale)　212
不確実性 (uncertainty)　239
符号化・検索非対称性 (HERA: hemispheric encoding-retrieval asymmetry)　98
負のプライミング (negative priming)　16, 68
プライミング (priming)　75, 76
プライミング課題 (priming task)　183
ブラウン・ピーターソンパラダイム (Brawn-Peterson paradigm)　80, 102
フラッシュバルブ記憶 (flashbulb memory)　134
ブローカ野 (Broca's area)　90
プロスペクト理論 (prospect theory)　242
分解方略 (decomposition strategy)　219
分割的注意 (divided attention)　62-64
文フレーム (sentence frame)　146
文脈記憶 (context memory)　97
ベルリン加齢研究 (Berlin Aging Study)　17
扁桃体 (amygdala)　90
方針捕捉 (policy capturing)　230, 232
保持期間 (retention interval)　137
補償 (compensation)　36
ポスト形式的操作 (postformal operation)　31, 33
補綴的環境 (prosthetic environment)　35
ボトムアップ (bottom-up)　162, 176
ボトムアップ処理 (bottom-up processing)　160, 162
ボトムアップ・トップダウン相互作用 (bottom-up-top-down interaction)　162, 176

ま行

マウスラボ過程・追跡システム (MouseLab process-tracing system)　236
マティス器質性心的状態症候テスト (MOMSS: Mattis Organic Mental Status Syndrome

Examination) 202
無言症 (mutism) 187
メタ記憶 (metamemory) 107-120
メタ認知 (metacognition) 32, 107
メタファ (metaphor) 4
メッセージ生成 (message production) 179-192
モニタリング (monitoring) 110

や行

有効視野 (UFOV: useful field of view) 71, 202
幼児期の記憶 (memory for early childhood) 125-127
抑制 (inhibition) 15-17, 68, 142-156
抑制の低下 (diminished inhibition) 151-156
読み直し (look back) 176

ら行

ラテラリティ (laterality) 94, 95

ランダム修復 (random restoration) 175
リスク (risk, risky) 228, 240-245
リスク嫌悪・リスク指向 (risk aversion-risk seeking) 238, 244
リスクをともなう意思決定 (risky decision) 239-245
利得 (gain) 241, 242
流動性知能 (fluid intelligence) 41, 82
利用可能性 (availability) 113
レーヴンマトリックス検査 (Raven's Advanced Progressive Matrices) 206
レミニセンス (reminiscence) 127, 129
レンズモデル (lens model) 229, 231, 232
老人性難聴 (presbycusis) 165

わ行

話速 (speech rate) 174-176

人名索引

A

Abendroth, L. J. 144
Aberdeen, J. S. 81, 166, 167
Acker, J. D. 97
Ackerman, A. M. 129
Ackerman, P. L. 201
Adan, A. 140
Aguirre, G. 91
Ahlsén, E. 39
Akiyama, H. 134, 136
Alba, J. W. 115
Albert, M. 112
Albert, M. L. 186
Albert, M. S. 92, 98
Alexander, A. H. 78, 163
Alexander, R. A. 201
Allard, L. 186
Alloy, L. B. 233
Allport, A. 142
Almirall, H. 140
Alpert, N. M. 98
Anagnopoulos, C. 169, 180, 186
Anderson, E. S. 186
Anderson, J. R. 114, 123
Anderson, M. 139, 140
Andres, D. 182
Anes, M. D. 176
Anschutz, L. 111
Arbuckle, T. 181, 182
Arenberg, D. 124
Armbruster, T. 219
Arthur, W., Jr. 201
Arvey, R. D. 206
Ashburn, G. 188
Atkinson, J. W. 244
Atkinson, R. C. 74
Attig, M. S. 185, 234
Avery, D. H. 140
Avolio, B. J. 204

B

Babcock, R. L. 81, 205
Back, K. W. 215
Bäckman, L. 35, 37, 38, 73, 99
Baddeley, A. D. 11, 74, 80, 122, 170, 203, 218
Bagdanovitch, N. 97
Bahrick, H. P. 135, 136
Bahrick, P. O. 135
Baldi, R. A. 112
Baldwin, C. L. 24
Ball, K. K. 71, 202
Balota, D. A. 95
Baltes, M. M. 25
Baltes, P. B. 17, 18, 20, 24-26, 28, 30, 31, 33, 41, 77, 78, 167, 205, 209, 228
Bandura, A. 111, 112
Banich, M. T. 104
Bargh, J. A. 114, 115, 117
Baron, A. 63
Barrett, G. V. 201-203
Barsalou, L. W. 114
Bartlett, F. C. 87
Bartolucci, G. 188
Bayles, K. 186
Beard, B. L. 71, 202
Beasley, D. S. 171
Beauvois, M. F. 80
Beckwith, B. E. 139, 140
Belli, R. F. 134, 136, 215, 219
Ben-Ishai, R. 202
Ben-Zur, H. 83
Benson, K. A. 132
Berg, C. A. 29, 32
Berg, W. D. 94
Berry, J. M. 108, 110-112
Bertus, E. L. 62, 63
Bess, F. H. 171
Bettman, J. R. 235
Betz, A. 122
Bhatt, A. 149
Bielby, D. D. 181
Billington, C. 180
Birren, J. E. 10
Bischoping, K. 134, 136
Bishop, G. 214
Blair, E. 219
Blankenship, S. E. 144
Blanton, R. 103

Boden, D. 181
Bodenhausen, G. V. 139, 143, 152, 153, 223
Bogner, M. S. 197
Boich, L. H. 172, 181, 188
Bonnet, M. H. 140
Boone, D. R. 186
Borkowski, J. C. 111
Bosman, E. A. 35, 38
Botwinick, J. 92, 244, 245
Bourhis, R. Y. 188
Boyes, C. 180
Bradburn, N. 209, 211, 217, 218
Brady, C. B. 60
Brandtstädter, J. 34, 35
Bransford, J. D. 82, 162
Brant, L. J. 165
Brass, C. 139, 140
Braune, R. 63
Brehmer, B. 232
Brennan, P. L. 85
Breton, M. E. 201
Brewer, M. B. 117
Brewer, W. F. 121, 122
Brodmann, K. 90
Brock, T. L. 154
Brouwer, W. H. 63, 64, 203
Brown, N. R. 122
Brownell, H. 169, 183
Brownlee, S. 161
Bruni, J. R. 202
Brunswik, E. 229
Buckner, R. L. 37
Buela-Casal, G. 140
Bunge, S. A. 96
Burke, D. M. 16, 76, 84
Burt, C. D. B. 122
Burton, S. 219
Butler, R. N. 127
Butters, N. 128
Byrd, M. 4, 11, 81, 82
Byrnes, A. M. 201
Byrnes, J. P. 234

C

Caballo, V. E. 140
Cabeza, R. 98-100
Cacioppo, J. T. 154
Calev, A. 93
Calhoun, R. E. 244

Camp, C. J. 110, 111
Caplan, D. 170, 184
Caporael, L. R. 181, 188
Cappeliez, P. 128
Capps, J. L. 169, 185
Carpenter, P. A. 80, 81, 167, 169, 170
Cassileth, B. R. 199
Castellan, N. J. 231
Cattell, R. B. 43
Cavanaugh, J. C. 108, 109-119, 168
Cavigelli, S. 78, 163
Cerella, J. 27
Cermak, L. A. 85
Cermak, L. S. 128
Ceurvorst, R. W. 244
Chace, P. M. 128
Chalfonte, B. L. 84
Chantraine, Y. 180
Chao, L. L. 101-103
Chapman, J. P. 233
Chapman, L. J. 233
Chapman, S. B. 186
Charness, N. 33, 35, 207
Chasseigne, G. 232-234
Chassein, B. 212
Cherry, B. J. 95, 104
Cherry, C. 57
Cherry, K. E. 12, 20, 85
Cheung, H. 169, 180, 185
Cissel, G. M. 202
Clancy, P. 186
Clancy, S. M. 58
Clark, F. 213
Clark, H. H. 211
Clemons, T. 206
Cohen, G. 132, 171, 185
Cohen, N. J. 129
Colins, C. L. 181
Collins, L. M. 219
Colonia-Willner, R. 206
Colquhoun, W.P. 139
Colsher, P. L. 215
Commons, M. L. 31
Conrad, H. S. 24, 41
Conway, M. A. 121
Cooksey, R. W. 229
Corbetta, M. 37
Corkin, S. 74
Costa, P. 127
Coupland, J. 181

Coupland, N. 181
Cowan, N. 143
Craik, F. I. M. 4, 9, 11, 14, 15, 27, 62-64, 73, 74, 76-78, 80-83, 86, 87, 96, 98, 99, 101, 171, 228
Crook, T. H. 204
Crossley, M. 63
Crovitz, H. F. 122, 123, 126
Cueto, E. 140
Culbertson, G. H. 188
Cupchik, G. C. 125
Curley, S. P. 243
Czaja, S. J. 207

D

D'Alonzo, G. 139
Damasio, H. 238
Daneman, M. 78, 80, 81, 166, 167, 169, 170
Davidson, N. 12, 213
Davidson, R. J. 104
Davies, D. R. 56
Davis, B. 161
Davis, W. 244
Dawes, R. M. 234, 239, 240
DegI'Innocenti, A. 99
Delbecq-Derouesne, J. 80
Delis, D. 92
Dell, G. S. 75
Dell, T. C. 205
DeMaid, T. J. 217
Dennehy, D. M. 112
Dennehy-Basile, D. 112
D'Esposito, M. 91
Deutsch, B. 220
Diener, E. 235
DiVesta, F. J. 244
Dixon, R. A. 3, 24, 25, 26, 28, 31, 35-39, 73, 108-112, 116, 173
Dobbs, A. R. 81
Donnell, A. 186
Doren, B. 185
Doussard-Roosevelt, J. A. 58
Driesen, N. R. 103
Dror, I. E. 242
Ducharme, J. L. 173
Dudley, W. N. 12
Dulaney, C. L. 67
Dumais, S. T. 65
Dupuis, J. H. 97
Dweck, C. S. 112

Dywan, J. 76, 88

E

Eaton, T. A. 198
Ebbesen, E. B. 123
Echt, K. V. 207
Edwards, H. 191
Eggers, R. 90
Elias, C. S. 244
Elias, J. W. 59
Elias, M. F. 207
Elias, P. K. 207
Eraker, S. A. 243
Ericsson, K. A. 33
Ershler, W. B. 104
Evans, G. W. 85
Eysenck, H. J. 244
Eysenck, S. B. G. 244

F

Fabiani, M. 99, 100
Farber, E. I. 201
Faulkner, D. 84, 132, 171
Faust, M. E. 95
Fazio, R. H. 115
Fein, D. 92
Feldman, J. M. 110, 114, 115
Ferreira, F. 176
Fiedler, K. 219
Filion, D. L. 102
Fischer, S. R. 217
Fischhoff, B. 229, 244
Fischoff, B. 115
Fisk, A. D. 66, 67
Fiske, S. T. 115
Fitzgerald, J. M. 128, 132
Fitzgibbons, P. J. 166, 171, 175
Fivush, R. 121
Flavell, J. H. 108, 111
Folkard, S. 139
Fossum, J. A. 206
Foster, J. C. 41
Fox, C. R. 242
Fozard, J. L. 165
Franklin, H. C. 128
Franks, J. J. 82, 162
Freud, S. 123
Friedman, D. 99

Friedman, W. J. 122
Frieske, D. A. 12, 199
Fritz, S. 140
Fromholt, P. 131, 132
Fry, A. F. 243
Fuster, J. M. 97

G

Gabrieli, J. D. E. 96
Gage, P. 207
Gaidys, V. 134
Galton, F. 122
Garcia, L. J. 186
Garstka, T. A. 3, 29
Geerken, M. R. 217
Gergen, K. J. 215
Gerhardstein, P. 95
Gerhing, H. 180
Gernsbacher, M. A. 163
Giambra, L. M. 61, 124
Gibb, H. 188
Gick, M. L. 81, 228
Gilbert, D. K. 62, 63
Giles, H. 181, 188, 191
Gilewski, M. J. 109, 184
Gilmore, G. C. 78
Giltrow, M. 118
Glasser, R. 127
Glik, D. C. 244
Gluck, M. A. 234
Gold, D. P. 182
Goldman-Rakic, P. S. 101
Goldsmith, D. 125
Goldstein, D. 87
Golomb, J. 97
Gonzalez, R. 242
Goodglass, H. 159
Gordon, A. 188
Gordon-Salant, S. 165, 166, 171, 175
Gould, O. N. 39, 181
Gove, W. R. 217
Grady, C. L. 97-99, 101
Grady, J. 116
Graf, P. 85
Grafman, J. 186
Graham, J. W. 219
Grainger, K. 181
Gray, B. B. 171
Green, E. E. 109-112

Green, L. 243
Greve, W. 34
Grice, H. P. 211
Griggs, D. S. 71, 202
Grosjean, F. 163
Groth, L. 125
Gubarchuk, J. 180
Gubrium, J. F. 188, 191
Gudmundsson, A. 104
Gunning-Dixon, F. M. 97
Gutches, A. H. 6

H

Ha, Y.-W. 232
Hackney, A. 140
Hagenlocker, D. 186
Haimo, S. F. 201
Hale, S. 93
Hambrick, D. Z. 47, 205
Hamilton, H. 187
Hamilton, J. M. 191
Hamm, F. 185
Hammond, K. R. 229
Hancock, H. E. 47
Hansen, T. 122
Hansen, W. B. 219
Harbluk, J. L. 83
Harrell, L. 198
Harris, D. B. 27
Harrold, R. M. 186
Hartley, A. A. 58, 95, 203
Hartley, J. T. 169, 185
Hartman, M. 145
Harvey, M. T. 126
Harwood, J. 181, 191
Hasher, L. 15-17, 27, 68, 69, 73, 81, 87, 139, 141-145, 148-150, 152, 179, 185, 228, 234
Hastie, R. 238
Haug, H. 90
Havighurst, R. J. 127
Hawkins, S. A. 87
Hay, J. F. 196
Hayman, C. A. G. 74
Head, D. 97
Hebb, D. O. 41
Heckhausen, J. 28, 29, 32
Hedges, L. 122
Held, D. 85
Hellige, J. B. 95

Helm-Esterbrooks, N.　186
Henderson, D.　185
Henwood, K.　188
Herrmann, D. J.　109
Hershey, D. A.　242
Hertzog, C.　25, 31, 108-112, 118
Herz, R. S.　125
Herzog, A. R.　215
Hier, D. B.　186
Higgins, E. T.　223
Hill, D. H.　215
Hilton, D. J.　211
Hippler, H. J.　212-216, 220
Hiscock, M.　63
Hitch, G. J.　80, 218
Hof, P. R.　97
Holding, D. H.　128
Holland, C. A.　201
Holliday, S. G.　244, 245
Hoptman, M. J.　104
Horne, J.　139, 140
Houle, S.　98
Howard, D. V.　76
Howes, J. L.　130
Hoyer, W. J.　58, 95
Hrushesky, W.　139
Hulicka, I. M.　124
Hultsch, D. F.　26, 111, 112, 116, 118, 173
Hummert, M. L.　3, 29, 172, 179, 181, 188
Humphrey, D. G.　69
Hunkin, N. M.　99
Hunter, J. E.　204
Hunter, R. F.　204
Hunter, S.　17
Hupet, M.　180
Huppert, F. A.　186
Hutchinson, J. M.　186
Hutchinson, J. W.　115
Hutchison, S. L., Jr.　244
Huttenlocher, J.　122
Hyland, D. T.　129

I

Inhelder, B.　234
Inman, V. W.　80, 228
Intons-Peterson, M. J.　140
Ishihara, K.　140, 141
Ivry, R. B.　93

J

Jackson, B.　134
Jackson, K.　244
Jacoby, L. L.　8, 76, 77, 88, 196
James, W.　55, 57, 59, 62, 64, 68, 70
Janowsky, J. S.　99
Jansari, A.　129, 130
Jeeves, M. A.　104
Jennings, J. M.　9, 14, 15, 27, 73, 74, 76, 77, 80, 86, 96, 101, 171, 196
Jensen, M.　186
Jerdee, T. H.　206
Joanette, Y.　186
Jobe, J. B.　121
Johnson, C. A.　219
Johnson, E. J.　235
Johnson, M. B.　43, 47
Johnson, M. K.　84
Johnson, M. M. S.　238, 239
Jones, H. E.　24, 41
Jones, T. R.　199
Jonides, J.　100, 101
Jung, C. G.　123
Just, M. A.　169

K

Kahneman, D.　202, 235, 242
Kane, M. J.　69, 152
Kaplan, E.　92
Kapur, S.　98
Kardes, F. R.　115
Kastenbaum, R.　127
Kaszniak, A. W.　99, 186
Katona, M.　242
Katz, A. N.　130
Kausler, D. H.　234
Kelley, C. L.　207
Kelly, G. A.　114
Kemp, S.　122
Kemper, S.　169, 179, 180, 184, 186, 188-190, 192
Kempler, D.　169, 186
kemtes, K. A.　184
Kerkhof, G. A.　140
Kidder, D.　199, 200
Kihlstrom, J. F.　99, 115
Kiku-Annon, T. A.　185
Kincaid, D.　199
Kintsch, W.　164

Kirchner, W. K. 228
Kjelgaard, M. M. 171
Klayman, J. 232
Klein, S. B. 115
Klitz, T. 78
Knäuper, B. 12, 116, 134, 136, 209, 212-216, 221
Knauth, P. 139
Knight, R. T. 97, 101-103
Knops, U. 188
Knowlton, B. J. 234
Koeppe, R. 101
Kogan, N. 244
Koh, C. K. 175
Konkle, D. F. 171, 175
Koriat, A. 83, 113
Korving, H. J. 140
Kosslyn, S. M. 95
Kostovic, I. 97
Koutstaal, W. E. 77
Kowalchuk, D. 165
Kral, V. A. 186
Kramer, A. F. 69
Kramer, D. A. 24, 31, 110
Kramer, J. J. 111
Kronenfeld, J. J. 244
Krueger, J. 28
Kurzman, D. 39
Kwong See, S. 118, 191
Kynette, D. 169, 180

L

LaBerge, D. 65
Lafronza, V. N. 85
Lahar, C. J. 81, 167, 171
Lamb, M. 165
Lanceley, A. 188
Langer, E. 109
Larish, J. F. 69
Larrabee, G. J. 204
Larsen, P. 132
Larsen, S. F. 122, 131, 132
Larson, E. J. 198
Laver, G. D. 75
LaVoie, D. 76, 96
Law, S. 87
Lawlor, B. A. 186
Lawrence, B. 93
Lawrence, R. 128
Lee, J. A. 206

Lee, M. 140, 144, 154, 185
Leggett, E. L. 112
Leirer, V. O. 142
Lerner, N. D. 201
Lerner, R. M. 26
Levy, B. 109
Lewinsohn, P. M. 217
Li, K. Z. H. 73, 78
Lichtenstein, S. 115
Light, L. L. 27, 67, 73, 76, 83-85, 96, 169, 179, 184, 185
Lindblom, B. 161
Lindell, M. K. 115
Lindenberger, U. 17, 20, 77, 78, 167, 228
Lindholm, J. M. 80, 228
Lineweaver, T. T. 112
Linton, M. 218
Loewen, E. R. 83, 99
Logan, G. D. 69, 148
Lombardi, L. 171
Lopes, L. L. 242
Lotan, M. 202
Lovelace, E. A. 109
Loveless, M. K. 185
Lowe, D. 171
Lucioli, R. 140
Lukas, K. E. 205
Lukaszewski, M. P. 188
Luria, A. R. 97
Lynch, J. G., Jr. 114, 115
Lyons, K. 186

M

Macdonald, C. A. 74
Mackavey, W. R. 133
MacKay, D. G. 84
Mackworth, N. H. 60
MacLean, M. J. 191
MacLeod, C. M. 67
Madden, D. J. 58, 63, 94, 98
Malley, J. E. 133
Manchester, J. 180
March, V. 199
Markler, R. J. 110
Markley, R. P. 111
Markus, G. B. 219
Markus, H. 114
Marslen-Wilson, W. D. 163
Marson, D. 198

Martin, L. 211
Martin, M. 200
Martinez, R. 186
Mathiowetz, N. A. 218
Mattila, W. R. 63
May, C. P. 17, 69, 139-142, 144, 148-150, 152
Mayhorn, C. B. 207
Maylor, E. A. 84
McAndrews, M. P. 99
McAvay, G. 112
McCloskey, L. A. 188
McCrosky, R. L. 173, 174
McDonald-Miszczak, L. 118
McDowd, J. M. 16, 62-64, 95, 102
McFarland, C. 118
McGuire, C. L. 112
McIntosh, A. R. 99
McIntosh, J. 139
McIntyre, J. S. 83
McKee, D. C. 126
McKoon, G. 75
McLachlan, D. 83
McLellan, K. 140
Mecacci, L. 140
Medina, J. J. 24
Mednick, S. A. 144
Meier, R. P. 159
Meinz, E. J. 47
Menon, G. 221
Meredith, S. D. 191
Merikle, P. M. 170
Merrill, S. 112
Metcalfe, J. 104
Meyer, B. J. F. 198, 243
Midkiff, K. 140
Mihal, W. L. 202, 203
Miller, A. 92, 104
Miller, R. 71
Miller, R. L. 202
Milner, B. 74, 96, 99
Mischel, W. 243
Mitchell, D. R. 81, 205
Mitchell, W. W. 140
Miyake, S. 140
Miyaki, A. 169
Miyasita, A. 140
Miyata, Y. 140
Moes, P. 104
Monk, T. H. 139
Moon, S. J. 161

Moore, R. L. 201
Moore-Ede, M. 139
Morrell, C. H. 165
Morrell, R. W. 12, 197, 199, 200, 207
Morris, C. D. 82
Morris, L. W. 83, 99
Morris, R. 92
Morris, R. G. 81, 83, 99, 228
Morrison, J. H. 97
Morrison, M. L. 201
Morrow, D. G. 142
Morton, K. R. 110, 114, 116-118
Moscovitch, M. 96, 98-100
Müller, G. 212
Mullet, E. 232
Mungur, K. 242
Murdock, B. B. 74
Murphy, D. R. 78
Murphy, K. R. 205
Mushaney, T. J. 185
Mutter, S. A. 233, 234
Myers, S. D. 183
Myerson, J. 93
Myerson, J. 243

N

Nair, S. 207
Narens, L. 113
Narr, K. 103
Navon, D. 142
Nebes, R. D. 60, 86, 94, 124
Nef, F. 180
Neisser, U. 109, 121, 134, 218
Nelson, T. O. 113
Nesselroade, J. R. 209
Nestor, P. G. 71
Nicholas, M. 186
Nielsen-Bohlman, L. 97
Nisbett, R. E. 104, 117
Noelle-Neumann, E. 213
Noller, P. 191
Norman, D. A. 80
Norman, K. A. 77
Norman, S. 169, 180
Norris, M. 112
Nussbaum, J. R. 181
Nyberg, L. 99

O

Obler, L. K.   186
O'Brien, B.   188
O'Conner, B. P.   191
Oden, G. C.   242
Okun, M. A.   244
Olson, P. L.   203
Onken, J.   238
Orange, J. B.   186, 191
Ostberg, O.   139, 140
Ostrom, T. M.   216
Othick, M.   180
Outerbridge, A. N.   204
Overmann, R.A.   174
Owsley, C.   71, 202

P

Pahl, B.   244
Palmer, H. T.   198
Palmon, R.   205
Paradise, C. A.   206
Parasuraman, R.   56, 60, 61, 71
Parducci, A.   216
Park, D. C.   4, 6, 8, 12-14, 17, 20, 27, 83, 85, 195, 197-200, 203, 205-207, 209, 213, 221, 239
Parkin, A. J.   99, 102, 129, 130
Parkinson, S. R.   80, 228
Pascualy, R. A.   140
Patalano, A. L.   199, 234
Pavelchak, M.   115
Payne, J. W.   235, 237
Pearson, J. D.   165
Perlmutter, M.   25, 26, 108, 109, 116
Perry, W. I.   31
Persanyi, N. W.   78
Petersen, S. E.   37, 70
Peterson, M. A.   95
Petros, T. V.   139, 140
Pettitt, S.   139, 140
Petty, R. E.   154
Piaget, J.   234
Piasecki, M.   245
Pichora-Fuller, M. K.   77, 78, 165, 166
Pickett, J. M.   163
Pliske, R. M.   233, 234
Plude, D. L.   58
Pogash, R.   245
Pollack, I.   163

Ponds, R. W. H. M.   63, 203
Poon, L. W.   137, 171, 172, 182, 197
Posner, M. I.   70
Post, G. M.   245
Powell, M. C.   115
Prather, P.   169, 183
Pratt, M. W.   180
Presser, S.   209, 212, 222, 223, 225
Pressey, S. L.   24
Pressley, M.   111
Prill, K. A.   62, 64
Proctor, R. W.   71
Prohaska, V.   122
Prull, M. W.   96, 98
Puckett, J. M.   234
Puglisi, J. T   6, 12
Pulling, N. H.   202, 203

Q

Quadrel, M. J.   244

R

Rabbitt, P. M. A.   130, 201
Rabinowitz, J. C.   80, 111
Rabinowitz, S.   205
Raghubir, P.   221
Rahhal, T. A.   137, 144
Raichle, M. E.   37
Ranney, T. A.   202, 203
Rapcsak, S. Z.   95
Rash, S. R.   180
Rasinski, K. A.   209, 222
Ratcliff, R.   75
Ratte, D. J.   201
Rau, M. T.   186
Rauch, S. L.   98
Raz, N.   85, 97, 99, 100, 103
Reese, H. W.   209
Reilly, C.   140
Reuter-Lorenz, P. A.   92, 101, 103, 104
Revelle, W.   238
Rhodes, S. R.   204
Ribot, T.   128
Rice, K.   180
Rieger, C.   134, 136
Rietveld, W. J.   140
Rigby, H.   191
Ripich, D. N.   186

Rips, L. J. 122, 218
Ritter, W. 100
Robbins, M. A. 207
Robbins, N. E. 206
Robertson, L. C. 93
Robins, S. 180
Robinson, J. A. 121, 122, 129
Rocchetti, G. 140
Rocchi, P. 140
Rodgers, W. L. 215
Rodin, J. 112
Rodriguez, M. 243
Roenker, D. L. 71, 202
Rogan, J. D. 62, 64
Rogers, W. A. 62, 63, 66, 67
Rohde, P. 217
Romaniuk, M. 127
Rosen, B. 206
Rosen, M. J. 175
Ross, M. 118, 220
Ross, M. H. 91
Rubert, M. 207
Rubin, D. C. 86, 121, 122, 123-126, 128-132, 136, 137
Rule, B. G. 81
Russo, C. 198, 243
Rutenfranz, J. 139
Ryan, E. B. 118, 172, 181, 188, 190, 191
Rybash, J. M. 95
Rypma, B. 16, 69, 91

S

Sabey, B. E. 201
Salthouse, T. A. 4, 9, 10, 15, 24, 25, 27, 35, 36, 38, 46, 47, 50, 51, 62-64, 73, 74, 81, 84, 92, 93, 168, 170, 179, 205, 228, 244
Samuels, S. J. 65
Sanbonmatsu, D. M. 115
Sanders, H. I. 86
Sanford, E. C. 24
Saunders, P. A. 186
Savage, C. R. 98
Schacter, D. L. 74, 75, 77, 83, 98, 99, 121
Schaie, J. P. 92
Schaie, K. W. 34, 43, 92
Schatz, J. 37
Schieber, F. 24
Schiffman, H. 122, 123
Schmidt, F. L. 204

Schmitt, J. F. 173, 174
Schneider, B. A. 77, 78, 165, 166, 176
Schneider, W. 65, 66, 111
Schober, M. F. 211
Schooler, L. J. 123
Schrauf, R. W. 130
Schreiber, R. T. 104
Schulkind, M. D. 124, 126, 129, 130-132
Schuman, H. 134, 136, 209, 212, 222, 223, 225
Schwartzman, A. 182
Schwarz, N. 12, 113, 116, 121, 209, 211-216, 218-223
Scott, J. 134
Scoville, W. B. 96
Sears, D. O. 224
Sedgely, I. P. 201
Seeley, J. R. 217
Seeman, T. 112
Seibt, B. 216
Shaner, J. L. 3, 29, 181
Sharit, J. 207
Shaw, R. J. 8, 83
Sheffer, D. 83
Shevell, S. K. 122, 218
Shiffrin, R. M. 65, 66, 74
Shifren, K. 198
Shimamura, A. P. 99, 104
Shindler, A. G. 186
Shoda, Y. 243
Siegler, I. C. 244, 245
Simic, G. 97
Singer, E. 219
Singh, A. 76
Sinnott, J. D. 31-33, 110
Sivak, M. 203
Skinner, B. F. 35
Skinner, N. F. 142
Skorpovich, M. A. 85
Skovronek, E. 81, 205
Skowronski, J. J. 122
Slater, P. C. 128
Slauson, T. 186
Slovic, P. 115, 235
Smallwood, R. G. 140
Smith, A. D. 6, 12, 85, 205
Smith, A. F. 121
Smith, C. S. 140
Smith, E. E. 100, 101
Smith, J. 18, 33, 205
Smith, P. 213

Smith, S. M.　144
Smolensky, M.　139
Soederberg, L. M.　185
Somberg, B.　62, 63
Spencer, W. D.　85, 99, 100
Spinelli, F.　186
Spinks, R.　78
Spinnler, H.　121
Squire, L. R.　86, 99, 128, 129, 234
Srull, T. K.　115
Stanczak, L.　103, 104
Staplin, L. K.　201
Staudinger, U. M.　31, 33
Stein, B. S.　82
Sternberg, R. J.　29, 32
Stewart, A. J.　133
Stewart, T. R.　231, 232
Sticht, T. G.　171
Stine, E. A. L.　81, 166, 167, 169, 171, 172, 182, 183, 185
Stine-Morrow, E. A. L.　185
Stock, W. A.　244
Stojack, C. C.　185
Stokes, A.　63
Stoltzfus, E. R.　16, 69, 139, 228
Strack, F.　211, 212, 214, 220
Strahm, S.　3, 29
Strayer, D. L.　69
Streufert, S.　245
Strube, G.　218
Stumpf, S. A.　205
Sudman, S.　121, 209, 211, 217, 218, 222, 224
Sunderland, T.　186
Sutton-Smith, K.　199
Swanson, J. M.　82
Swinney, D.　169, 183

T

Tabachnik, N.　233
Talbot, A.　198, 243
Tanke, E. D.　142
Taylor, G. A.　41
Taylor, R. N.　205
Terrell, B. Y.　186
Teuber, H. L.　74
Thomas, C. W.　78
Thompson, C. P.　122
Thompson, K.　186
Thompson, P.　103

Tilse, C. S.　117
Titone, D.　172
Toga, A.　103
Tomoeda, C.　186
Tomsak, R.　78
Toppino, T.　87
Tourangeau, R.　121, 209, 211, 222
Trevithic, L.　39
Tubi, N.　93
Tulving, E.　74, 75, 77, 84, 98, 99, 123
Tun, P. A.　166, 170, 175, 184
Tversky, A.　242

U

Ulatowska, H. K.　186
Upshaw, H. S.　216
Uttal, D. H.　25, 26
Uttl, B.　85

V

Valdiserri, M.　99
van der Geest, W.　140
van Dijk, T. A.　164
van Wolffelaar, P. C.　63, 64, 203
Van Zandt, T.　71
Vandeputte, D.　180
Verhaeghen, P.　47
Vitiello, M. V.　140
Vroom, V. H.　244

W

Wade, E.　84
Wagenaar, W. A.　121, 218
Waldfogel, S.　125
Waldman, D. A.　204
Wallace, R. B.　215
Wallach, M. A.　244
Walter, B. M.　99, 102
Wänke, M.　214
Warren, A.　188
Warren, J.　180
Warrington, E. K.　74, 86
Waters, G. S.　170, 184
Watson, P. C.　37, 38
Waugh, N. C.　80
Wayland, S. C.　171
Weaver, R.　139

Webb, W. B.　140
Weber, E. U.　242
Webster, J. D.　128
Wechsler, D.　92
Weingartner, H.　186
Weiss, R. L.　124
Welford, A. T.　41
Wells, G. L.　154
Wentura, D.　34, 35
Wenzel, A. E.　123, 124, 136
West, R. L.　100, 108, 111, 112, 204
West, T.　140
Wetzler, S. E.　86
Wickelgren, W. A.　124
Wickens, C. D.　63, 82
Wildgruber, C.　139
Williams, A.　181
Wilson, B. A.　37, 38
Wilson, G. D.　140
Wilson, J. A.　242
Wilson, T. D.　107, 117
Winbald, B.　97
Wingfield, A.　78, 81, 159, 163, 166, 167, 169-173, 175, 182, 183
Winkielman, P.　212
Winocur, G.　96, 98-100
Winograd, E.　121
Winthorpe, C.　130
Witherspoon, D.　76
Withey, S. B.　219
Wittlinger, R. P.　135
Wixted, J. T.　123
Wohlwill, J. F.　27
Woodcock, R. W.　43, 47
Woodruff, D. S.　31
Woodruff-Pak, D. S.　90, 97
Worthley, J. S.　84
Wright, L. L.　59
Wu, G.　242
Wurf, E.　114
Wyer, R. S.　223
Wyer, R. S., Jr.　115

Y

Yates, J. F.　199, 234, 243
Yoon, C.　17, 140, 141, 143, 144, 153, 154

Z

Zacks, R. T.　14-17, 27, 68, 69, 73, 74, 81, 142, 145, 179, 185, 228, 234
Zajonc, R. B.　88
Zandri, E.　207
Zani, A.　140
Zarahn, E.　91
Zelinski, E. M.　85, 109, 169, 184, 185
Zhang, W.　244
Zola-Morgan, S.　129
Zuckerman, M.　244
Zupkis, R. V.　199
Zurif, E. B.　169, 183
Zwahr, M. D.　198, 199

監訳者あとがき

　人口の高齢化は世界的に進行しているが，特にわが国では，平成25年には高齢者は人口の4分の1に達して世界一の高齢化率になる。こうした高齢化にともない，高齢者の特性を理解し，それに適合した住宅，交通，製品，情報などのいわゆる環境的な補償を確保することが社会的に緊急な課題となっている。それらの対策の1つがバリアフリーやユニバーサル化の視点であるが，段差の解消や活字の拡大など，高齢者の動作や感覚に関する比較的把握が容易な高齢者特性への対応が中心となっている。しかし，21世紀の社会では，情報化が進み，生活環境のなかに多くの情報機器が導入されるのは不可避である。ところが，このような新しい機器の導入は心的資源が低下している高齢者にとって多くの認知的問題をもたらす。実際，残念なことに現在の情報機器では，いまだ高齢者の認知的特性に十分に配慮した設計がなされてはいない。その第一の原因は，認知のエイジングにかかわる知識が十分に理解されていないためといえる。そこで，われわれはこのテーマに関連する知識の普及を図る企画を検討した。その結果，現時点では，すでに外国で出版されていて，内容の優れている最新の単行本を翻訳することがベストと判断し，本書が誕生した。

　本書は，高齢者のかかえる認知的な問題点を理論的基礎から理解するための最適な入門書であると同時に，日常生活における高齢者の認知的行動の理解にいたる包括的な枠組みをもつ日本語で初めての出版物といえる。全体として4部から構成されており，どこから読んでも理解できる内容となっているが，Ⅰ部の認知の基礎的メカニズムについての論点を最初に頭に入れておくことをお勧めする。Ⅰ部では，認知のエイジングに関する重要な理論（速度低下，作動記憶低下，抑制機能低下，感覚機能低下）について最新の研究データを使いわかりやすく解説するとともに，エイジングにともなって生じる「獲得」と「喪失」の変化に関する議論から，エイジングの生涯発達的視点の重要さを理解させてくれる。特に獲得に関する3種類の定義「獲得としての獲得」，「より少ない喪失としての獲得」，「喪失の関数としての獲得」の展開は軽妙な味があり，読んでいて自然と顔がほころび，なるほどと相槌を打ちたくなる。

　Ⅱ部における，注意に関するエイジングでは，「若者たちが，たちまちのうちに，単なる歩く習慣の束になる……」のジェームズの引用に代表されるように，心的資源の低下に対応する注意の自動化が，同時に，柔軟な認知を妨げるという認知

システムがかかえる適応の二面性への理解に眼を開かせてくれる。また，高齢者の認知機能低下の最も顕著と思われる記憶のエイジングについては，脳の生理的な測度から社会認知的視点からのメタ記憶にいたるまで詳細に解説されている。また，高齢者の日常生活での認知的行動の理解に役立つ認知のサーカディアンリズムに関する興味深い議論も含まれている。

Ⅲ部では，日頃，高齢者との会話でついわれわれが使ってしまう「エルダースピーク」の効果と影響など，誰もが興味をもつテーマが豊富に議論されている。エルダースピークとは読者も経験したことがあると思うが，高齢者相手の会話で，内容を簡潔化して，ことさらゆっくりとした調子で話す話し方を意味する。この話法は高齢者のメッセージ理解の向上に効果があるが，他方，高齢者のネガティブな自己評価を増大させるという負の側面をもつなど高齢者対応の難しさが示唆される。

Ⅳ部での応用的研究にかかわるところでは，日常生活に欠かすことができない健康維持，自動車運転，仕事時の認知の問題に加え，意思決定にかかわる議論や質問紙調査における高齢者の認知的な反応特性の問題まで，高齢者研究に必要な幅広い知見が含まれている。

本書では，翻訳の基本的方針として「わかりやすく原文に忠実に」を合言葉に，30代半ばの意欲あふれる新進の認知心理学の研究者を中心として訳に参加してもらった。当意即妙かつユーモアあふれた原文の表現を十分に日本語に移調できたかについては自信がないが，内容の把握に正確を期するため，より直截な訳とした。そんななかで，一番困難を感じた作業は研究者名の翻訳であった。人名はカタカナ表記が望ましいという出版社との打ち合わせにより，本文中に出現する名前についてはカタカナ表記とした。しかし，氏名によっては必ずしも定番が無く，人名辞典などでもいろいろな表記がされている。したがって，最終的には併記したオリジナルにより参照していただきたい。

監訳者としてこの本に何度も目を通したが，読めば読むほど面白みのある本という印象を得た。ぜひ多くの読者に読んでもらい，「認知のエイジング」研究の面白さを実感して欲しい。本書は，基本的には「入門書」であるが，この分野の大学院生や研究者が読んでも十分に読み応えのある内容を含んでおり，新しい文献も多く引用されているので，認知のエイジングの「まとめ」としても活用できる。認知理論，特に高齢者の認知的変化に関する理論はまだまだ完成されたものではない。また，高齢者認知論の応用等による実生活における高齢者への環境支援はまだその序についたばかりである。今後，読者のなかから，高齢者認知研究に興味をもち，研究を進め，理論の統合や日常生活への応用研究などで活躍する研究者が出現することを望んでやまない。

さいごに，本書の監修の苦労をともにした愛知淑徳大学の坂田陽子氏ならびに名古屋大学の川口潤氏に感謝するとともに，この本の出版企画に同意をいただいた北大路書房の卓見，および編集に協力をいただいた奥野浩之氏に心からの敬意を表したい。

2004年2月
監訳者を代表して
口ノ町康夫

● 監訳者略歴

口ノ町康夫（くちのまち・やすお）
1972 年　京都大学大学院文学研究科心理学専攻博士課程中途退学
　　　　通商産業省工業技術院製品科学研究所入所，通商産業省生命工学工業技術研究所人間環境システム部部長，独立行政法人産業技術総合研究所人間福祉医工学研究部門総括研究員を経て，
現　在　静岡福祉大学社会福祉学部教授
主著・論文
　　　　新生理心理学　第 3 巻（共著）　北大路書房　1998
　　　　心理学の方法（共著）　ナカニシヤ出版　2002
　　　　人間計測ハンドブック（共著）　朝倉書店　2003

坂田陽子（さかた・ようこ）
2000 年　大阪市立大学大学院文学研究科心理学専攻後期博士課程単位取得満期退学
　　　　経済産業省工業技術院生命工学工業技術研究所（現：独立行政法人産業技術総合研究所）特別技術補助職員を経て，
現　在　愛知淑徳大学コミュニケーション学部准教授・博士（文学）
主著・論文
　　　　Advances in psychology research, Vol.4.（共著）　Nova science publishers, New York. 2001
　　　　刺激呈示法及び教示の違いが高齢者の共通属性抽出能力に及ぼす影響　愛知淑徳大学論集－コミュニケーション学部篇，3，65-74.（共著）　2003
　　　　実験で学ぶ発達心理学（編著）　ナカニシヤ出版　2004

川口　潤（かわぐち・じゅん）
1982 年　京都大学大学院教育学研究科博士課程中途退学（教育心理学）
　　　　奈良女子大学文学部助手（心理学），愛知県立芸術大学音楽学部講師・助教授（心理学），名古屋大学情報文化学部助教授・教授を経て，
現　在　名古屋大学大学院環境学研究科教授（心理学）・博士（教育学）
主著・論文
　　　　音楽心理学の研究（共著）　ナカニシヤ出版　1996
　　　　脳と意識（共著）　朝倉書店　1997
　　　　現代の認知研究－21 世紀にむけて（編著）　培風館　1999
　　　　認知情報処理における文脈効果と意識的処理・自動的処理（単著）　風間書房　1999
　　　　脳科学大事典（共著）　朝倉書店　2000
　　　　認知科学辞典（共著）　共立出版　2002

● 訳者一覧（執筆順）

口ノ町康夫（監訳者）　　　　　　　　　　　　　1章，2章，3章
河西　哲子（北海道大学大学院教育学研究院助教）4章，6章，9章
佐伯恵里奈（日本大学総合科学研究所）　　　　　5章
川口　　潤（監訳者）　　　　　　　　　　　　　7章
渡辺　はま（科学技術振興機構・東京大学）　　　8章
芝崎　朱美（産業技術総合研究所）　　　　　　　10章，11章
坂田　陽子（監訳者）　　　　　　　　　　　　　12章，13章，14章

認知のエイジング:入門編

2004年3月20日	初版第1刷発行
2008年1月20日	初版第2刷発行

定価はカバーに表示してあります。

編著者　デニス・C・パーク
　　　　ノバート・シュワルツ
監訳者　口ノ町康夫
　　　　坂田陽子
　　　　川口　潤
発行所　㈱北大路書房
　　　　〒603-8303　京都市北区紫野十二坊町12-8
　　　　電話（075）431-0361㈹
　　　　FAX（075）431-9393
　　　　振替　01050-4-2083

© 2004　制作／T.M.H.　印刷・製本／亜細亜印刷㈱
検印省略　落丁・乱丁本はお取り替えいたします。
ISBN978-4-7628-2361-9　Printed in Japan